삶을 바로잡을 용기

Steps

Originally published in English in the U.S.A. under the title:
Steps: A Guide to Transforming Your Life When Willpower Isn't Enough, by John Ortberg
Copyright © 2025 by John Ortberg
Korean edition © 2025 by Duranno Ministry with permission of Tyndale House Publishers.
All rights reserved.

이 한국어판의 저작권은 Tyndale House Publishers와 독점 계약한 두란노서원에 있습니다.
신 저작권법에 의하여 한국 내에서 보호를 받는 저작물이므로 무단 전재와 무단 복제를 금합니다.

삶을 바로잡을 용기

지은이 | 존 오트버그
옮긴이 | 정성묵
초판 발행 | 2025. 2. 19.
등록번호 | 제1988-000080호
등록된 곳 | 서울특별시 용산구 서빙고로65길 38
발행처 | 사단법인 두란노서원
영업부 | 02) 2078-3333 FAX | 080-749-3705
출판부 | 02) 2078-3330

책값은 뒤표지에 있습니다.
ISBN 978-89-531-5018-8 03230

독자의 의견을 기다립니다.
tpress@duranno.com www.duranno.com

두란노서원은 바울 사도가 3차 전도 여행 때 에베소에서 성령 받은 제자들을 따로 세워 하나님의 말씀으로 양육
하던 장소입니다. 사도행전 19장 8-20절의 정신에 따라 첫째 목회자를 돕는 사역과 평신도를 훈련시키는 사역,
둘째 세계선교™와 문서선교^{단행본·잡지} 사역, 셋째 예수문화 및 경배와 찬양 사역, 그리고 가정·상담 사역 등을 감
당하고 있습니다. 1980년 12월 22일에 창립된 두란노서원은 주님 오실 때까지 이 사역들을 계속할 것입니다.

자아 중독을 이기는
영적 습관
12단계

삶을 바로잡을 용기
STEPS
John Ortberg

존 오트버그 지음

정성묵 옮김

두란노

존 오트버그는 목회자, 이야기꾼, 베스트셀러 저자, 실용적 지혜의 전달자로서 독특한 목소리를 내고 있다. 이 책은 가장 어려우면서도 정말 중요한 교훈에 관해, 약함과 고통 속에서 이야기하는 동료 순례자의 생생한 고백이다.

_ 필립 얀시, 《한밤을 걷는 기도》 저자

존 오트버그는 내가 아는 최고의 이야기꾼이다. 그는 이야기할 만한 가치가 있는 삶을 실제로 살고 있기 때문이다. 이 책을 펼치면 가장 낮은 곳에서 가장 높은 곳으로 올라가는 롤러코스터를 타게 될 것이다. 그리고 그 과정의 어딘가에서 자유를 얻게 될 것이다.

_ 마크 배터슨, 내셔널커뮤니티교회 담임 목사, 《부탁합니다, 미안합니다, 고맙습니다》 저자

우리 모두는 살면서 고통과 망가짐을 경험한다. 이것을 부인하면 자신을 속이거나 뇌사 상태에 빠진 것이다. 이 고통이 우리를 하나님께로 더 가까이 이끄는가? 아니면 하나님에게서 더 멀어지게 만드는가? 이 질문에 "그렇다"나 "아니다"로 딱 잘라

서 말할 수 있는 그리스도인은 별로 없다. 하나님과의 관계에서 계속해서 부침을 겪기 때문이다. 우리는 갖가지 나쁜 습관(중독의 순화된 표현)과 씨름하고 있다. 자신의 문제를 잊기 위해 이런 습관에 빠진 것이다. 통찰력 있는 오트버그 목사는 사람들이 자신을 달래는 해로운 습관에서 벗어나 하나님의 임재로 들어갈 수 있는 방법을 깊이 고민해 왔다. 우리 자신을 잘 이해하고 하나님과 더 깊은 관계를 맺도록 인도해 주는 오트버그 목사에게 더없이 감사한다.

_ 트렘퍼 롱맨 3세, 웨스트몬트대학 성서학 명예교수

영적 변화에 관해서 오래, 깊이 생각해 본 사람들은 중독자 회복을 위한 12단계에 강력한 영적 역학이 있음을 본능적으로 알았고, 이것을 명쾌하게 풀어줄 자료가 나오기를 갈망했다. 마침내 그런 책이 나와서 얼마나 감사한지 모른다. 이 책은 흥미진진하면서도 큰 도전을 던진다. 무자비하리만치 솔직하고 더없이 희망적이다. 놀랄 정도로 단순하면서도 인간 상황의 복잡한 측면을 세심하게 다루고 있다. 이 책을 읽고 진정한 변화에 관해 큰 소망을 얻게 되었다.

_ 루스 헤일리 바턴, 《영혼의 리더십》 저자

중독자 회복을 위한 12단계를 사랑하는가? 그렇다면 이 책을 사랑하게 될 것이다. 12단계에 관해서 잘 모르는가? 그렇다면 이 책을 사랑하게 될 것이다. 저자 자신의 고통에서 탄생한 이 책은 영감과 격려로 우리를 치유와 소망으로 이끌어 주는 강력한 안내자다.

_ 애덤 해밀턴, 부활교회 담임 목사, 《WHY 하나님의 뜻을 헤아리는 믿음》 저자

존 오트버그의 이 책은 생명의 길로 가는 로드맵을 제시한다. 이 책을 읽는 행운이 따르는 사람은 이 길을 따라감으로 의미 있는 성장을 이룰 수 있을 것이다. 우리는 스스로를 중독자로 여기지 않더라도 사실은 성장을 방해하는 많은 잘못된 것에 애착하는 죄를 짓고 있다. 애착과 중독을 가르는 것은 미세한 선(line)이며, 존은 우리가 그 선을 긋도록 도와준다. 이 책은 당신 자신을 들여다보도록 도울 것이다. 어쩌

면 난생처음으로 자신의 진정한 정체를 이해하게 될지도 모른다. 자신을 이해해야만 하나님이 창조하신 모습으로 성장 혹은 회복되는 여행을 시작할 수 있다. 놀라운 로드맵을 유머러스하면서도 진심 어린 문장으로 알려 준 존에게 감사한다.

_ 론 존슨, 애플(Apple), 타깃(Target), 제이시페니(JCPenney), 인조이 테크놀로지(Enjoy Technology) 경영자

우리는 더 많이, 더 열심히 하기만 하면 어떤 문제든 극복할 수 있고 무엇이든 될 수 있다고 말하는 문화에서 살고 있다. 하지만 그런 방식으로 살면 지치고 답답해질 뿐이다. 존 오트버그는 앞으로 나아가기 위해 필요한 단계를 알려 주는 책을 이번에 선보였다. 이 시대에 꼭 필요한 책이다. 풍부한 성경적 통찰력과 알코올 중독자 갱생회의 12단계 틀을 결합한 이 책에서 독자들은 자유를 찾기 위한 실천적 전술을 발견하게 될 것이다. 이 자유는 자아실현에 근거한 것이 아니며 예수님 안에서 진정으로 기쁜 삶을 살 수 있다는 깨달음에서 비롯된다.

_ 마가렛 파인버그, *More Power to You*(당신에게 더 많은 능력을) 저자

이 책에서 존 오트버그는 12단계의 매우 실천적인 지혜를 솔직함과 통찰과 유머로 풀어낸다. 〈마른 손 공동체〉의 구성원인 우리 모두에게 이 책은 하나님과 함께하는, 그리고 사랑하는 사람들과 함께하는 심오하면서도 즐거운 여행으로 초대하는 부름이요 그 여행을 시작하기 위한 길이다.

_ 조너선 T. M. 렉포드, 해비타트 CEO

심리학적·신학적 토대 위에 오트버그 특유의 유머가 곁들여진 이 책은 성경적인 영적 성장의 길에 대해 귀한 통찰을 제시한다. 예수님의 제자라면, 최상의 모습으로 성장하고자 하는 사람이라면 이 길을 걸어가는 법을 배워야 한다. 그렇게 해야 예수님을 더 닮아갈 수 있기 때문이다. 우리는 자기 자신, 자신의 뜻, 자신의 길에 중독되어 있다. 나는 이것을 깨닫고 지난 20년 동안 이 단계들을 실천해 왔다. 이 단계들은 목사인 내가 책에서 읽고 말로 가르치기만 했을 뿐 실제로 경험하지는 못했

던 자유와 평안과 기쁨을 가져다주었다. 오트버그는 새로운 시각과 통찰을 실천적인 활동과 함께 제시하면서 각 단계를 쉽게 풀어낸다. 이 책은 영적 성장에 관한 고전이 될 만하다. 이 책에 따라 12단계를 실천해 보라. 결코 후회하지 않을 것이다.
_ 존 버크, 《불 꺼진 영혼에 스위치를 켜라》 저자

12단계를 탁월하고도 솔직하고 날카롭게 탐구한 이 책은 그리스도인들이 믿음을 회복할 때 꼭 필요하다. 교회가 전환점에 서 있는 것은 분명하다. 이 책은 우리에게 소망으로 가득한 방향을 알려 준다.
_ 캐리 뉴워프, 아트 오브 리더십 아카데미(The Art of Leadership Academy) 설립자

신앙 공동체에 속한 우리는 알코올 중독자 갱생회에 있는 사람들에게 많은 것을 배울 수 있다. 그들은 비극적인 상황 속에 있는 자신의 엉망인 상태를 평안과 능력으로 가는 길로 받아들인다. 그 모습은 예로부터 우리 신앙 여행의 목적이었던 영성의 강력한 패러독스와 닮아 있다. 존 오트버그는 우리 앞에 이 길을 아름답게 펼쳐 놓는다. 자신의 약함을 고백함으로 이 교훈을 실천하는 본을 용감하게 보여 준다.
_ 조셉 리, 의학 박사

진실하고 깊이 있는 책이다. 이 책은 오직 하나님만이 우리의 망가진 삶을 고쳐 주실 수 있다는 사실을 깨달은 사람에게 존 오트버그가 주는 최고의 선물로 보인다.
_ 게리 해멀, 런던경영대학원 객원교수

내가 리더로 섬기고 있는 교단인 ECO에서 지난 몇 년간 함께 사역한 존에게 감사한다. 이 책이 제시하는 지혜와 방향이 당신의 삶을 변화시킬 수 있다고 확신한다.
_ 다나 앨린, ECO(A Covenant Order of Evangelical Presbyterians) 총회장

목차

1부
내 삶이 잘못되었음을 깨닫다

하나님이 주시는
회복의 은혜

숨을 깊이 들이마시라.

지금 당신은 문턱에 서 있다.

당신 앞에 놓여 있는 책은 내가 지금까지 읽은 책 중에서 최고다. 대학 강의나 훌륭한 설교만으로는 얻을 수 없는 지혜로 가득한 책이다. 오직 고통스러운 경험 속에서만 나올 수 있는 책이다.

절대 넘어설 수 없고 통과만 가능한 것이 있다고들 한다. 존 오트 버그는 많은 것을 통과했고, 그 결과 우리가 감히 상상할 수도 없는 은혜와 겸손, 지혜와 평온을 얻었다. 존은 그리스 시인 아이스킬로스의 글을 인용할 만한 자격이 있다. "잊을 수 없는 고통이 마음에 한 방울씩 떨어진다. 마침내 위에 계신 하나님의 놀라운 은혜로, 우리의 의지를 거스르고 지혜가 우리에게 올 때까지." 지혜가 존에게 왔고, 이제 은혜롭게도 하나님은 우리에게 지혜를 제시하고 계신다.

그러니 이 책을 읽는 데 시간을 내라. 당신의 영혼이 이 책을 소화시키도록 하라. 아마 꽤 시간이 걸릴 것이다. 물론 단 몇 시간 만에 이 책을 읽을 수도 있다. 나는 3장까지 읽다가 앞으로 돌아가 가까운 친구들과 함께 이 책을 다시 정독했다. 머리로만 혹은 당신 혼자서만 흡수하기에는 너무 아까운 내용이 많다. 게다가 알코올 중독자 갱생회 이면의 기독교 영성을 다룬 책은 공동체와 함께 읽는 것이 너무도 당연해 보인다. 존은 이렇게 말한다. "우리는 대개 혼자 있을 때는 죄를 짓지만 함께하면 치유된다." 알코올 중독자 갱생회의 표현을 빌리자면 "'나'는 술 취하지만 '우리'는 맑은 정신을 유지한다."

자, (알코올 중독자 갱생회의 본을 따라) 존과 함께 곧장 본론으로 들어가 보자. 이 책이 당신을 완전히 교정해 주지는 않을 것이다. 이 책은 쉽고 빠른 변화 공식이나 세상적인 자기 교정과 자기 계발을 위한 거짓 약속을 제시하지 않는다.

교회 밖에서는 물론이고 안타깝게도 교회 안에도 솔직한 저자가 너무 없다. 진실을 말해 주는 저자를 찾아보기 힘들다. 하지만 존은 진실을 말해 준다. "영성은 터득해야 할 기술이 아니라 살아 내야 할 삶이다."

우리는 완벽에 이를 수 없다. 우리는 완전 교정이 되지 않는다. 치유는 될지 모르지만 건강은 면역체계의 기능이다. 우리 자신은 항상 취약하고 상황에 휩쓸린다. 우리의 삶은 미세먼지 하나만 들어와도 재난이 발생할 만큼 불안정하다.

이 책은 거짓 약속이나 쉬운 해법을 제시하지 않는다. 그보다 훨씬 더 좋은 것을 제시한다. 그것은 프로그램과 방법이 있다는 소망이다. 이것을 예수님의 첫 제자들은 '길'이라고 불렀다. 그 길을 따르면 그 길이 당신을 생명으로 이끌 것이다.

알코올 중독자 갱생회에는 이런 말이 있다. "계속해서 돌아오라. 노력한다면 효과가 있을 것이다." 단, 여기서 "노력한다면"은 가볍게 넘어갈 만한 단어가 아니다.

이 책을 천천히 읽으라. 사람들과 함께 읽으라. 맑은 정신을 유지하기 위해 읽으라. 맑은 정신을 얻기 위해 읽으라. 무겁게 짓누르는 고통의 무게를 감당하기 위해 읽으라. 소망이 저 멀리서 겨우 희미하게 빛날 때도 계속해서 나아가기 위해서 읽으라. 예수님의 길에서 영성은 즉효약이 아니라 "살아 내야 할 삶"이기 때문에, 이 책을 읽으라.

존 마크 코머
프랙티싱더웨이(Practicing the Way) 설립자
《슬로우 영성》 저자

나의 뜻, 나의 길에
중독된 나를
고치시는 하나님

나는 내 가족을 바로잡을 수 없다.

나는 내 직업을 유지할 수 없다.

나는 사랑하는 이들을 보호할 수 없다.

나는 고통을 견딜 수 없다.

나는 술을 끊을 수 없다. 폭식을 멈출 수 없다. 드라마 중독을 끊을 수 없다. 과소비를 멈출 수 없다. 일중독에서 벗어날 수 없다. 포르노를 끊을 수 없다.

나는 배우자를 만나지 못할 것이다. 결혼 생활을 유지할 수 없다. 예전 배우자를 용서할 수 없다. 친구를 사귈 수 없다. 화를 참을 수 없다. 돈을 모을 수 없다. 감사할 수 없다.

내 피부색이나 치아 모양, 머리카락 색깔, 다리 모양이 영 마음에 들지 않는다. 나는 도무지 만족할 수 없다.

긍정적인 생각을 한다고 해서 암을 치유할 수는 없다.

부모의 기대에 부응할 수 없다.

자녀를 가질 수 없다.

자녀를 떠나보낼 수 없다.

자녀가 집에 돌아오게 할 수 없다.

속을 터놓을 수 없다. 말을 멈출 수 없다.

잠을 잘 수 없다. 걱정을 멈출 수 없다.

비교를 멈출 수 없다. 기쁨을 느낄 수 없다.

인정과 사랑과 칭찬을 아무리 받아도 만족할 수 없다.

선을 행하고 싶지만 행할 수 없는 나 자신을 도무지 이해할 수 없다. 나는 내가 원하는 선은 행하지 않고, 원하지 않는 악을 행하고 있다.

나는 비판을 참을 수 없다. 비판하는 것을 멈출 수 없다. 하나님을 믿을 수 없다. 그래도 신앙을 버릴 수는 없다. 살아갈 의지를 찾을 수 없다. 세상을 바로잡을 수 없다. 나 자신을 바로잡을 수 없다.

나는 만사를 통제할 수 없다.

문제: 나는 할 수 없다

임상 심리학자가 되기 위해 대학원에서 공부하던 나는 침례교회에서 사역하기 시작했다. 설교하는 것이 좋았다. 그런데 어느 주일에 설교가 잘되지 않았다. 불안이 몰려오더니 급기야 어지럽기 시작했다.

나는 갑자기 바닥에 쓰러졌고, 정신을 차려 보니 교인들이 나를 걱정 어린 얼굴로 보고 있었다. 설교 도중에 기절한 것이다. 안타깝게도 그곳은 졸도하면 영웅이 되는 오순절파 교회가 아니었다. 그들은 침례교도들이었고, 설교자라면 꿋꿋이 서 있어야 한다고 여겼다.

나는 기말시험 중이었고, 결혼을 앞두고 있었으며, 1년간의 해외여행을 준비하고 있었다. 그래서 이 모든 스트레스로 인해 어쩌다 그날만 기절한 것이라고 생각했다. 나는 학장인 아치 하트(Arch Hart)에게 도움을 구했다. 그분은 스트레스 관리 책을 쓴 심리학자였다.

하지만 1년 뒤 설교단에 올랐을 때 다시 졸도하고 말았다. 누군가와 대화하던 중에 스트레스를 받고 졸도하기도 했다. 나는 다시 하트 학장을 찾아가 말했다. "큰일입니다. 수시로 기절하면 설교를 할 수 없잖아요. 설교하다가 기절할지 모른다는 걱정에 말이 잘 안 나오고, 설교가 막힐수록 더 큰 불안이 몰려옵니다. 좀 더 강력한 스트레스 관리법이 없을까요? 이런 일이 다시는 일어나지 않게 할 방법이 필요합니다. 저는 기절하지 않게 노력해야 합니다."

"그건 좋은 방법이 아니에요." 하트는 그렇게 말했다. 실제로, 간혹 기절하는 사람이 기절하지 않으려고 노력할수록 오히려 기절할 가능성이 높아진다.

하트는 말했다. "이렇게 해 보면 어떨까요? 앞으로 설교를 할 때 설교단 위에 의자 하나를 놓으세요. 기절하기 직전에 그 의자에 앉으면 됩니다. 그러면 기절해서 쓰러질 가능성이 훨씬 낮아질 거예요."

"하지만 창피하잖아요. 사람들이 저한테 믿음이 부족하다고 할 거예요. 하나님을 더 믿으라고 할 겁니다. 성도들에게 제 약점만 내보이는 꼴이 될 거예요."

"바로 그겁니다."

나는 설교할 때 옆에 빈 의자를 놓아 두었다. 몸이 좀 이상하다 싶으면 재빨리 그 의자에 앉았다.

40년이 지난 지금 돌아보면, 기절했던 것은 내 삶처럼 설교도 내가 완벽히 통제할 수 없음을 깨닫게 하시려는 하나님의 개입이 아니었나 하는 생각이 든다. 그것은 내 약함을 인정하기 위한 싸움의 시작이었고, 그 싸움은 지금까지도 계속되고 있다. 수십 년 뒤 내 마지막 교회 사역은 설교하다가 기절했던 일보다 훨씬 나쁘게 끝났다. 그것은 약함과 실패와 굴욕의 경험이었다. 그 상황에서 나를 지탱해 줄 큰 의자는 없었다.

인간 행위(human agency)는 놀라운 선물이다. 우리는 수동적인 희생자가 아니라 용기를 발휘하고 진취적으로 행동하도록 부름을 받았다. 하지만….

나는 가장 중요한 삶의 영역에서 무기력했다. 부모로서 지독히 고통스러운 실패를 맛보았다. 목사의 소명을 감당하면서 지독히 고통스러운 실패를 맛보았다. 그로 인해 내가 해결할 수 없을 정도로 망가진 문제들이 내 주변과 내 안에 남아 있다.

이것이 나의 현실이다. 내 삶은 이런 고통스러운 약함과 망가짐에서 자유로울 수 없다. 역설적이게도 진정한 영적 여행은 자신이 자기 삶을 통제할 수 없다는 솔직하고도 절박한 인정에서 시작된다. 그래서 하나님은 우리가 통제할 수 없는 사람이나 장소나 상황을 허락하신다. 그중 세 가지를 잠시 생각해 보라.

탄생과 죽음, 그리고 그 사이에 있는 모든 것.

우리 딸 로라가 처음 임신 소식을 전했을 때, 우리는 아직 태어나지 않은 아기에게 애칭을 붙이고 아기를 만날 기대를 품었다. 그러던 어느 날, 딸은 유산했다는 소식을 전했다. 두 번째 태아에게도 같은 일이 벌어졌다. 세 번째 태아도.

딸이 네 번째 아이를 임신했을 때는 더 이상 애칭을 붙이기도, 아기를 만날 꿈을 품기도 어려웠다. 이번에는 임신은 유지되었지만 매일 심각한 구토가 있었다. 극심한 우울증이 사라지지 않았다. 우리는 딸 옆에 앉아서 우울증을 조금이라도 달래 주려고 대학원에서 배운 것을 총동원했다. 딸의 야윈 얼굴과 깊게 주름이 파인 이마, 사산아를 낳는 악몽, 구역질과의 싸움, 수시로 찾아오는 공황발작, 깊은 절망을 보노라면 임신 유지가 유산보다 더 고통스러워 보일 지경이었다. 다행히 지금 아기와 딸은 둘 다 괜찮다. 둘을 볼 때마다 감사가 절로 나온다. 이 둘은 내가 가장 귀한 것을 통제할 수 없다는 사실을 매일 상기시켜 준다.

딸이 임신했던 기간에, 아버지가 해면종(cavernoma) 진단을 받으셨다. 해면종은 뇌간에서 생체 검사도 할 수 없을 만큼 위험한 부위에 종양이 자라는 증상이다. 아버지는 운동을 잘하셨다. 하지만 이제 몸이 말을 듣지 않기 시작했다. 말이 어눌해졌다. 얼굴 한쪽이 마비되었다. 지팡이 없이는 걸을 수 없게 되었다.

아버지는 평생 갈라파고스에 가고 싶어 하셨다. 그래서 그해 11월에 아버지를 갈라파고스에 모시고 갔다. 우리는 푸른발부비새들과 적도 펭귄들을 보았다. 특히 여행 마지막 날 아버지는 마치 공룡처럼 생긴 거대한 거북이를 보고 몹시 즐거워하셨다. 아버지가 그런 여행을 하실 수 있었던 것은 그때가 마지막이었다.

저녁식사를 같이한 다른 여행객들은 우리 아버지가 하려는 말을 거의 알아듣지 못했다. 마비된 입에서 음식이 흘러나왔다. 하지만 아버지는 신경 쓰지 않으셨다. 마냥 즐거워하셨다.

내 손자들은 점점 힘이 강해지는데 아버지는 하루가 다르게 힘을 잃어 갔다. 이 상반된 모습에 현기증이 났다. 걷는 것, 말하는 것, 간단한 행동 하나까지 아버지에게는 다 극도로 힘들었다. 아버지는 영양 공급 튜브를 달더니, 그다음에는 소변줄을, 결국에는 기저귀까지 차서야 했다. 욕창이 생겼고 마지막에는 앉을 수도 없게 되었다. 우리는 무기력한 모습으로 태어났다가 무기력한 모습으로 죽어 간다.

갈라파고스의 배에서 내가 아버지의 어색한 순간들 때문에 당혹스러워할 때 많은 여행객들이 내게 말했다. "아버님은 저희에게 큰 귀감이 되셨어요. 아버님의 용기는 정말 믿을 수 없을 정도예요." 아버지는 임종을 앞두고 두 사람에게 선물을 주기도 하셨는데, 그 선물들은 그들에게 깊은 감명을 주었다. "죽어 가는 순간에도 잘 살 수 있단다." 아버지는 내게 그렇게 말씀하셨다. 아버지는 결국 돌아가셨다.

해법: 그분은 하실 수 있다

하나님은 세상을 창조하실 수 있다. 태양이 떠오르게 만드실 수 있다. 기도에 응답하실 수 있다. 산을 옮기실 수 있다.

하나님은 지혜를 주실 수 있다. 소망을 주실 수 있다. 도덕적 온전함을 회복시키실 수 있다.

하나님은 혼란에 빠진 자를 인도하실 수 있다. 외로운 자를 위로하실 수 있다. 압제받는 사람을 해방시키실 수 있다. 낙인찍힌 자를 품어 주실 수 있다. 통치자를 무너뜨리실 수 있다.

하나님은 바다를 가르실 수 있다. 풍랑을 잠재우실 수 있다.

하나님은 정의를 이루실 수 있다. 죄를 용서하실 수 있다. 과거를 구속하실 수 있다. 미래를 확보하실 수 있다.

하나님은 생명을 만드실 수 있다. 숨을 주실 수 있다. 모든 것을 아실 수 있다. 어디에나 계실 수 있다. 모든 사람을 사랑하실 수 있다. 그분의 뜻을 알게 하시고 그 뜻을 행할 힘을 주실 수 있다.

하나님은 만사를 통제하실 수 있다.

이 모든 진술은 우리가 충분히 믿기만 하면 상황을 통제할 수 있다는 약속이 아니다. 이것은 현실을 그대로 반영한 진술이다. 하나님이 계시고, 우리는 하나님이 아니라는 것이 현실이다.

이 책은 우리 힘으로 문제를 극복하는 법을 다루지 않는다. 이 책은 우리 힘으로 할 수 없을 때 따라야 할 삶의 길을 다룬다.

케이트 볼러는 탁월한 학자이자 저자인데, 젊은 아내이자 엄마였을 때 대장암 4기 진단을 받았다. 그녀는 면역 치료로 한 번에 6개월씩 생명을 연장했다. 그녀는 어릴 적부터 통제 욕구와 싸워 왔고 그 욕구를 어떻게 멈춰야 할지 모른다고 말한다.

통제는 마약이며, 우리 모두는 중독되어 있다. … 어릴 적에 아버지는 내게 그리스 신화 이야기를 해 주셨다. 내가 가장 좋아한 이야기는 오만한 시시포스 왕 이야기였다. 시시포스는 거대한 바위를 높은

산 위로 굴려서 올리지만 바위는 매번 다시 굴러 떨어졌다. 그는 자신이 모든 짐을 질 수는 없음을 절실히 깨달았다. 그래도 나는 깨닫지 못하고 이렇게 생각했다. '그렇기는 해. 그래도 최소한 그가 계속해서 시도한 점만은 높이 사야 해.'[1]

이 책은 꼭대기까지 올라가는 법을 알려 주지 않는다. 바닥을 치는 것의 중요성, 내가 짊어진 바위를 다른 누군가에게 건네는 것의 중요성을 말한다. 상황을 통제하려고 하면 상황은 더 악화될 뿐이다. 우리 바깥에서 오는 도움이 필요하다.

역설적으로, 이런 삶의 길에서는 무기력과 고통이 도움이 된다. 이 길은 복잡하지는 않지만 힘들고 굴욕적이며 적극적인 마음이 필요하기 때문이다. 꼭 절박해질 필요는 없지만 절박해지면 도움이 된다. 사업 실패. 부모의 방치 혹은 학대. 배신. 가정이 깨지는 아픔. 암. 외로움. 중독. 우울증.

혹은 자신의 힘으로는 이룰 수 없는 매력적인 비전에 이끌려 이런 길로 들어설 수도 있다. 거룩한 임재 가운데 고귀한 명분을 좇는 용감한 모험은 우리 혼자만의 힘으로는 할 수 없는 것이다.

둘 중 무엇이든 출발점이 될 수 있다. 믿음이 없다고 생각되어도 괜찮다. 믿음이 생길 때까지 절박감이 작용할 것이다. 절박감이 느껴지지 않는다 해도 그냥 계속해서 살아가라. 결국 절박감이 찾아올 때가 있을 것이다. 시시포스도 결국 아프고 피곤한 것에 진력이 났다.

영적인 삶은 자신의 무력함을 깨닫는 데서 시작된다. 예수님은 건강한 사람들을 위해서가 아니라 병든 사람들을 위해서 오셨다고 말씀하셨다(막 2:17 참고). 그분이 만난 사람들은 괴로운 사람들이었다. 나병 환자, 세리, 창녀, 불륜남녀, 이교도, 불결한 자, 의심하는 자, 부인하는 자들이었다. 종교, 부, 지위, 건강, 아름다움은 그분께로 가는 길을 막는 경우가 많다. 절박감을 약화시키기 때문이다.

우리 시대에 영적 도움을 절박하게 원하는 사람들의 공동체를 어디에서 찾을 수 있을까? 한 공동체가 생각난다.

결정: 하나님께 맡기기로 결정했다

"제 뜻이 아니라 주님 뜻이 이루어지게 하소서."

"주님의 나라가 임하고 주님의 뜻이 이루어지게 하소서."

더 부드럽게 노력하라. 그다음 옳은 일을 하라.

"반쪽짜리 조치는 소용없었다. 우리는 전환점에 서 있었다. 모든 것을 완전히 포기하고 그분의 보호하심과 돌봄을 요청했다."[2]

그분께 상황을 맡기기로 결정했다. 그분께 맡기기로 결정했다.

"나를 내려놓고 하나님께 맡기라"라는 조언은 특히 알코올 중독자 갱생회(AA)와 결부된다. 필립 얀시는 친구와 함께 처음 알코올 중독자 갱생회 모임에 갔을 때 그 모임이 마치 신약의 교회처럼 느껴져서 크게 놀랐다. 그곳에서는 백만장자와 유명인들이 실직자들이나 몸에 주사바늘 자국이 가득한 갱 단원들과 거리낌 없이 어울리고 있었다. 파격적인 솔직함, 환영, 상호의존이 가득한 곳이었다.

수많은 기독교 저자들과 설교자들이 이 현상을 목격했다.[3] 이런 의문을 제목으로 삼은 책도 있다. "왜 교회는 알코올 중독자 갱생회처럼 될 수 없을까?" 간단한 답변은 이렇다. 교회에 출석하는 사람들이 알코올 중독자 같은 마음을 갖지 않는 한 그렇게 될 수 없다. 숨기기에는 너무 절박하고, 비판하기에는 너무 초라하고, 혼자 살기에는 너무 약하고, 교회를 떠나기에는 너무 힘들다는 것을 깨달아야 한다.

공동 설립자인 빌 W. (Bill W.)가 알코올 중독자 갱생회 설립 초기에 회원들에게 보낸 편지를 보면, 중독에서 회복 중인 사람들은 이렇게 말한다. "우리가 오직 고난을 통해서만 그 신세계의 문으로 들어갈 만큼의 겸손을 얻었다는 사실을 절대 잊을 수 없다. 우리는 강함이 약함에서 나오고, 부활 전에 먼저 굴욕을 당해야 하고, 고통은 영적 거듭남의 대가일 뿐 아니라 시금석이라는 신성한 패러독스를 너무도 잘 이해한다. 이 얼마나 큰 특권인가."[4]

이렇게 거듭나서 정신이 온전해지고 사회에 유용한 사람이 되는 것은 나중에 12단계로 알려지게 된 영적 습관을 따름으로써 가능해졌다. 12단계는 자신의 무력함을 인정하고, 의지를 포기하고, 철저한 자기성찰과 고백을 하고, 행동을 바로잡고, 영적으로 의지하고 섬기는 삶을 사는 것이다. 이 회원들은 주로 현대 삶 속에서 예수님을 따를 길을 다시 발견하고자 했던 옥스퍼드 그룹(Oxford Group)과 관련이 있다. 빌 W.가 깊은 감명을 받아 그들에게 편지를 썼을 때 그의 머릿속에 가장 먼저 떠오른 생각은 12단계가 예수님의 열두 제자를 떠올리게 한다는 것이었다. 알코올 중독자 갱생회는 12단계를 교회에서 배웠다. 이제 교회는 이 단계를 되찾아야 한다. 아니, 온 인류에게 이 단계가 필요하다.

달라스 윌라드는 이렇게 말했다.

지금까지 알려진 가장 성공적인 '회복' 프로그램의 설립 당시 통찰과 습관들, 하나님의 직접적인 선물은 아닐지라도 기독교 운동의 밝은 지점들에서 빌려왔음이 거의 100퍼센트 확실한 통찰과 습관들을 교회에서 주기적으로 가르치고 행하지 않는다는 것은 인류 역사상 가장 큰 아이러니다. 이 사실에 대해 어떤 변명이나 해명을 할 수 있을까?[5]

그래서 나는 이 책을 썼다. 이 책의 목적은 여러분이 삶을 위한 프로그램으로서 12단계를 실천하도록 돕는 것이다. 이 책은 세상에서 흔히 말하는 중독이 있든 없든 현재의 삶에 만족하지 못하고 더 많은 뭔가를 갈망하는 모든 사람을 위한다. 중독자의 회복을 위한 책이 아니다. 이 책은 누구든지 실천적이고 비율법주의적이며 영적인 삶의 길로 들어갈 수 있도록 돕기 위해 쓰였다. 이 길은 모호한 영성이 효과를 발휘하지 못할 때 수백만 명을 중독에서 해방시키는 부수적 효과를 경험적으로 증명해 보였다.

나는 여러분이 이런 단계를 실천할 수 있도록 돕기 위한 행동 가이드로 이 책을 기획했다. 지혜로운 사람들은 12단계가 순서대로 진행될 수밖에 없음을 알 수 있을 것이다. 용기를 내어 우리의 무력함을 인정할 때 비로소 하나님께 항복할 준비가 된다. 자신을 성찰한 뒤에야 비로소 자신의 잘못을 다른 사람에게 고백하거나 자신이 상처를 준 사람을 찾아가 잘못을 바로잡을 수 있다. 어느 한 단계도 대체하거나 건너뛰어서는 안 된다. 단계라는 것을 좋아하지 않는다면 이번이 단계를 좋아하게 될 좋은 기회다. 우리에게는 이 단계가 꼭 필요하기 때문이다.

그러니 겸손하게 한 번에 한 단계씩 밟으라.

내가 이 책을 쓴 것은 전문가이기 때문이 아니다. 나도 절박하기 때문이다. 처음 12단계 모임에 참석하기 시작했을 때만 해도 나에게 중독이 있다는 생각은 전혀 하지 않았다. 하지만 지금은 내 중독들의 이름이 '군대'(Legion)라는 것을 안다.

수년 전 내가 12단계를 처음 연구하기 시작했을 때 알코올 중독자 갱생회의 오랜 회원이 내게 오래지 않아 알코올 중독자가 부러워질 것이라고 말한 적이 있다. 그의 말이 맞았다. 흔히 말하는 중독이 없는 사람들은 동기가 부족하다. 사제이자 알코올 중독자 갱생회의 오랜 친구인 다울링 신부(Father Dowling)는 세상을 떠나기 직전에 "A.A.가 아니어서 특권을 누리지 못한 사람들을 위한 A.A. 단계들"이라는 글을 썼다. [6]

하버드대학교 역사학자 어니스트 커츠는 알코올 중독자 갱생회의 역사에 관한 책을 쓰고서 "하나님이 아니다"(Not-God)라는 제목을 붙였다. 그것은 중독된 사람들의 기본적인 문제가 자신이 하나님이라고 생각하는 것이기 때문이다. [7]

사실 이것은 중독되지 않은 사람들의 기본적 문제이기도 하다. 물론, 중독되지 않은 사람은 세상에 없지만 말이다. 실제로 우리 모두는 자아로부터 시작해서 스스로 통제할 수 없는 뭔가에 지나친 애착을 갖고 있다. 우리 모두는 해방되어야 한다. '애착'(attachment)이라는 단어는 못이나 말뚝으로 뭔가를 단단히 고정하는 행동을 의미하는 프랑스어에서 왔다. [8] 유죄 판결을 받은 사람의 손이 십자가 형틀에 못 박히는 것처럼 말이다. 모든 사람은 뭔가에 의해 십자가에 못 박혀 있다. [9]

알코올 중독자 갱생회의 한 가지 모토는 "그것을 단순하게 유지하라"다. 이것은 공동 설립자 중 한 명이 다른 설립자에게 마지막으로 한 말이다. 12단계는 삶이 복잡해진 사람들을 위한 단순한 프로그램으로 불리곤 한다. 그런 의미에서 이 책은 각 단계의 여러 측면을 기술하는 짧은 장들로 구성되어 있다. 처음 1단계 세 장, 다음 2단계 세 장 같은 식으로 진행된다. 각 단계의 시작 부분에는 기도문이 있다. 이 기도문을 읽으며 해당 단계를 실행할 준비를 하길 바란다. 이 책이 단계들에 관한 설명서가 아니라 단계들을 실행하는 데 도움이 되는 안내서가 되었으면 한다. 이 여행에 관해서 함께 나눌 친구가 있으면 더욱 좋다.

아래층으로 내려가기

전통적으로 12단계 모임은 본당보다 교회 지하실 같은 곳에서 이루어진다. 주로 철제 접이식 의자들이 놓인 소박한 공간에서 싸구려 커피와 유통기한이 임박한 쿠키를 놓고서 말이다. 소박한 공간은 교만을 내려놓아야 하는 곳임을 상기시켜 준다. 의식은 항상 똑같다. 예를 들어, "제 이름은 존입니다. 저는 알코올 중독자입니다"라고 내가 말하면 회원들은 "존, 안녕하세요"라는 말로 나를 받아 준다.

위층 사람들은 대개 아무 문제 없이 잘 살아가는 것처럼 보이는 반면, 아래층 사람들은 무너지지 않으려고 안간힘을 쓰고 있다. 하지만 역설적이게도 절박하고 궁핍하고 약함은 받아들여지며 가장 낮은 자리가 큰 능력의 자리가 된다. 이것이 알코올 중독자 갱생회 사람들이 교회 위층에 올라가면 기적에 관해 들을 수 있고, 교회 아래층으로 내려오면 기적을 볼 수 있다고 말하는 이유다. 이제 아래층으로 내려가자.

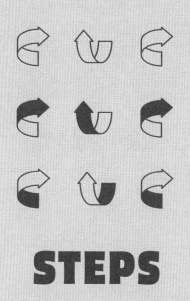

STEPS

문제: 나는 할 수 없다

나는 내 가장 중요한 문제에 무력하다는 사실,
곧 내 삶을 스스로 통제할 수 없음을 인정한다.

하나님,

오늘 저의 생각이 신세 한탄, 부정직함,

내 의지, 나 자신을 추구함, 두려움에서

멀어지도록 인도해 주십시오.

하나님, 제 생각과 결정과 직감을 인도해 주십시오.

제가 긴장을 풀게 도와주십시오.

저를 의심과 망설임에서 해방시켜 주십시오.

오늘 저를 인도해 주시고 제가 밟아야 할

다음 단계를 보여 주십시오.

하나님, 제 문제를 다루기 위해 필요한 것을

주시기 원합니다.

하나님과 사람들을

최대한 잘 섬기기 원하기에

이 모든 것을 구합니다.

예수님의 이름으로 기도드립니다. 아멘.[1]

1.
내 약함과 수치를
고백하기

운이 좋은 사람이라면 〈마른 손 공동체〉(Fellowship of the Withered Hand)의 초대를 받게 될 것이다.

내가 이 공동체를 처음 만난 것은 35년 전이다. 폴(Paul) 목사와 나는 에티오피아의 몇몇 목사들이 참여한 모임에서 강사로 초대를 받아 이틀간 메시지를 전하게 되었다. 당시 그곳의 교회들은 지하에서 모였다. 에티오피아는 학살을 일삼는 마르크스주의자 독재자인 멩기스투(Mengistu)의 지배를 받고 있었다. 그의 독재로 에티오피아 동방 정교회의 총대주교를 포함한 수많은 사람이 목숨을 잃었다. 교회 지도자들이 투옥되는 경우가 비일비재했다. 그들은 감옥을 "대학교"라 불렀다. 감옥에서 큰 배움을 얻고 성장하는 경우가 많았기 때문이다.

그 이틀은 너무도 낯선 시간이었다. 폴과 나는 이른 아침부터 늦은 밤까지 사람들과 땀 냄새가 가득한 공간에서 한 번에 90분씩 돌아가며 메시지를 전했다. 마지막 시간에 폴은 신약에 세 번 기록된 손 마른 남자 이야기로 메시지를 전했다.[1] 그 메시지의 요지는 그 남자의 약함과 부족함이었다.

성경은 이 남자가 원래 이렇게 태어난 것인지 사고로 그렇게 된 것인지는 말해 주지 않는다. 옛 주석에 따르면, 이 남자는 석공이었는데 직업을 포기할 수밖에 없었다. 누가의 설명에 따르면, 그의 마른 손은 오른손이었다. 오른손은 일을 할 때 더 중요한 손이다. 그는 일하지 못해 거지가 되었을 것이다.

이 남자는 회당에 왔다. 따라서 그는 신앙인이었다. 그는 마른 손이 회복된 일을 비롯해서 치유에 관한 성경의 이야기들을 알았을 것이다(왕상 13:1-6 참고). 그 남자라고 치유받지 못할 이유가 있을까? 필시 그는 마른 손의 치유를 위해 기도했을 것이다. 하지만 치유받지 못했다.

신약에서 치유를 받은 사람들은 대부분 예수님을 찾아가 치유를 구했다. 나병 환자 열 명, 아들이 간질병에 걸린 남자, 맹인 바디매오가 그러했다. 손 마른 남자는 예수님께 구하지 않았다. 그 이유는 알 수 없다. 어쩌면 너무 예의를 차리느라 그랬던 것인지도 모른다. 치유를 포기했을지도 모른다. 내 아내는 가장 좋아하는 기도 응답이 '잊어버리고 하지 못했던 기도'에 대한 응답이라고 말한다.

우리 시대에도 그렇지만 옛날에는 장애를 천형으로 여겼다. 어쩌면 하나님이 이 남자에게 벌을 주신 것인지도 모른다. 그는 아무도 보지 못하도록 손을 옷 속에 감추고 다녔을지도 모른다. 하지만 예수님은 그것을 간파하셨다. 그리고 이렇게 말씀하셨다. "일어나 한가운데 서라." 그냥 "일어나라"고 하신 것이 아니었다. "일어나 한가운데 서라." 모든 사람 앞에 서라. 너의 수치를 드러내라. 너의 약함을 밝히라.

남자는 잠시 앉아 있었다. 소매 안에 생명력 없는 손이 뒤틀려져 있는 채로. 하지만 이내 예수님의 말씀을 따랐다. "그가 일어나 서거늘."

남자가 얼마나 오래 서 있었는지는 모른다. 모든 사람이 그의 손을 응시하고 있었다. 설상가상으로 마른 손을 가장 보여 주고 싶지 않은 사람들이 그곳에 있었다. 몸이 건강한 종교인들 말이다. 그들은 강한 오른손으로 같은 종교인들을 환영했으며, 죄인들과 수치스러운 일을 한 사람들, 그리고 안식일에도 누군가를 치유하는 랍비를 향해 건강한 손을 들어 손가락질을 했다. 남자가 마른 손을 가장 감추고 싶은 상황이었을 것이다.

예수님은 종교가 사람들의 마음을 어떻게 메마르게 만드는지를 아셨다. 종교 때문에 배타적이고 거만하고 사랑 없는 율법 추종자가 될 수 있음을 아셨다. 마가는 그분이 "노하심으로 그들을 둘러보시고"라고 말한다. 이어서 예수님은 두 번째 말씀을 하셨다. 상황이 더 악화된다. "네 손을 내밀라."

예수님은 이 남자의 장애, 곧 그가 가장 부끄러워하는 부분에 사람들의 이목을 집중시키셨다. 남자에게는 쉽지 않은 일이었다. 그는 이미 수만 번 그런 일을 겪었을 것이다. 지금도 인생 최악의 순간이 될 것이 분명했다.

하지만 예상과 달랐다.

사람들로 꽉 찬 에티오피아의 그 덥고 어두운 공간에서 폴은 예수님이 그 남자에게 스스로 할 수 없는 일을 하라고 명령하셨다는 점을 여러 번 지적했다. "네 손을 내밀라."

폴은 우리도 이렇게 해야 한다고 말했다. 하나님이 우리에게 하라고 명령하시는 그 일. 우리도 해야 한다는 것을 아는 그 일. 그 일은 바로 우리 자신이 할 수 없는 일이기도 하다.

그때 어떤 일이 벌어졌다. 에티오피아 교회 지도자들은 손 마른 남자처럼 행동하기 시작했다. 자신의 약점을 드러냈다. 도와 달라고 부르짖었다. 자리에서 일어나 잘못을 고백하기 시작했다. 정부가 두렵다고, 체포될까 봐 두렵다고 말했다. 다른 사람들의 사역과 가정, 외모, 집을 부러워한다고 고백했다. 자신들의 부족함에 한탄했다. 교회들끼리 다투었음을 회개했다.

그러자 능력이 임했다. 관계가 회복되었다. 영이 새로워졌다. 소망에 다시 불이 붙었다. 하지만 그 일은 은사나 훈련이나 영감을 통해 일어나지 않았다. 그 일은 무력함을 통해 나타났다. 그 일은 사람들이 너무 절박할 때 나타났다. 그 일은 사람들이 더 이상 잃을 것도 숨길 것도 없을 때 나타났다. 그 일은 사람들이 자신의 추악함과 두려움과 수치를 고통스러우리만치 솔직하게 고백할 때 나타났다.

〈마른 손 공동체〉는 자신의 고통과 망가짐을 더 이상 숨기지 않고 은혜 가운데 자신의 약점을 거리낌 없이 고백하면서 하나님과 사람들에게서 뜻밖의 힘을 얻는 사람들의 공동체에 붙일 만한 이름이다. 자신의 약함을 고백하면 죽을 것 같은데 오히려 생명을 얻는 역설적인 곳이다. 영적 약속을 하면 얽매일 것 같은데 오히려 자유를 얻는 곳이다. 자신의 무력함에 관한 이야기가 사람들에게 새로운 힘을 불어넣는 곳이다.

이곳은 수치가 힘을 잃는 곳이기도 하다. 다른 곳에서는 손가락질을 받는 사람들이 특히 환영을 받는 곳이기 때문이다. 사회학자 어빙 고프먼은 명저 《스티그마》(Stigma)에서 '낙인'(stigma)이라는 단어가 예수님 시대 전후의 옛 그리스에서 비롯했다고 말한다. 원래 낙인은 범죄자나 노예처럼 불명예스러운 사람의 몸에 찍는 것이었다. 그러던 것이 나중에는 육체적 장애나 정신질환, 성적 지향, 인종 등의 측면에서 배척당하기 쉬운 모든 특징을 지칭하는 단어가 되었다.[2]

예수님 당시에 종교 지도자들은 낙인찍힌 사람들을 배척하는 것이 거룩함의 증거라고 여겼다. 하지만 예수님은 낙인찍힌 사람들과 더 어울리셨다. 그분은 고프먼이 규명한 낙인의 모든 범주에 스스로 들어가셨다.[3] 그뿐만 아니라 못 자국 난 손바닥이라는 십자가 처형의 낙인을 실제로 받으셨다. 그분의 부활한 몸은 계속해서 그 흔적을 간직하고 있다. 그분은 도마에게 그 흔적을 보고 만지라고 하셨다(요 20:27 참고). 그분의 낙인은 영광의 흔적이 되었다. 이 단어는 신약에 딱 한 번 사용된다. 자신도 체포되고 매질당하고 낙인찍힌 범죄자였던 바울은 말한다. "내가 내 몸에 예수의 흔적(낙인)을 지니고 있노라"(갈 6:17).

그리하여 수치를 당하고 실망하고 힘없는 사람들의 이 이상한 공동체인 〈마른 손 공동체〉가 시작되었다. 세상에서는 최악의 낙인이 그곳에서는 훈장이 되었다. 이 공동체에서 우리의 약함은 오히려 강함보다 쓸모가 있다.

폴과 나는 에티오피아에 갈 때, 교회 지도자들을 위해 스터디 바이블 50권을 몰래 가져와 달라는 요청을 받았다. 나는 공항으로 가기 전에 한 권을 더 받아서 51권을 가지고 비행기에 탔다. 이 일이 있기 전까지는 밀수에 성공하게 해 달라고 기도하게 될 줄은 꿈에도 생각지 못했다. 나는 체포될까 두려웠고 어떻게 해야 할지 알 수 없었다.

성경책이 가득 들어 있는 여행 가방 하나가 공항에서 발견되어 압수당했다. 세관은 뇌물을 주면 돌려줄 수 있다고 말했는데, 나는 그가 요구하는 대가를 듣고 깜짝 놀랐다. 성경책 한 권을 달라고 요구한 것이다. 그렇게 해서 원래 예정했던 스터디 바이블 50권을 무사히 반입할 수 있었다. 한 권은 마르크스주의자 독재자의 세관 손에 들어갔다.

때로 최상의 응답은 잊어버리고 드리지 못했던 기도의 응답이다.

에티오피아를 다녀온 뒤로 폴과 나는 연락이 점점 뜸해졌다. 최근 내가 강연 중에 이 이야기를 했는데 강연 후 한 청중이 몇 주 전 불의의 사고로 폴 목사가 세상을 떠났다는 소식을 전해 주었다.

그 소식을 듣고, 아주 오래전 그에게서 배우고 내게 오랫동안 도움이 되었던 진리에 대해 그에게 감사하지 못했던 것이 참 아쉬웠다. 나는 힘들었던 지난 시절에 이 공동체 덕분에 정말 많은 것을 배웠다. 그의 죽음을 듣고 그의 가족과 교회를 생각하니 몹시 안타까웠다. 우리는 그 무엇도, 심지어 자신의 삶도 통제하지 못한다.

당신의 '마른 손'을 확인하라

따라서 출발점은 내 안에서 무력한 부분을 찾는 것이다. 좋은 소식은 이것이 우리가 할 수 있는 일이라는 점이다. 이 첫 단계가 우리가 완벽하게 해야 할 유일한 단계라고 말하는 이들이 꽤 있다. "우리가 무력하다는 사실을 인정했다."

쉬운 것에서 시작하면 된다. 우리가 통제할 능력이 없다고 확실히 아는 것을 쓰라. 날씨. 교통. 항공편. 중력. 경제. 딸꾹질. 죽음. 자신의 한계를 받아들이는 순간부터 현실이 시작된다. 하나님이 계시고, 우리는 하나님이 아니다.[4]

그다음으로는 좀 더 개인적인 것들로 넘어가라.

나는 내가 해야 할 일을 다 할 수 있다고 무조건 믿어 왔다. 좋은 직장을 찾고 유지할 수 있다고 믿었다. 조직을 키울 수 있다고 믿었다. 가족을 꾸릴 수 있다고 믿었다. 좋은 아빠가 될 수 있다고 믿었다. 하지만 곧 내 힘으로는 그럴 수 없다는 것을 깨닫게 되었다. 이 모든 영역에서 나는 깊은 고통과 실패를 맛보았다.

나는 가장 가까운 이들을 치유할 수 없다. 내 마음을 바로잡을 수 없다. 나에 관한 사람들의 생각을 통제할 수 없다. 내 두려움을 쫓아낼 수 없다. 슬픔이 가시게 만들 수 없다. 내 수치나 시기, 분노를 바로잡을 수 없다. 미래에 어떤 일이 벌어질지 두려움을 잠재울 수 없다. 때로는 상대방을 죽이고 싶을 정도로 타오르는 분노를 멈출 수 없다.

내가 예전에는 이런 일을 할 수 없었지만 지금은 강해졌고 만사가 편안해진 비결을 당신에게 알려 주겠다는 말이 아니다. 나는 지금도 이런 일을 할 수 없다. 나는 매일같이 이 고통 속에 살고 있다. 매일 평안만 경험할 수는 없다. 고통은 내 삶의 일부다.

나는 할 수 없다.

일어나서 한가운데 서라

아이러니하게도 우리는 자신의 망가짐을 인정하지 않을 때가 많다. 영적으로 성숙한 사람처럼 보이기를 원하고, 영적 성숙이 자신의 문제를 인정하는 것과 양립할 수 없다고 착각한다. 외적으로 좋은 이미지를 유지하려고 노력한다. 이런 이유로 스티븐 헤이즈는 그리스도 인들이 1단계에 가기 전에 "해야 할 더 근본적인 '인정'(admission)이 있다. 0단계라고 할 수 있는 그 인정은 '우리는 겉보기와 달리 전혀 괜찮지 않다'라고 말하는 것이다"라고 지적한다.[5]

지금 용기를 내어 이렇게 솔직히 인정하는 기도를 드려 보라. "겉보기와 달리 저는 전혀 괜찮지 않다고 인정합니다." 단순히 머리로만 인정하는 것은 소용없다. 마음 깊이 자신의 무력함을 통감해야 한다.

감사하게도 하나님은 우리 힘으로는 삶을 관리할 수 없다고 마음 깊이 통감하게 만들 뭔가를 보내 주신다. 그것은 위기일 수도 있고 갈등일 수도 있고 사람일 수도 있다.

"나는 괜찮지 않다."

🖝 실천하기

당신이 어떤 부분에서 괜찮지 않은지 파악하라

러셀 브랜드는 이런 질문으로 시작하라고 추천한다. "문제가 있는가? 끊으려고 노력하지만 음주, 폭식, 과소비, 도박, 포르노 시청, 파괴적인 관계, 난잡한 성생활 같은 행동을 끊을 수 없는가?"[6] 이 목록에 걱정, 거짓말, 사재기, 정죄, 험담, 강박적인 틱톡 활동 등 우리의 가치관에 반하는 온갖 행동을 더할 수 있다. 브랜드는 계속해서 말한다. "그런 행동을 하지 않는다면 좋은 일이다. 계속해서 연약한 사람들을 돕고 지구와 그 안의 사람들을 섬기라."[7]

잘 모르겠다면 잠시 멈춰서 심호흡을 하라. 얼굴과 어깨와 팔의 긴장을 풀라. 마음이 가라앉을 때 어떤 일이 벌어지는가? 무엇 때문에 불안해하고 걱정하는가?

이혼인가? 당신의 마음을 아프게 하는 자녀인가? 도무지 비위를 맞출 수 없는 상사인가? 치유되지 않는 질병인가? 끊을 수 없는 나쁜 습관인가? 만회할 수 없는 손실인가? 되살릴 수 없는 꿈인가? 극복할 수 없는 불안증인가? 해결되지 않는 미움인가? 삶의 권태에 빠져 있는가? 죄책감에 빠져 있는가? 두려운가? 수치심에 떨고 있는가?

첫 번째 단계는 이런 문제를 고치거나 해결하거나 관리하거나 축소하거나 이겨 내는 것이 아니다. 첫 번째 단계에서는 그냥 이것을 확인하면 된다. 그리고 기록해야 한다. 문제가 되는 외적인 상황이나 사람만 적지 말라. '당신의' 무력함을 기록해야 한다. "내가 불안해하는 것은 …이다." "내가 두려워하는 것은 …이다." "내가 시기하는 것은 …이다." "내가 불만족에 빠진 것은 … 때문이다." "나는 …을 지나치게 마신다." "나는 …에게 원한을 품고 있다." 이제 당신 차례다. 아래에 써 보라. 당신의 마른 손을 내밀라.

....

....

....

이제 당신은 부족하고 불완전한 사람들이 특히 환영받는 새로운 공동체에 합류한 것이다. 내 친구 마이크는 이 공동체에서는 더 망가진 사람일수록 더 따뜻한 환영을 받는다고 말한다. 이것은 평범한 모토가 아니다. 사무실이나 데이트 웹 사이트는 물론, 심지어 교회에서도 이런 문구를 찾기란 쉽지 않다. 이것은 알코올 중독자와 마약 중독자, 범죄자 같은 실패자이자 예수님의 친구들만을 위한 것이다. 희망을 잃지 말라. 자신의 무력함으로 인한 절박감은 오히려 계속해서 나아갈 의욕을 갖게 한다.[8]

♦ **핵심 정리**

- 우리는 자신의 고통과 망가짐을 더 이상 숨기지 않고 은혜 가운데 약점을 거리낌 없이 고백하면서 하나님과 사람들에게서 뜻밖의 힘을 얻는 사람들의 공동체인 〈마른 손 공동체〉에 참여할 수 있다.

- 우리는 자신의 망가짐을 인정하지 못할 때가 많다.

- 〈마른 손 공동체〉에 참여하기 위한 첫 번째 단계는 내 삶의 무기력한 부분을 확인하는 것이다.

2.
삶에 변화가
필요함을 인정하기

노래하지 않고 자신의 모든 음악을
가슴속에 품고 죽는 자들은 불쌍하도다!
- 올리버 웬들 홈스, "The Voiceless"(목소리 없는 사람들)

최소한 지금은 삶이 꽤 잘 관리되는 것처럼 보이는가? 그런 독자
들에게 말하고 싶다. 지금 당신은 그렇게까지 절박하지는 않다. 당신은
삶이 무너져 내리고 있는 불쌍한 사람이 아니다. 지금 당신은 삶을 위
한 매우 엄격한 영적 프로그램이 필요할 정도로 위기에 처한 것은 아니
라 생각할 수 있다.

당신에게 해 주고 싶은 조언은 이것이다. "위기가 닥칠 때까지 기
다리지 마라."

알코올 중독자 갱생회는 유머를 이용해서 심오한 진리를 깨우쳐
주는 경우가 많다. 그중 하나는 최근에 사망한 젊은 알코올 중독자의
두 친구가 슬퍼하며 나누는 대화다.

친구 1: 마이크는 술 때문에 죽었어. 겨우 서른두 살인데 말이야. 그 친구는 뛰어난 운동선수였고 강한 젊은이였지. 하지만 술이 그 친구를 죽였어.

친구 2: 안타깝군. 그 친구는 왜 알코올 중독자 갱생회에 오지 않았지?

친구 1: 그 친구는 그렇게까지 상태가 나쁘지는 않았어.

상태가 나쁠 때 효과가 있는 영적인 삶의 방식이라면, 상태가 나쁘지 않을 때도 효과가 있다. 우리가 "그렇게까지 나쁘지는 않은" 삶 이상을 살아야 한다는 사실을 생각하라.

헨리 데이비드 소로는 대부분의 사람들이 "조용한 절박감 속에서 살아간다"라고 말했다.[1] 우리는 현재 삶에 만족하지 못하지만 열정이 부족하기에, 평범한 삶에 만족한다. 먼저 꿈꾸지 않으면 꿈이 이루어지는 경험을 할 수 없다. 물론 "그렇게까지 나쁘지는 않은" 삶을 꿈꾸는 사람은 없다. 하지만 많은 사람이 그렇게 살다가 생을 마감한다. 노래를 가슴속에만 품은 채로 살다가 세상을 떠난다. 우리에게 필요한 것은 우리가 "그렇게까지 나쁘지 않은 삶"에 안주하면 놓치게 될 의미와 성장과 사랑으로 삶을 평가할 때 얻을 수 있는 명료함이다.

첫 번째 단계에는 "우리 삶은 관리가 불가능하다"는 인정이 포함된다. 그런데 그것이 무엇을 의미하는가? 관리 가능하다는 것은 명백한 위기를 피할 수 있다는 것이 아니다. 중요한 질문은 이것이다. 자기 의지로 삶을 잘 꾸릴 수 있는가? 과연 자기 관리를 잘하면 기만, 탈진, 실망, 두려움, 수치심에서 진정으로 자유로워질 수 있을까?

누구의 삶도 스스로 관리 가능하지 않다.

단순히 나이나 죽음, 경제, 상사, 자녀, 머리카락만 관리할 수 없는 것이 아니다. 우리 밖에 있는 것들만 관리가 불가능한 것이 아니다. 우리 안에 있는 것들을 관리할 수 없다는 점이 더 중요하다. "내가 행하는 것을 내가 알지 못하노니 곧 내가 원하는 것은 행하지 아니하고 도리어 미워하는 것을 행함이라"(롬 7:15). 사도 바울은 2천 년 전에 이런 글을 썼다. 하지만 우리가 스스로 삶을 관리할 수 없다고 인정하기 위해서 종교적 신앙까지 필요하지는 않다. 그저 솔직하면 된다.

런던의 "인생 학교"(School of Life)는 "결혼하는 법"에 관한 온라인 교육 프로그램을 제공해서 수백만 조회 수를 기록했다. 종교와 상관없는 이 프로그램의 중심에는 우리 스스로 삶을 관리할 수 없다는 솔직한 고백이 있다. 이 고백을 하는 순간 겸허한 마음을 갖게 되고 즐거운 분위기에서 결혼이 이루어진다. 아름답게 차려입은 신랑과 신부는 "겸손의 의식"(Ritual of Humility)으로 시작한다. "나는 감정을 성숙하게 표현하는 데 서투르다" 혹은 "나는 작은 일 때문에 시기심에 빠지고, 당신을 잃을지 모른다는 두려움을 솔직히 표현하기보다는 옹졸해지고 미움을 품는다"와 같은 고백을 담은 "결점을 기록한 책"(Book of Imperfections)을 읽는다. 내레이터는 시청자들에게 "자기 의는 사랑의 최대 적이다"라는 점을 상기시킨다.

신랑과 신부는 이 책을 읽은 뒤 서로의 눈을 지그시 바라보며 말한다. "우리는 둘 다 정신이 완벽하게 온전하거나 건강하지 못합니다." 그들은 "우리가 삶을 관리할 수 있을 때" 서로를 망가진 사람으로 대하겠다고 약속한다.

의식은 여기서 끝나지 않는다. 모인 사람들은 다 함께 일어나서 고백에 동참한다. "우리는 모두 망가져 있습니다. 바보 같은 짓을 저질렀고 또다시 저지를 겁니다. 우리는 모두 까다로운 사람들입니다. 삐치고, 화내고, 내 실수에 대해서 남을 탓하고, 이상한 집착을 보이고, 양보하지 않습니다. 우리는 두 사람만 문제가 있는 것이 아니라는 사실을 알고 이들이 덜 외롭도록 여기에 왔습니다. 우리가 모든 것을 다 알지는 못하지만 두 사람을 이해합니다."[2]

저자이자 교사인 데이비드 잘(David Zahl)은 이 동영상을 많은 사람들에게 보여 줬는데 이 대목에서 항상 웃음이 터진다고 말한다. 청중의 나이가 많을수록 웃음소리는 더 커진다.[3] 이 동영상은 예로부터 지혜로운 사람들이 깨달은 사실을 세속적이고도 유머러스하게 풀어낸 것이다. 바로 다음과 같은 사실이다. "우리는 다 양 같아서 그릇 행하여 각기 제 길로 갔거늘"(사 53:6). "우리는 해야 하는 것들을 하지 않았고 하지 말아야 하는 것들을 했다. 우리 안에는 건강함이 전혀 없다."[4]

우리의 삶은 관리 불가능하다. 우리는 모두 바보 같은 짓을 저질렀고 또 저지를 것이다. 우리의 삶은 그 정도로 나쁘다.

앤 라모트는 이런 표현을 사용한다. "모든 사람이 고장 나고, 망가지고, 질척거리고, 두려움에 빠져 있다. 심지어 어느 정도 삶이 정돈된 것처럼 보이는 사람들도 그렇다. 그들도 당신과 비슷하다. 그러니 당신의 내면을 남들의 겉모습과 비교하려고 하지 마라."[5]

나는 내 생각을 통제할 수 없다.

나는 내 말을 통제할 수 없다.

나는 내 감정을 통제할 수 없다.

나는 내 행동을 통제할 수 없다.

나는 내 충동을 통제할 수 없다.

나는 내 이기심을 통제할 수 없다.

나는 내 시간과 돈을 원하는 대로 관리할 수 없다.

내가 통제할 수 없는 주된 것은 바로 자신이다. 물론 가족이나 친구 같은 다른 사람도 통제할 수 없다. 하나님을 오래 섬길수록 우리 삶이 얼마나 통제 불가능한지 더 절실히 깨닫게 된다. 우리 인생에서 가장 중요한 것은 위기를 피하는 것이 아니라 어떤 사람이 되는가 하는 것이다.

작은 새의 마지막 노래

늘 노래했던 남자의 이야기가 있다. 베니오니(Benyoni)라고 하는 투치족 젊은이는 인간의 삶이 어떠해야 하는지 비전을 준다. '베니오니'는 '작은 새'라는 뜻이다. 그는 가난과 굶주림 속에서도 늘 노래하고 휘파람을 불고 음악을 만들었기 때문에 그런 이름을 얻었다. 그의 가족은 그에게 기타를 사 줄 돈이 없었다. 그래서 그는 직접 기타를 제작했다. 그의 기쁨과 믿음은 사람들에게 생명을 불어넣었다. 그러다 보니 그는 자연스럽게 지도자가 되었다. 고등학생 때 반 회장으로 뽑혔다. 네덜란드 전도자인 코리 텐 붐이 그 지역에 왔을 때 베니오니가 찬양을 인도하게 되었다. 그가 노래하면 다른 사람들도 자연스럽게 동참했기 때문이다. 그는 나중에 한 학교에서 교사를 거쳐 교장이 되었다.

당시는 후투족이 투치족을 죽이는 르완다 대학살이 한창 벌어지던 때였다. 어느 날, 무장한 후투족 군인 다섯 명이 베니오니의 학교에 들이닥쳤다. 그들은 모든 교사를 처형하라는 명령을 받았다. 베니오니는 그들을 설득하려고 애를 썼지만 통하지 않았다. 그들은 베니오니와 젊은 교사 열한 명을 학교에서 끌고 나왔다. 학생들이 보지 않는 곳에서 처형하기 위해서였다.

한 교사가 군인들에게 애원했다. "저부터 죽이세요. 친구들이 이렇게 죽는 모습을 볼 수 없어요." 그러자 베니오니가 차분한 음성으로 말했다. "아니에요. 제가 지도자예요. 저들은 저부터 죽일 거예요. 여러분은 하나님 곁으로 돌아가는 것이 얼마나 영광스러운 일인지 보게 될 거예요."

베니오니는 군인들에게로 몸을 돌렸다. "여러분을 위해 기도해도 될까요?" 이것은 군인들이 전혀 예상하지 못한 상황이었다. 그들은 논의 끝에 좋다고 말했다. 교사들은 베니오니의 기도를 깊이 신뢰했다. 그가 기도하면 군인들이 이 일을 포기할지 모른다는 희망을 품었다.

하지만 베니오니의 기도는 자신들의 구원을 위한 것이 아니었다. 그는 하나님께 자신들에게 용기를 주시고 가족들을 돌봐 달라고 기도했다. 하지만 주로 군인들을 위해서 기도했다. 그는 하나님께 이렇게 기도했다. "저들은 끔찍한 짓을 저지르려고 하고 있습니다. 그래서 곧 견딜 수 없는 죄책감에 사로잡힐 겁니다. 저들이 용서받을 수 있도록 저들에게 예수님을 전할 사람을 보내 주십시오."

그들이 산에 올라 처형 장소에 이르자 베니오니는 마지막으로 한 가지 부탁을 했다. "우리를 죽이기 전에 마지막으로 노래 하나만 부르게 해 주십시오."

이것이 전례가 없는 일이었다. 곧 희생당할 사람이 노래를 부르게 해 달라고 요청하는 일은 거의 없다. 군인들은 고민하기 시작했다. "저런 사람을 어떻게 죽일 수 있는가?" 하지만 지휘관은 처형을 명령했다. 교사들을 처형하지 않고 돌아가면 자신들이 죽임을 당할 것이 분명했기 때문이다. 지휘관은 베니오니에게 말했다. "노래를 불러도 좋다. 한 곡만이다."

베니오니는 평소 몹시 사랑했던 찬송가를 불렀다.

고통의 멍에 벗으려고 예수께로 나갑니다.
자유와 기쁨 베푸시는 주께로 갑니다.

교사들은 용기를 얻어 함께 부르기 시작했다. 그들은 마지막 절까지 함께 찬양했다.

죽음의 길을 벗어나서 예수께로 나갑니다.
영원한 집을 바라보고 주께로 갑니다.[6]

노래가 끝나고 열두 명의 젊은이는 처형당했다. 이것이 작은 새의 마지막 노래였다.

베니오니의 친구인 마티 엔사인(Marti Ensign)이 그의 삶과 죽음에 관한 이야기를 내게 해 주었다. 그 이야기를 들은 나는 교사들이 다 죽었는데 그녀가 어떻게 그 이야기를 알게 되었는지 궁금했다.

엔사인은 이렇게 설명했다. 기지로 복귀한 군인들은 술집에 가서 인사불성이 될 때까지 술을 마셨지만 지휘관은 한 모금도 마시지 않았다. 죄책감에 그는 "마음이 무너져 내렸다." 그는 밤까지 기다렸다가 그곳에 사는 옛 퀘이커교 교사를 찾아갔다. "그 사람들이 어떻게 그렇게 죽을 수 있었는지 알고 싶습니다."

교사는 예수님 이야기를 해 주었다. 예수님이 베니오니처럼 자신을 죽인 자들을 용서하셨다고 말해 주었다. 지휘관은 예수님의 제자가 되어 성경 공부를 시작했고 베니오니의 이야기를 전했다. 몇 달 뒤 지휘관도 처형당했다. 하지만 이 이야기는 이미 널리 퍼져 있었다.

베니오니는 살인자들의 귀에 자신의 노래를 들려주면서 세상을 떠났고, 수십 년이 지난 지금까지도 그 노래는 세상에 울려 퍼지고 있다. 베니오니는 위기를 만나기 전에 이미 남다른 삶을 살고 있었기 때문에 그런 용감한 모습으로 죽음을 마주할 수 있었다.

초월적인 현실이 있다. 그 현실을 향해 강한 용기와 목적의식으로 나아가는 사람들은 절박한 상황에 처한 사람들인 경우가 많다. 예를 들어 죄수, 중독자, 핍박받는 자, 가난한 자, 죽어 가는 자들이 그렇다. 그들은 그 초월적인 현실의 문에서 거부당하지 않을 것이다. 하지만 조용한 절박감 속에서 살다가 노래를 가슴에 품은 채로 생을 마감하는 사람도 있을 것이다. 위기가 닥칠 때까지 기다리지 마라.

생생한 영적 경험을 추구하라

1931년 알코올 중독자 갱생회가 생기기 전, 부유한 엘리트 가문이 그들의 일원인 알코올 중독자 롤런드 H. (Rowland H.)를 유럽으로 보내 세

계에서 두 번째로 유명한 정신과 의사 카를 융에게 치료를 받게 했다.[7]
1년간 집중적 심리 치료를 받은 그는 문제의 원인을 파악했고 술을 끊은 상태를 유지할 수 있다고 자신했다. 하지만 고향에 돌아가는 배를 타기도 전에 그는 고주망태가 되었다. 다시 융을 찾았지만 융은 더 이상 해 줄 수 있는 것이 없다고 말했다. 그는 "지옥의 문이 … 그의 인생을 철컹 … 가둔 것처럼 느꼈다."[8]

그는 융에게 물었다. "희망이 전혀 없나요?" 융은 "딱 하나 있습니다"라고 대답하면서 "생생한 영적 경험"을 통해 하나님과 관계를 맺고 그런 중독에서 해방된 사람들에 관해 들은 적이 있다고 말해 주었다.

롤런드 H.는 영적으로 열심히 탐구하기 시작했고 옥스퍼드 그룹 안에서 하나님과의 그런 관계를 발견했다. 그는 친구인 알코올 중독자 에비(Ebby)에게 이 사실을 말했고, 에비도 옥스퍼드 그룹을 통해 하나님을 만났다. 에비는 빌 W.라는 알코올 중독자에게 이 사실을 말했고, 빌 W.도 옥스퍼드 그룹을 통해 하나님을 만났다. 이렇게 해서 알코올 중독자 갱생회가 시작되었다.

30년 뒤 빌 W.는 융에게 편지를 보내 그가 알코올 중독자 갱생회 설립에 중요한 역할을 했다고 말했다. 융은 죽기 직전에 답장을 보내 30년 전 자신이 했던 조언에 관해서 설명했다. 융에 따르면 술에 대한 갈망은 "중세 언어로는 하나님과의 연합이라고 표현된 온전함을 향한 우리 존재의 영적 갈망의 낮은 차원에 해당된다." 영(spirit)이라는 단어가 알코올을 지칭하는 것은 우연이 아니다. 융은 이렇게 말했다. "알다시피 라틴어에서 알코올은 '스피리투스'(spiritus)다. 이 단어는 지고한 영적 경험만이 아니라 가장 나쁜 독에도 사용된다. '스피리투스 콘트라 스피리트'(spiritus contra spirit(spirit against spirit: 영 대 영))라는 유용한 공식이 있다. 곧 우리는 하나님 아니면 알코올(또는 우리가 선택한 하나님 대용품)의 영향력 아래에 놓인다는 것이다."⁹ 우리는 초월을 향한 영적 갈망을 품고 있다. 진짜배기로 이 갈망을 만족시킬 수 없으면 대용품을 찾게 된다. 알코올은 에덴으로 돌아가는 잘못된 지름길이다.

성경에서도 이렇게 술과 영을 연결하는 것을 볼 수 있다. 사도 바울은 말했다. "술 취하지 말라 … 오직 성령으로 충만함을 받으라"(엡 5:18). 사도행전 기자는 오순절에 성령이 임하자 성령 받은 제자들이 술에 취한 것으로 오해를 받았다고 말한다. "그들이 새 술에 취하였다"(행 2:13). 바울은 에베소 교인들에게 "성령으로 충만함을 받으라"라고 말한 뒤에 "시와 찬송과 신령한 노래들로 서로 화답하며 너희의 마음으로 주께 노래하며 찬송하며"라고 권면했다(엡 5:18-19).

우리는 뭔가에 취해서 살도록 창조되었다. 초월적인 것에 연결될 때 찾아오는 영감, 심오한 느낌, 불안과 열등감에서의 자유, 행복감을 갈망한다. 이 느낌에 대한 옛 헬라어 단어는 '엑-스타시스'(ek-stasis)다. 이는 '자기 자신의 밖에 서다'라는 뜻으로, 여기에서 '엑스터시'(ecstasy)라는 단어가 파생했다. 우리는 참된 엑스터시를 갈망하도록 창조되었다.

이 이야기도 우리가 상황을 통제할 수 없다는 점을 보여 준다. 롤런드 H.의 가족은 큰 부자였기 때문에 처음에는 그를 세상에서 가장 유명한 정신과 의사인 지그문트 프로이트에게 보내려고 했다. 하지만 프로이트는 너무 바빴고 그들은 롤런드 H.를 융에게 보낼 수밖에 없었다. 프로이트는 융과 달리 철저한 무신론자로, 종교적 신앙은 신경계에서 일으키는 환상이라고 보았다. 프로이트가 롤런드 H.를 치료했다면 옥스퍼드 그룹을 통해 하나님과 중요한 관계를 맺으라는 조언을 절대 하지 않았을 것이다. 그러면 롤런드 H.는 에비에게 같은 조언을 하지 않았을 것이고, 에비도 빌 W.에게 같은 조언을 하지 않았을 것이다. "알코올 중독자 갱생회가 왜 시작되었는가?"라는 질문에 대한 대답 중 한 가지는 "프로이트가 너무 바빴기 때문"이다. 하나님은 불가사의한 방식으로 역사하신다.

☞ 실천하기

문제의 심각성을 깨닫게 해 달라고 기도하라

지금 우리는 현실을 부정하는 성향을 다루고 있다. 중독은 확실한 증거가 있음에도 불구하고 자신에게 문제가 있다고 믿지 않는 것이 증상인 유일한 질병이라는 말이 있다. 하지만 우리 역시 현실을 부정하는 성향이 있다.

40년 경력을 지닌 심리학자에게, 내담자들이 가장 많이 후회하는 것이 무엇인지 물어보았다. 그는 일말의 망설임도 없이 대답했다. "이 기심입니다." 사람들은 "나는 왜 배우자, 부모, 친구로서 나눠 주고 용서하는 사람이 되지 못했을까?"라는 후회를 자주 한다. 이어서 나는 이기심을 문제로 인정한 내담자들 중 그 문제로 도움을 받기 위해 찾아온 사람이 몇 명이나 되는지 물었다. 그의 대답은 "아무도 없습니다!"였다. 사람들은 가장 후회하는 문제에 대해서 오히려 가장 도움을 요청하지 않는다. 정말 어리석다.

따라서 우리는 하나님께 알코올 중독자 갱생회에서 "명확해지는 순간"(moment of clarity: 알코올 중독자가 자신의 심각성을 깨닫고 변화가 필요하다고 느끼는 순간 — 옮긴이)이라고 부르는 선물을 달라고 요청해야 한다. 이것은 상황에 대한 우리의 시각을 변화시켜 주는 통찰의 선물이다. 예수님이 말씀하신 탕자 이야기에서 이 선물을 볼 수 있다. 돈과 친구가 다 떨어져 조용한 절박감 속에서 돼지들과 함께 쥐엄나무 열매를 먹던 탕자는 자신의 삶이 '그렇게까지 나쁘지는 않다'고 생각했다. '명확해지는 순간'이 오기 전까지는 말이다. 그 순간은 바깥에서 찾아왔다. 그는 갑자기 눈앞이 환해지는 경험을 했다. "저런, 지금 내가 돼지우리에 있잖아!" (어떤 학자는 누군가가 근처에 서서 그에게 "자네 벌써 여섯 달이나 그곳에 있었어!"라고 말해 주었을지도 모른다고 말한다.)[10]

이제 이렇게 물어야 할 때다. 관리하고 통제하려는 당신의 시도가 통하지 않는 인생의 영역은 어디인가? 예를 들어, 부모 자녀 관계에 관한 설문 조사에서 자주 언급된 문제는 성인 자녀가 스스로 살아가도록 부모가 놔주지 못하는 것이었다.[11] 나는 어떤 영역에서 삶의 관리자 자리를 내려놓아야 하는가? 어떤 영역에서 "나를 내려놓고 하나님께 맡기라"는 조언을 따라야 하는가?

작가이자 사제였던 헨리 나우웬은 이런 태도를 보여 주는 아름다운 상황을 소개했다. 말년에 그는 로들레이 곡예단(Flying Rodleighs)이라는 공중 그네 곡예사들에게 매료되었다. 나우웬은 열렬한 팬이 되었고 그들의 훈련과 은혜가 영적 삶에 관한 좋은 비유가 된다고 생각했다. 그들의 모습을 보면서, 그는 무기력 속에서 찾을 수 있는 신비로운 소망을 엿보았다.

하루는 나우웬이 곡예단 단장이자 곡예사인 로들레이(Rodleigh)와 마주 앉아서 공중 그네 곡예 이야기를 하고 있었다. 곡예사는 공중을 날 때 그를 잡아 줄 사람을 완전히 신뢰해야 한다고 로들레이는 말했다. 관중은 대개 공중을 나는 사람이 곡예의 주인공이라고 생각한다. 하지만 로들레이는 잡아 주는 사람인 조(Joe)가 진짜 주인공이라고 말했다. 로들레이가 점프를 해서 멀리 날아오를 때 조가 정확한 타이밍에 정확한 지점에 위치해서 그를 잡아 줘야 한다. 로들레이는 공중을 나는 사람은 사실 아무것도 안 하는 것이고 그를 잡아 주는 사람이 모든 것을 하는 것이라고까지 말했다. 로들레이는 날아 오른 뒤에 그저 손을 뻗고 안전하게 착지할 수 있을 때까지 조의 손을 기다리기만 하면 된다.

"당신은 아무것도 하지 않는군요!" 나우웬은 말했다.

"맞아요. 아무것도 하지 않습니다." 로들레이가 말했다. 사실, 공중을 나는 사람이 할 수 있는 가장 위험한 행동은 자신을 잡아 줄 사람을 잡으려고 하는 것이다. 로들레이가 조의 허리를 잡으려고 하면 조의 허리가 부러지거나 조가 그의 허리를 부러뜨려서 둘 다 목숨을 잃을 수밖에 없다. "공중을 나는 사람은 날아야 하고 잡아 주는 사람은 잡아 줘야 합니다. 공중을 나는 사람은 자신을 잡아 줄 사람을 믿고 손을 뻗어야 합니다."

혹시 이런 생각을 하고 있는가? '이 상황이 하나님에 관해서 혹은 내게 하나님이 필요한 이유에 관해서 무엇을 말해 주는가? 나는 왜 나를 내려놓지 못할까? 나를 잡아 주실 분을 믿는 법을 어떻게 배울 수 있을까?'

지금 혼자 있다면 잠시 손을 뻗어 하나님께 잡아 달라고 기도해 보라. 자기 문제를 명확하게 보게 되는 순간을 달라고 기도하라. 자기 문제를 직시하면 우울해질 수도 있지만 사실 이 순간은 생명으로 가는 문이다.

♦ **핵심 정리**

- 모든 사람은 자신의 삶을 스스로 관리할 수 없다. 당신도 마찬가지다.

- 당신의 인격을 시험하는 위기가 찾아와 절박하게 도움을 요청해야 할 때까지 기다리지 마라. 위기가 닥치기 전에 위기를 다루는 법을 배우라.

- 우리의 마음은 하나님과 좋은 관계 맺기를 갈망한다.

3.
못나고 부족한
자신을
사랑하기

"우리가 무력하다는 사실을 인정했다."

뭔가를 '인정한다'는 것은 무엇을 의미하는가? '인정한다'는 것은 대개 마지못해 한다는 의미를 포함하고 있다. 내 잘못이라고 인정한다. 내가 우유를 흘렸고, 내 음정이 틀렸고, 뚜껑을 열어 둔 채로 놔두었고, 다른 가족을 위해 남겨 둔 치즈 케이크를 먹은 범인이라고 인정한다. 이와 마찬가지로 자신의 무력함을 인정하려면 우선 저항감을 극복해야 한다. 개인적인 부족함과 철저한 실패를 인정하고 싶은 사람은 세상 어디에도 없다.

물론 수많은 사람이 자신의 부족함을 인정했다. 하지만 처음부터 그렇게 하지는 못했다. 시간이 지나면서 그들은 〈마른 손 공동체〉 안에서 얻었던 힘은 자신이 무력한 존재임을 인정하고 오히려 그것을 축하할 때 찾아왔다는 사실을 깨달았다.

내 친구 유진(Eugene)은 검은 띠의 무술인이다. 내가 들고 있는 나무판을 180도 돌려차기로 박살 내는 친구다. 발이 그렇게 빨리 움직일 수 있다는 것을 처음 알았다. 나는 그렇게 할 수 없다고 확신했지만 유진은 무술계에서 자주 하는 말을 들려주었다. "검은 띠는 흰 띠가 계속 도장에 나와 연습한 결과일 뿐이다."

이 말은 예수님의 제자들을 생각나게 한다. 제자들의 성장은 지독히 더뎠다. 예수님은 그들을 "믿음이 적은 자들"이라고 부르셨다. 예수님은 그들에게 수없이 (사랑의) 호통을 치셨다. 신약은 그들의 부족함을 적나라하게 보여 준다. 그들은 예수님을 오해하고 과소평가하고 부인하고 버리고 배신했다. 하지만 그들은 예수님의 학교를 떠나지 않았다. 계속 출석했다. 이들은 예수님께 자신의 부족함을 솔직히 털어놓을 수 있었다. 덕분에 그들은 '자신의 능력을 확신하는' 사람들은 절대 경험할 수 없는 변화시키는 능력을 누리게 되었다.

우리에게는 부족함을 거리낌 없이 드러낼 수 있는 곳이 필요하다. 켄트 더닝턴은 어느 곳처럼 교회에서도 사람들이 성과의 압박에 시달린다고 말한다. 교인들은 자신의 가정과 일과 행동을 통제할 수 있는 것처럼 보이려고 애를 쓴다. 하지만 알코올 중독자 갱생회에서는 자신의 약함과 문제를 고백할 때 진정한 우정과 사랑을 찾게 된다는 사실을 알고 있다. 자신의 중독과 재발, 해고, 실패, 가정불화, 거짓말을 고백하면 오히려 응원을 받는다. 자신의 이야기가 어두울수록 더 따스한 환영을 받는다. 물론 그들이 나쁜 짓을 저질렀기 때문에 환영을 받는 것이 아니다. 잘못에 대해 용서를 구하기 때문에 환영을 받는다. 더닝턴은 이 갱생회의 지혜는 "중독자가 자신의 중독을 깨닫고 공개적으로 인정하는 것을 **축하하는** 데" 있다고 말한다. 계속해서 그는 말한다. "이런 깨달음과 인정을 **성과**로 여기고 의식과 반복을 통해 축하한다."[1]

자신의 부족함을 인정하고 자신이 그런 사람인 것을 축하하라. 나는 도덕적으로, 영적으로, 정서적으로, 지적으로, 사회적으로 부족하다. 나는 사람들에게 상처를 줄 것이다. 사람들을 실망시킬 것이다. 사람들과의 약속을 어길 것이다. 당신의 마음을 상하게 할 것이다.

나는 우월한 사고력으로 어떤 문제든 다룰 수 있다고 믿기 쉽다. 하지만 알코올 중독자 갱생회에서 흔히 하는 말은 "당신의 바로 그 뛰어난 사고력 때문에 이곳에 오게 되었다는 사실을 기억하라"는 것이다.

자신의 부족함을 솔직하게, 진심으로 인정하는 곳에서는 그것을 매우 용기 있는 행위이자 남들도 그렇게 하도록 용기를 주는 행위로 여긴다. 자신의 부족함을 얼마나 편안하게 받아들이는지를 평가할 방법이 필요하다. 내가 아는 가장 좋은 방법은 '수용 단계[척도]'(Scale of Acceptance)를 이용하는 것이다.

이 단계는 내 친구인 릭과 셰리 블래크먼 부부가 개발한 것이다. 이들은 심리학자와 목사 부부다. 이들이 서로 다투다가 이 단계를 개발하지 않았을까 추측해 본다. 혹시 당신이 통제할 수 없는 무언가를 떠올렸는가? 결혼하지 못한 상황일 수 있다. 외향적이거나 내향적인 성격일 수도 있다. 배우자, 자녀, 친구일 수도 있다. 사람들의 요청일 수도 있다. 이 단계를 사용해서 이런 것에 대한 당신의 감정을 확인할 수 있다. 지금은 당신의 개인적인 부족함에 대해 느끼는 감정을 평가해 보라.

수용 단계

환영하다

인정하다

참다

저항하다

거부하다

가장 아래 단계는 '거부하다'다. 이 단계에서는 현실을 떠올리기도 싫어한다. 자신의 약함을 인정하기를 거부한다. 다른 사람을 비난한다. 이런 생각을 하는 것조차 거부한다. 이 상황, 이 직업, 이 특성을 경멸한다.

다음 단계는 '저항하다'다. 이 단계에서는 현실을 마지못해 받아들이면서도 적극적으로 거부한다. 정서적으로 반대하는 상태다.

중간 단계는 '참다'다. 중립 상태다. 좋지도 않고 싫지도 않다. 이 상황이 신경 쓰이지도 않고 이 상황이 바뀌어도 전혀 아쉽지 않다.

그 위에 있는 단계는 '인정하다'다. 이제 이 사람, 이 상황, 이 감정, 자기 정체성의 이 부분을 긍정적으로 여긴다.

가장 위에 있는 단계는 '환영하다'다. 이제 이것을 좋게 여길 뿐 아니라 이것이 자기 정체성의 일부가 되기를 바란다. 이것을 옹호한다. 이것에 전적으로 찬성한다.

이 세상에서는 대개 강점을 '환영하고' 약점을 '거부한다.' 불안과 압박에 시달리는 고등학생들은 대학교에 가기 위해 이력을 쌓고 있다. 페이스북은 현실에서는 불가능해 보일 만큼 완벽한 가족의 모습을 보여 준다. 때로는 종교가 이런 세태를 강화한다.

소설 *Glittering Images*(화려한 이미지)는 20세기 초 영국 국교회에서 발행한 시리즈 중 한 권이다.[2] 등장인물 찰스 애시크로프트는 하나님을 섬기기 원하는 목사이지만 자신이 남들에게 어떻게 보이는지에, 즉 "화려한 이미지"의 우상에 사로잡혀 있다. 실제 자신보다 더 똑똑하고, 더 유능하고, 더 겸손하고, 더 낫고, 더 매력적으로 보이기 위해 애쓰고 있다. 결국 그는 영적으로, 정서적으로 심각하게 무너진다. 하지만 수치와 비밀이 드러나면서 오히려 정서적으로 회복되고 남들과의 진정한 관계를 경험하게 된다.

치욕스럽게 무너졌던 그는 자신의 삶은 끝났고 이제 쓸모없다고 생각했다. 하지만 오히려 그때가 쓸모 있는 삶의 시작점이었다. 망가진 진짜 자아를 통해, 화려한 이미지로는 할 수 없는 방식으로 하나님을 섬길 수 있게 되었다. 화려한 이미지는 겉으로는 강해 보이지만 실상은 약하다. 망가진 자아는 연약해 보이지만 힘을 얻는다. 이 책의 도입부에서 애시크로프트는 자신의 약함을 거부하고 비난하고 부정한다. 하지만 결국 그는 자신의 약함을 환영하게 되었다. 그 약함의 자리에서 하나님을 만났기 때문이다.

이 소설은 부와 성공을 가졌지만 이혼과 영적 공허함을 경험하고 "분열된 자아가 무너지지 않도록 애썼던" 수전 하워치(Susan Howatch)가 썼다. 그녀는 솔즈베리 대성당 맞은편 원룸에 세를 들어 살았고 대성당의 아름다움에 매료되었다. 결국 그녀는 기독교로 개종했다. 자신이 쓴 베스트셀러처럼 그녀 자신의 인생이 자신의 부족함을 축하하는 삶이었다.

이 패턴은 계속 반복된다. 인생에서 무력함만큼 큰 힘은 없다. 내가 하워치의 책에 끌린 이유는 탐정 이야기와 심리학과 영성을 독특하게 결합한 책이라는 점도 있지만, 무엇보다도 내가 "화려한 이미지"의 유혹을 강하게 느끼기 때문이다. 나는 애시크로프트와 너무 비슷하다. 이 사실을 숨기려고 애쓰지만 소용없다. 부모님이 내게 이 책을 사 주신 것만 봐도 알 수 있다. 아내도, 내 친구 릭도 내게 이 책을 사 주었다.

때로 종교적인 신앙은 우리가 진짜 모습으로 살아가기를 더 어렵게 만든다. 우리는 속으로 바라기만 하는 영적 수준에 이미 도달한 것처럼 보이려고 애쓴다. 그러니 나와 함께 아래층으로 내려가자. 화려한 이미지를 벗어 버리자. 자신이 부족한 사람임을 축하하자.

성경의 내러티브를 보면 자신의 능력으로 하나님을 만난 사람은 아무도 없다. 하나님을 만난 사람이 "제 삶은 잘 풀리고 있습니다. 그럼 이만 가 보겠습니다"라고 반응하는 경우는 없다. 베드로는 "주여 나를 떠나소서 나는 죄인이로소이다"(눅 5:8)라고 말했다. 이사야는 "화로다 나여 망하게 되었도다 나는 입술이 부정한 사람이요"(사 6:5)라고 말했다. 세리는 자신의 부족함을 고백하고 하나님과 가까워진 반면, 자신의 영적 능력을 자랑한 종교 지도자는 하나님에게서 한없이 멀어졌다.

사도 바울도 자신의 약함을 환영했다. 인간의 관점에서 볼 때 바울은 많은 은사를 지녔다. 그는 교양이 있었고, 고등교육을 받았고, 열심이 충만했고, 똑똑한 사람이었다. 하지만 이것이 걸림돌이 될 수도 있다. 그래서 바울은 아래층으로 내려갔다. 그는 이렇게 썼다. "너무 자만

하지 않게 하시려고 내 육체에 가시 곧 사탄의 사자를 주셨으니 이는 나를 쳐서 너무 자만하지 않게 하려 하심이라"(고후 12:7).

"너무 자만하지 않도록." 바울은 하나님이 자신에게 가시를 주신 이유가 자신이 그것을 감당할 만큼 강한 줄 아셨기 때문이라고 말하지 않는다. 그는 가시가 필요할 만큼 자기중심적이었기 때문이다. 바울은 이 가시가 무엇인지를 말해 주지는 않는다. 하지만 어쨌든 그는 이것을 '약함'으로 여겼다. 이 구절에서 최소한 다섯 번 "약한"과 "약함"이라는 단어가 사용된다. 그는 약하다는 느낌을 원치 않았다. 그래서 하나님께 이 가시를 제거해 달라고 세 번이나 간구했다.

수용 단계에서 바울은 처음에는 가시를 거부한다. 그는 가시를 조금도 원하지 않는다. 그는 그것을 방해물이요 수치의 이유이며 약함의 증거로 본다. 그러다 뜻밖의 깨달음을 얻고 자유로워진다. 그의 '부족함'은 그의 '능력'과 달리 그를 하나님께 단단히 묶어 주었다. 하나님의 강하심은 인간의 약함 속에서 온전해진다. 우리는 그가 계속해서 수용의 더 높은 단계로 올라가는 것을 볼 수 있다. 그는 거부한다. 가시를 참는 법을 배운다. 어느 시점에서는 가시를 없애 달라는 기도를 멈춘다. 결국 그는 가시를 '환영한다.' "나의 여러 약한 것들에 대하여 자랑하리니 … 약한 것들 … 기뻐하노니 이는 내가 약한 그 때에 강함이라"(고후 12:9-10).

인류학자 마거릿 미드는 인터뷰에서 무엇을 문명의 가장 초기 증거로 여기느냐는 질문을 받았다. 미드는 바퀴 발명이나 농경 시작을 언급하지 않았다. 그녀는 부러졌다가 치유된 15,000년 전 인류의 대퇴골이라고 대답했다. 대퇴골이 치유되기까지는 6주가 걸리는데 그동안 부상당한 사람은 스스로 먹을 수도 방어할 수도 없고 남들에게 짐만 되었다고 그녀는 설명한다. 부상으로 약해진 사람을 다른 이들이 돌보고 지켜 주어야 했다. 미드는 이런 돌봄이 "동물 세계에서는 나타나지 않았고 인류 이전 조상들의 특징도 아니었다. **약함을 다루는 우리의 방식은 우리의 독창적인 기술과 예술만큼이나 우리가 다른 종과 구별되는 점이다**"라고 말했다.[3]

고통스러운 날에 내 기도는 "하나님, 이 상황을 바꿔 주십시오. 제 약함을 없애 주십시오. 제 고통을 사라지게 해 주십시오"인 경우가 많았다. 인생에서 대부분의 경우 나쁜 상황을 내가 바로잡을 수 있을 것만 같았다. 하지만 아래층으로 내려가 '개인적 부족함의 학교'에 들어가자 그럴 수 없다는 사실을 배웠다. 내가 배운 것은 좋은 상황이 삶의 충분한 기초가 되지 못한다는 것이다. 이것은 언제나 사실이다. 그러나 상황이 좋을 때는 이 사실을 잘 보지 못한다.

상황을 초월한 기초 위에 삶을 지어야 한다. 그 기초는 바로 은혜이며, 우리가 약할 때 그것을 발견할 수 있다. 우리는 자신의 약함을 잊기를 원한다. 하지만 은혜는 우리의 약함을 기억하고 깊이 통감할 것을 요구한다. 우리는 자신의 약함을 극복하기를 원한다. 하지만 우리가 약함 안에서 쉬고 심지어 그것을 기뻐할 때 은혜가 찾아온다. 앤드루 머리는 말했다. "우리의 약함을 **기꺼이 받아들이고 계속해서 깨달을** 때 '내 능력이 약한 데서 온전하여짐이라'라고 말씀하신 분의 강함을 받을 수 있다."[4]

🖐 실천하기

자신이 부족한 사람임을 축하하라

자신이 어떤 부분에서 부족하다고 느끼는지 돌아보는 시간을 가지라. 습관. 관계. 일. 평판. 신앙. 성. 두려움. 베풂. 우정. 이기주의.

자신의 부족함에 대한 당신의 태도는 수용 단계 중 어느 단계에 있는가? 거부? 저항? 어떻게 하면 한 단계 위로 올라갈 수 있을까?

오늘, "나는 모른다"라고 여러 번 말하라.

오늘, 뭔가에 대해서 누군가에게 겸손히 도움을 요청하라.

오늘, 부정적인 감정을 떨쳐 내려고 애쓰지 마라. 그냥 그 감정을 살펴보라.

오늘, 당신이 원하는 대로 상황이 바뀌지 않는다는 현실을 받아들이라.

오늘, 통제할 수 없는 것을 통제하는 척하기를 그만두라.

오늘, 당신이 하나님을 의지할 수밖에 없고 다른 사람들의 도움이 필요하다는 사실을 깨닫게 해 주는 자신의 약점에 대해 하나님께 감사하라. 당신은 혼자가 아니다. 약함을 다루는 우리의 방식은 우리가 다른 종과 구별되는 지점이다.

마샤 리네한 교수는 아름다운 잔디를 민들레가 망치는 꿈을 꾼 남자 이야기를 전해 준다. 민들레가 돋아나자 남자는 뽑아 버렸지만 민들레는 다시 생겨났다. 제초제를 사서 뿌렸지만 민들레는 다시 돋아났다. 잡초가 나지 않는 새 잔디를 깔았지만 민들레는 다시 생겼다. 그는 이웃집 마당에 있는 민들레가 원인이라는 말을 듣고 집집마다 찾아가 민들레를 뽑게 했다. 하지만 소용없었다.

책을 모조리 뒤지고 전문가를 찾아가도 방법을 알 수 없자 남자는 농무부에 편지를 보냈다. 그곳이라면 분명 방법을 알리라 생각했다. 몇 개월 후 답장이 왔다. 남자는 기대에 부풀어 편지를 읽었다.

선생님, 선생님의 문제를 진지하게 논의하고 여러 전문가에게 의견을 구했습니다. 깊이 고민한 끝에 저희는 선생님께 아주 좋은 조언을 드릴 수 있게 되었습니다. 저희가 드릴 수 있는 말씀은, 민들레를 사랑하는 법을 배우시라는 것입니다. [5]

자신의 삶에 있는 민들레 때문에 절망감이 밀려온다면 이 책을 계속해서 읽기 바란다. 희망은 있다.

◆ **핵심 정리**

- 자신의 부족함을 인정하고 자신이 부족한 사람임을 축하하는 태도에는 큰 힘이 있다.

- 수용 단계를 인지하면, 자신의 약함을 받아들이고 심지어 그것을 기뻐하는 데 도움이 된다.

- 우리가 이 세상에서 하나님과 여러 사람을 의지한다는 사실에 대해 하나님께 감사하기로 선택할 수 있다.

2단계

해법: 하나님은 하실 수 있다

나는 하나님이 나를 온전히 회복시켜 주시리라 믿는다.

오, 옛적부터 계신 아름다운 분이시여, 오, 더없이 새로운 아름다운 분이시여,
당신을 너무 늦게 사랑하게 되었습니다.
당신을 너무 늦게 사랑하게 되었습니다! 당신은 제 안에 계셨습니다.
하지만 저는 제 자신의 밖에 있었고, 거기서 당신을 찾으려고 했습니다!
약한 가운데 저는 당신이 만드신 아름다운 것들을 좇았습니다.
당신은 저와 함께하셨지만, 저는 당신과 함께하지 않았습니다.
당신이 지으신 것들로 인해 당신께 가지 못했습니다.
그것들은 당신 안에서 존재하지 않았다면
존재할 수 없었던 것들에 불과합니다!
당신은 부르고 울부짖으면서 저의 막힌 귀를 뚫으셨습니다.
당신은 환한 빛을 발해 저의 멀어 버린 눈을 고치셨습니다.
당신은 향기를 발하셨고, 저는 그것을 들이마셨습니다.
그래서 이제 저는 당신을 갈망합니다.
저는 당신을 맛보았습니다.
그래서 저는 이제 당신에 대해 굶주리고 목마릅니다.
당신은 저를 만지셨습니다.
그래서 이제 저는 당신의 평강을 간절히 바랍니다.

- 성 아우구스티누스[1]

1.
하나님의 선하신 계획
기대하기

1단계에서 우리는 능력 없음을 용기있게 인정하고 포기했다. 이 인정은 무력감과 절망감을 가져왔다. 우리 자신 안에서는 아무런 소망을 찾을 수 없다. 이제 2단계로 가 보자.

리사 터커스트는 다음 1인칭이 우리가 아무리 노력해도 부족하다는 점을 잘 보여 준다고 이야기한다. "하지만 나는…"[1]

나는 운동을 해서 몸을 만들어야 한다. 하지만 나는 피곤하다.

새로운 친구들을 사귀는 것이 좋다. 하지만 나는 너무 내향적이다.

나는 평안하고 소망 넘치는 삶을 살고 싶다. 하지만 나는 걱정이 너무 많다.

나는 재정적으로 안정되고 싶다. 하지만 나는 지출이 너무 많다.

술을 다시는 마시지 말아야 한다. 하지만 나는 오늘 스트레스를 너무 받았다.

자신의 무력함을 표현한 사도 바울의 글은 너무도 유명하다.

분명 내게는 다른 도움이 필요한 것입니다. 지금 내게는 있어야 할 것이 없습니다. 나는 뜻을 품을 수는 있으나 [하지만 나는] 그 뜻을 행동으로 옮길 수는 없습니다. 나는 선을 행하기로 결심하지만 [하지만 나는] 실제로 선을 행하지는 않습니다. 나는 악을 행하지 않기로 결심하지만 [하지만 나는] 결국에는 악을 저지르고 맙니다. 나는 결심하지만 결심만 하지 행동으로 이어지지가 않습니다. 내 내면 깊은 곳에서 무엇인가 잘못된 것입니다. 그래서 나는 매번 실패하고 맙니다. 이는 너무 반복적으로 일어나는 일이어서 충분히 예측할 수 있습니다. (롬 7:17-21, 《메시지》)

"하지만 나는" 때문에 나는 성공하지 못한다. 시도조차 못한다. 이 표현은 행동하지 않고 현실을 부정하는 것을 정당화하는 데 유용하다. "하지만 나는"이라는 짧은 말은 하나님이 누군가를 가치 있는 일로 부르실 때 흔히 듣는 변명이다.

- 하나님은 "아브라함아, 너는 여러 민족의 아버지가 될 것이다"라고 말씀하신다. "하지만 나는 나이가 너무 많습니다."(창 17:5, 17 참고)

- "모세야, 바로에게 가라." "하지만 나는 말주변이 너무 없습니다."(출 4:10 참고)
- "기드온아, 내 백성을 미디안 사람들에게서 구해 내라." "하지만 나는 내 가문에서 가장 작은 자입니다."(삿 6:15 참고)
- "예레미야야, 내 선지자가 되라." "하지만 나는 말을 잘 못합니다. 나는 어린 자에 불과합니다."(렘 1:6 참고)
- "에스더야, 왕에게 가서 내 백성을 구하라." "하지만 나는 30일간 왕에게 부름을 받지 못했습니다."(에 4:11 참고)
- "베드로야, 반대편에 그물을 던져라." "하지만 나는 이미 밤새 그물을 던졌습니다."(눅 5:5 참고)

계속해서 "하지만 나는…"이라는 변명을 듣게 된다. 중요한 사실은 하나님이 이런 말에 반박하시지 않는다는 것이다. 하나님은 이렇게 말씀하시지 않는다. "아니야. 모세 너는 말을 정말 잘해." "아브라함아, 너는 그렇게 늙지 않았어."

인간적인 측면에서 우리는 그런 식으로 반응할 때가 많다. 자신의 부족함을 부정할 때가 많다. "아니야. 나는 정말 대단해." 이것은 고대 세계의 수사법이었다. 플루타르크 같은 바울 시대의 인물들은 자신의 높은 지성이나 큰 영향력 혹은 고귀한 태생을 언급해서 독자의 신뢰를 얻으라고 작가들에게 조언했다.[2] 이 점을 기억하면서 고린도 교인들이 사도 바울의 다음 글을 읽을 때 어떤 기분이 들었을지 상상해 보라.

"형제들아 너희를 부르심을 보라 육체를 따라 지혜로운 자가 많지 아니하며 능한 자가 많지 아니하며 문벌 좋은 자가 많지 아니하도다"(고전 1:26).

여기서 바울은 각자의 부족함을 돌아보라고 권하고 있다. 지혜로운가? 아니다. 영향력이 큰가? 아니다. 훌륭한 유전자를 물려받았는가? 아니다.

하지만 바울은 이런 것에 놀랄 정도로 연연하지 않는다. "그러니 너희의 기대 수준을 낮추라"라고 말하지 않는다. "너희 중 소수가 부유하고 똑똑한 것에 감사하라. 하나님은 그 소수에 의지하신다"라고 말하지 않는다. 오히려 그는 하나님이 누구도 예상할 수 없는 것을 계획하고 계시니 엄청난 일을 기대하라고 말한다.

> "그러나 하나님께서 세상의 미련한 것들을 택하사 지혜 있는 자들을 부끄럽게 하려 하시고 세상의 약한 것들을 택하사 강한 것들을 부끄럽게 하려 하시며 하나님께서 세상의 천한 것들과 멸시받는 것들과 없는 것들을 택하사 있는 것들을 폐하려 하시나니 이는 아무 육체도 하나님 앞에서 자랑하지 못하게 하려 하심이라"(고전 1:27-29).

바울은 "그러나 하나님께서…"라고 말한다. 플레밍 러틀리지는 이렇게 말한다. "신약에서 '그러나 하나님께서(하지만 하나님은)'라는 두 단어가 보이면 관심을 집중하라. 곧 좋은 소식을 듣게 될 테니 말이다."[3] "하지만 하나님은…"은 우리의 부족함이 우리가 어떤 사람이 되고 어떤 일을 할 수 있는지 결정하지 못한다는 뜻이다.

당신의 상황이 절대 바뀌지 않을 것이라고 생각하는가? 배운 것이 없어서 항상 벽에 부딪힐 것이라고 생각하는가? 평생 중독자로 살 것이라고 생각하는가? 우울증 때문에 항상 패배할 것이라고 생각하는가? 평생 실패자로 살 것이라고 생각하는가? 평생 과거에 발목을 잡힐 것이라고 생각하는가? 미래가 암담하다고 생각하는가? 당신은 약해서 더 이상 발전할 수 없다고 생각하는가?

'하지만 하나님은' 그렇지 않다고 말씀하신다. '하지만 하나님은' 생각을 바꾸라고 명령하신다. 이 두 단어는 성경에 수없이 나온다.

- 요셉은 자신을 노예로 팔아넘긴 형들에게 말했다. "당신들은 나를 해하려 하였으나 하나님은 그것을 선으로 바꾸사"(창 50:20).
- 시편 기자는 말했다. "내 육체와 마음은 쇠약하나 하나님은 내 마음의 반석이시요 영원한 분깃이시라"(시 73:26).
- 예수님은 말씀하셨다. "사람으로는 할 수 없으나 하나님으로서는 다 하실 수 있느니라"(마 19:26).

이 두 단어는 성경에서 정말 중요한 말이다. 이 두 단어가 사용될 때마다 새로운 현실, 초월적인 현실이 하늘에서 내려와 자신의 부족함 속에 갇혀 있던 우리의 세상에 치유와 소망을 더해 주기 때문이다.

사랑을 받아 본 기억이 없는가? "의인을 위하여 죽는 자가 쉽지 않고… (하지만) 우리가 아직 죄인 되었을 때에 그리스도께서 우리를 위하여 죽으심으로 하나님께서 우리에 대한 자기의 사랑을 확증하셨느니라"(롬 5:7-8).

당신과 나를 포함한 인간의 역사, 인간의 문제, 인간의 운명은 환난과 죽음으로 가는 일방통행 도로다. 하지만 우리는 "우리 자신보다 큰 힘을 믿게 되었다." 이것이 소망과 믿음의 기초다. "하지만 나는…, 하지만 나는…, 하지만 나는…"이라는 식으로 당신의 부족함을 핑계 삼아 하나님이 주시는 소명을 거부하고 있는가? 더 이상 그러지 마라. 터커스트의 말을 인용하고 싶다. 좀 이상하게 들릴지 모르지만 이보다 더 잘 표현할 길이 없다. "하나님은 우리의 '하지만'보다 크시다."

물론 우리는 충분히 똑똑하지도, 강하지도, 선하지도 못하다. 우리는 부족하다. 하지만 하나님은 어리석고 약하고 천하고 유약하고 소심하고 시끄럽고 세련되지 못한 자들을 선택하셨다. 우리의 마음, 직장, 가정, 재정, 자녀, 건강과 관련해서 어떤 일이 벌어지고 있는지는 상관없다. 상황이 안 좋아도 상관없다.

하지만 하나님은! 우리의 실패, 죽음, 고통, 죄, 수치, 후회, 상실, 인격적 결함은 실질적이지만 최종적이지는 않다. 우리 자신보다 더 큰 힘이 이 안타까운 세상을 새롭게 고치는 일을 아직 마무리하시지 않았기 때문이다.

마크 로버츠에 따르면, 목사이자 학자인 얼 파머(Earl Palmer)는 이렇게 가르쳤다. "이 두 단어는 성경 전체의 메시지, 복음의 핵심을 요약한다. '우리는 불순종했지만 하나님은…. 우리는 죄를 지었지만 하나님은…. 우리는 반역했지만 하나님은…. 우리는 방황했지만 하나님은….'"[4]

설교자 제임스 몽고메리 보이스는 이렇게 말했다. "'하지만 하나님은'이라는 이 두 단어를 이해하면 영혼의 구원을 받을 것이다. 이 두 단어를 매일 기억하며 그에 따라 살면 삶이 완전히 변할 것이다."[5]

"하지만 하나님은"은 베들레헴의 한 구유를 통해 세상에 하나님의 교두보가 마련되었다는 뜻이다. 이 구유는 별것 아닌 것처럼 보이지만 바로와 헤롯과 빌라도와 네로까지 많은 인간 통치자들이 이 구유를 무시했다가 망했다. 그들은 죽어서 심판을 받게 되지만 하나님의 나라는 계속해서 성장해 가고 있기 때문이다.

바울도 이 역학을 경험했다. 그는 "지극히 큰 사도"라고 자처하는 적들에게 응수해야 했다. 그렇다면 우리는 바울이 영혼을 구하고 교회를 개척하고 설교를 하고 편지를 쓴 것 등의 사역 성과들을 나열했으리라 생각하기 쉽다. 하지만 바울은 그렇게 하지 않았다. 그 대신 이렇게 썼다. "내가 수고를 넘치도록 하고 옥에 갇히기도 더 많이 하고 매도 수없이 맞고 여러 번 죽을 뻔하였으니"(고후 11:23).

바울은 자신의 실패, 문제점, 거부당한 일, 걱정스러운 일을 나열한다. 개인적인 부족함, 무엇보다도 아무리 기도해도 해결되지 않은 "육체의 가시"를 축하했다. 매를 맞고, 채찍질을 당하고, 생계를 위해 천막을 만들고, 자만에 빠지고, 육체의 가시를 떠안고, 기도에 실패하고, 스스로 약하다고 고백하는 사람. 바울은 그런 사람이었다.

자신을 낮춤으로써 높이려는 사람이 어디에 있을까? 왜 그런 식으로 말하는 것일까? 이유는 단 하나이고, 두 단어로 말할 수 있다.

"(하지만 하나님이) 나에게 이르시기를 내 은혜가 네게 족하도다 이는 내 능력이 약한 데서 온전하여짐이라 하신지라 그러므로 도리어 크게 기뻐함으로 나의 여러 약한 것들에 대하여 자랑하리니 이는 그리스도의 능력이 내게 머물게 하려 함이라 그러므로 내가 그리스도를 위하여 약한 것들과 능욕과 궁핍과 박해와 곤고를 기뻐하노니 이는 내가 약한 그 때에 강함이라"(고후 12:9-10).

모든 사람이 다 부족한 면이 있다. 하지만 우리의 부족함은 이야기의 끝이 아니다. 이제 우리 자신보다 큰 힘에 매일 상호적이고도 경험적으로 연결될 수 있다. 이것이 예수님의 메시지였다. 이것이 셀 수 없이 많은 사람들의 경험이었다. "하지만 나는…"과 "하지만 하나님은…" 중에서 무엇을 말하기로 선택할 것인지가 중요하다.

그 선택에 따라 우리가 살아갈 삶이 결정된다. 캐시 루트의 말처럼 성경에서 이 두 단어 '하지만 하나님은'의 왼쪽에는 인류 역사의 가장 암울한 측면인 절망, 어두움, 죄, 죽음이 있다. "하지만 성경에서 '하지만 하나님은'의 오른쪽에는 소망과 빛과 생명이 있다."[6] 따라서 우리 삶의 작은 이야기는 하나님이 쓰고 계시는 더 큰 이야기 속에 두어야 한다. '하지만 하나님'의 오른쪽에 서야 한다.

앞서 말했듯이 나는 처음 사역했던 교회 설교단에서 기절하기를 반복했다. 그때 내 선배인 존 앤더슨은 말했다. "다음 주에도 설교하세요." 그러면 나는 대답했다. "하지만 또 기절할지도 모릅니다." "그러면 다시 일어나서 다음 주에도 설교하세요. 기절하는 것과 상관없이 설교를 멈춰서는 안 됩니다. 설교는 하나님이 당신에게 주신 소명입니다." 존은 큰 믿음의 사람이었다. 나를 그냥 놔주지 않았다는 점에서 자비롭지는 않았을지도 말이다.

나는 하나님께 두려움의 가시를 없애 달라고 기도했다. 하지만 하나님은 요청을 들어주시지 않았다. 그 후로도 나는 설교하는 동안 두려움을 자주 느꼈다.

최근 그 교회의 창립 75주년 기념 예배에서 설교해 달라는 부탁을 받았다. 목사님은 내가 아직도 "기절하는 목사"로 기억되고 있다고 말했다. 전에는 대리석이었던 설교단에 이제 카펫을 깔았으니 안심하라고도 말했다.

"존, 일어나서 설교하세요." "'하지만 나는' 두렵습니다. '하지만 나는' 약합니다. '하지만 나는' 또 기절할 것 같습니다."

하나님은 내 약함을 없애 주시지 않았다. 하나님은 나의 다른 고통과 실수와 실패도 막아 주시지 않았다. '하지만 하나님은' 40년간 설교할 때마다 나를 붙잡아 주셨다.

내가 오랜 세월 동안 섬겼던 멘로교회(Menlo Church)는 1873년에 13명의 교인들이 세웠다. 그 후 50년이 지나는 동안 이 교회는 13명에서 7명으로 '성장'했다. 교회 문을 닫을 뻔했던 적이 한두 번이 아니다.

18년 동안 아이가 없던 부부가 이 교회에 왔다. 그러다 아이가 생겼다. 남편은 기적처럼 아이를 주신 하나님께 감사했다. 그런데 그들이 교회에 다니던 중에 아들이 죽었다. 부부는 슬퍼하며 기도했고 아들이 죽은 이유를 이해하지 못했다.

하지만 하나님은 슬퍼하는 부부에게 다른 아이들을 돕는 꿈을 주셨다. 부부는 학교를 세우기로 결정했다. 남편은 말했다. "캘리포니아의 모든 아이가 우리 자식이 될 겁니다." 부부는 죽은 아들의 이름을 붙인 학교를 세웠는데, 바로 릴런드 스탠퍼드 주니어 대학교(Leland Standford Junior University, 현재 스탠퍼드대학교)다. 깊은 슬픔에서 위대한 대학교가 탄생했고, 세상을 놀라게 할 혁신이 이루어졌다. 누구도 이것을 예상하지 못했다. 나중에 교회는 더 크게 성장했지만 일곱 명이 모여서 혼란과 슬픔 가운데 기도할 때 가장 큰 역사가 나타났다는 사실은 놀랍다.

하지만 하나님은!

이것이 두 번째 단계가 소망의 시작인 이유다. "하지만 하나님"이 행하실 것이기에, 상황이 어렵다고 해서 완전히 절망할 필요가 없다. 고난은 하나님의 임재가 나타나는 도가니 역할을 한다.

마틴 루터 킹 목사는 암살당하기 전날 밤, 자신이 다른 시대에 살 수 있도록 하나님이 허락해 주신다 해도 이 순간을 선택할 것이라고 말했다. "제 말이 이상하게 들릴 것입니다. 지금 세상은 더없이 혼란스럽고 나라는 병들어 있으며 이 땅에 고통이 가득하기 때문입니다. … 하지만 저는 충분히 어두울 때에만 별을 볼 수 있다는 것을 압니다."[7]

◀ 실천하기

당신의 미래에 대한 하나님의 계획을 기대하라

잠시 "하지만 나는…"이라는 패배감 속에서 살아온 인생의 영역을 돌아보는 시간을 가지라. 그 영역을 정확히 확인해 보라. 만성 불안증이나 우울증과의 싸움인가? 죄책감인가? 직장에서의 실패, 중독, 외로움인가?

"하지만 하나님은 분명한 계획에 따라 역사하고 계셔"라고 말하는 대신 이렇게 말하고 있는가? "하지만 나는 자녀가 하나님을 떠나 있는 상황을 하릴없이 지켜만 보고 있어." "하지만 나는 행복한 가정을 이루

지 못했어." "하지만 나는 그토록 갈망한 성공을 거두지 못했어." 미래
에 어떤 일이 일어날지 두려워하고 있는가?

이제 하나님이 당신의 미래를 위해 좋은 계획을 세워 놓고 계신다
는 사실을 기억하라. 당신의 계획이 아니라, 고통이 전혀 없는 계획이
아니라, 하나님의 목적과 임재와 능력으로 가득한 미래를 바라보라. '하
지만 하나님'이 주실 미래에 마음을 향하게 하라.

그럴 때 우리의 신앙은 매우 실질적인 신앙이 된다. 빅터 프랭클은
홀로코스트에서 살아남은 유대인 정신과 의사다. 그는《죽음의 수용소
에서》에서 포로들에게는 좋은 미래를 상상하는 능력이 그야말로 생사
를 가르는 능력이라고 말한다. 이 가혹한 강제수용소에서 그는 언젠가
다시 교실에 서서 가르치거나 친구와 즐거운 시간을 보내거나 모닥불
앞에서 책을 읽는 모습을 생생하게 상상했다. 그는 이런 일이 일어나리
라 믿는 쪽으로 자신의 마음을 향했다. 바로 이 믿음이 그 참담한 강제
수용소에서 그를 지탱해 준 힘이었다.

그러니 잠시 다음 질문에 솔직히 답해 보라. 우주에 당신 자신보다
큰 힘이 존재한다고 믿는가? 혹은 믿을 마음이 있는가? 이 질문의 막대
한 중요성에 관해서 곰곰이 생각해 보라.

솔직한 답이 "그렇다"라면 하나님께 믿음을 선물로 달라고 기도하
는 시간을 가지라. 지금 멈춰 서서 심호흡을 하며 몸의 긴장을 풀라. 그
러면서 당신의 행동이 사랑하는 사람들을 돌보고, 어려운 사람들을 돕
고, 사람들을 기쁨으로 섬기는, 의미 있는 미래로 향하게 하라.

하루를 살다가 '하지만 나는'이라는 생각이 들 때마다 억지로 그 생
각을 거부하려고 하지 마라. 그 순간을 '하지만 하나님은'이라는 두 단

어를 떠올릴 기회로 삼으라.

믿음이 충분하지 않은 것 같은가? 우주에 당신 자신보다 큰 힘은 없다고 믿는가? 그렇다면 다음 장은 당신을 위한 내용이다.

이제 당신의 '하지만 나는'을 떨쳐 낼 시간이다.

◆ **핵심 정리**

• "하지만 나는…"이라는 말은 하나님이 맡기신 일을 하지 않으려는 변명일 때가 많다. "하지만 하나님은…"이라는 말은 소망과 믿음의 기초다.

• 하나님은 우리의 약점을 없애 주시지 않을 수도 있다. 하지만 우리의 많은 결함에도 불구하고 우리를 사용하기 위한 계획을 세워 놓고 계신다.

• 하나님은 그분의 임재와 목적과 능력이 가득한 의미 있는 미래를 우리를 위해 계획하고 계신다.

2.
모호한 상황에서
믿음 지키기

우리 스스로 할 수 없는 일을 해 주실 수 있는 하나님이 계시고, 우리가 해야 할 일은 하나님 노릇을 하는 것이 아니라 믿음으로 그분께 나아가는 것이라고 해 보자. 그런데 우리에게 믿음이 없다면? 우리가 기독교 때문에 마음에 상처를 받았다면? 하나님을 대언한다는 자들의 무자비함과 위선에 구역질이 나온다면? 종교를 비과학적인 미신으로 여긴다면?

혹시 하나님을 믿고 싶지만 믿기지가 않는가? 철학자 찰스 테일러에 따르면 5백 년 전에는 하나님을 믿지 않기가 힘들었지만, 오늘날 적어도 서구에서는 하나님을 믿는 것이 더 힘들다.[1]

이 단계를 위해서는 얼마나 많은 믿음이 필요할까? 어느 정도를

'충분한' 믿음이라고 부를 수 있을지 확인해 보자. 영웅적인 믿음이나 의심이 전혀 없는 믿음이 아니라 이 프로그램을 따를 만큼의 믿음은 어느 정도일까? 그러고 나서 어떤 의심이 당신의 길을 막고 있는지 확인해 보자.

우선 아브라함을 살펴보자. 그의 믿음은 세 가지 주요 일신교인 유대교와 기독교와 이슬람교에서 초석으로 여길 정도다. "아브람이 여호와를 믿으니 여호와께서 이를 그의 의로 여기시고"(창 15:6). 그렇다면 아브라함은 하나님을 얼마나 잘 믿었을까? 간단하게 대답한다면, "그리 잘 믿지 않았다"라고 할 수 있다.

하나님은 아브라함을 큰 씨족의 족장으로 부르셨다. (내가 이번 장을 쓰면서 많은 빚을 진) 철학자 엘레노어 스텀프는 아브라함 시대에 족장이 되는 것은 요즘으로 치면 애플이나 구글의 CEO가 되는 것과 비슷하다고 말한다.[2] 족장은 지위가 매우 높았다. 족장이 되었다는 것은 막대한 부(아브라함은 큰 부자였다)와 막강한 권세(아브라함은 왕들을 이겼다), 대단한 명성(아브라함은 "열국"에 복을 주는 자가 된다는 약속을 받았다)을 가졌다는 뜻이다.[3] 농경 부족 사회에서 족장이 되는 것은 성공으로 가는 확실한 길이었다. 이것을 "메소포타미아 드림"이라고 부를 수 있을 것 같다. 그리고 이것이 아브라함이 마음에 품은 소원이었다.

하나님은 아브라함이 이렇게 될 것이라고 약속하셨지만 정확히 언제 어디서 어떻게 될지는 매우 모호했다(예를 들어 "내가 네게 보여 줄 땅으로 가라"[창 12:1]). 하나님은 아브라함에게 고향과 고향 사람들과 아버지의 집을 떠나라고 명령하셨고, 아브라함은 믿음으로 순종했다.

하지만 사실 그것을 믿음이라고 말하기는 민망했다. 그는 변덕스러운 면모를 여실히 보여 주었다. 조카 롯을 데려갔기 때문이다. 롯은 그가 떠나야 했던 가문의 일부였다. 당시 75세였으니 아들을 얻을 가능성이 적다고 생각해 롯을 일종의 차선책으로 여겼을지 모른다. 그는 믿음과 함께 의심도 품고 있었다.

시간이 지나 롯은 아브라함을 떠났다. 차선책은 사라졌다. 아브라함은 여전히 자식이 없었다. 하나님이 다시 찾아오시자 아브라함은 종 엘리에셀을 후계자로 삼겠다고 통보했다. 자신이 후계자로 삼을 생물학적 아들을 얻을 것이라고 믿지 못했기 때문이다. 엘리에셀은 아브라함이 마련한 세 번째 계획이었다. 그러나 하나님은 분명히 말씀하셨다. "아브라함은 생물학적 아들을 낳게 될 것이다. 엘리에셀이 아브라함의 유산을 물려받지 않을 것이다."

시간이 더 흘러갔다. 아브라함의 아내 사라는 76세가 되었다. 그녀와 아브라함은 종 하갈을 통해 아들을 얻기로 결정했다. 어린 이스마엘은 네 번째 계획의 결과였다. 네 번째 계획은 큰 문제를 일으켰다. 하나님은 다시 그분의 계획을 분명히 밝히셨다. 아브라함은 사라에게서 생물학적 아들을 얻을 것이었다. 아브라함의 마음에는 의심이 가득했다. 그는 나지막이 웃으며 생각했다. "'하지만 나는' 백 살이나 되었어." '하지만 하나님은' 약속대로 이루실 것이라고 다시 확인시켜 주셨다.

실제로 그렇게 되었다. 아브라함은 마침내 믿었다. 하지만 의심은 여전히 남아 있었다. 우리가 잘 눈여겨보지 않는 추신을 보면, 사라가 죽고 장성한 이삭이 리브가와 결혼한 뒤 자식이 없이 20년이 흘러가자, 아브라함은 재혼을 했다. 그와 후처 그두라는 자식을 여섯 명이나 낳았다. 모두 아들이었다.

다섯 번째, 여섯 번째, 일곱 번째, 여덟 번째, 아홉 번째 계획. 이삭과 리브가가 마침내 쌍둥이 아들 야곱과 에서를 낳고 이 둘이 자녀를 낳을 만큼 장성한 뒤에야 비로소 아브라함은 확신했다. 그제야 아브라함은 여섯 아들에게 유산을 나눠 주고 이삭을 후계자로 삼아 족장이 되게 했다.

인생의 끝에 이르러서도 아브라함은 하나님이 무리한 약속을 하셨을 경우를 대비해서 계속해서 대안을 마련했다. 아브라함의 믿음은 어느 정도였던 것일까? 그는 확신할 만큼 충분한 믿음은 없었다. 실수하지 않을 만큼의 믿음은 없었다. 그저 하나님과 상호작용할 만큼의 믿음이 있었다. 하나님이 "떠나라"고 말씀하실 때 떠날 만큼의 믿음은 있었다. 잘못했을 때 방향을 바로잡을 만큼의 믿음은 있었다. 기도하고 귀를 기울이고 반응할 만큼의 믿음은 있었다. 교훈을 배울 만큼의 믿음은 있었다. 시도할 만큼의 믿음은 있었다.

스텀프는 이렇게 말한다. "그두라 이야기를 보면 … 아브라함의 반신반의는 **평생** 지속되었던 것이 분명하다."[4] 아브라함의 믿음은 하나님이 협력하실 만큼은 충분했던 것이 분명하다. 아브라함은 하나님의 친구로 불렸다. 이는 그가 하나님을 확실하게 믿었기 때문이 아니라 모호한 가운데서도 끝까지 하나님을 따랐기 때문이다.

모호함을 받아들이는 법을 배우라

종교적인 사람들은 때로 믿음을 확신과 혼동한다. 사람들은 분명한 경계를 원한다. 뚜렷한 경로를 원한다. 정확한 방향을 원한다. 하지만 이 이야기에서 하나님은 상황을 일일이 알려 주시지 않는다. 하나님은 약속이 이루어지기까지 25년이 걸리고("그러니 인내심을 발휘하라"), 그의 자식이 상속자가 되고("그러니 롯은 잊으라"), 상속자가 그의 생물학적 자식일 것이고("그러니 엘리에셀은 잊으라"), 상속자는 사라를 통해 나올 것이고("하갈은 확실히 잊으라"), 이삭이 60세가 되어서야 다음 세대가 형성될 것이라고("그러니 그두라를 통해 여섯 아들을 낳아 대안을 마련하지 마라") 첫 만남에서 상세히 알려 주실 수도 있었다.

하지만 하나님은 그렇게 하시지 않았다. 하나님은 일부러 계속해서 아브라함에게 구체적인 답을 주시지 않았다. 하나님은 아브라함이 단순히 규칙을 따르는 사람이 아니라 훨씬 더 영광스러운 존재가 되기를 원하셨기 때문이다. 하나님은 친구를 원하셨다.

하나님은 막연한 약속을 통해 아브라함의 믿음(그는 우르를 떠났다)과 불신(롯이라는 차선책 마련)을 모두 분명하게 드러내셨다. 아브라함은 믿음이 없을 때에도 하나님이 자신을 포기하시지 않았음을 알았다. 아브라함은 더 높은 차원의 소원을 얻었다. 이제 그는 족장이 되기를 원하지 않았다. 그는 하나님을 원하게 되었다.

이런 특성은 잔소리로 가르칠 수 있는 것이 아니고 고난과 배움 속에서 자라나야 한다. 하나님은 아브라함에게 믿음과 의심 중에서 선택하고 행동하도록 자유를 주셨다. 즉 모호함을 전략적으로 사용하셨다. 덕분에 아브라함의 믿음이 자랄 수 있었다. 이것이 아브라함이 우리에게 믿음의 본이 되는 이유다. 믿음은 선언이 아니라 과정이다. "믿게 되었다"(came to believe)라는 말을 다음과 같이 풀어낼 수 있다.

- 우선, 우리는 갔다(came). 교회, 소그룹, 성경 공부, 기도의 장소로 갔다. 의심과 불확실성을 그대로 품은 채로. 아브라함이 하란을 떠나 가나안 땅으로 갔던 것처럼.
- 그런 다음에, 우리는 자족과 현실 부정의 안개에서 빠져나와, 자신의 부족함을 인정하고 하나님이 필요하다는 깨달음을 향해 갔다(came to).
- 마지막으로, 우리는 하나님이 우리를 구하실 수 있다고 믿게 되었다(came to believe).

갔다.

향해 갔다.

믿게 되었다. [5]

아브라함의 경우처럼 기다림과 불확실성과 그릇된 결정은 하나님의 부재에 관한 증거가 아니라 오히려 그분의 임재를 위한 도구다.

빠른 것을 기대하지 마라. 분명함을 기대하지 마라. 쉬운 것을 기대하지 마라.

명심하라. 우리는 하나님이 우리가 원하는 대로 모든 요청에 응답해 주실 것이라고 믿지 않는다. 그 대신, 하나님이 우리를 올바른 정신으로 회복시켜 주실 줄 믿게 된다. 흔히 정신이상은 계속 똑같이 행동하면서 다른 결과를 기대하는 것이라고 한다. 하지만 더 심한 정신적 문제는 자신이 하나님처럼 상황을 통제할 수 있다고 착각하는 것일지도 모른다. 올바른 정신이란 아이큐가 높은 것도 아니고 정서적인 안정도 아니다. 그것은 건전한 정신, 옳은 시각, 충동적이지 않음, 자신이 원하는 것보다 옳고 선한 것을 중시하는 능력을 의미한다.

인생의 모호한 상황에 대한 당신의 자세는 수용 단계에서 어디에 위치하는가? 한 단계 위로 올라갈 수 있는가? 참을성 있게 기다리라. 참기 힘들 때는 당신을 한없이 참아 주시는 분을 기억하라.

📣 실천하기

어떤 의심에 깊이 빠져 있는지 확인하라

우리에게는 핵심 신념뿐 아니라 핵심적인 의심도 있다. 핵심적인 의심은 우리의 성장을 가장 크게 방해하는 것이다. 가장 중요한 의심은 우리가 대놓고 말한 적이 없을 수 있다. 고통이나 두려움이 그 의심을 표출시키기 전까지는 그런 의심을 하고 있었는지도 모를 수 있다. 하지만 핵심적인 의심을 규명하지 않고 방치하면 우리 자신 너머에 있는 힘이신 하나님과 확신 있게 상호 작용하는 삶으로 나아갈 수 없다. 다음은 하나님에 관한 가장 흔한 의심이다. 당신은 이 중에서 어떤 의심에 가장 깊이 빠져 있는지 확인해 보라.

하나님의 능력에 대한 의심

이것은 하나님이 몹시 늙은 아브라함에게 아들을 주겠다고 말씀하실 때 아브라함이 품었던 의심이다. "아브라함이 엎드려 웃으며 마음속으로 이르되 백 세 된 사람이 어찌 자식을 낳을까"(창 17:17). 사실, 아브라함과 사라는 이 약속에 둘 다 웃었다. 하지만 그 태도가 하나님을 막지는 못했다. 결국 하나님은 그들에게 아들을 주시고 '웃음'을 의미하는 '이삭'이라는 이름을 짓게 하셨다. 참으로 유머러스한 하나님이다. 마음속을 솔직히 들여다보면 하나님이 내 중독을 해결하거나 내 마음을 바꾸거나 내 상황을 회복시키지 못하리라는 의심이 있을 수 있다.

하나님의 선하심에 대한 의심

내 아내는 하나님의 존재를 조금도 의심하지 않는다. 하지만 하나님이 선하신지 혼란스러워할 때가 있다. 세상에는 부당한 고통이 너무도 많다. 아내는 그런 고통을 용인하면서도 연민이 많은 하나님을 상상하기 어려워한다. 욥의 말처럼 하나님이 가학적이고 무자비하고 독화살을 쏘는 분이라면?(욥 6:4 참고)

하나님의 존재에 대한 의심

내게 하나님의 선하심은 조금도 의심스럽지 않다. 창조와 피조물들은 분명히 선해 보인다. 물론 악과 고통은 지독히 우리를 힘들게 하지만 세상은 근본적으로 선하다. 다만 내 두려움은 하나님이 아예 존재하지 않는다는 의심으로 나를 몰아간다. 죽고 보니, 내세는 없고 원자(atoms)와 쿼크(quarks)와 끈(strings)이 우리 존재의 전부라면?

하나님의 개입에 대한 의심

내 친구 릭은 다른 부분을 의심한다. 그는 하나님의 존재와 선하심은 조금도 의심하지 않는다. 하지만 때로 그의 눈에 하나님은 세상에 무관심해 보인다. 그는 우주가 이신론에 따라 움직이는 것이 아닌가 생각한다. 창조주가 계시기는 한다. 옳고 그름이 우주를 이루는 일부이기는 하다. 하지만 창조주 하나님은 멀리서 우리를 구경만 하고 계시는 것 같다. 과연 하나님이 작은 인간들의 소소한 삶에 관심을 갖고 계신지 의심스럽다.

사람들의 변화에 대한 의심

원래 회의주의자였던 셸던 배너컨은 이렇게 말했다. "기독교를 뒷받침하는 가장 확실한 증거는 그리스도인들이다. 그들의 기쁨, 확신, 온전함이 그 증거들이다. 하지만 기독교의 가장 강력한 반대 증거도 그리스도인들이다. 그들이 우울하고 기쁨이 없을 때, 자기 의와 독선에 빠져 제멋대로 자신을 신성시할 때, 편협하고 억압적일 때, 기독교는 실패한다."[6] 변화되지 않는 사람들은 기독교의 평판을 깎아내린다. 변화되지 않은 사람이 나일 때는 특히 더 그렇다.

종교에 대한 의심

내가 아는 한 여성은 여러 종교가 충돌하는 환경에서 자랐다. 부모 중 한 명은 유대교인이고 다른 한 명은 가톨릭교도였다. 그래서 한 부모는 그녀를 회당에 데려갔고, 다른 부모는 회당에 간 것을 회개하는 기도를 하라고 강요했다. 그녀는 혼란스러웠고 마음이 상해서 결국 종교와 하나님을 멀리하게 되었다.

그녀가 10대 시절에 하나님 대신 의지한 것은 술이었다. 하지만 10년간 기억상실과 실직, 다섯 번의 결혼, 절망과 자살 충동 후 자기 의지로는 비참한 죽음에 이를 수밖에 없음을 분명히 알게 되었다.

그녀는 더 큰 힘을 의지하기 시작했다. 다만, 더 큰 힘을 "하나님"

이라고 부를 수는 없었다. 그래서 더 힘을 그냥 "랄프"(Ralph)라고 불렀다. 금주를 유지하려면 "랄프"의 도움이 필요하다는 것은 알았다. 하지만 그것만이 "랄프"를 원하는 이유였다.

그러던 어느 날, 삶이 뜻대로 풀리지 않던 중 그녀는 알코올 중독자 갱생회 모임에 갔다. 거기서 한 참여자가 만취해서 악취를 풍기며 바닥에 널브러져 있다가 자기 이야기를 하기 시작했다. "저는 알코올 중독자입니다. 제 이름은 랄프입니다."

그때 그녀는 '저 사람은 내 하나님이 아니야'라는 생각이 들었고, 진짜 하나님을 알게 해 달라고 기도하기 시작했다. 몇 년 뒤 그녀는 하나님이 그 기도에 응답해 주셨다는 것을 깨달았다.

이 중에서 당신의 믿음을 가장 심하게 흔드는 의심은 무엇인지 확인해 보라. 자기 의지로 의심을 몰아내려고 하지 마라. 의심을 받아들이라. 내 친구는 이런 말을 자주 했다. "의심을 품고서 천국에 들어갈 수도 있고, 확신을 품고서 지옥에 갈 수도 있다." 이 의심을 하나님께 솔직히 아뢰라.

당신은 확실한 것을 원하지만 하나님이 당신을 더 성장시키려고 전략적으로 모호하게 만드신 영역이 있는가? 하나님에 관한 어떤 관점을 바꾸고 싶은가? 하나님에 관해서 당연하게 여겨 온, 그러나 오해였던 개념이 있는가? 하나님에 관한 어떤 생각 때문에 그분과 멀어지고 있는가? 그렇다면 하나님을 바로 알게 해 달라고 간절히 기도하라.

자, 이제 더 취약한 부분으로 내려가 보자.

◆ 핵심 정리

• 아브라함처럼 지극히 작은 믿음으로도 하나님께 나아갈 수 있다.

• 믿음은 선언이 아니라 과정이다. "믿게 되었다"(came to believe)라는 말을 다음과 같이 풀어낼 수 있다. 우선, 갔다(came). 그다음에는, 향해 갔다(came to). 그다음에는, 믿게 되었다(came to believe).

• 우리는 하나님이 우리가 원하는 대로 모든 요청에 응답해 주실 것이라고 믿지 않는다. 그 대신, 하나님이 우리의 정신을 올바로 회복시켜 주실 줄 믿는다. 올바른 정신이란 건전한 정신, 옳은 시각, 충동적이지 않음, 자신이 원하는 것보다 옳고 선한 것을 중시하는 능력을 의미한다.

3.
불안할 때
하나님 사랑 신뢰하기

북극 제비갈매기는 놀라운 비행 능력을 지녔다. 날개가 얼마나 빨리 움직이는지, 벌새를 제외하면 정지 비행이 가능한 유일한 새다. 힘은 또 얼마나 센지 평생 거의 3백만 킬로미터를 여행할 수 있다. 급강하해서 공격하는 기술도 대단한데 에스키모인들이 사용하는 유피크어로는 '테커라이율리'(Teqirayuli)라고 한다. 알래스카 원주민 지식 네트워크(Alaska Native Knowledge Network)에 따르면 이 단어는 대략 '엉덩이를 사용하여 다른 생명체에게 타격을 입히는 능력이 탁월한 귀여운 작은 새'라는 뜻이다. 북극 제비갈매기는 매년 북극에서 남극까지 갔다가 돌아오기 때문에 1년에 8만 킬로미터 이상을 여행한다. 정말 긴 여행이다.[1] 하지만 세상에서 가장 긴 여행은 아니다.

세상에서 가장 긴 여행은 머리에서 가슴까지 30센티미터를 내려가는 것이다. 참새들이 둥지에서 떨어지지 않도록 돌보시는 하나님에 관해서 귀로 들은 다음에, 이 하나님이 나를 돌봐주신다는 사실을 마음으로 믿기까지의 여행이다. 하나님의 존재를 지적으로 인정한 후 하나님께 사랑받는 자녀로서 그분의 존재를 직접 경험하는 것으로 나아가는 여행이다.

우리는 하나님이 우리를 돕기 원하시고, 우리를 개인적으로 돌보시며, 우리를 기뻐하고 사랑하신다는 사실을 믿기 어려워한다. 이 믿음이 머리에서 가슴으로 내려오면 우리는 하나님께 깊은 애착을 느낀다. 우리는 인간관계에서만 아니라 특히 하나님과의 관계에서 애착을 갖도록 설계되었다. 이것은 '믿게 되는 것'의 가장 중요한 요소다.

우리의 믿음이 머리에서 가슴으로 내려갈 수 있도록, 애착이 무엇이며 우리의 영적 애착 유형이 무엇인지를 살펴보자.

애착 이해하기

부모로서 내가 경험했던 가장 북받치던 순간은 첫아이를 품에 안았을 때다. 그때 갑자기 이 아이가 나와 완전히 별개의 존재이며, 시간의 흐름이나 고통, 자신이나 남들의 나쁜 선택으로 인한 외로움으로부터 내가 이 아이를 완벽히 보호해 줄 수 없음을 깨달았다. 아이의 인생전체가 주마등처럼 내 눈앞에서 지나가는 것 같았다. 나는 아내에게 말했다. "내가 안고 있는 이 작은 아기가 자라서 언젠가 늙는다는 사실이 믿기지 않아요. 이 뽀송뽀송한 핑크빛 피부에 주름과 반점이 생기겠지요. 지금 내 품에 안긴 아기도 언젠가 늙어서 죽겠죠." 아내가 말했다.

"어서 아기를 이리 줘요. 아기가 불안해하겠어요."

아내는 인간을 인간답게 만드는 첫 작업이 애착이라는 것을 알았다. 대부분의 갓난아기는 처음 몇 번 놀라서 울다가 의사들이 말하는 "얌전히 경계하는 상태"(quiet alert)에서 한 시간쯤 보낸다.[2] 갓난아기는 30센티미터 정도 앞까지만 초점을 맞출 수 있지만 눈을 동그랗게 뜨고 있다. 아기는 다른 얼굴을 찾고 있다. 다른 얼굴을 찾아 그 얼굴이 자신을 쳐다보면 그 얼굴에 시선을 고정한다. 아기는 누군가가 자신을 보고 있고, 그가 자신의 감정을 이해하고 자신에게 관심을 가지며, 자신을 돌보고 보호할 힘이 있다는 점을 배우기 시작한다. 그렇게 아기는 점점 애착한다. 아기가 낯선 사람 대신 엄마나 아빠에게 안기는 것을 좋아하는 모습에서 이 애착을 볼 수 있다.

지구상에 부모와 자식 사이의 애착 욕구보다 더 강한 힘은 없다. 아내는 내게서 아기를 받아들고 갑자기 이렇게 말했다. "이 아기를 위해서라면 죽일 수도 있어요."

나는 잘못 들은 줄 알고 물었다. "아이를 위해 '죽을' 수도 있다는 말이죠?"

"아니요. 내가 죽으면 이 아이를 사랑해 줄 수 없잖아요. 이 아이를 위해서라면 '죽일' 수도 있어요." 아내는 이 말을 증명할 기회라도 찾듯 위협적인 사람이 없는지 주변을 두리번거렸다.

부모와 자식 사이의 상호 애착은 참으로 놀라운 기적이다. 애착이 건강하게 이루어지면 아이는 세상을 탐험하기 위한 "안전 기지"(secure base)를 얻는다. 애착이 잘 이루어지지 않으면 애착 장애는 아이 삶의 모든 영역에 영향을 미친다. 대개 이는 불안정 애착 유형이나 회피 애착 유형으로 이어진다. 전자의 경우에는 집착하고 극도로 경계하게 되고, 후자의 경우에는 냉랭하고 무미건조해진다. 애착 유형이 오랜 세월에 걸쳐 사람의 내면에 깊이 자리 잡는다.

이 애착의 감정은 말로 표현될 수도 있지만("부모님이 나를 아끼신다고 믿어") 애착은 훨씬 더 심오한 것이다. 애착은 말 그대로 수십억 개의 시냅스 속으로 녹아 들어간다. 확신과 행복감, 차분해지는 능력이 아이의 신경계로 흡수된다. 아이는 자신보다 큰 힘이 자신을 지켜보고 있다고 '믿게 된다.' 혹은 안타깝게도 이것을 믿지 않게 된다.

하나님에 대한 불안정 애착

지난 세기에 영향력이 큰 사상가들 중 상당수는 피할 수 없는 인간 상태가 외로움이라고 주장했다. 철학자 장 폴 사르트르는 우리가 의미를 찾는 존재이지만 의미 없는 세상 속에 살고 있기 때문에 외롭다고 말했다. 생물학자 리처드 도킨스는 우주가 "디자인도, 목적도, 악과 선도 없고, 맹목적이고 인정사정없는 무관심만" 갖고 있기 때문에 우리가 외롭다고 말했다.[3]

하지만 성경의 중심 주제는 사람들과 함께하기를 원하시는 하나님이다. 달라스 윌라드는 성경의 주된 주제가 "하나님과 함께하는" 삶을 제시하는 것이며 그 중심에는 예수님이 계신다고 말했다. 성경 전체에서 하나님은 그분의 백성과 함께할 것이니 외롭거나 두려워할 필요가 없다고 약속하신다. 우리가 생존하고 번영하기 위해서는 사랑으로 곁에 있어 주는 사람과 애착 관계를 맺어야 하는 것처럼, 영적 현실에서도 애착될 필요성과 능력을 갖고 태어난다.

어떤 면에서 하나님이 행하신 가장 큰 기적은 그분에게는 가장 작은 기적이기도 했다. 즉 하나님은 그분의 온 존재를 인간 몸속에 응축시켜 사람들과 함께하기 위해 땅으로 내려오셨다. 하지만 우리의 육신적인 관계들처럼 하나님과의 애착도 항상 올바로 이루어지는 것은 아니다. 세 가지 영적 애착 유형에 관해서 잠시 생각해 볼 필요가 있다. 자신을 아는 것이 그토록 중요한 이유는 자신을 이해하면 하나님을 더 잘 이해할 수 있기 때문이다. 예수님의 달란트 비유에서, 주인을 두려워하고 가혹한 주인으로 매도한 종은 자기 내면의 왜곡된 불안을 하나님께 투사하는 사람의 전형적인 예다. 자신을 잘 알면 자신의 왜곡을 깨닫고 하나님이 우리를 사랑하고 우리와 함께하기를 원하신다는 진리를 마음으로 받아들일 수 있다.

당신은 어떤 애착 유형에 가까운가?

'안정 애착' 유형은 시냅스 수준에서 '믿게 된' 사람이다. 그는 부모의 무릎 위에 앉아 있는 아이처럼 하나님의 사랑 안에서 쉼을 누린다. 브레넌 매닝은 교구를 돌아보다가 길가에서 무릎 꿇고 기도하는 농부를 만난 아일랜드 사제 이야기를 해 주었다. 사제는 농부에게 말했다. "하나님과 무척 가까우신 것 같습니다." 농부는 기도를 멈추고 말했다. "그럼요. 하나님은 저를 몹시 좋아하신답니다."[4] 이것이 하나님에 대한 안정 애착이다.

하나님에 대한 불안정 애착은 하나님께 연결된 느낌이 약한 것을 의미한다. 심리학자 데이비드 베너는 사람들에게 이렇게 자신을 돌아보라고 권한다. "당신에 관해 생각하고 계신 하나님을 상상하라. 당신

을 생각할 때 하나님은 어떤 기분이 드실까?"⁵

베너는 놀랄 정도로 많은 사람들이 가장 먼저 떠올리는 단어는 '실망'이라고 말한다. 두 번째 떠올리는 단어는 '분노'다. 왜 그럴까? 가장 유명한 성경 구절이 "하나님이 세상에 이처럼 '실망하사' 독생자를 주셨으니…"로 시작하지 않는데 말이다. 우리가 불안해하는 이유는 하나님이 우리를 진정으로 사랑하신다고 아직 '믿게 되지' 않았기 때문이다. 그래서 계속 불안해한다. 내가 큐티를 빼먹으면 어떻게 될까? 예배에 가지 않으면 어떻게 될까?

부활 후에 예수님과 막달라 마리아 사이에 놀라운 만남이 이루어진다. 그 장면에서 우리를 새로운 수준의 안정 애착으로 초대하는 메시지를 볼 수 있다. 울며 괴로워했던 마리아는 이번에는 예수님을 놓치지 않겠다는 듯 그분을 꽉 붙잡는다. 그러자 예수님은 "나를 붙들지 말라"(요 20:17)고 하시면서 "가서 소식을 전하라"고 지시하신다. 부활하신 예수님은 그녀와 함께하실 것이다. 그분은 '안전 기지'를 원하는 모든 사람과 함께하실 것이다. 우리는 그 기지를 발판 삼아 세상으로 나아가야 한다.

'회피 애착'은 보호자가 자신을 진정으로 보호하지 않는다고 믿을 때 나타난다. 발달심리학자 에드워드 트로닉은 "무표정"(still face)을 연구했다. 그 연구에서 그는 아기를 무릎에 앉힌 보호자들에게 그 어떤 얼굴 표정도 짓지 말고 어떤 반응도 보이지 말라고 지시했다. 이런 무관심 앞에서 아기들은 괴로워하고 좌절감을 느꼈다.

하나님을 무표정하신 분이라고 생각하여 그분을 피하는 것이 상책이라고 여기는 사람들이 많다. 예수님의 탕자 비유에서 형이 그러했다. 형은 분노한 나머지 집에 들어가 아버지와 함께하지 않았다. 에덴 동산에서 죄책감 때문에 숨었던 아담과 하와도 그러했다. 모세가 시내산에서 하나님을 만날 당시 이스라엘 백성도 그러했다(출 20:18-19).

이 패턴에서 우리는 영적 삶에 흥미를 잃는다. 하나님이 멀게 느껴지고, 기도는 무의미해 보이고, 영성은 게임처럼 느껴진다. 우리에게 영적 유전자가 없는가 하는 생각마저 든다. 아론이 이스라엘 백성에게 선포한 위대한 축복, 특히 다음 대목에서 이 애착 스타일을 위한 놀라운 초대를 만날 수 있다. "여호와는 그의 얼굴을 네게 비추사"(민 6:25). 하나님은 '무표정'의 하나님이 아니시다. 손자를 바라보는 기쁨으로 환히 빛나는 (그리고 악의 없는) 할아버지의 얼굴도 우리를 바라보시는 하나님의 얼굴에 비하면 어두울 뿐이다.

머리에서 마음으로 가는 여행

때로 사람들은 '하나님을 안다는 것'이 그분에 관한 정확한 정보를 얻는 것이라고 착각하곤 한다. 하지만 예수님의 형제 야고보는 "네가 하나님은 한 분이신 줄을 믿느냐 잘하는도다 귀신들도 믿고 떠느니라"라고 말했다(약 2:19). 귀신들은 '하나님에 관해서' 알지만 '하나님을 알지는' 못한다. 하나님을 안다는 것은 그분과의 상호적이고 참여적인 관계 속에서 사는 것이다. 우리 존재의 핵심, 곧 마음으로부터 하나님께 순종하는 것이다. 따라서 머리에서 마음으로 가는 여행은 자기만족으로부터 회개와 갈망으로 가는 여행이다.

이것이 2단계가 1단계에서 곧바로 이어지는 이유다. 자기 삶을 통제할 수 없음과 부족함으로 인한 고통은 마음을 열고 부드럽게 해서 하나님을 새롭게 알고 싶은 갈망을 갖게 하기 때문이다. 고통 속에서 우리는 하나님과 이야기를 나누고, 하나님께 도움을 요청하고, 소박하고 겸손하고 아이 같은 방식으로 하나님의 임재를 구하게 된다.

영적 삶에서 고통이 하는 역할을 설득력 있게 설명한 윌리엄 코프 모이어스는 옛 랍비에 관한 이야기를 들려주었다.

한 제자가 랍비에게 물었다. "왜 토라는 '이 말씀을 너희 마음 위에 두라'고 말합니까? 왜 '이 거룩한 말씀을 너희 마음속에 두라'고 말하지 않습니까?" 랍비는 대답했다. "우리 마음은 원래 닫혀 있어서 거룩한 말씀을 마음속에 둘 수 없기 때문이다. 우리는 그 말씀을 우리의 마음 위에 두어야 한다. 그러면 그 말씀이 거기 머물다가 언젠가 마음이 깨지면 그 말씀이 마음속으로 떨어진다."[6]

수년 전 나는 인생에서 어두운 시기를 지나고 있었다. 내 친구 척 (Chuck)이 5천 킬로미터를 날아 찾아오기로 되어 있었지만 나는 고통과 두려움이 너무 심했고 다른 사람들이 옆에 있었기 때문에 만남을 취소하려고 그에게 전화를 걸었다. "오지 않는 게 좋겠어. 이유는 말할 수 없고, 그냥 내가 지금 그 어느 때보다도 너를 사랑하고 필요로 한다는 점만 알아줘."

긴 침묵이 흘렀다. 이윽고 척이 입을 열었다. "그럴 수 없어. 갈게. 공항으로 마중 나오지 않아도 돼. 내게 어떤 말도 하지 않아도 괜찮아. 네 방 옆에 있을게. 나를 만나지 않아도 괜찮아. 그래도 지금 너는 내가 필요해. 그러니까 우선은 너한테 갈게."

척은 나의 50년 지기다. 우리는 연애와 결혼, 탄생과 죽음을 함께 경험했다. 하지만 그가 그날만큼 내 영혼과 우리 가족의 영혼 속에 깊이 들어온 적은 없었다. 내가 전에 없이 부족하고 약하고 혼란스럽고 망가진 것처럼 느껴질 때 그 어느 때보다 더 깊은 사랑을 받았다. 나는 강할 때보다 힘들 때 그에게 사랑을 받고 있다고 '믿게 되었다.' 내 마음은 깨졌고, 그의 사랑의 말이 내 마음속에 떨어졌다. 이유는 모르지만, 사랑의 말은 언제나 이런 식으로 들어온다.

👉 실천하기

하나님의 선하신 임재를 구하라

오늘, 철저히 망가져서 자신의 부족함을 절감했던 경험을 떠올려 보라. 거기서 멈추지 말고, 하나님께 함께해 주시고 올바른 정신을 갖게 해 달라고 기도하라.

오늘, 그 경험을 생각할 때마다 하나님께 인도하심과 용기와 사랑을 구하라.

아침에 눈을 뜰 때 "저와 함께해 주세요"라고 기도하라.

하나님은 당신의 생각 속에서 당신과 함께하실 수 있다.

하나님은 당신의 일 속에서 당신과 함께하실 수 있다.

하나님은 다른 사람들을 통해 당신과 함께하실 수 있다. 하나님은 "지극히 작은 자들", 즉 가난하고 아프고 잊힌 사람들과 함께하겠다고 말씀하신다.

하나님은 임재의 능력으로 약한 자를 강하게 하고, 임종 자리를 승리의 자리로 만드시고, 쇠약한 사람에게 소망을, 마음이 무너진 사람에게 치유를, 절박한 사람에게 용기를, 중독자에게 자유를, 혼란에 빠진 사람에게 지혜를 주신다.

실패했을 때, 불안하고 피하고 싶은 마음이 든다면 그런 마음과 싸우지 마라. 《하나님의 임재 연습》을 쓴 로렌스 형제는 하나님께 사랑받지 못한다는 기분과 처절히 씨름하고 있었다. 자신이 결국 지옥에 떨어질 것이라는 "확실한 믿음"이 생겼고 세상 누구도 자신이 그 믿음에서 돌아서도록 설득할 수 없을 거라 생각했다. 그렇게 10년이 흐른 후, 로렌스 형제는 자신의 삶을 바꾼 깨달음에 관해 이야기했다. "마침내 나는 평생 이런 고통 속에서 살 수도 있겠다는 생각을 하게 되었다. 그러나 이런 생각이 하나님에 대한 나의 믿음을 조금도 흔들지 못한다는 사실도 알았다."[7]

다시 말해, 그는 이런 생각과 싸우기를 멈췄다. 이런 생각을 하지 않으려고 더 이상 애쓰지 않았다. 이런 생각이 머릿속에 있다는 사실을 받아들였고, 자신의 일상에 있는 하나님의 선한 임재에 관심을 돌렸다. 이는 매우 유익했다. 그는 하나님을 향한 의심을 토로하는 사람들을 만날 때마다 이렇게 하기를 권유했다.

당신이 말하는 상황은 내게 전혀 새롭지 않습니다. 종잡을 수 없는 생각들로 인해서 괴로워하는 건 당신만이 아닙니다. 우리 마음은 극심하게 방황하고 있답니다. … 때로 마음이 그분에게서 멀어져 방황할 때 조급해하지 마세요. 괴롭고 불안한 일이 생길 때는 그 일을 자꾸 생각하기보다 생각을 다른 쪽으로 돌리는 편이 낫습니다.[8]

로렌스 형제는 구름이 하늘에 있는 것처럼 불안은 마음속에 있기 마련이라는 사실을 받아들이고 "하나님의 임재 연습"을 계속해서 했다. 그는 "하나님께 사랑과 관심을 집중해야 한다. 나는 이것을 하나님의 임재라고 부르고 싶다"라고 말했다.[9] "그분이 나를 참으로 좋아하신다"라고 머리로 생각한 것을 가슴으로 믿게 되는 것은 세상에서 가장 긴 여행이다.

◆ **핵심 정리**

- 우리는 다른 사람들, 더 중요하게는 하나님께 애착을 갖도록 설계되었다.

- 우리의 주된 애착 유형은 하나님과 어떤 관계를 맺을지 결정한다.

- 머리에서 가슴으로 내려오는 여행은 자기 만족에서 회개와 갈망으로 가는 여행이기도 하다. 삶을 통제할 수 없음과 부족함으로 인한 고통은 마음을 열고 부드럽게 해서 하나님을 새롭게 알고 싶다는 갈망을 불어넣는다.

3단계

결정: 하나님께 맡기기로 결심하다

나는 하나님을 이해했기에,
내 뜻과 삶을 하나님의 돌보심에 맡기기로 선택한다.

하나님, 저를 하나님께 드립니다.
하나님 뜻대로 저를 세우시고 다루어 주십시오.
저를 자아의 속박에서 해방시켜
하나님 뜻을 더 잘 행하게 해 주십시오.
제 어려움을 없애 주셔서 그 승리가
제가 도울 수 있는 사람들에게 보일 수 있는
하나님의 능력과 하나님의 사랑과
하나님의 생명의 길에 대한
증거가 되게 해 주십시오.
항상 하나님 뜻을 행하기 원합니다.[1]

1.
자아를 내려놓고
하나님께 항복하기

드라마 〈밴드 오브 브라더스〉는 나치가 통치하는 프랑스에 착륙한 미국 군인들 이야기다. 블라이드는 두려움에 완전히 마비된 군인이다. 그는 전투를 피하려고 부상당한 척하고, 위험을 피하려고 여우굴에 숨는다. 그러나 수치심과 자기혐오에 빠졌고, 의지만으로는 그것을 이길 수 없다. 마침내 그는 스피어스 중위에게 프랑스에 상륙한 뒤 도랑에 숨었다는 사실을 고백했고, 둘 사이의 대화는 세 번째 단계의 중심에 있는 영적 필요를 잘 보여 준다.

스피어스 중위: 자네가 왜 그 도랑에 숨었는지 아는가?
블라이드: 무서웠습니다.

스피어스 중위: 두려운 건 다들 마찬가지야. 자네가 도랑에 숨은 건 거기에 희망이 있다고 생각했기 때문이지. 하지만 자네의 유일한 희망은 **자네가 이미 죽었다는 사실을 받아들이는 것**뿐이야. 그것을 빨리 받아들일수록 군인의 본분을 빨리 감당할 수 있게 될 걸세. … 모든 전쟁이 거기에 달려 있어.[1]

이 깨달음은 전환점이 되었다. 군인으로서 행동하는 동시에 자기 보호를 궁극적인 목표로 삼는다는 생각을 버리지 않는 한, 블라이드는 살아 있는 죽음의 상태에서 벗어날 수 없었다. 다른 사람들에게는 쓸모 없는 존재요 자기 자신도 불행한 상태로 남을 수밖에 없었다. 하지만 자신이 이미 죽었다는 사실을 받아들였을 때 단순한 생존보다 더 높고 고귀한 뭔가를 얻게 되었다. 그는 두려움에 사로잡힌 옛 삶에서 해방되었다. 자신의 생존을 궁극적인 목표로 삼던 삶에 대해 죽고 나니, 삶을 제대로 살고 심지어 생명을 내놓을 수 있는 용기까지 얻게 되었다.

"자네의 유일한 희망은 자네가 이미 죽었다는 사실을 받아들이는 것뿐이네." 이 사실을 더 단도직입적으로 표현한 아이가 있다. 주일학교 교사가 반 아이들에게 말했다. "천국에 가려면 어떻게 해야 할까? 교회에 가야 할까?"

"아니요."

"헌금을 많이 내야 할까?"

"아니요."

"좋은 사람이 되어야 할까?"

"아니요."

"그러면 천국에 가려면 어떻게 해야 할까?"

한 아이가 큰 소리로 대답했다. "먼저 죽어야 해요!"

이것이 세 번째 단계다. 자아와 자기 의지로는 삶을 통제할 수 없음을 깨닫고(1단계) 삶을 통제해 주실 수 있는 분이 계심을 믿게 된(2단계) 후에는 하나님께 삶과 뜻을 맡기기로 결정해야 한다. 영적 삶으로 들어가는 유일한 길은 항복이다. 자아, 자기 의지, 자기 뜻대로 하고 싶고 세상 중심에 서려는 욕구에 대해서 죽어야 한다. 우리의 유일한 희망은 우리가 이미 죽었다는 사실을 받아들이는 것이다.

일부만 포기해서는 안 된다

우리의 타고난 성향이 이것을 거부한다. 우리는 양심과 욕구 사이에서 오가면서 삶을 스스로 통제하려 한다. 소득 중에서 일부를 기부하기도 하지만 대부분은 자신의 쾌락을 위해 사용한다. 살인은 하지 않지만 원한을 품고 있다. 간음은 하지 않지만 남몰래 정욕을 품고 있다. 겉으로는 존경받을 만한 사람처럼 보이지만 성공과 부요함과 인정과 권력 같은 우상은 마음속에 그대로 있다. C. S. 루이스의 말처럼 우리는 세금을 정직하게, 그러나 마지못해 내는 사람과도 같다. 우리는 세금을 내지만 우리가 원하는 것을 할 만큼 돈이 충분히 남기를 원한다.[2]

C. S. 루이스는 그리스도인의 길은 다르다고 말한다. 그 길은 더 어려운 동시에 더 쉽다. "그리스도께서는 이렇게 말씀하신다. '내게 전부를 주라. 나는 너의 시간 중 일부나 너의 돈 중 일부, 너의 일 중 일부를 원하지 않는다. 나는 너를 원한다. 나는 네 안의 육신적인 사람을 괴롭

히기 위해서가 아니라 죽이기 위해서 왔다. 반쪽짜리 조치는 아무런 소용이 없다.'"[3]

알코올 중독자 갱생회의 교본인 빅북(The Big Book)에도 같은 표현이 사용된다는 점은 놀랍다. "우리는 더 쉽고 편한 길을 찾을 수 있을 줄 알았다. 하지만 찾지 못했다. … **반쪽짜리 조치는 소용없었다.** 우리는 전환점에 서 있었다. 완전히 포기하고, 그분의 보호하심과 돌봄을 요청했다."[4]

"반쪽짜리 조치"라는 표현이 나온 것은 우연이 아니다. 자아는 항상 자신의 의지가 살아남는 방식으로 타협하라고 촉구한다. 하지만 그렇게 되면 우리는 블라이드와 같은 상황에 놓인다. 그것은 북쪽과 남쪽으로 동시에 가려는 것과 같다. "같은 방향으로의 오랜 순종"이 필요한 상황인데도 말에 올라타 "사방으로 달려가는" 불쌍한 돈키호테와 같다.[5]

반쪽짜리 조치는 통하지 않는다. 이 단계는 우리 영혼의 기본적인 방향에 관한 것이며, 이 방향은 여러 갈래로 나뉠 수 없기 때문이다. 조금만 임신하거나 조금만 결혼하는 것은 있을 수 없다. "추운 것보다 죽는 편이 낫다"고 생각하는 내 친구가 있다. 그 친구는 수영장에 들어갈 때 반쪽짜리 접근법을 이용한다. 발끝으로 서서 1분에 1센티미터씩 물에 들어간다. 물에 들어가는 동시에 물에 저항하면서 오히려 고통을 키운다. 과감하게 물속으로 들어가지 못하고 몸의 반은 물 안에 있고 몸의 반은 물 밖에 있다. 반은 젖어 있고 반은 말라 있다. 반은 따뜻하고 반은 춥다. 그래서 내내 고통스럽다.

그 친구는 따뜻하든지 춥든지 하나를 선택해야 했다. 물속으로 뛰어들어 극복하는 편이 더 낫다. 물속으로 뛰어들면 처음에는 차갑지만 곧 수영을 즐길 수 있다. 물속으로 온몸을 던지면 물이 몸을 떠받쳐 주어 수영을 할 수 있다. 반쪽짜리 조치는 통하지 않는다.

항복도 마찬가지다. 항복은 자아에 대해 죽는 것이며 실제로 죽는 것은 아니다. 하나님은 우리 자신을 우리보다 더 사랑하신다. 자아를 포기하면 땅에 심긴 씨앗처럼 새 생명이 솟는다. 자기 자신에 대해서 죽으면 묻히는 것이 아니라 심기는 것이다.

우리 뜻을 우리 자신보다 더 큰 뜻에 항복시키면 초월적인 선함과 능력이라는 영적 현실 속에 온몸을 던지는 것이다. 다그 함마르셸드는 유엔의 첫 지도자로, 냉전 시대에 평화를 이루는 데 큰 역할을 했고 존경받는 정치인이었다. 그가 세상을 떠난 후 그의 풍성한 영적 삶을 보여 주는 일기장이 발견되었다. 유엔의 리더로 임명되기 오래전 그는 신앙을 회복했다. 그 일기는 너무 훌륭해서 시인 W. H. 오든이 번역했고 20세기의 영적 고전이 되었다. 이 일기에서 그는 영적 항복에 관해서 이야기한다.

누가 혹은 무엇이 그 질문을 던졌는지는 모른다. 언제 그 질문이 던져졌는지도 모른다. 내가 답을 했는지도 기억나지 않는다. 하지만 어느 시점에 나는 누군가 혹은 뭔가에 "네"라고 답했다. 그때부터 내 존재가 의미 있고, 항복한 내 삶에 목표가 있다고 확신하게 되었다.[6]

나는 함마르셸드가 화해를 중재하기 위해 콩고로 가던 중 비행기 사고로 죽은 날인 9월 19일에 이 글을 쓰고 있다. 그 비행기 추락은 고의적인 테러로 추정되고 있다.

함마르셸드의 일기는 대부분 항복의 힘에 관해 숙고하는 내용이다. 섬뜩할 정도로 예언적인 글도 있다. "그것에 항복한 사람은, 그 길이 게네사렛의 기쁨을 통과하든 승리의 예루살렘 입성을 통과하든, 결국 십자가에서 끝난다는 것을 안다."[7] 우리가 가진 유일한 희망은 우리가 이미 죽었다는 사실을 받아들이는 것이다.

항복과 의지와 자유

항복은 문제를 일으키는 단어일 수 있다. 종교 지도자들은 억압과 노예제도를 정당화하고, 학대하는 남편을 떠나지 못하도록 이 단어를 오용했다. 반면에 독립과 자율은 정서적 건강의 열쇠로 여겨진다. 우리 뜻을 하나님 뜻에 항복시키면 '자아'가 약해지는 것 아닌가? 자유를 빼앗기는 것 아닌가? 우리의 모토는 "너는 무엇이든 할 수 있어"(You got this!)인데 말이다.[8]

하지만 사실 항복은 자유를 낳는다. 항복은 패배처럼 보이지만 우리를 해방시킨다. 하나님을 더 의지할수록 우리 삶은 더 독립적이 된다. 하나님을 의지할수록 다음과 같이 된다.

- 자신의 안전을 지키려 할 때 돈에 덜 의지하게 된다.
- 자신의 가치를 높이려 할 때 외적 매력에 덜 의지하게 된다.
- 자신감을 가지려 할 때 남들의 인정에 덜 의지하게 된다.
- 행복감을 누리려 할 때 자녀의 행동에 덜 의지하게 된다.

- 정체성을 확립하려 할 때 결혼 여부나 직업적 성취에 덜 의지하게 된다.
- 죽음을 걱정하지 않으려 할 때 건강에 덜 의지하게 된다.
- 평안을 얻으려 할 때 상황에 덜 의지하게 된다.

실제로 항복은 우리가 삶을 통제하지 않는다는 사실을, 곧 "너는 무엇이든 할 수 있어"라고 외치는 문화에서는 받아들이기 힘든 이 사실을 인정하게 한다. 때로는 눈앞의 일을 해낼 수 없다. 때로는 그 일 앞에 무릎을 꿇는다. 무엇이든 통제할 수 있다는 환상을 부여잡고 있으면 자기 자아를 절대화하는 "해로운 긍정주의"에 빠질 수 있다. 작가이자 암 생존자인 케이트 볼러는 이렇게 말한다.

성인들의 글은 '내려놓고' 전능자의 뜻에 항복하라는 명령으로 가득하다. 미국 문화와 대중심리학은 소리 높여 이에 반대한다. 네 꿈을 절대 포기하지 마! 계속해서 문을 두드려. 문이 열리기 직전이야! 긍정적으로 생각해! 자기계발 이론이 보장하고 있잖아! 동기 부여 강연 산업은 우리가 원하는 것을 다 가질 수 있고 원하는 사람이 될 수 있다는 가정을 바탕으로 한다. 그냥 하면 돼.[9]

하지만 우리는 할 수 없다. 상황을 통제할 수 없다. 이기기 위해서는 항복해야 한다. 생명을 내놓아야 되찾을 수 있다.
"하나님을 이해하면서."
물론 우리는 막연하게 우주에 항복하는 것이 아니다. 하나님께 항

복해야 한다. 세 번째 단계로, "하나님을 이해하면서 그분께" 항복해야
한다. 우리는 무엇보다도 예수님을 통해 우리에게 계시된 하나님께 우
리의 삶과 뜻을 맡긴다. 하지만 "하나님을 이해하면서"라는 대목을 자
세히 살펴보아야 한다. 예수님은 성경을 믿는다고 생각하는 종교 지도
자들 중에 하나님을 오해한 이들이 많다는 점을 지적하셨다.

알코올 중독자 갱생회에 참여하는 그리스도인들은 이미 하나님을
믿기 때문에 "하나님을 이해하면서"라는 부분에 대해서는 노력할 필요
가 없다고 생각한다. 하지만 누군가가 그들에게 지적할 것이다. "당신
이 이해하는 하나님에 대한 믿음은 당신이 중독에 빠지는 것을 막아 주
지 못했어요. 그러니 당신이 이해하지 못한 하나님을 만나야 할지도 모
릅니다."

영화 〈트루먼 쇼〉는 잘못된 '신'에게 항복했을 때 입는 피해를 보
여 준다. 주인공 트루먼은 자신이 크리스토프가 만들고 통제하는 가상
세계에서 살고 있음을 알게 된다. 크리스토프는 하늘에서 트루먼을 지
켜보고 날씨를 통제하고("태양 큐") 대본을 관장하는 신 같은 존재다. 크
리스토프는 복합적인 인물이다. 트루먼에 대해 애틋한 마음을 갖고 있
지만 궁극적으로 자신의 영광을 위해 트루먼을 이용한다. 트루먼이 자
신의 두려움 때문에 스스로 갇혔다는 사실을 마침내 깨달을 때 우리는
그에게 응원을 보낸다. 그는 풍랑 이는 바다에 맞서 거짓 에덴(씨헤이븐
〔Seahaven〕)을 떠날 용기를 그러모은다. 진정한 자아, 곧 '진짜 인간'(True-
Man)이 된다.

나는 트루먼이다.

처음 그 영화를 봤을 때 나는 충격을 받았다. 내가 트루먼과 같다

는 것을 깨달았다. 현실을 마주할 용기를 내지 못하고 안전한 환상 속에서 지내는 삶에 끌렸다. 나도 "내가 이해하는 하나님"이 맞는지 점검해야 했다.

내 친구는 자신이 이해하는 하나님이 자신에게 애정도 관심도 없고 가혹하기만 한 존재라는 것을 깨닫고 '하나님을 해고하기로' 했다는 편지를 보내 왔다. 하나님이 우리를 진정으로 돌봐 주시는 분이라고 믿기 전까지는 우리 삶을 "그분의 돌보심"에 맡길 수 없다.

최근에 나는 이 영화를 다른 시각에서 보게 되었다.

나는 크리스토프이기도 하다.

나는 신처럼 상황을 통제하기를 원한다. 날씨, 줄거리, 인물들, 결과를 통제하기 원한다. 나는 스스로 대본을 쓰겠다고 고집을 부려 왔다. 남들이 내가 써 준 대본대로 말하기를 원했다. 그래서 내가 성공적인 아버지요 목사로 보이기를 원했다. 자유를 주어야 할 곳을 통제하려고 했다. 사랑하기에 그렇게 하는 것이라고 내 자신을 속였지만 그것은 사실이 아니었다. 나는 가끔 애틋한 감정을 느끼면서 내 이기주의를 정당화했다. 내 마음을 아프게 한 그 영화 대본은 바로 내가 쓴 것이었다.

상황을 통제하려는 시도를 그만두어야 한다. 강당에서 열광적인 청중 앞에 서 있는 동기 부여 강사를 상상해 보라. "어떻게 하면 자기 영화의 스타가 될 수 있을까요?" 강사가 묻고 답한다. "여러분이 원하는 것을 생각하세요. 대본을 쓰세요. 무대를 설계하고요. 감독이 되세요. 뭐든 여러분이 생생하게 상상하는 것이 결국 현실로 이루어지는 것이 우주의 법칙이랍니다. 여러분은 성공을 누릴 자격이 있어요. 부와 명성은 다른 이의 것이라는 거짓말에 속지 마세요. 여러분이 자기 삶의 주인공이랍니다. 스포트라이트를 받을 자격이 있어요. 자, 제가 그 방법을 알려 드릴게요."

이것은 자기 의지로 나아가는 길이다. 정확히 이런 길을 제시하는 책과 강사들이 있다. 하지만 이것은 크리스토프의 길이다. "가장 순한 형태의 영적 자아 도취는 자신이 영적 성장을 이룰 수 있다는 생각이다. … '나는 그렇게 할 수 있어.'"[10]

그래서 "하나님을 이해하면서" 그분과 상호작용해야 한다. 이것이 A. W. 토저가 이렇게 쓴 이유다. "우리가 하나님에 관해서 생각할 때 떠올리는 것이 우리에 관해서도 가장 중요한 것이다. … 우리는 영혼의 비밀스러운 법칙에 따라 하나님에 관한 자신의 심상 쪽으로 변해 가게 되어 있다."[11] 좋은 소식은 하나님은 선하심이 무한하고 그 선한 의도를 행할 능력도 무한하신 분이라는 것이다. 그런데 그 하나님을 깊이 알 수 있는 유일한 방법은 항복이다.

☞ 실천하기

고집(willfulness)과 의지(willingness)

정신과 의사 제럴드 메이는 고집과 의지의 차이를 다음과 같이 설명한다.

> 의지는 삶 자체의 가장 깊은 과정에서 자기를 분리시키려는 시도를 포기하고 그 과정 속으로 깊이 들어가 몰입하는 것을 뜻한다. 그것은 자신이 이미 어떤 궁극적인 우주적 과정의 일부라는 사실을 깨닫고

그 과정에 참여하기로 결단하는 것이다. 반면, 고집은 삶을 지배하거나 관리하거나 통제하거나 그것도 안 되면 조작하려는 시도 속에서 삶의 근본적인 정수로부터 자기를 분리시키는 것이다.[12]

잠시 고집과 의지의 개념을 육체적으로 체험해 보자. 두 손으로 주먹을 꽉 쥐라. 이마가 찌푸려지고 이두박근에 힘이 들어갈 때의 긴장을 느껴 보라. 긴장이 어깨를 넘어 목까지 타고 올라오는 것을 느껴 보라. 이 자세로 몇 분, 몇 시간, 몇 년을 유지하면 얼마나 힘들까? 이것이 '고집'하는 자세다. 고집은 자기 뜻을 관철하고야 말겠다는 자세다. 원하는 것을 꼭 가져야겠다는 자세다. 두려운 것은 꼭 피해야겠다는 자세다. 이것은 본능적이다. 아기의 손에 손가락을 올려 보라. 꽉 붙들 것이다.

이제 주먹을 풀라. 손가락에서 힘을 풀라. 손을 펴서 무릎 위에 놓고 손바닥을 하늘로 향하라. 팔 근육에서 긴장이 풀리는 것을 느껴 보라. 이것은 힘들지 않다. 몸과 마음이 활짝 열리는 것을 느껴 보라. 뭔가 좋은 것을 손에 받아들일 준비가 된 것처럼 기대감이 솟아나는 것을 느껴 보라. 이 자세는 '의지적인 항복'을 표현한다. 우리는 더 이상 상황을 통제하려고 고집을 부리지 않는다.

항복하고 나면 힘들지 않다. 오히려 영혼이 소생한다. 자신의 뜻을 내려놓고 하나님께 항복하라. 항복은 하나님과 함께 살기 위한 열쇠다. "받아들임은 오늘 내 '모든' 문제에 대한 해답이다. 불안한 이유는 어떤 사람이나 장소, 사물, 상황, 삶의 현실을 받아들일 수 없기 때문이다. 그 사람, 그 장소, 그 사물, 그 상황을 받아들이기 전까지는 평온을 얻을 수 없다."[13]

우리의 몸, 한계, 약함, 과거의 실패, 미래의 불확실성을 철저히 받아들여야 한다. 이제 당신에게 묻고 싶다. 당신은 자신과 하나님을 제대로 이해했는가? 그렇다면 당신의 삶과 결정을 하나님께 기꺼이 맡길 수 있을 것이다. 이제 주먹을 풀라. 긴장을 풀라. 당신의 삶과 뜻을 하나님께 맡기라. 모든 것을 그분께 넘기라. 당신은 그것을 해낼 수 없다. 하나님이 해 주실 수 있다.

♦ **핵심 정리**

• 우리의 유일한 희망은 우리가 이미 죽었다는 사실을 받아들이는 것이다.

• 반쪽짜리 조치는 충분하지 않다. 완전히 항복해야 자유를 찾을 수 있다.

• 우리는 막연하게 우주에 항복하는 것이 아니다. 예수님을 통해 우리에게 계시된 하나님께 우리의 삶과 뜻을 맡긴다.

2.
평온과 용기와 지혜
구하기

내 뜻을 버리고 항복하겠다고 하면 혼란스러운 상황이 생긴다.

불안해하고 다른 사람의 애정에 집착하는 이웃이 있다고 해 보자. 그 문제에 관해 그와 이야기하려고 하면 그는 고개를 내젓는다. "나는 원래 이런 사람이에요. 나를 있는 그대로 받아들이세요." 변할 수 있다고 말해 보지만 그는 들은 체도 하지 않는다. 그의 문제점을 계속 지적해 줘야 할까? 그냥 놔둬야 할까?

성급하게 이성을 사귀거나 건강을 해치는 습관을 갖고 있거나 직장에서 잘못된 결정을 내리거나 신앙의 가치를 무시하는 자녀 때문에 걱정하는 부모가 있다. 자녀를 바로잡기 위해 계속 노력해야 할까? 아니면 자녀가 알아서 하게 놔둬야 할까?

원치 않는 직장에 매여 있는가? 더 좋은 직장으로 옮겨서 연봉을 더 많이 받고 싶다. 이것이 그릇된 야망이요 탐욕일까? 아니면 건강한 열정일까? 지금 직장을 그냥 받아들여야 할까? 아니면 새로운 직장에 들어가기 위해 노력해야 할까?

우리 삶과 뜻을 하나님의 돌보심에 맡기는 것이 언제나 단순하지는 않다. 우리 뜻을 하나님 뜻에 맞추려면 하나님 뜻을 알아야 한다. 실제 삶에서는 그 뜻이 헷갈리는 경우가 많다. 이번 장에서는 한 사람의 인생과 한 가지 도구를 살펴보고자 한다. 우선 예수님의 어머니인 마리아의 인생이다. 하나님 뜻에 기꺼이 항복한 마리아의 자세는 "주의 여종이오니 말씀대로 내게 이루어지이다"(눅 1:38)라는 말씀에서 알 수 있다. 마리아는 많은 사람이 떠올리는 것처럼 온순하고 얌전하고 수동적인 이미지와는 거리가 멀다. 마리아는 항복이 적극적이고 모험적이며 큰 용기가 필요한 일임을 보여 준다.

한 가지 도구는 수많은 사람들이 항복하도록 도와준 최고의 기도문인데, 평온을 비는 기도(Serenity Prayer)다. 이 기도가 얼마나 오래되었고 누가 처음 드렸는지 정확히 아는 사람은 없다. 이 기도의 짧은 버전이 더 유명하지만 긴 버전이 더없이 유익하다.

> 하나님, 제가 바꿀 수 없는 것을 받아들이는 평온,
>
> 제가 바꿀 수 있는 것을 바꾸는 용기,
>
> 그 차이를 아는 지혜를 주십시오.
>
> 한 번에 하루씩 살고,
>
> 한 번에 한 순간씩 즐기고,

고난을 평안으로 가는 길로 받아들이고,

이 악한 세상을 제가 원하는 대로 만들려고 하지 않고

그분처럼 있는 그대로 받아들이게 해 주십시오.

그분의 뜻에 항복하면

그분이 모든 것을 바로잡아 주실 줄 믿고

이생에서 꽤 행복하며

영원한 세상에서 그분과 함께 더없이 행복하게 해 주십시오.[1]

항복은 평온으로 가는 길이다. 우리는 평온한 삶을 원하지만 평온하기에는 힘든 세상 속에 태어났다. 평온하려면 항복해야 한다. 만족시킬 수 없는 변덕스러운 욕구에 따라 살면 수만 가지 방향으로 끌려다니기 때문이다. 우리 자신보다 더 큰 선에 전적으로 충성할 때만 중심과 초점을 얻을 수 있다. 평온은 즐거운 상황에서 얻을 수 있는 것이 아니다. 평온은 우리 삶을 세울 견고한 기초를 발견할 때 얻는 부산물이다. 평온은 우리의 외적 세상을 완벽히 다스릴 때가 아니라 우리의 내적 존재를 항복시킬 때 찾아온다.

"내가 바꿀 수 없는 것을 받아들이는 평온"

가브리엘 천사는 마리아를 찾아와 말했다. "보라 네가 잉태하여 아들을 낳으리니 그 이름을 예수라 하라 그가 큰 자가 되고 지극히 높으신 이의 아들이라 일컬어질 것이요 주 하나님께서 그 조상 다윗의 왕위를 그에게 주시리니"(눅 1:31-32).

마리아는 이 메시지를 어려움 없이 받아들이고 이렇게 말했을까?
"내가 예수님의 어머니가 된다니! 이것은 하늘나라의 태후가 되는 것과
도 같아. 나는 세세토록 복 받은 여인으로 불리게 될 거야. 사람들이 성
모송을 부르며 내 이름을 기리겠지." 하지만 성경은 마리아가 큰 기대
감에 부풀었다고 말하지 않는다. "처녀가 그 말을 듣고 놀라"(눅 1:29).

우리는 역사를 보고 지금 아는 것을 마리아가 처음부터 알았다고
잘못 가정한다. 쇠렌 키르케고르는 말했다. "되돌아가 봐야 인생을 이
해할 수 있지만 인생은 전진하며 살아야 한다." 이것이 평온을 비는 기
도가 필요한 이유다.

마리아는 어린 여자였고 약혼한 상태였는데 임신을 했다. 요셉은
자신이 아기의 아버지가 아니라는 것을 알았다. 따라서 마리아는 간음
한 여자 취급을 받아 마땅했다. 약혼자 요셉이 조심스럽게 말한 것처럼
당시 법에 따르면 간음에 대한 벌은 돌에 맞아 죽는 것이었다. 다행히
요셉이 그녀를 죽게 놔두지 않는다 해도 그녀와 결혼할 의무는 없었다.
마리아는 운이 좋아 봐야 마을에서 쫓겨나 가난하게 살며 홀로 아들을
키웠을 것이다. 그 아들은 사생아 취급을 당하고 성회에서 배제당할 것
이다.

지금 우리는 이야기가 이런 식으로 흘러가지 않는다는 것을 안다.
하지만 마리아는 몰랐다. 불확실한 상황에서 살아야 했다. 이것이 그녀
가 크게 놀란 이유다. 하지만 그녀의 반응은 영웅적이었다. "주의 여종
이오니 말씀대로 내게 이루어지이다"(눅 1:38).

이제 마리아의 정체성은 하나님과 깊이 연결되었다. 그녀는 결혼
하고 싶었다. 나름대로 살고 싶은 삶이 있었을 것이다. 하지만 자신의

삶과 뜻을 하나님의 돌보심에 맡겼다. 유대 소녀로서 가질 법한 소망과 꿈을 버렸을 뿐 아니라 고생과 위험을 받아들였다.

때로 사람들은 하나님과 협상하려고 한다. 자신이 여전히 주인 자리에 앉고서 사소한 일에 필요한 도움을 하나님께 얻어 내려고 한다. 이것은 가짜 항복이다.

"하나님을 믿으려고 했다. 하지만 나는 배우자를 정말로 원하는데 하나님은 배우자를 주시지 않았다. 내 믿음은 소용없었다."

"하나님이 나를 치유해 주시리라 믿으려고 했다. 하지만 병이 낫지 않았다. 내 믿음은 소용없었다."

"나는 하나님을 믿으려고 했다. 하지만 하나님은 내 불안을 없애 주거나 내가 원하는 성공을 주거나 내 가정을 회복시켜 주시지 않았다. 그렇게 내 믿음은 소용없었다."

삶을 하나님께 맡긴다는 것은 우리가 원하는 것을 하나님이 주시도록 교묘하게 유도하는 것이 아니다. 영적 삶에서 '조건적인 항복'은 모순되는 단어다. 하나님께 원하는 것을 달라고 '요구하는' '항복'은 협상일 뿐이다. 우리의 삶과 뜻을 진정으로 그분께 맡긴다면 그분이 우리보다 지혜로우시고 우리가 이해하지 못하는 목적을 품고 계신다고 믿어야 한다.

마리아는 하나님이 주신 소명을 바꿀 수 없었다. 그녀가 할 수 있는 것은 소명을 받아들이거나 받아들이지 않는 것뿐이었다. 그 소명은 그녀가 가장 먼저 받아들여야 할 것이었다. 마리아는 인생의 고통도 받아들여야 했다. 예수님이 태어나고 마리아와 요셉이 그분을 성전에 데려갔을 때 시므온은 아기를 받아 하나님을 찬양하고 아기를 축복한 뒤

아기의 위대한 운명을 예언했다. 그는 마리아에게 이런 말을 덧붙였다. "또 칼이 네 마음을 찌르듯 하리니"(눅 2:35).

축복을 이런 식으로 끝내는 것은 드문 일이다. 필시 마리아는 혼란스러웠을 것이다. '무슨 칼을 말하는 거지?' 우선, 마리아는 재정적인 어려움을 받아들여야 했다. 이스라엘에서 아이를 낳으면 아이를 위해서 어린양을 제물로 바쳐야 했다. 예외가 있었다. "그 여인이 어린양을 바치기에 힘이 미치지 못하면 산비둘기 두 마리나 집비둘기 새끼 두 마리를 가져다가"(레 12:8). 마리아는 어린양을 살 돈이 없었다. 제사장들은 어린양을 가져온 가족들을 먼저 데리고 들어갔을 것이다. 세상사가 그렇다. 가난하면 기다려야 한다. 모든 엄마는 자기 아기에게 가장 좋은 것을 해 주고 싶어 한다. 하지만 마리아는 여력이 없었다.

마리아는 사람을 통제할 수 없다는 사실도 받아들여야 했다. 특히, 예수님을 통제할 수 없었다. 예수님이 열두 살이었을 때 마리아와 요셉은 사흘 동안 그분을 잃어버렸다. 그분은 예루살렘 성전에 남아 계셨다. 아이를 잃어버리는 것은 부모의 악몽이다. 우리는 패밀리 레스토랑과 디즈니랜드에서 아이를 약 5분간 잃어버린 적이 있다. 그 생각을 하면 지금도 식은땀이 흐른다.

요셉과 마리아가 성전에 가 보니 그곳에 예수님이 계셨다. 그분은 사람들을 놀라게 하고 있었다. "아이야 어찌하여 우리에게 이렇게 하였느냐 보라 네 아버지와 내가 근심하여 너를 찾았노라"(눅 2:48). 요셉이 아니라 마리아가 이렇게 말한 것이 흥미롭다.

우리는 사람들을 통제하거나 바로잡을 수 없을 때 어떻게 하는가? 잔소리나 조언을 해도 말을 듣지 않을 때 어떻게 하는가? "하나님, 제가 바꿀 수 없는 것들을 받아들이는 평온을 주십시오."

마리아는 예수님이 어릴 적에 애굽에서 외국인으로 사는 삶을 받아들여야 했다. 성경은 마리아가 다른 아들들에게 유대 족장들의 이름을 붙여 주었다고 말한다. 이는 예수님과 형제들이 이스라엘 나라를 로마의 지배에서 해방시키는 지도자가 되는 것이 그녀의 꿈이었을지 모른다는 뜻이다. 하지만 그녀는 예수님의 동생들이 예수님을 믿지 못하는 모습을 지켜봐야 했다(요 7:1-5). 예수님이 정신 나간 사람처럼 행동하는 모습을 지켜봐야 했다(막 3:20-21). 예수님을 데리러 갔을 때 이상한 말을 들어야 했다. 사람들이 예수님에게 형제들과 어머니가 밖에 있다고 하자 예수님은 말씀하셨다. "누가 내 어머니이며 동생들이냐 … 누구든지 하나님의 뜻대로 행하는 자가 내 형제요 자매요 어머니이니라"(막 3:33-35).

십자가 발치에 선 마리아는 자신이 구유에 뉘였던 몸이 무덤에 놓이는 모습을 지켜보아야 했다. 마리아는 예수님의 십자가를 보며 무슨 생각을 했을까? 마리아는 예수님의 삶이 시작되었을 때 했던 말을 그분의 삶이 끝날 때도 해야 했다. 아니, 그 사이에도 여러 번 해야 했다. "말씀대로 이루어지이다"라는 말이다. 마리아는 구유에서 십자가까지 자신이 바꿀 수 없는 것들을 받아들여야 했다.

"내가 바꿀 수 있는 것을 바꾸는 용기"

그렇다고 마리아가 수동적이고 무관심하며 체념하고, 하나님이 움직이라고 하시기 전까지는 전혀 움직이지 않겠다는 태도로 살았던 것은 아니다. 항복은 세상사에 무관심한 태도가 아니다. 선지자적 열정이나 행동이 없는 상태가 아니다. 갈등이나 힘든 대화를 피하기 위한 변명이 아니다. 항복은 어두운 진실과 고통과 저항을 모두 포함한다.

성경에서 대부분의 기도, 특히 시편의 기도는 마음 챙김 활동처럼 보이지 않는다. 오히려 정반대다. 시편에는 저항이 가득하다. 마리아의 찬가 역시 파격적이다. 20세기에도 과테말라 정부는 "권세 있는 자를 그 위에서 내리치셨으며"(눅 1:52)라는 대목 때문에 압제받는 자들이 폭동을 일으킬까 두려워 이 찬가를 공동예배에서 금했을 정도다.

마리아는 누구보다도 열심히 예수님을 가르쳤다. 신약학자 스콧 맥나이트는 예수님의 가르침에서 최소한 다섯 가지 주요 주제가 이미 마리아 찬가에서 발견된다는 점을 지적한다. "마리아가 자신의 비전과 소명을 아들에게 전해 줬다고 결론 내릴 수밖에 없다."[2]

디트리히 본회퍼는 항복한 삶에는 용기와 모험, 복음 전파와 가르침, 궁극적으로는 목숨을 거는 자세가 필요하다고 여겼고, 이렇게 말했다. "자기 부인(self-denial)은 더 이상 자기 자신을 알지 않고 오직 그리스도만 아는 것을 의미한다. … 우리가 가기에는 너무 힘든 길을 더 이상 보지 않는 것이다. 자기 부인은 그저 먼저 가신 그분을 꽉 붙잡는 것이다."[3]

하나님 때문에 호구가 되는 것이라고 생각해서 하나님 뜻에 항복하기를 꺼리는 사람들이 있다. 사실은 오히려 정반대다.

- 모세는 바로의 호구가 아니었다.
- 다윗은 골리앗의 호구가 아니었다.

- 다니엘은 느부갓네살의 호구가 아니었다.
- 에스더는 하만의 호구가 아니었다.
- 예수님은 그 누구의 호구도 아니었다. 예수님은 생명을 내놓으실 때 악한 사람들에게 당하는 것이 아니라 아버지를 위해 스스로 그렇게 하신 것이라고 말씀하셨다(요 10:17-18 참고).

하나님께 대한 항복은 단호한 행동을 하지 못하게 방해하는 것이 아니라 오히려 그 행동의 기초다. 항복은 굳게 설 발판을 마련해 준다. 항복은 우리의 욕구를 따르지 않고 정말로 중요한 가치에 따라 굳은 결단을 내리는 것이다.

항복은 통제를 포기하되 주체적 행위를 포기하지 않는 것이다. 통제는 결과와 상황을 결정하는 능력이다. 주체적 행위는 하나님이 주신 행동의 능력을 발휘하는 것이다. 주체적 행위는 주도하고 창출하고 책임지는 것이다.

내가 바꿀 수 있는 것이라면 어렵더라도 바꿀 수 있는 용기를 어디서 얻어야 할까? 내가 바꿀 수 있는 것은 무엇보다도 내 내면이다. 다른 부부와 저녁 식사를 함께하기로 한 자리에 아내는 미리 도착했고 나는 늦게 도착한 적이 있다. 아내는 내가 15분이나 늦었다며 어디서 뭘 하다가 왔느냐고 묻는다. 나는 "미안해요. 좀 늦게 출발했어요"라고 말해야 한다. 하지만 나는 겨우 11분밖에 늦지 않았다고, 15분은 과장이라고 변명한다. 나의 항복하지 않은 자아는 나를 억지로 변호하려 한다.

진정한 항복은 자아와 이기주의를 포기하는 것이지만 주도적 태도와 용기를 버리는 것은 아니다. 가짜 항복은 이와 반대로 한다.

"그 차이를 아는 지혜"

하나님 뜻을 아는 지혜를 어떻게 얻을 수 있을까? 어떤 것을 받아들이고 어떤 것을 바꾸기 위해 노력해야 할지, 이를 어떻게 분별할 수 있을까? 이 부분에서도 마리아는 좋은 본보기를 보여 준다. 마리아와 요셉이 열두 살인 예수님을 찾기 위해 성전에 갔다가 예수님이 아버지의 일을 하고 있다고 설명하셨을 때 성경은 이렇게 말한다. "그 부모가 그가 하신 말씀을 깨닫지 못하더라 예수께서 함께 내려가사 나사렛에 이르러 순종하여 받드시더라 그 어머니는 이 모든 말을 마음에 두니라"(눅 2:50-51).

부모가 함께 이 일을 경험했지만 마리아만 "이 모든 말을 마음에" 두었다. 이 마지막 구절은 마리아와 관련해서 여러 번 사용된다. 예수님이 탄생하시고 목자들이 천사들의 메시지를 듣고 갔을 때 성경은 이렇게 말한다. "마리아는 이 모든 말을 마음에 새기어 생각하니라"(눅 2:19). 스콧 맥나이트는 이 표현이 '선지자들'이 했던 일을 묘사할 때 사용된 언어라고 설명한다.[4] "받아들이는 것"은 아무 생각 없이 수동적으로 순응하는 것을 의미하지 않는다. 그보다는, 상황 이면의 의미를 찾기 위해 시간을 내어 적극적으로 숙고하는 것을 의미한다. 불편한 현실을 기꺼이 직시하면서 삶과 씨름하는 것을 뜻하기도 한다.

지혜를 찾은 마리아의 모습은 이사야, 아모스, 예레미야 같은 이스라엘의 위대한 선지자들을 닮았다. 마리아는 의문을 품고 탐구했다. 가브리엘, 요셉, 엘리사벳, 예수님이 한 말을 깊이 묵상했다. 그리하여 하나님이 파격적이고 전복적인 계획을 세우셨다는 사실을 처음 알아낸 사람이 되었다.

마리아 찬가는 "복음 이전의 복음"으로 불린다.[5] 예수님의 사역과 십자가 죽음과 부활이 이루어지기 30년 전에 하나님이 하실 일을 선포한 노래이기 때문이다. 마리아는 어떻게 이런 지혜를 얻었을까? N. T. 라이트는 마리아 찬가의 모든 표현이 사실상 구약 성경에서 왔다는 점을 지적한다.[6] 다시 말해, 마리아는 구약을 깊이 공부했다. 이는 놀라운 사실이다. 당시 일부 랍비들은 여성들에게 아예 가르침을 주지 않았기 때문이다. 그런 시대에 마리아는 통찰력과 지혜가 있었다. 성경을 깊이 탐구하면 지혜가 찾아온다.

기도로 지혜를 구할 때 지혜를 얻는다. "너희 중에 누구든지 지혜가 부족하거든 모든 사람에게 후히 주시고 꾸짖지 아니하시는 하나님께 구하라 그리하면 주시리라"(약 1:5). 이 글은 예수님의 형제 야고보의 것이다. 야고보도 마리아의 아들이다. 그렇다면 그도 지혜를 달라는 기도에 하나님이 응답해 주셨다는 어머니의 말을 여러 번 들었을 것이다.

우리는 실수했을 때 지혜를 얻기도 한다. 마리아는 예수님이 성전으로 돌아간 이유를 오해했지만, 그 경험에 관해 돌아보면서 나중에 더 깊은 통찰을 얻었다. 예수님이 제정신이 아니라고 생각했을 때도 같은 과정이 이루어졌을 것이다. 그 결과, 마리아는 예수님의 부활 후 다락방에서 제자들과 함께 있었다고 언급된 유일한 여성이 되었다(행 1:14 참고).

우리는 친구들에게서 지혜를 얻기도 한다. 성경은 마리아가 천사의 방문을 받은 뒤에 사촌 엘리사벳을 '급히' 찾아갔다고 말한다(여기서도 마리아의 적극적인 행동을 볼 수 있다. 입덧에 시달렸을 젊은 여성이 홀로 길을 나섰다). 마리아는 엘리사벳에게 축복과 격려를 받고 하나님의 소명을 기꺼이 받아들였다.

우리는 평온을 비는 기도의 지혜를 따라야 한다. 그렇게 하면 삶이 더 즐거워지기 때문이 아니다. 어차피 자기 삶을 통제할 수 없기 때문도 아니다. 금욕주의적인 포기가 정신 건강에 좋기 때문도 아니다. 우리가 평온을 비는 기도의 지혜를 따라야 하는 이유는 십자가의 하나님이 부활의 하나님이시기도 하기 때문이다. 우리가 죽인 꿈이 결국 무한히 더 좋은 꿈으로 살아날 것이다. 우리가 사랑하는 사람들이 우리의 돌봄보다 하나님의 돌보심 아래서 훨씬 더 잘 살아갈 것이다.

🕊 실천하기

평온을 비는 기도를 드리라

지금 하던 일을 멈추고 평온을 비는 기도를 드리라. 한 줄씩 천천히 마음에 새기라. 각 줄을 읊으면서 당신이 하나님 뜻에 항복해야 할 것이 무엇인지 돌아보라. 받아들여야 할 것과 바꾸어야 할 것은 무엇인가? 지혜가 필요한 일이 있는가? 하나님이 "한 번에 하루씩" 그분의 임재를 경험하라고 초대하고 계시는가? 자, 평온을 비는 기도를 드리자.

> 하나님, 제가 바꿀 수 없는 것을 받아들이는 평온,
>
> 제가 바꿀 수 있는 것을 바꾸는 용기,
>
> 그 차이를 아는 지혜를 주십시오.
>
> 한 번에 하루씩 살고,
>
> 한 번에 한 순간씩 즐기고,
>
> 고난을 평안으로 가는 길로 받아들이고,

이 악한 세상을 제가 원하는 대로 만들려고 하지 않고

그분처럼 있는 그대로 받아들이게 해 주십시오.

그분의 뜻에 항복하면

그분이 모든 것을 바로잡아 주실 줄 믿고

이생에서 꽤 행복하며

영원한 세상에서 그분과 함께 더없이 행복하게 해 주십시오.

◆ **핵심 정리**

- 항복은 평온으로 가는 길이다. 예수님의 어머니 마리아의 삶은 평온의 본
  보기다.

- 바꿀 수 없는 것을 받아들이는 평온, 바꿀 수 있는 것을 바꾸는 용기, 그 차
  이를 아는 지혜를 달라고 기도해야 한다.

- 진정한 항복은 자아와 이기주의를 포기하는 것이지만 주도적인 태도와 용
  기를 버리는 것은 아니다. 가짜 항복은 이와 반대로 한다.

3.
자연스러운 욕구와
반대로 행동하기

    내 삶과 뜻을 하나님께 맡길 때 자유와 해방으로 가는 길이 열린다. "하나님, 제 미래를 하나님께 드립니다. 제 뜻대로 하려는 욕구를 버립니다. 더 이상 상황을 바꾸기 위해서 살지 않겠습니다. 사람들을 통제하려고 하지 않겠습니다. 저는 이제 이 모든 것에 대해 죽었습니다. 모든 것을 하나님께 맡깁니다." 이는 매우 고무적인 일이다.

    그러다 뭔가 이상한 일이 벌어진다. 몇 초 뒤 이런 불안감이 몰려온다. '하지만 이런저런 안 좋은 일들이 일어나면 어쩌지?' 다른 사람의 말에 과도하게 신경이 쓰인다. 위기 상황을 상상한다.

    그때 내가 되돌아갔음을 깨닫는다. 하나님께 항복했었는데 하나님께 드린 것을 다시 가져온 것이다. "하나님, 다시 한 번 올려 드립니다." 그러다 뭔가 나쁜 일이 일어났다는 소식을 듣는다. 누군가가 나를 심하게 공격하는 글을 썼고, 더 나쁜 상황이 닥칠지도 모른다. 내가 더 심한 상처를 받게 되면 어쩌지? 그렇게 내가 원점으로 돌아갔다는 것을 깨닫는다.

상황에 대해서만 그러는 것이 아니다. 내 행동에 대해서도 마찬가지다. 하나님께 나를 그분 사랑의 통로로 삼아 달라고 진심으로 기도한다. 어느 날 나는 구두가 발에 맞지 않아 반품하러 상점을 찾아간다. 카운터 직원은 내가 멤버십 카드로 사지 않았기 때문에 환불해 줄 수 없다고 말한다. 나는 기분이 상하고 화가 난다. 내 뜻대로 해 주지 않고 규정을 고수하는 그 직원에게 퉁명스럽게 대한다.

나는 하나님께 항복하고 내 입을 하나님께 드렸다. 하지만 나는 가끔 거짓말을 한다. 거짓말이 무엇이냐는 질문에 주일학교 학생이 내놓은 대답이 참으로 옳다. "거짓말은 하나님이 아주 싫어하시는 것이지만, 곤란한 상황에 있는 내게는 당장 큰 도움이 되는 거예요." 내 몸이 이것을 본능적으로 알고 반응한다. 내 생각은 다음과 같이 흐를 때가 너무도 많다.

1. 나는 할 수 없다.

2. 하나님은 하실 수 있다.

3. 하나님께 맡기기로 결정했다.

4. 이런, 또 내 맘대로 했군.

5. (처음부터 다시 시작하자.)

나는 하나님께 맡겼다가 되찾기를 반복한다. 그래서 항복의 행위에 한 단어를 덧붙여야 한다. 예수님이 직접 말씀하신 단어인데, 바로 '날마다'이다. "아무든지 나를 따라오려거든 자기를 부인하고 날마다 제 십자가를 지고 나를 따를 것이니라"(눅 9:23).

나의 뜻을 날마다 포기하는 법: 반대로 하라

사도 바울은 고린도 교회에 보낸 첫 번째 편지에서 고린도 교인들이 하나님의 뜻에 항복하지 않은 세 가지 인격적 결함을 지적한다. 하나는 '시기'다. "너희는 아직도 육신에 속한 자로다 너희 가운데 시기와 분쟁이 있으니 어찌 육신에 속하여 사람을 따라 행함이 아니리요"(고전 3:3). 바울은 시기가 어떻게 그들을 분열시키는지 장황하게 썼다. 시기가 두 번째 결함과 어떻게 관련되는지도 말한다.

- "그런즉 누구든지 사람을 자랑하지 말라!"
- "어찌하여 자랑하느냐?"
- "자랑하는 것이 옳지 아니하도다."(고전 3:21; 4:7; 5:6)

고린도전서에서 바울은 신약의 나머지 부분에 나오는 '자랑'을 다 합친 것보다 두 배나 많이 '자랑'에 관해 말하고 있다. 자랑은 자신이 부족한 사람임을 축하하는 것과 정반대다. 이 문제는 세 번째 인격적 결함과 관련된다. 바울은 성경에서 드물게 사용되는 단어로 이 문제를 기술한다. 이 단어는 고린도전서 밖에서는 한 번밖에 안 나오지만 고린도

전서에서는 반복적으로 사용된다(고전 4:6, 18; 5:2; 8:1 참고).

- "교만한 마음을 가지지 말게 하려 함이라."
- "교만한 자들."
- "너희가 오히려 교만하여져서."
- "지식은 교만하게 하며 사랑은 덕을 세우나니."

'교만'(puffed up)은 매우 생생한 단어로, 부풀어 오른 풍선을 떠올리게 한다. 겉으로는 커 보이지만 안에는 공기만 가득할 뿐이다. 시기와 자랑이 우리가 행하는 것이라면, 교만은 우리 내면의 상태다. 바울은 고린도 교인들에게 이 경건하지 못한 세 가지 결함을 반복적으로 지적한다.

같은 편지의 열세 번째 장에서 바울은 세상에서 가장 유명한 사랑에 관한 글을 썼다. 이 글은 지금도 결혼식장에서 자주 읽히고 예쁜 엽서에 딱 어울린다. 단, 이 글의 한중간에서 바울은 날카롭게 지적한다. 사랑이 무엇인지에 관해서 아름답게 묘사한 뒤에 사랑이 아닌 것을 나열한다. "시기하지 아니하며 사랑은 자랑하지 아니하며 교만하지 아니하며"(고전 13:4).[2]

조지 코스탄자(George Costanza)라는 텔레비전 드라마 등장인물이 있다. 어느 날 그는 자신이 지독한 실패자라는 사실을 깨닫는다. "평생 나는 잘못된 결정만 내렸어. 지금 내 인생은 내가 원했던 모습과 정반대야. 삶의 모든 면에서, 내 모든 직감, 내가 입는 것, 내가 먹는 것 … 내 삶은 모두 다 잘못되었어."

그는 '반대로 하라'라는 새로운 인생 전략대로 행동하기 시작한다. 관계, 일, 대화, 결정까지 모든 일에서 그는 전에 행하거나 말하거나 선택했던 것과 정반대로 한다. 이 방법은 놀랄 정도로 효과적이었다. 하지만 '날마다' 그렇게 할 수는 없었다.[1]

놀랍게도 '반대로 하기'는 DBT(dialectical behavior therapy, 변증법적 행동 치료) 분야에서 심리학자 마샤 리네한이 가르친 기술이다.[2] 우리의 부정적인 감정, 만족할 줄 모르는 욕구, 고집 센 자아가 문제를 일으키는 주범이다. 이렇게 우리의 자동적인 옛 반응에 따라 행동하면 계속해서 더 많은 문제가 발생한다.

따라서 '반대로 하기'는 자동적인 옛 반응과 완전히 다르게 행동하는 것을 의미한다. 예를 들어, 두려울 때 항상 피하기만 했다면 이제는 그와 반대로 두려움을 정면으로 돌파하라. 말에서 떨어진다면 다시 올라타라. 우울증에 빠져서 종일 침대에 누워 있고 싶다면 일어나서 조금이라도 움직이라. 불안해서 사람들을 피하고 싶다면 대화를 시작하라. 화가 나서 공격하고 싶다면 마음을 가라앉히라. 이것은 지혜로운 치료 요법일 뿐 아니라 영적 삶으로 가는 길이다. 이 방법을 예수님보다 꾸준히 잘 설명한 사람은 없다.

높임을 받고 싶다면 자신을 낮추라.

높은 사람(교만)이 되고 싶다면 종이 되라.

살고 싶다면 자신에 대해서 죽으라.

만족스러운 삶을 살고 싶다면 자신을 부인하라.

진정으로 부요해지고 싶다면 나누어 주라.

자유롭고 싶다면 항복하라.

복수하고 싶다면 용서하라.

강해지고 싶다면 자신의 약함을 인정하라.

숨기고 싶은 죄가 있다면 고백하라.

기도를 그만두고 싶다면 끈덕지게 기도하라.

반대로 행동하라.

이번에도 우리는 12단계가 우리의 뜻을 항복시킨 십자가 삶으로 갈 때 유용한 안내자가 된다는 점을 알 수 있다. 12단계의 각 단계는 우리를 곤란하게 했던 자기 위주의 감정적인 행동과 반대로 하라고 제안한다.

더 열심히 노력해야 할 것 같을 때 내 무력함을 인정한다.

돌이킬 수 없을 것 같아 포기하고 싶을 때 더 큰 힘이 나를 회복시킬 수 있다고 믿는다.

상황이나 다른 사람들을 내 뜻대로 통제하고 싶을 때 내 뜻을 내려놓는다.

죄책감이나 수치심 때문에 고통스러운 나머지 중독성 있는 것에 의지해서 아픔을 마비시키고 싶을 때 오히려 나 자신을 솔직히 돌아본다.

내 모습이 적나라하게 드러나서 수치스럽거나 나에 관한 온전한 진실을 아무도 몰랐으면 할 때, 하나님과 나 자신과 사람들에게 그 진실을 고백한다.

하나님의 변화시키는 역사에 나를 맡기는 것을 미루고 싶을 때 오히려 그 역사를 받아들일 만반의 준비를 한다.

내 인격적 결점을 내 힘으로 해결하고 싶을 때….

사람들에게 입은 상처를 홀로 치유하고 싶을 때….

내가 상처를 준 사람들을 피하고 싶을 때….

방어적인 태도를 취하고 싶을 때….

기도할 시간을 내기 힘들 때….

나만 부자가 되는 것을 삶의 목표로 삼고 싶을 때….

12단계의 모든 단계는 하나님을 거스르는 인간 삶과 '반대로 하는' 것이다. 우리 자신의 뜻을 포기해야 한다. 이것을 매일 실천하려고 해야 한다.

나는 샤워를 하려고 한다. 물을 틀어 놓은 채 휴대폰을 본다. 아내가 물 흐르는 소리를 듣고 고함을 지른다. "지금 가뭄 때문에 다 고생하고 있어요!" 우리가 사는 캘리포니아주에서는 물이 희소 자원이다.

나는 본능적으로 방어적인 태도를 취한다. '당신이 이 집안의 대장이야? 당신도 잘못할 때가 없어? 스톱워치로 내 샤워 시간까지 재고 있는 거야?' 속으로 쏘아붙이고 나서 샤워를 한 뒤에 나는 삐쳐서 아내에게 한동안 아무 말도 하지 않는다.

내가 하고 싶지 않은 일은 무엇인가? 나는 이런 모습을 아내에게 고백하고 싶지 않다. 창피하고 굴욕적이기 때문이다(나는 왜 이런 결점을 아직도 고치지 못했을까?). 아내에게 말을 걸지 않는 것도 쉽게 정당화할 수 있다(아내는 전혀 눈치채지 못할 거야).

하지만 12단계 프로그램에서는 이렇게 하지 않는다. '반대로 해서' 이 사실을 아내에게 고백하는 것이 내게 유익이다. 우리의 관계가 진실과 신뢰의 바탕 위에서 이루어지는 데 도움이 된다. 그래서 나는 반대로 한다. 영적 현실은 우리의 예상과 반대다. 절박함은 소망으로 가는 길이다. 강함은 약함 속에서 온전해진다. 우리 프로그램의 중심에는 인간 역사의 중심이기도 한 위대한 상징이 있다. 그 상징은 바로 십자가다.

하나님은 악에서 선을 끌어내신다. 십자가 죽음에서 부활을 끌어내신다. 어둠에서 빛을 끌어내신다. 절망에서 소망을 끌어내신다. "하나님의 본체"이신 예수님은 자신을 쏟아내고 "종의 형체"를 가지셨다. "자기를 낮추시고 죽기까지 복종하셨으니 곧 십자가에 죽으심이라"(빌 2:6-8). 반대로 하라.

☞ 실천하기

혼란스러운 순간을 하나님께 항복하라는 초대로 여기라

오늘, 혼란스럽거나 괴롭거나 불안하거나 화가 나거나 두렵거나 좌절감이 밀려올 때마다, 어깨의 긴장을 풀고 주먹을 펴고 심호흡을 하고 그 문제를 하나님께 맡기라. 하나님께 드렸다고 생각했던 뭔가에 대해 다시 걱정이 몰려올 때마다 하나님께 돌려 드리라. 자책하지 마라. 자극에 곧바로 반응하지 말고 찬찬히 생각하라. 매 순간 "하나님의 뜻이 이루어지게 하소서"라고 기도하라.

우리는 이미 항복했다고 생각할 때가 많다. 내성적인 사람이라서 혼자서 하나님과 대화하는 것을 즐긴다. 집에서 조용히 항복하는 기도를 드린다. "하나님, 제 돈, 제 능력, 제 가족, 제 뜻, 제 관계, 제 시간까지 모두 가져가십시오. 모든 것을 포기합니다. 하나님의 뜻이 이루어지기를 원합니다."

룸메이트가 와서 말한다. "약속한 대로 설거지 좀 하지 그래?"

우리는 시간을 하나님께 맡겼다고 생각한다. 하지만 누군가가 우리에게 시간을 내 달라고 하면 생각이 달라진다.

우리는 상황을 하나님께 맡겼다고 생각한다. 하지만 상황이 안 좋아지면 생각이 달라진다.

우리는 우리의 뜻을 하나님께 맡겼다고 생각한다. 하지만 화가 나면 생각이 달라진다.

C. S. 루이스는 이렇게 말했다.

> 그리스도인의 삶에서 진짜 문제는 대개 사람들이 살펴보지 않는 곳에서 나타난다. 우리가 매일 아침 눈뜨는 순간에 나타난다. 오늘 하루에 대한 모든 바람과 소망이 들짐승처럼 달려든다. 그래서 매일 아침 우리의 첫 작업은 그 모든 것을 다시 치우는 것이어야 한다. 그러고 나서 다른 목소리에 귀 기울여야 한다. 다른 관점을 받아들여야 한다. 더 크고 강하고 조용한 삶이 우리 안에 흘러들어오게 해야 한다. 종일 그렇게 해야 한다.[3]

이 기도의 놀라운 점은 언제라도 드릴 수 있다는 것이다.

- 교통 체증에 걸려 짜증이 날 때
- 자녀 문제로 걱정될 때
- 배우자에게 화가 날 때
- 지원한 학교에서 떨어졌을 때
- 그녀가 내 청혼을 받아들일 줄 알았는데 거절할 때

- 돈 걱정이 밀려올 때

- 체중계 위의 숫자나 거울 속 내 모습이 마음에 들지 않을 때

- 침대에 누워서 죽어 가고 있을 때

3단계에 관해서 마지막으로 생각하고 싶은 것은 이것이다. 이 단계에 따르면 우리는 우리의 삶과 뜻을 하나님의 돌보심에 맡기기로 결심한다. 따라서 결심의 힘과 한계를 함께 이해해야 한다. 결심의 한계는 한 가지 질문으로 표현되곤 한다. 개구리 세 마리가 통나무에 앉아 있다. 한 마리가 거기서 뛰어내리기로 결심한다. 이제 통나무에는 개구리가 몇 마리 남아 있을까?

정답은 세 마리다. 뛰어내리겠다는 결심은 실제로 뛰어내리는 것과 다르다. 항복하겠다는 결심은 행동으로 실천하기 전까지는 머릿속에 남아 있을 뿐이다. 우리는 자아가 본능적으로 거부하는, 인생을 변화시키는 행동을 실제로 취해야 한다.

자, 4단계에 이른 것을 환영한다.

◆ **핵심 정리**

- 항복은 한 번으로 끝나는 행동이 아니다. 매일 항복해야 한다.

- 예수님의 길은 우리의 자연적인 성향과 반대로 하는 것이다.

- 항복은 자극에 곧바로 반응하지 않는 것이다.

우리의 삶과 뜻을
진정으로 하나님께 맡긴다면
하나님이 우리보다 지혜로우시고
우리가 이해하지 못하는 목적을
품고 계신다고 믿어야 한다.

2부

내 삶을 조사하고
변화될 준비를
하다

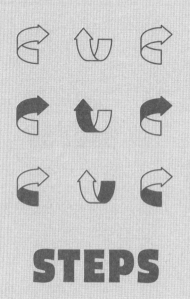

STEPS

4단계

조사: 인생 중간 정산

나는 내 인격과 삶을 냉정하게 조사하고 평가할 것이다.

하나님이여 나를 살피사 내 마음을 아시며
나를 시험하사 내 뜻을 아옵소서
내게 무슨 악한 행위가 있나 보시고
나를 영원한 길로 인도하소서

- 시편 139편 23-24절

1.
변화가 필요한 부분
파악하기

곤도 마리에는 《인생이 빛나는 정리의 마법》을 수백만 명에게 소개했다. 어질러진 방은 흐트러진 정신을 반영한다. 물건을 정리할 때는 우선 모든 물건을 꺼내 와서 밝은 곳에서 하나씩 살펴본다. 기쁨을 주는 물건은 보관하고 그렇지 않은 물건은 버린다. 대청소는 시간이 걸리지만 삶에 단순함, 감사, 마음의 평안, 위안을 준다.

《인생이 빛나는 정리의 마법》 기독교판을 소개하겠다. 영원한 영혼은 살펴보고 관리하지 않으면서 일시적인 공간인 집만 정리하는 것은 얼마나 어리석은가. 사도 바울은 말했다. "여러분은 자신이 어떤 사람이며 여러분에게 맡겨진 일이 무엇인지 조심스럽게 살핀 다음에 그 일에 몰두하십시오. 우쭐대지 마십시오. 남과 비교하지 마십시오. 여

러분은 저마다 창조적으로 최선의 삶을 살아야 할 책임이 있습니다."(갈 6:4-5, 《메시지》)

네 번째 단계에서 우리는 내면의 집을 정리하기 시작한다. 자신의 삶과 인격을 철저히 조사한다. 그동안 외면해 왔던 구석구석에 빛을 비춘다. 회사에서 창고 재고 조사를 하는 것과 같다. 무엇이 부족하고 무엇을 버려야 하는지 재고를 파악하지 못하면 회사는 망할 수밖에 없다. 그런데 창고 안의 물건보다 우리 내면의 사랑이나 정직과 관련한 문제가 훨씬 더 중요하다. 동기와 습관과 맹점을 찬찬히 조사해서 어떤 부분에서 변화가 필요한지 파악해야 한다.

많은 사람이 이 지점에서 그만둔다. 자신에 관한 추악한 진실 마주하기를 거부한다. 우리는 조사가 필요한 이유를 깊이 인식해서 제대로 조사해야 한다. 그러면 삶이 변화된다. 우선 이 단계를 거부하게 하는 정신적 걸림돌을 살펴보자. 이 단계의 걸림돌과 유익에 관해서 분명히 알면 이 과정을 철저히 해 나갈 수 있다.

"너는 더 잘못하고 있잖아"

"나한테 잘못한 사람들은 어떻게 할 건데?"

인간의 간교한 마음은 자신을 살펴 자기 잘못을 인정하지 않으려고, 다른 이들에게 비난의 화살을 돌린다. "내 상사, 내 남자 친구, 내 부모, 내 자녀, 정부는 더 잘못하고 있어." 내가 불안해하고 걱정하는 이유는 그 사람 때문이다. 도덕적 문제로 조사를 받아야 할 대상은 바로 '그 사람'이다. 내가 '그 사람'을 조사해야 하지 않을까?

이런 생각을 하는 경우는 정말 흔하다. 좋은 소식은 문제를 일으키는 '그 사람'이 실제로 있다는 것이다. 나쁜 소식은 '그 사람'이 바로 '당신'이라는 것이다.

다른 사람에게 비난의 화살을 돌리는 일은 아담과 하와 때부터 있었다. 그들은 자신의 타락에 대해 서로를 탓했다. 존 밀턴의《실낙원》은 그들이 서로를 탓하는 장면을 장황하게 묘사한다. 밀턴은 그 대목을 이렇게 마무리한다.

> 그래서 그들은 서로를 비난하는 데 쓸데없이 시간을 허비할 뿐 이 헛된 싸움에 대한 자책감은 전혀 갖지 않았다.[1]

부활하신 예수님은 그분을 부인했던 베드로가 내면을 청소하도록 도와주셨다. 그때 베드로는 자신과 라이벌 구도를 형성하고 있던 요한을 보았다.[2] 그는 예수님께 물었다. "주님, 이 사람은 어떻게 되겠습니까?" 자신을 요한과 비교하면서 주제를 바꾸려고 했다.

이것은 예수님이 베드로와 나누신 마지막 대화다. 베드로는 예수님께 3년이나 제자 수업을 받았다. 그런데도 아직까지 다른 사람들의 일에 신경을 쓰고 있다. 예수님은 이런 베드로에게 꽤 날카롭게 반응하신다. "네게 무슨 상관이냐 너는 나를 따르라"(요 21:22). 이는 "네 일에나 신경 써라"라는 뜻이다.

내가 할 일은 '나의' 집을 청소하는 것이다. '당신의' 집을 청소하는 것은 내 일이 아니다. 당신의 집을 평가하는 것도 내 일이 아니다. 하나님은 당신의 집에 대해서는 내게 책임을 묻지 않으실 것이다.

"적어도 너보다는 내가 나아"

알코올 중독자들은 마약 중독자들을 보며 말한다. "적어도 나는 약쟁이는 아니야." 마약 중독자들은 알코올 중독자들을 보며 말한다. "적어도 나는 주정뱅이는 아니야." 포르노 중독자들은 말한다. "적어도 나는 창녀들과 놀아나지는 않아." 교인들은 불신자들에게 말한다. "적어도 나는 하나님과의 관계에서는 문제가 없어." 불신자들은 교인들을 보며 말한다. "적어도 나는 비판적이지 않고 미신을 믿지 않아." 예수님 당시의 바리새인들은 말했다. "적어도 나는 저기 있는 세리보다는 훨씬 나아."

우리 마음은 자신보다 못한 사람과 비교해서 현재 상태에 머무는 것을 정당화하는 능력이 탁월하다. 경제적 상황에 관해서는 위쪽에 있는 사람들과 비교하면서 자신의 끝없는 욕심을 정당화한다. 반면, 영적 상태에 관해서는 아래쪽에 있는 사람들과 비교해서 자신의 게으름을 정당화한다.

하지만 이것은 다음 질문을 고려하지 않은 것이다. 문제가 얼마나 심각해야 분명히 유익이 될 변화의 과정을 시작할 것인가? 전 세계 인구 80억 명 중에 나보다 못한 사람이 단 한 명만 있어도 빠져나갈 구멍으로 여길 것이다. 단테의 《신곡: 지옥 편》(Inferno)을 보면 지옥의 가장 낮은 곳에는 인류 역사상 가장 큰 반역자 셋이 있는데, 사탄과 가룟 유다와 브루투스다. 이는 온 우주의 모든 존재가 "적어도 나는 저들보다는 나은 사람이야"라고 말할 수 있다는 뜻이다. 그 반역자 세 명도 서로를 가리키며 "적어도 내가 너보다 낫다"라고 말하고 있을 것이다.

"나는 내 자신을 잘 알고 있어"

고대 도시 델포이에는 아폴론 신전이 있었고, 그 신전의 입구에는 "너 자신을 알라"라는 문구가 쓰여 있었다. 소크라테스는 쓸데없는 것은 잘 알면서 자기 자신을 모르는 사람은 어리석다고 말했다. (자신을 아는) 지혜로운 사람들은 "반성하지 않는 삶은 살 가치가 없다"라는 점을 이해하고 자기 자신을 살핀다.

하지만 대부분은 지혜롭지 못하다. 연구가 타샤 유리히는 약 5천 명을 대상으로 열 번의 연구를 시행한 결과, 거의 모든 사람이 자신은 자기인식력이 있다고 생각하지만 실제로 그런 사람은 전체의 10-15퍼센트밖에 되지 않는다는 사실을 발견했다.[3] 코넬대학교의 토머스 길로비치는 고등학생 백만 명을 조사했다. 그중 70퍼센트는 자신의 리더십이 평균 이상이라고 생각했다. 자신이 평균 이하라고 생각하는 학생은 2퍼센트에 불과했다. "남들과 어울리는 능력"에서는 '모든' 학생이 스스로 평균 이상이라고 생각했다. 높은 지능이 높은 자기 인식을 낳을까? 전혀 그렇지 않다. 대학 교수들 중 94퍼센트는 자신이 평균 이상으로 일을 잘하고 있다고 믿는다.[4] 신학자 닐 플랜팅가는 "자기기만은 오랫동안 성장해 온 산업 분야다"라고 말했다.[5] 다시 말해, 자기 인식이 부족하다는 것 자체가 스스로 그 사실을 인식하지 못한다는 뜻이다.

우리는 실패보다 성공을 더 잘 받아들인다. 당선되지 않은 후보에게 투표했던 것보다 당선된 후보에게 투표했던 것을 더 잘 기억한다. 자신이 다른 이들보다 진리를 더 잘 안다고 믿는다. 사업가들은 대부분 자신의 윤리 의식이 평균 이상이라고 생각한다. 운전자들은 대부분 자신의 운전 실력이 평균 이상이라고 생각할 뿐 아니라, 자신의 잘못으로 사고가 나서 입원한 운전자들도 대개는 자신의 운전 실력이 평균 이상이라고 생각한다. 사람들은 자신이 평균 수명보다 오래 살 것이라고 믿는다.

이것은 성경과 현대 연구가 놀라울 정도로 일치하는 영역 중 하나다. 많은 사람이 좋은 일에 대한 공은 자신에게 돌리고 나쁜 일에 대해서는 외부 요인을 탓하는 자기 위주 편향(self-serving bias)에 빠져 있다. 자신이 이미 믿는 것을 뒷받침해 줄 전문가나 책, 방송이나 웹 사이트를 찾는 확증 편향(confirmation bias)에 빠진 사람도 많다. 자신이 믿고 '싶은' 것을 믿는 유인 편향(incentive bias)에 빠진 사람도 많다.

우리는 기본적으로 귀인 오류(attribution error)를 겪는다. 자신의 나쁜 행동에 대해 외부 상황을 탓하지만("내가 아이에게 화낸 것은 스트레스 때문이야") 다른 사람의 오류에 대해서는 그의 인격을 탓한다("그가 자기 아이에게 고함을 지른 것은 나쁜 부모이기 때문이야"). 우리는 부정 편향(negative bias)으로 인해 자신을 부당한 비판의 희생자로 여겨 자기 신세를 한탄한다. 우리는 암묵적 편향(implicit bias)으로 인해 자신이 인식조차 못하고 있는 편견을 품고 살아간다.

한 저자는 우리가 '죄'나 '인격적 결함', '적응 장애', '상호의존' 같은 용어가 싫어서 자기 조사를 피하는 경우가 많다고 지적한다. 그는 이런 결론을 내린다. "하지만 가장 분별력이 없는 사람들도 한 가지 점에 대해서는 다 동의한다. 우리 안에는 잘못된 것이 많다는 점이다."[6] 이것은 동기 유발에 도움이 되는 생각일 수 있다. "내 안에 잘못된 것이 많다." 이것은 솔직함과 관대함, 기쁨과 사랑으로 살고자 하면 많은 것을 바로잡을 수 있다는 뜻이다.

"하나님은 무조건 나를 용서해 주셔"

하나님의 은혜를 잘못 이해해서 자신을 조사할 절박한 필요성을 알지 못하는 이들이 있다. 하나님은 은혜로우시니 자신은 잘못을 반성하지 않아도 된다고 생각한다. 하지만 사실 (하나님의 도우심으로 하는) 자기 조사는 치유의 은혜를 받는 수단이다.

자전적 중편소설인 《흐르는 강물처럼》에서 저자 노먼 매클린은 종교와 플라이 낚시가 비슷하다는 것을 부모님께 배웠다고 말한다. 장로교회 목사인 아버지는 "영원한 구원뿐 아니라 낚시할 때도 모든 좋은 것은 은혜(grace)로 얻고, 은혜는 기술로 얻으며, 기술은 쉽게 얻을 수 없다"[7]라고 믿었다. 노먼과 그의 형제 폴(Paul)은 메트로놈을 사용해서 "장로교인 스타일"로 낚싯줄 던지는 법을 배웠다. 연습과 훈련을 거쳐 물 위의 정확한 지점에 자유자재로 우아하게(gracefully) 낚싯줄을 던질 수 있게 되었다.

훈련과 노력은 은혜와 자유를 거스르지 않는다. 이들은 하나로 연결되어 있다. 하나님은 언제나 은혜롭고 용서해 주신다. 자기 조사를 할 때 우리는 자신의 죄를 구체적으로 알고 치유의 은혜를 받는다. 내 삶에 관한 진실을 피하는 것은 그 부분에 관한 하나님의 은혜를 피하는 것이나 다름없다. 은혜와 진리는 항상 짝을 이룬다. 예수님은 이 둘로 충만하셨다(요 1:14 참고). 은혜는 자기를 냉철하게 조사할 수 있는 용기를 준다.

"전에도 해 봤지만 도움이 되지 않았어"

자기반성(introspection, 내성)을 '자기 조사'와 혼동하는 경우가 많다. 타샤 유리히를 비롯한 연구가들은 자기반성을 많이 하는 사람일수록 오히려 자기 인식이 부족하다는 사실을 발견했다.[8] 잠시 이 둘의 차이를 살펴보자.

자기반성은 혼자 하는 것이다. 자기 조사는 하나님과 함께 하는 것이다.

자기반성을 하면 자신의 죄와 부족함을 곱씹으면서 기분이 한없이 가라앉는다. 반면, 자기 조사에서 우리의 목적은 하나님의 능력으로 변화와 성장을 이루는 것이다.

자기반성을 하면 자신을 비난하게 된다. 자기 조사를 하면 자신을 관찰할 뿐 비난하지는 않는다.

자기반성을 할 때는 주로 후회라는 감정적 경험을 하게 된다. 자기 조사를 할 때는 주로 배움이라는 인지적 경험을 하게 된다.

자기반성은 부정적인 면에만 초점을 맞춘다. 자기 조사는 채무만이 아니라 자산도 파악하는 것이다. 내 삶과 인격의 좋은 면도 살피는 것이다. 자기 조사를 하면 내 삶 속에 있는 하나님의 선물과 임재를 깨닫고 감사하게 된다.

"그 일은 고통스러울 거야"

자기 조사는 고통스럽기 때문에 가학적인가? 누가 그런 것을 원하겠는가? 고통에는 두 가지 종류가 있는데, 회피할 때의 고통(avoidant hurt)

과 구원하는 고통(redemptive hurt)이다.

수십 년 동안 양치질을 하지 않은 사람이 있다. 그는 무슨 병이 발견될까 두려워 치과에 가지 않는다. 더 이상 견디기 어려워 치과에 가보니 치아 상태가 나쁘다. 치주질환이 있고 치아를 뽑고 임플란트를 해야 한다. 막대한 치료비 때문에 빚을 내야 한다.

하지만 마침내 현실을 직면하고 나자 고통은 그가 두려워했던 것과 많이 다르다. 오히려 전보다 덜 고통스럽다. 더 이상 상황이 얼마나 나쁠지 걱정하지 않아도 된다. 그는 빚을 갚기 위한 계획을 세운다. 그의 얼굴에는 오랜 두려움을 정면으로 마주한 사람의 자신감이 엿보인다. 그는 행동을 취했고, 행동은 살아 있다는 증거다.

'진실을 알고 나면 고통스러울 거야.' 우리는 이런 생각으로 진실을 피할 때가 많다. 안타깝지만 진실을 아는 것보다 모르는 것이 더 고통스럽다. 그것은 찔러서 움직이게 하고 현실 안주를 뒤흔드는 치유와 성장의 고통(구원하는 고통)이 아니다. 그것은 영혼을 무디게 만들고, 어둡고, 은폐하고, 정체되어 있고, 영혼을 죽이는 고통이다(회피할 때의 고통).

바울은 고린도 교인들의 잘못을 통렬하게 지적한 뒤에 이런 구분을 하고 있다.

"그러므로 내가 편지로 너희를 근심하게 한 것을 후회하였으나 지금은 후회하지 아니함은 … 도리어 너희가 근심함으로 회개함에 이른 까닭이라 너희가 하나님의 뜻대로 근심하게 된 것은 우리에게서 아무 해도 받지 않게 하려 함이라 하나님의 뜻대로 하는 근심은 후회할 것이 없는 구원에 이르게 하는 회개를 이루는 것이요 세상 근심은 사망을 이루는 것이니라"(고후 7:8-10).

계속해서 바울은 고통이 활성화하는 행동을 기술한다. 즉 옳은 일을 더 열심히 행하고 정의를 더 갈망하게 한다. "철저하고도 대담한 자기 조사"는 고통스럽다. 하지만 "후회할 것이 없는 구원에 이르게 하는" 구원하는 고통이다.

인생이 빛나는 영적 정리의 마법

자기 조사의 유익은 수많은 사람들의 삶에서 증명되었다.

- 배움의 자세를 갖추게 된다.
- 겸손해진다.
- 자기기만에서 자유로워진다.
- 사랑하는 사람들에게 상처를 덜 준다.
- 새롭게 변화할 힘을 얻는다.
- 어떤 상황에서도 하나님의 사랑을 확신한다.
- 은혜를 더 깊이 경험한다.
- 타인과 더 친밀한 관계를 맺는다.
- 하나님을 더 신뢰하는 법을 배운다.

수치심과 죄책감은 이 단계를 밟는 것을 두려워하게 만든다. 그러나 이 단계를 지나고 나면 자유와 평안이 기다린다는 사실을 기억해야 한다. 바울의 말을 기억해야 한다. "그러므로 이제 그리스도 예수 안에 있는 자에게는 결코 정죄함이 없나니"(롬 8:1). 하나님이 우리를 돕기 위해 우리와 함께 계신다.

🖝 실천하기

변화할 의지가 있는지 확인하라

이것은 매우 간단하지만 쉽지는 않은 의지의 문제다. 대담하고 철저한 자기 조사를 하기 위해 시간과 노력을 투자할 의지가 있는가? "그렇다"라고 답한다면 이 책의 다음 두 장을 그냥 읽기만 하지 말고 실천할 의지까지 있어야 한다. 하나님의 도우심으로 자신에 관한 진실을 최대한 정확히 알기 위해 필요한 모든 일을 할 의지가 있는가?

의지를 판단하기 위한 좋은 방법은 '편안한 얼굴 테스트'다. 지금 바로 해 볼 수 있다. 우선 얼굴의 긴장을 풀라. 이제 당신의 삶에서 민감한 영역들을 날카롭게 파헤치는 것에 관해서 생각해 보라. 금전적인 습관. 성 정체성. 분노 조절. 불안감. 자기기만.

이때 얼굴이 긴장된다면 스스로 저항을 느끼는 것이다.

그래도 괜찮다. 심호흡을 하고 얼굴의 긴장을 풀어 보라. 계속해서 이 책을 읽으라.

◆ 핵심 정리

- 네 번째 단계에서는 자신의 삶과 인격을 철저히 조사한다. 그동안 숨겨 왔던 내면 구석구석에 빛을 비춘다. 동기와 습관과 맹점을 찬찬히 조사해서 어떤 부분에 변화가 필요한지 파악해야 한다.

- 우리는 자신에 관한 추악한 진실 마주하기를 거부하기 쉽다. 자기 조사의 필요성을 깊이 인식해서 제대로 조사하기 위해 노력해야 한다. 그러면 삶이 변할 것이다.

- 수치심과 죄책감은 이 단계를 밟는 것을 두려워하게 만든다. 하지만 이 단계를 지나고 나면 자유와 평안이 기다린다.

2.
내적 상처와 분노
조사하기

지금 우리는 리처드 포스터가 말한 "자기 이해(self-knowledge, 자기 인식) 라는 값을 따질 수 없는 은혜 … 자신에 관한 하나님의 모든 진실을 억누르거나 미화할 필요성을 느끼지 못하는 상태"를 추구하고 있다. 포스터는 계속해서 이렇게 말한다. "조금도 거짓이 없는 온전한 자기 이해는 우리를 지탱해 주는 빵이다."[1]

자기 조사는 구체적이어야 한다. 루이스 스미즈는 말했다. "구체적이지 않으면 죄의 바다에서 익사한다. … 당신은 정확히 무엇에 대해 용서받아야 하는가? 작년에 아내 몰래 불륜을 저지른 일? 좋다. 그 일은 바로잡을 수 있다. 당신이 악한 사람이라는 것? 그것은 너무 광범위하다. 당신 자신 전체를 통째로 삼킬 수는 없다."[2]

애매한 고백은 옷을 입은 채 샤워하는 것과 비슷하다. 벌거벗는 창피함은 피할 수 있지만 깨끗해질 수는 없다. 교회 안에서는 애매한 죄, 또는 오히려 칭찬할 만한 일을 죄라고 고백하는 경우가 있다. "하나님, 과로한 것을 용서해 주십시오." 또는 자신이 '죄인'이라고 고백하면서 '죄'는 고백하지 않는다. 고백이 피상적이면 은혜의 경험도 피상적일 수밖에 없다.

구체적인 자기 인식에 도움이 되는 틀이 많이 있다. 가장 오래된 틀 중 하나는 죽음에 이르는 일곱 가지 죄(시기, 교만, 나태, 탐욕, 분노, 식탐, 정욕)가 있는지 자신의 인격을 들여다보는 것이다.[3] 우리 시대에는 이런 죄를 가볍게 여기거나(실제로 프랑스는 식탐을 이 목록에서 빼기 위해 교황에게 사절단을 보냈다) 단순히 심리학적으로 해석하는(교만을 자존감으로 탈바꿈시킨다) 경향이 있지만, 이 목록은 4세기부터 천 년 넘게 거의 모든 영적 지침서에서 자기 성찰의 기준이었다. 반면, 미국 정신의학회의 《정신 질환의 진단 및 통계 편람》은 이제 겨우 5판이 나왔고 전망도 불투명하다.

이보다 더 오래된 방법은 마르틴 루터가 선호한 방법으로 십계명을 사용한 철저한 자기반성이다. 이것은 성 이그나티우스에게서 비롯한 방법인데 자기 인생을 시간 순서대로 조사하라고 권한다. 자신이 살았던 곳, 관계를 맺었던 사람들, 가졌던 직업에 관한 기억을 사용하여 구체적인 죄를 기억해 내는 방법이다.[4]

하지만 알코올 중독자 갱생회에서 가장 자주 사용하는 방법이 내게는 가장 큰 도움이 되었다. 이 방법은 우리가 저지른 잘못을 기억하는 것이 아니라 우리의 분노와 상처를 기억하는 것으로 시작한다. 이 방법이 좋은 이유는, 우리가 남들에게 가한 상처보다 남들에게 받은 상처를 훨씬 더 잘 기억하기 때문이다.

오랫동안 마음속에 남아서 곪고 있는 분노는 모든 시대, 모든 장소에서 모든 사람이 경험하는 것이다. 〈뉴욕 타임스〉 작가 알렉스 매켈로이는 이렇게 말한다. "《일리아드》에서 아폴론은 자신을 섬기는 사제를 무시한 아카이아인들에게 분노해서 재앙을 내렸다. 헨리 8세는 교황에 대한 불만으로 자국과 가톨릭교의 관계를 끝냈다는 주장이 있다. 테일러 스위프트의 앨범은 원망을 음악으로 만든 것이다."[5]

내 발이 당신의 발가락을 밟으면 아픈 것은 '당신의' 발가락이다. 당신의 발가락은 그 일을 기억할 수밖에 없다. 내 발은 그 일을 잊어버릴 가능성이 높다. 따라서 당신의 개인적인 테일러 스위프트 앨범을 만든다고 생각해 보라. "원망 목록"이라고 할 수도 있다.

먼저 종이 한 장에 분노를 기록해 보라. 종이를 네 칸으로 나누라(160쪽의 표를 참고하라).[6] 당신이 분노하는 대상을 쓰라. 여기에는 당연히 사람들이 포함될 것이다. (교회 같은) 제도나 (국세청 같은) 조직이 포함될 수도 있다. 앤 라모트는 이런 말을 했다. "나는 바다를 향해서도 분노할 수 있다." 라모트는 분노를 품고 사는 것은 쥐약을 삼킨 채 쥐가 죽기를 기다리는 사람과 같다고 말하기도 했다.[7] 당신이 솔직하다면 아주 긴 목록이 만들어질 것이다.

일단은 바로 기억나는 한두 사람으로 시작해 보자. 당신이 분노한 대상을 쓰고, 그 이유를 적으라. 예를 들어 "내 배우자는 친구들과 식사하는 자리에서 내 말을 막으려고 테이블 아래에서 내 다리를 찼다.""상사가 내 아이디어를 훔쳤다.""감독이 나를 모욕했다."

그다음으로, 당신이 분노한 그 행동이 어떤 가치를 위협했는지 생각해 보라. 내 뜻이 좌절되고 부당한 대우를 받는다는 느낌을 받으면 분노가 생긴다. 따라서 이 사건이 무엇을 위협했는지 적어 보라. 주로 자존감, 재정적인 안정, 안전, 개인적인 관계가 위협을 받았을 것이다.

네 번째 칸에서는 당신 자신에게로 초점을 돌리라. "그 사람이 저지른 잘못을 머릿속에서 지우고, 굳은 결심으로 우리 실수를 찾았다. 어떤 부분에서 우리가 이기적이고 부정직하고 이기적인 이익을 추구하고 겁을 먹었는가? … 우리 잘못을 나열했다. 그것을 글로 분명히 써서 우리 앞에 두었다."[8] 이런 태도를 가장 잘 묘사한 글이 수천 년 전에 기록되었다.

> "어찌하여 형제의 눈 속에 있는 티는 보고 네 눈 속에 있는 들보는 깨닫지 못하느냐 보라 네 눈 속에 들보가 있는데 어찌하여 형제에게 말하기를 나로 네 눈 속에 있는 티를 빼게 하라 하겠느냐 외식하는 자여 먼저 네 눈 속에서 들보를 빼어라 그 후에야 밝히 보고 형제의 눈 속에서 티를 빼리라"(마 7:3-5).

우리의 분노를 조사하는 목적은 티를 확인하는 것이 아니라 들보를 제거하는 것이다. 따라서 이 네 번째 칸에서는 가장 중요한 작업이 이루어진다. 예를 들어 "나는 내 다리를 찬 배우자를 벌주기 위해 냉담하게 대했다." "내 아이디어를 가로챈 상사를 찾아가 솔직히 따지는 대신 뒤에서 그를 험담했다." 이런 문장을 완성하고 나면 패턴이 보인다. 가장 자주 분노하는 대상은 누구인가? 어떤 욕구가 가장 쉽게 위협을 받는가? 나는 어떤 단점을 갖고 있는가? 방어적 태도, 인정 중독, 이기주의, 자기기만, 이미지 관리, 상대방 무시하기, 시기, 비교, 남들에 대한 경멸이 내 단점일 수 있다.

네 번째 칸을 채우고 나면 이제 구원을 위한 원망 목록을 얻게 된다. 타인에 대한 원망으로 시작된 것이 이제 하나님이 변화시키기 원하시는 '나의' 내면을 보여 주는 가이드로 바뀐다. 이런 목록의 사례는 다음과 같다.

내가 분노한 대상	분노한 이유	내가 영향을 받는 부분	내 반응
직장 상사	나쁜 평가	소득	거짓말을 했다
배우자	내가 잘 도와주지 않는다고 비난했다	자존감	방어적 태도
친구 사라	나를 파티에 초대하지 않았다	관계	면전에서 무시하고 뒤에서 험담했다

이 작업을 제대로 했다면 아마 여러 쪽이 될 것이다. 다시 말하지만, 우리가 함께하고 있는 중요한 사람들이 우리를 계속 화나게 할 것이고, 그래서 그들의 이름이 여러 번 등장할 것이다.

우리의 잘못 이면의 패턴을 살펴보면 새로운 자기 인식에 도달한다. 하나님의 용서하시는 은혜를 더 깊이 경험할 수도 있다. 우리는 뜻밖의 자기 잘못을 발견하고 놀랄 수 있지만 하나님은 이미 다 알고 계시기에 놀라지 않으신다.

"철저하고 대담한 마음 조사"를 할 때 우리의 부채뿐 아니라 자산도 확인해야 한다. 마음 자산을 확인하는 데는 복잡한 도구가 필요 없다. 자신의 인격적 측면에 대해 감사할 만한 점을 쓰면 된다. 예를 들어, 약자를 향한 사랑, 오래 참는 것, 좋은 유머 감각이 그런 측면들이다. 이런 것을 찾아 기록하고 감사 기도를 드리라.

자신의 강점을 칭찬하는 것보다 자신의 약점을 비난하는 것이 더 쉬운 사람도 있다. 영적 성장을 위해서는 하나님의 사랑의 돌보심 안에서 단점과 장점을 다 객관적으로 보는 균형 감각이 필요하다.

☞ 실천하기

마음의 자산을 조사하라

준비가 되었다면 다음 단계로 넘어가기 전에 마음을 조사해 볼 수 있다. (아직 해 보지 않았다면) 분노에 관한 항목으로 시작해 보라. 조사할 때 두 가지를 기억하기 바란다. 즉 "대담하고 철저하게" 해야 한다.

철저히 조사하려면 시간이 꽤 걸릴 것이다. 나는 십여 장에 수백 가지 분노를 쓰곤 했다. 내게는 단연 구체적이고 유용한 방법이었다. 그런데 매번 이 방법만 반복할 필요는 없다. 위에서 언급한 다른 세 가지 방법(죽음에 이르는 일곱 가지 죄악, 십계명, 시간 순서에 따른 조사)을 사용할 수도 있다.

◆ 핵심 정리

- 자기 삶을 조사할 때는 구체적으로 해야 한다. 내 분노의 대상과 그 이유를 구체적으로 쓰라.
- 각 상황에서 당신이 한 역할을 평가하라.

3.
무엇이 두려운지
확인하기

나이를 먹을수록 두려움이 줄어들 줄 알았다. 하지만 전혀 그렇지 않았다.

오래전 내가 섬겼던 교회에서 몇몇 리더들이 서로 악의적으로 비난하고 충돌하고 부정직하게 행동하는 고통스러운 일이 공개적으로 벌어졌다. 이 일의 자세한 내용은 중요하지 않다. 이 일이 분노와 슬픔뿐 아니라 불안을 낳았다는 점을 짚으려 한다.

고통스러운 사건은 한동안 지속되었다. 이 일에 대한 내 감정은 복잡했다. 마음이 상했다. 당혹스러웠다. 화가 났다. 숨고 싶었다. 손에서는 식은땀이 나고, 심장 박동은 빨라졌으며, 머릿속에서 온갖 생각이 맴돌고, 가슴이 답답했다. 정신이 혼란스러워서 상황을 분명히 파악할 수 없었다. 다른 사람의 생각을 헤아릴 여유 따위는 없었다. 어떻게 해야 할지 알 수 없었다. 그저 하루하루를 힘겹게 버틸 뿐이었다.

그때 친구가 두려움 조사(Fear Inventory)를 알려 주었다. 이 조사는 두려움, 특히 감당하기 어려운 두려움 앞에서 건설적인 행동을 취하도록 도와주는 간단한 영적인 틀이다.

친구가 알려 준 첫 번째 단계는 두려움을 분명히 확인하는 것이었다. 나의 두려움은 사람들이 나를 나쁘게 생각할지 모른다는 것이었다. 나는 영적 삶에 관해 글 쓰고 설교하는 목사다. 사람들이 나를 영적이지 않은 사람으로 보게 되면 어쩌지? 그래서 내가 사랑하는 일을 할 수 있는 기회가 닫히면 어쩌지? 사기꾼이라고 뒤에서 쑥덕거리면 어쩌지? 혹시 그들의 말이 맞다면?

결과는 뜻밖이었다. 내 두려움을 확인하고 나니 오히려 '안도감'이 찾아왔다. 가족과 친구들이 나를 사랑한다는 것을 알았다. 그래서 그들에 관해서는 두렵지 않았다. 나는 나와 조금 거리가 있는 사람들, 그러나 이 일에 관련된 사람들이 나를 좋지 않은 사람으로 볼까 봐 두려웠다. 나는 그들이 나를 좋은 사람으로 봐 주기를 원하지만 사실 나는 그만큼 좋은 사람이 아니다. 오직 하나님만이 내 마음과 삶과 동기에 관한 모든 진실을 아신다. 이 고통스러운 진실을 숨기는 것보다 알리는 편이 훨씬 낫다. 고통은 사라지지 않았지만 내 두려움에 관해서 올바른 관점을 갖기 시작했다.

친구가 알려 준 두 번째 행동은 이 상황에서 내가 취해야 할 조치가 있는지 묻는 것이었다. 여기서 옳게 반응하려면 적극성과 지혜가 모두 필요하다. 내가 먼저 가족과 친구들과 동역자들에게 다가가 대화를 시작해야 한다. 모든 것을 솔직히 이야기하고 그들이 어떤 질문이든 거리낌 없이 할 수 있도록 해야 했다. 분별력과 아울러 적극성도 필요했다. 두 번째 단계에서도 안도감을 얻었다.

친구가 제안한 세 번째 행동은 두려움을 떨쳐 내고 지금 이 순간 하나님과 함께하며, 나쁜 일이 벌어질지 모른다는 생각에 집착하기보다 눈앞의 일에 집중할 은혜를 달라고 기도하는 것이었다. 이 행동은 처음 두 행동보다 어려웠다. 머릿속에서는 계속해서 두려움을 되새기려고 했기 때문이다. 하지만 친구의 제안대로 행동하자 불안을 떨쳐 내려고 애쓸 필요가 없어졌다. 해야 할 일이 명확했고 나는 행동을 취했기 때문이다. 나는 이 행동을 기록한 뒤에 현재 순간으로 돌아올 수 있었다. 이 과정을 되풀이했다. 두려움이 돌아올 때마다 나지막이 속삭일 수 있는 '숨 기도'(breath prayer)를 준비한 것도 도움이 되었다. "내가 사망의 음침한 골짜기로 다닐지라도 해를 두려워하지 않을 것은 주께서 나와 함께하심이라."

"철저하고 대담한 마음 조사"를 마친 뒤에는 두려움을 조사할 필요가 있다. 친구가 소개해 준 '두려움 조사'를 여러분에게도 추천한다.

당신의 두려움을 명명하라

두려움은 사방으로 퍼진다. 이 작은 단어는 "우리 삶의 거의 모든 측면에 영향을 미친다. 이것은 악하고 부식시키는 실(thread)이다. 이 실이 우리 존재의 조직을 꿰뚫고 있다."[1]

성경에서 첫 번째 시험은 포모(FOMO, 중요한 것을 놓칠지 모른다는 두려움)에 관한 것이었다. "너희 눈이 밝아져 하나님과 같이 되어"(창 3:5). 그러고 나서 죄가 두려움을 낳았다. "내가 벗었으므로 두려워하여 숨었나이다"(창 3:10). 포모. 죄. 죄책감. 두려움. 숨기. 이 과정을 반복한다.

달라스 윌라드의 책을 처음 읽었을 때 너무 큰 영향을 받아서 그에게 편지를 보낸 적이 있다. 그로부터 25여 년 후, 그분이 세상을 떠난 뒤에 그분의 딸이 아버지가 내 편지를 내내 간직했다고 말하며 그 편지를 내게 돌려주었다. 나는 그 편지를 받고 기뻤다. 내 서명을 보기 전까지는 말이다. "존 C. 오트버그 주니어 박사."

달라스는 뛰어난 학자요 철학자였지만 나는 그렇지 못했다. 그때는 미처 깨닫지 못했지만, 지금 생각해 보니 내가 대단치 못한 사람처럼 보일까 봐 두려워했던 것 같다. 그래서 달라스에게 내가 누구인지 알려주어야 한다고 생각했다. "내가 '박사' 오트버그라는 것을 꼭 알아주세요!" 달라스는 내게 매우 친절한 답장을 보내 주었다. 그의 이름 뒤에는 직함이 달려 있지 않았다.

우리의 두려움은 우리의 행동 뒤에 숨는 경향이 있다. 두려움 조사를 통해 당신의 두려움을 기록해 보라. (최소한 세 가지는 분명히 있을 것이다.)

. . . .

. . . .

. . . .

두려움이 확인되지 않은 막연한 불안으로 남아 있게 방치하지 말라. 두려움을 간단한 말로 표현해 보라. ("직장을 잃을까 봐 두렵다." "그녀가 나를 사랑하지 않을까 봐 두렵다." "평생 결혼하지 못할까 봐 두렵다.") 두려움을 기록하고 나면 그것을 곱씹지 않게 된다. "명명하지 않은 것은 길들일 수 없다"라는 말도 있다.

우리는 두려움을 정반대 방식으로 다루려고 할 때가 많다. 두려움을 억누르거나 두려움이 느껴지는 상황을 피한다. 딴 생각을 하거나 자가치료로 두려움을 피하려 한다. 하지만 어떤 생각을 피하려고 하면 오히려 그 생각이 더 맴돈다.[2]

혹자는 두려움을 유사(流沙, 바람이나 물에 의해 아래로 흘러내리는 모래)에 빗대기도 한다. 보통 뭔가에 빠지면 발버둥 쳐서 빠져나오는 것이 상책이다. 깡충깡충 뛰거나 밟고 나가거나 점프해야 한다. 하지만 유사에서는 그런 식으로 하면 빠져나올 수 없다. 빠져나오려고 한 발을 앞으로 내딛으면 몸무게가 다른 발로 옮겨져서 더 깊이 빠져든다.

유사에 빠졌는데 밧줄도 없고 도와줄 사람도 없다면 어떻게 해야 할까? 팔다리를 쫙 펴서 유사와의 접촉을 극대화해야 한다. 몸의 각 부분으로 몸무게를 분산시킨 채로 굴러가야 한다. 유사에서 빠져나오려면 그 안으로 들어가야 한다.

살아 있는 한 우리는 두려움에서 자유로울 수 없다. 항복한다는 것은 두려운 일을 겪으면서도 계속해서 하나님의 뜻을 구하는 것이기도 하다. 두려움을 글로 적으면 도움이 된다. 그 두려움의 대상이 객관적으로 얼마나 위험한지는 중요하지 않다. 죽음에 대한 두려움처럼 큰 두려움일 수도 있다. 혹은 거미에 대한 두려움이나 옷을 잘 못 입는 것에 관한 두려움처럼 어이없는 두려움일 수도 있다. 중요한 것은 두려움을 솔직하게 명명하는 것이다.

내가 취해야 할 행동이 있는가

두려움은 잘 사용하면 도움이 될 수 있다. 피해를 예측해서 올바로 대응하게 해 주고, 위험을 재빨리 피하도록 힘을 준다. 두려움이 없으면 생존할 수 없다. 하지만 전반적으로 두려움은 우리를 마비시킨다. 따라서 우리는 어떻게 행동해야 할지 물어야 한다.

먼저, 무엇이 두려운지 적어 보라. "세금을 내지 않아서 국세청에서 나를 잡으러 올까 봐 두렵다." 이렇게 썼다면 두 번째 단계를 밟아 세금을 내라. "하나님, 국세청에서 나를 잡으러 오지 않게 해 주세요"라고 기도하지 말고 해야 할 일을 하라.

우리에게 유익한 행동은 자연스럽게 하기 쉬운 행동의 '정반대'인 경우가 정말 많다. 말에서 떨어졌을 때 해야 할 가장 좋은 행동은 다시 말에 올라타는 것이다(그렇게 하는 것이 위험하지 않다면 말이다). 피하고 도망치면 두려움이 이기고 새로운 배움이 불가능하다.

성경에서 "두려워하지 말라"는 단연 가장 자주 나타나는 명령이다. 그런데 그것은 "두려움을 '느끼지' 않도록 최대한 노력하라"라는 뜻이 아니다. "두려움에 빠지지 않도록 두려움을 유발하는 상황을 '피하라'"는 뜻도 아니다. 이 명령은 대부분 "네가 두려워하는 그 일을 하라"는 뜻이다. "모세야, 두려워하지 말고 바로를 찾아가 그의 잘못을 지적하라." "기드온아, 두려워하지 말고 타작마당을 떠나 미디안 군대에 맞서라." "엘리야야, 두려워하지 말고 돌아가서 너를 죽이려고 하는 이세벨에게 맞서라." "요셉아, 두려워하지 말고 가서 마리아를 아내로 맞아라." 이 모든 경우에 두려워하는 사람들에게 주신 "두려워하지 말라"는 명령은 "네가 두려워하는 그 일을 하라"는 뜻이었다.

이 모든 경우에 하나님이 주신 약속은 두려운 상황을 면하게 하신다는 것이 아니었다. 오히려 정반대. 두려운 상황의 한복판에서 하나님이 함께하신다는 사실을 발견하게 되리라는 것이었다. 그들은 자신의 삶과 뜻을 하나님께 맡겼다. 더 이상 두려운 상황을 피하지 않았다.

행동을 취하지 않는 것을 '안전지대' 안에 머무는 것이라고 말한다. 하지만 이것은 어울리지 않는 표현이다. 더 어울리는 표현은 '추운 안전지대'다. 용기를 내지 못해서 진정한 삶과 소명을 놓치는 것은 생명을 얻는 것이 아니라 생명을 갉아먹는 것이기 때문이다. 행동을 취하면 안도감과 능력, 하나님이 함께하신다는 확신을 얻는다. 두려움의 대상을 향해 돌진하고 나면 추운 안전지대에서 느꼈던 두려움은 기우에 불과했던 경우가 많다.

두려울 때 무엇을 해야 할까? 두려운 그 일을 하라![3] 끈질기게 해야 할 수도 있다. 내가 아는 한 목사는 책을 내고 싶은 마음이 간절했지만 거절을 당할까 봐 두려웠다. 그는 열심히 쓴 원고를 출판사에 보냈지만 계속 거절당했다. 고통스럽지만 계속해서 투고했다. 스물두 군데 출판사에 원고를 보냈지만 답장을 받지 못한 경우도 있었다. 마침내 원고를 받아 준 출판사가 나타났다.

이 목사는 바로 유진 피터슨이다. 출간되기까지 오래 걸렸던 그 책은 딱 어울리는 제목을 받았는데, 바로 *A Long Obedience in the Same Direction*, 곧 "한 방향으로의 오랜 순종"이다.[4] 피터슨이 거절당할지 모른다는 두려움을 이긴 덕분에 수많은 사람이 영적 도움을 받을 수 있게 되었다.

이 순간에 하나님이 함께해 주시는 은혜를 구하라

콘스탄티누스는 기독교로 회심한 최초의 로마 황제였는데, 세상을 떠나기 직전까지 세례식을 미루었다. 이는 그가 당시 흔했던 두려움을 품고 있었기 때문이라는 설이 있다. 그 당시 사람들은 세례로 기존의 죄는 씻어 낼 수 있다고 믿었지만 세례식 이후의 죄까지 씻어 낼 수 있을지는 확신하지 못했다.[5] 세례식 이후의 죄를 최소화하기 위해 세례식을 최대한 죽기 직전까지 미루었다.

대담하고 철저한 마음 조사를 부지런히 하면 이와 비슷한 현실을 마주하게 된다. 과거를 솔직히 돌아본 뒤에도 여전히 미래를 살아가야 한다. 여기서 두려움이 발생한다. 우리는 계속해서 죄를 지을 수밖에 없다. 그렇게 되면 우리가 하나님께 항복한 일이 진심이었는지 의심을 품게 된다. 불안과 걱정이 여전히 가시지 않는다.

그래서 우리는 두려움에서 벗어나 이 순간에 집중할 은혜를 달라고 기도해야 한다. 두려운 감정을 떨쳐 내려고 애쓰지 마라. 믿음이 부족하다고 자책하지 마라. 새로운 삶의 방식을 배우라.

우리는 두려움 때문에 현실을 피할 때가 많다. 앤드루 솔로몬은 콘퍼런스에서 만난 부부 이야기를 해 주었다. 이 부부는 각각 솔로몬을 찾아와 자신이 항우울제를 복용하고 있는데 배우자에게는 알리지 말아 달라고 부탁했다. 그들은 "**같은 집에 살면서 둘 다 같은 약을 숨기고**" 있었다.[6] 그들이 서로 "당신도 항우울제를 복용하고 있었어요?"라고 말한다면 얼마나 더 즐겁게 살 수 있을까?

심리학자 캐롤 드웩은 실수에 얼마나 잘 반응하는지를 결정하는 주된 요인은 '고정된 사고방식'과 '성장형 사고방식' 중 무엇을 가졌느냐라고 말한다. 고정된 사고방식에서는 우리가 유한한 재능을 지녔고 그 재능이 우리의 가치를 결정하며, 따라서 실패와 실수를 두려워하며 살아야 한다고 믿는다. 성장형 사고방식에서는 우리가 얼마나 많은 재능을 타고났느냐는 중요하지 않고 얼마나 많이 배우고 성장하느냐가 중요하다고 믿는다.[7] 그래서 그들은 도전을 추구하고, 어려움 앞에서 열정을 느끼며, 사람들의 위대한 모습을 시기하기보다는 거기서 영감을 받고, 어려움 속에서 끝까지 분투한다.

예수님에 따르면, 우리에게 고정된 것, 영구히 정해져서 바꿀 수 없는 것은 우리의 재능이 아니라 우리의 가치다. 우리의 재능이 고정되어 있고 우리의 가치가 변할 수 있다고 믿으면 두려움 속에서 살게 된다. 우리의 가치가 고정되어 있고 우리의 재능이 변할 수 있다고 믿으면 성장할 수 있다.

한 남자가 어둠 속에서 길을 걷다가 벼랑 아래로 떨어졌다. 한동안 떨어지다가 다행히 나뭇가지 하나를 잡았다. 그는 그 가지를 꽉 잡고 있었다. 어둠 속에서 몇 시간이 지난 뒤 팔 힘이 점점 약해지자, 그는 죽을 생각으로 가지를 놓았다. 그런데 바로 15센티미터 아래가 땅이었다. 땅은 항상 그곳에 있었다. 땅은 어둠 속에서 그가 내려오기만 기다리고 있었다.[8]

그 무엇도, 우리의 실패도 우리를 하나님의 사랑에서 떼어놓을 수 없기 때문에 우리는 두려워할 필요가 없다. 이 얼마나 놀라운가! 자신의 단점을 마주하는 것이 당신이 할 수 있는 가장 겸손한, 그리고 용감한 일이라고 생각하는가?

전혀 그렇지 않다. 다음 단계는 더 어렵다.

👈 실천하기

자신의 두려움을 조사해 보라

지금 두려움 조사를 해 보라. 지금 두려움이 있는가? 두려움이 느껴지지 않는다면 더 이상 조사는 필요 없다. 두려움이 느껴진다면 그 두려움이 무엇인지 찬찬히 돌아보라. 무엇을 겪을까 봐 혹은 무엇을 잃을까 봐 두려워하고 있는가?

이제 이렇게 질문하라. 이 상황에서 취해야 하는 행동이 있는가? 찾아가서 이야기를 해야 할 사람이 있는가? 찾아봐야 할 정보가 있는가? 밟아야 할 단계가 있는가? 그렇다면 그것을 즉시 하거나 언제 할지 계획을 세우라. 지혜로운 조언이 필요하다면 누구와 의논할지 결정하라. 마지막으로, 두려움으로 인해 미래를 걱정하지 않도록 이 순간에 집중할 수 있는 힘을 달라고 하나님께 기도하라.

◆ 핵심 정리

- 두려움 앞에서 건설적인 행동을 하기 위해서는 우선 자신의 두려움을 조사하라.

- 두려움 조사는 두려움을 명명하고, 적절한 행동을 취하고, 하나님 은혜로 현재 순간에 집중하는 것이다.

- 고정된 것은 우리의 재능이 아니라 우리의 가치라고 예수님은 말씀하신다.

고백: 빛 가운데로

나는 하나님께, 자신에게, 다른 사람에게
내 잘못의 정확한 본질을 인정할 것이다.

하나님의 아들,
주 예수 그리스도시여,
죄인인 저를 불쌍히 여기소서.

- 예수 기도(The Jesus Prayer)[1]

1.
삶을 투명하게
공개하기

릭(Rick)은 수십 년간 친구로 지내는 사이다. 나는 릭을 잘 알고, 사랑하고, 그와 함께하는 시간을 즐기고, 그를 믿는다. 우리는 주말만 빼고 매일 아침 6시 50분에 통화한다. 어제 있었던 일을 이야기한다. 어제 무엇을 잘못했고 무엇을 잘했는가? 어제 무엇을 배웠는가? 오늘에 관한 이야기도 나눈다. 오늘 무슨 일이 있는가? 오늘 무엇이 필요한가? 그런 다음 함께 기도한다.

나와 릭 사이에는 비밀이 없다. 릭은 내 재정을 세세하게 안다. 내 모든 계좌 내역도 확인할 수 있다. 내가 얼마나 벌고 얼마나 저금하고 얼마나 기부하고 얼마나 소비하는지를 안다. 릭은 내 일에 관해서도 잘 안다. 내 꿈과 두려움과 문제를 안다. 내 설교를 듣고 내 삶을 점검해 주기도 한다.

거물급 인사들과 모임을 가질 때 (눈치채지 못할 정도로 교묘하게) 자신을 높이려는 내 성향에 관해서 릭과 이야기를 나누고, 그와 함께 내 모습을 점검하곤 한다. 남들의 성과에 대해 질투하거나 내게 상처 준 사람에게 복수심을 느낄 때 릭에게 이야기한다. 부모로서 혹은 사회에서 실패한 기분이 들 때도 릭은 언제라도 찾아가 이야기할 수 있는 사람이다. 릭이 모르는 나의 죄책감이나 실패, 창피하고 굴욕적인 일, 죄와 수치는 없다. 릭은 내 모든 것을 완전히 공개하는 친구다.

잘못을 솔직하게 인정하는 것은 우리의 영적 여행에서 다음 단계다. "나는 할 수 없다. 하나님은 하실 수 있다. 하나님께 맡겨야 한다"라는 사실을 깨닫고, 하나님의 도우심으로 가장 정직하게 자기 조사를 한 뒤에, 우리 잘못의 정확한 본질을 고백해야 한다. 이때, 하나님과 나 자신과 다른 한 사람, 이렇게 셋에게 고백해야 한다.

우리는 이 단계를 본능적으로 거부한다. 잠시라도 창피한 꼴을 당하기 싫어한다. 우리의 모든 것이 적나라하게 드러날 때 두려움과 창피함이 밀려온다. 그런데 이상하게도 그 순간 치유가 시작된다.

크리스티 테이트는 자신을 드러내는 힘에 대해 흥미진진한 회고록을 썼는데《지나친 고백》이라는 책이다. 테이트는 직업적으로 많은 성취를 거두었음에도 식이장애와 우울증에 시달리고 있었다. 자살 충동이 심해서 누군가가 자기 머리에 총을 쏴 주었으면 좋겠다는 생각도 자주 했다. 절박했던 테이트는 상담사를 찾아가 문제를 솔직히 털어놓고 치료법을 구했다. 하지만 상담사는 치료법 대신 치료 그룹을 소개해 주었다. 이 치료 그룹에는 한 가지 규칙만 있는데, 바로 철저한 자기 공개다. 상담사는 테이트에게 말했다. "당신에게 필요한 것은 치료가 아니라 증인입니다."

증인은 상담사, 멘토, 인생 코치, 개인적인 컨설턴트가 아니다. 증인은 조언하거나 지시하거나 설명하지 않는다. 증인은 그저 우리의 이야기를 들어 준다. 증인, 곧 나를 알아주는 사람이 있다는 것은 선물이다. 치유를 받으려면 누군가에게 자신을 드러내야 한다. 테이트는 이 치료 그룹에 관해서 이렇게 설명한다. "서로 자신을 공개했다. 피드백이 이루어졌다. 서로를 보았다. 답은 없었다. 나는 답을 원했다."[1]

때로 교회의 그룹들은 이 치료 그룹과 정반대로 행한다. 자신을 공개하지 않는다. 서로를 보지 않는다. 하지만 답을 내놓는다. 그것도 아주 많은 답을 내놓는다. 우리는 누군가의 '답'으로 치유받지 않는다. 우리는 증인이 필요하다. 여기 역설이 있다. 우리는 창피함과 수치심 때문에 어둠 속에 숨기를 원한다. 하지만 빛 가운데 나아와야 치유를 받을 수 있다. 영적으로 성장하려면 숨어서 자신을 보호하려는 욕구보다 자신을 드러내고 받아들여지기를 바라는 욕구가 더 커야 한다.

그저 체면치레하러 온 것인가

브루노는 도움이 절실한 사람들을 돕고 있다. 중독에 시달리는 사람들, 법적인 문제에 걸린 사람들, 심각한 인격적 결점을 지닌 사람들, 남을 해칠 위험이 있는 사람들, 자신과 남을 속이는 능력이 뛰어난 사람들이 그들이다. 다시 말해, 나 같은 사람들이다.

브루노는 이런 사람들을 두 부류로 나눌 수 있다고 말한다. 한 부류는 도움을 진심으로 원하는 사람들이다. 자신에게 문제가 있다는 것을 안다. 절실한 사람들이다.

다른 부류는 치료를 받는 척하는 사람들이다. 회복 모임이나 상담 시간에 나오기는 하지만 가족의 성화에 못 이겨서, 혹은 감찰관의 강요로 온 것일 뿐이다. 그들은 옳은 말을 하고 모든 답을 안다. 하지만 프로그램에 진심으로 참여하지 않는다. 자신의 삶과 뜻을 진정으로 포기하고 하나님께 항복하지 않는다. 철저한 자기 조사를 하지 않는다. 자신의 영혼을 다른 사람에게 온전히 공개하지 않는다. 그들은 여전히 자아가 중심이 된 삶을 살고 있다.

두 번째 부류로 보이는 사람들에게 브루노는 진단하는 질문을 던진다. "체면을 살리려고 여기에 온 건가요? 아니면 당신을 살리려고 온 건가요?"

브루노가 이런 강한 표현을 사용하는 것은 정중한 말로는 방어기제와 그럴듯한 외관을 뚫을 수 없기 때문이다. 그가 이런 식으로 말하면 사람들은 당황해서 자신도 모르게 솔직해진다.

우리는 둘 다 할 수는 없다. 선택해야 한다. 겉모습을 더 그럴듯하게 꾸미려고 여기에 온 것인가? 아무도 보지 못하게 항상 가려 왔던 부분에 대해 도움을 받기 위해서 온 것인가?

전자라면 둘 다 살릴 수 없다. 후자라면 (결국) 체면도 살릴 수 있다.

예수님은 이 두 상태를 보여 주는 두 인물을 말씀하셨다(눅 18:9-14). 한 바리새인이 체면 때문에 성전에 왔다. 세리는 절박한 이유로 성전에 왔다. 바리새인은 이미지 관리와 외적인 모습에 집착한 나머지 자신의 교만과 사랑 없음을 아예 보지 못했다. 세리는 자신이 어떻게 보일지 연연하지 않았다. 그는 누구에게도 감히 다가가지 못했고 하늘을 우러러볼 엄두는 더더욱 내지 못했다. 오직 절박한 심정뿐이었다. "하나님, 이 죄인을 불쌍히 여기소서." 하나님은 그를 불쌍히 여기셨고 치유해 주셨다.

이것이 우리의 문제점이다. 우리는 그저 체면만 살리기를 원한다. 교회에서 이 질문을 던지면 좋지 않을까? 목사들이 교인들에게 무엇을 살리려고 왔는지 묻고 교인들이 정말로 살려야 할 부분을 고백하는 작은 의식을 마련하면 어떨까?

이 단계에 대한 저항

혹시 이 단계의 필요성을 회의적으로 생각하는가? '꼭 이렇게 해야 하는가? 하나님은 제3자의 개입 없이도 나를 용서해 주셔야 하는 것 아닌가?' 비밀을 고백해도 창피하지 않을 사람을 찾기란 너무 어렵다고 생각하는가? 고통스러운 고백이 그만한 가치가 있을지 의구심이 드는가?

당신만 그런 것이 아니다. 알코올 중독자 갱생회의 빅북을 보면 많은 사람이 이 단계에서 망설였다. "우리는 더 쉽고 편한 방법이 있을 줄 알았다. 하지만 그렇지 않았다."[2] 이 단계처럼 많은 사람이 포기하는 단계는 없을 것이다. 그래서 이 단계에 반대하는 사람들을 설득해 보겠다.

첫째, 하나님은 중개인 없이 우리를 직접 용서해 주신다는 사실을 아는 것은 중요하다. 개신교는 우리가 신부를 찾아가 고백할 필요성이 없다고 가르쳤다. 우리는 하나님께 직접 용서받을 수 있다. 하지만 '모두가 제사장이다'라는 개념은 우리가 서로의 고백을 듣고 용서를 선포해야 한다는 것이었다. 하지만 오히려 '아무도 제사장이 아니다'라는 현상이 나타나고 있다. 즉 증인 없이 살아가고 있다.

둘째, 나를 완전히 공개할 수 있는 친구가 있다는 것이 내게는 큰 복이지만, 꼭 친한 친구와 이 단계를 밟을 필요는 없다. 그저 다른 사람 앞에서 자신의 잘못을 솔직히 인정하기만 하면 된다. 그 사람은 친구일 수도 있고, 전문 상담사일 수도 있고, 목사일 수도 있다. 자신을 완전히 공개할 친구를 찾기까지는 수년이 걸릴 수도 있고, 완벽한 대상을 찾지 못할 수도 있다. 하지만 그렇다고 해서 이 단계를 건너뛸 수는 없다.

하나님은 우리를 조건 없이, 값없이 용서해 주시지만 '공개적인 고백'이 있을 때 치유와 자유, 존엄과 사랑의 영적 힘이 임한다. 다음 장에서 이 점을 보게 될 것이다. 우리가 숨지 않고 밖으로 나올 때, 숨었던 그곳에서는 할 수 없었던 사랑의 경험을 할 수 있다. 이 단계를 건너뛰는 것은 전기회로를 끊는 것과 같다. 전류가 흐를 수 없다.

아울러, 다른 사람에게 고백하는 것은 기독교 역사상 영적 공동체들의 지혜로운 관행이었다. 예수님의 형제 야고보는 이렇게 썼다. "그러므로 너희 죄를 서로 고백하며 병이 낫기를 위하여 서로 기도하라"(약 5:16). 옛 이스라엘의 지혜도 이것을 보여 준다. "자기의 죄를 숨기는 자는 형통하지 못하나 죄를 자복하고 버리는 자는 불쌍히 여김을 받으리라"(잠 28:13). 신약 외경의 초기 가르침은 이것이 초대 교회의 관행이었음을 보여 준다. "교회에서 너희의 잘못을 고백하고, 악한 양심으로 기도하지 말아야 한다. 이것이 생명의 길이다."[3] 신약학자 스콧 맥나이트는 말한다. "고백을 완전히 버리게 된 것은 불과 한두 세기 전이다."[4] 이런 내용을 공부한 사람들은 위대한 영적 운동의 가장 두드러진 특징이 건강한 공개적 고백이라고 말한다.[5] 고백은 어둠 속 깊은 곳에 치유의 빛을 비추는 것과도 같다. 수치는 가려진 곳에서는 자라지만 사랑이 있는 곳에서는 이상하게 시든다.

야고보가 고백과 치유 기도를 연결한 것은 우연이 아니다. 은폐는 우리의 몸과 영혼을 망가뜨린다. "우리는 품고 있는 비밀만큼 병든다." 우리 시대에 은폐의 세계는 호주머니 속의 스마트폰만큼 가까이 있다. 비밀스러운 쾌감은 잠깐은 우리를 흥분시키지만 결국 정직한 연결 관계에서 끊어지게 만든다. 정직하게 연결된 관계 속에서만 우리는 진정한 삶을 누릴 수 있다. 수많은 사람이 이 단계 없이는 중독에서 해방될 수 없음을 깨달았다. 그들은 "더 쉽고 편한 방법"을 찾을 수 없었다.[6]

이 단계의 열매는 안도와 용서와 치유다. "영적 확신은 이전에 품었을지 몰라도 이제야 영적 경험을 하기 시작했다."[7] 이것을 가장 아름답게 보여 주는 이야기를 신약 기자이자 의사인 누가가 전해 준다(눅 7:36-50 참고). 예수님은 저녁식사에 초대받은 내빈이었는데 불청객이 나타났다. 그 불청객은 "그 동네에서 죄를 지은 한 여자"다. 학자 마커스 보그는 신약에서 "죄인"이라는 단어는 꼭 성품이 나쁘거나 마음이 악한 사람을 가리키는 것이 아닐 수 있다고 말한다. 그 단어는 '추방당한 사람'을 의미할 수도 있다. 누구도 원하지 않는 사람, 사회 부적응자, 거부당한 사람을 의미할 수도 있다. 우리를 숨게 만드는 가장 큰 요인은 거부를 당할지 모른다는 두려움이다.

하지만 모두가 죄인이라고 여기는 이 여성이 빛 가운데로 걸어 나왔다. 그녀는 예수님께 값비싼 향유를 붓고 흐느끼며 자신의 눈물로 그분의 발을 씻고 자신의 머리카락으로 그 발을 닦았다. 그리고 그 발에 입 맞추었다. 예수님을 향한 사랑을 지독히 강렬하게 표현했다.

예수님은 원래 수동적인 분이 아니다. 끊임없이 가르치고, 치유하고, 구해 내고, 여행하고, 기도하셨다. 그런데 여기서는 그냥 앉아 계셨다. 이 여성의 증인이 되어 주셨을 뿐이다.

다른 사람과 함께 빛 가운데로 나오는 것은 처음에는 지독히 두렵지만 일단 그렇게 하고 나면 이루 다 말할 수 없는 자유가 찾아온다. 죄책감과 외로움이 물러가기 시작한다. 치유와 사랑과 은혜가 이 여성을 감쌌다.

만찬 주최자였던 시몬은 성경에서 '죄인'으로 제시되지 않는다. 그는 큰 모험을 하지 않았고, 그로 인해 큰 해방도 경험하지 못했다. 그는 자기 체면만 살렸다.

예수님은 시몬에게 이 여성이 왜 사랑의 본보기인지를 가르치셨다. 그러고 나서 여성에게 죄 용서를 선포하시고 그녀의 믿음을 칭찬하셨다. "네 믿음이 너를 구원하였으니." 예수님은 자신의 역할을 내세우실 수도 있었다. "'내'가 너를 구원했다." 하지만 예수님은 모든 사람 앞에서 그녀를 칭찬하고 싶으셨다. "'네 믿음'이 너를 구원했다."

할렐루야! 여기서 당신의 귀에 할렐루야 합창이 들리지 않는다면 이 이야기를 진정으로 듣지 않은 것이다. 이 여성은 빛나고 있다. 마치 그 장소에 오직 그녀와 예수님만 있는 것처럼 환히 빛나고 있다.

이 순간 여성은 자신이 초대받지 않은 잔치에 왔다는 사실을 기억했을 것이다. 이제 이 자리에서 어떻게 나가야 할까? 쫓겨나게 될까? 조용히 빠져나가야 할까? 아니다. 예수님께 헌신했더니 예수님은 그녀가 떳떳하게 나갈 수 있게 하셨다. "평안히 가라." 예수님은 여인의 사랑 표현을 가만히 받고 나서 그녀에게 용서를 선포한 뒤 그녀를 평안히 보내 주셨다.

바로 이것이 증인이 하는 일이다. 이것이 〈마른 손 공동체〉다. 이 공동체에서는 개인적인 부족함을 깨닫고 고백하는 것을 영적 성취로 축하한다.

👉 실천하기

기꺼이 고백할 수 있는 용기를 달라고 기도하라

기꺼이 공개적으로 고백할 수 있는 수준에 이르기는 쉽지 않다. 기도로 시작하라. 자신의 잘못을 하나님, 당신 자신, 다른 사람에게 고백할 의지가 있는지 생각해 보고, 그런 의지가 아직 없다면 하나님께 그 이유를 아뢰라. 겸손한 호기심으로 자신의 내적 저항을 직시하라. 고백할 의지를 얻기 위해서 무엇이 필요한지 물으라. 누구에게라도 숨길 것이 전혀 없을 때 찾아올 자유를 상상해 보라. 창피당할 가능성에 대해서도 생각해 보라.

다섯 번째 단계는 창피하지만 자유를 얻는 단계다. 하지만 '자유'를 얻기 전에 반드시 '창피함'을 무릅써야 한다. 자유부터 찾아오는 경우는 없다.

◆ 핵심 정리

- "나는 할 수 없다. 하나님은 하실 수 있다. 하나님께 맡겨야 한다"라는 사실을 깨닫고, 가장 솔직한 자기 조사를 한 뒤에, 그다음 단계는 잘못의 정확한 본질을 고백하는 것이다. 하나님과 나 자신과 다른 한 사람에게 고백해야 한다.

- 우리는 증인이 필요하다. 증인, 곧 나를 알아주는 사람이 있다는 것은 선물이다. 치유받으려면 누군가에게 자신을 드러내야 한다.

- 겉모습을 더 그럴듯하게 꾸미려고 여기에 온 것인가? 아무도 보지 못하게 항상 숨겨 왔던 부분에 대해서 도움을 받고자 온 것인가? 전자라면 둘 다 살릴 수 없다. 후자라면 결국 체면도 살릴 수 있다.

2.
내 비밀을 말해도
좋을 사람 찾기

지난 장에서 자기 죄를 고백할 의지가 있는지 생각해 보라고 했다. 혹시 그런 의지가 없다면 고백할 사람을 찾지 않아도 된다고 생각하는 가? 그렇지 않다. "학생이 준비가 되면 선생이 나타난다"라는 옛말이 있 다. 다른 사람에게 온전히 솔직해지는 것은 은혜를 얻기 위해서가 아니 다. 그것 자체가 은혜의 선물이다. "하나님과 단둘이 있는 것은 다른 사 람 앞에 서는 것만큼 창피하지 않은 것 같다. 실제로 다른 사람 앞에 앉 아 우리가 오랫동안 숨겨 왔던 것을 큰소리로 이야기하기 전까지, 내면 의 집을 치우려는 우리의 의지는 기껏해야 이론적인 것에 불과하다."[1]

우리 앞에 난관이 놓여 있다. 우리 자신을 완전히 열어 보일 만큼 믿을 만하고 유능한 사람을 어떻게 찾을 수 있을까? 일단, 전문적인 도움을 줄 수 있는 사람에게는 그렇게 할 수 있다. 철저한 자기 조사를 했다면 자신이 발견한 것을 나눌 상담자나 목사를 찾을 수 있다. 주기적으로 자신의 비밀을 나눌 수 있는 친구를 찾을 수도 있다. 누가 되었든, 이 단계에서 이야기할 특성을 그 사람이 가지고 있는지 확인해야 한다.

그전에 먼저 이 말을 하고 싶다. 서두르지 마라. 당장 이런 사람을 찾지 못했다고 해서 평생 찾지 못할 것이라고 생각하지 마라. 고립된 상태에서 완전한 공개로 가는 길에 있는 여러 작은 단계의 힘을 과소평가하지 마라. 한 번에 한 걸음씩만 가면 된다.

전적으로 용납해 주는 사람

나는 내 모든 것을 털어놓을 수 있는 사람이 있었으면 했다. 그래서 친구 릭에게 나와 함께 이 실험을 해 보지 않겠느냐고 물었다. 그는 나와 수십 년 동고동락한 좋은 친구였다. 나는 그의 인격을 존경했다. 그가 받은 훈련(그는 임상 심리학자였다)으로 보나 내 개인적인 경험으로 보나 그는 비밀을 지켜 줄 사람이었다. 그는 사랑이 많고 누구도 함부로 정죄하지 않으며 정직하다. (당연히 그는 완벽하지 않다. '충분히 좋은' 사람일 뿐이다. 그의 결점을 알고 싶다면 따로 물어봐 주길 바란다.)

먼저 내 삶을 돌아보면서 창피했던 일이나 잘못했던 일을 모두 적어서 릭을 만날 준비를 했다. 분노나 질투, 재정적인 문제, 성적인 문제, 관계, 교만 등에 관해서 적었다. 프라이버시가 보장되는 곳에서 릭을 만나 내가 쓴 것을 읽기 시작했다. 그를 쳐다보기도 민망했다. 억지로 의지를 끌어올려 고백해야 했다. 그가 앞에 없는 것처럼 생각하려고도 했다. 글로 써 가지 않았다면 고백하지 못했을지도 모른다.

아이스킬로스(Aeschylus)는 이렇게 말했다. "진리 속으로 들어가려면 고난을 통과해야 한다." 그때 내 기분이 이와 같았다. 고백을 마치고 나니 수치심이 밀려왔다. 벌거벗겨진 기분이었다.

내 고백을 다 들은 릭은 내 평생 잊지 못할 말을 해 주었다. "존, 네가 지금처럼 사랑스러워 보인 적은 없어." 릭에게 그런 말을 듣게 될 줄은 꿈에도 몰랐다. 나는 사랑이 끊어지리라 예상했는데 오히려 더 많은 사랑을 받게 되었다. 그 사랑을 더 받고 싶어서 나쁜 짓을 지어내서 말할까 하는 생각마저 들 정도였다.

내 삶을 다 털어놓을 사람을 찾을 때는, 당신을 비난하거나 망신 주지 않고 용납해 줄 사람인지를 가장 먼저 확인하라. 수 세기 전 수사 앨레드(Aelred)는 켈트족들이 '영혼의 친구'라는 뜻으로 부르는 '아남 차라'(anam chara)가 "동등한 조건에서 이야기를 나눌 수 있고, 자신의 실패를 고백할 수 있으며, 자신의 진전(혹은 진전 없음)을 부끄러움 없이 말할 수 있고, 마음의 모든 비밀을 털어놓을 수 있는 또 다른 자아"라고 말했다.[2]

관계는 두 축으로 이루어진다. 첫 번째 축은 서로를 전혀 모르는 상황에서 서로를 완벽히 아는 상황으로 이어지는 선이다. 두 번째 축은 서로를 용납하지 않던 상황에서 용납하는 상황으로 이어지는 선이다.

우리는 누군가가 우리를 잘 알아봐 주기를 간절히 원한다. 또한 누군가가 우리를 용납해 주고 칭찬해 주기를 원한다. 이것이 우리의 본능이다. 하지만 이 두 가지 욕구 중 하나 혹은 둘 다 충족되지 못하는 경우가 많다.

누군가가 나를 용납해 주고 있지만 진정으로 나를 알고 있는 것이

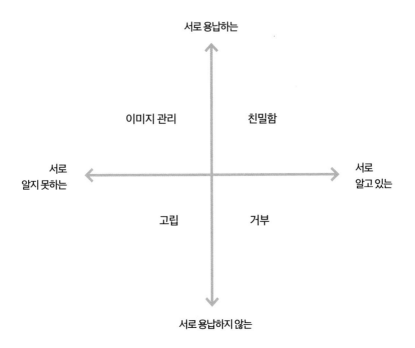

아니라면 나는 진정한 공동체 안에 있는 것이 아니고 '이미지 관리'를 하고 있을 뿐이다. 종교 공동체에서 이런 상황이 자주 벌어진다. 예수님은 이런 상황을 자주 다루셨다("너희가 선한 일을 할 때에 그것이 연극이 되지 않도록 특히 조심하여라", 마 6:1, 《메시지》).

누구도 나를 알지도 용납해 주지도 않는다면 '고립' 가운데 살고 있는 것이다.

누군가가 나를 알지만 용납해 주지 않는다면 '거부'당하고 있는 것이다. 이것은 극도로 고통스럽다. 우리가 이미지 관리나 고립을 선택하는 주된 이유는 거부당하지 않기 위해서다.

하지만 누군가가 나를 알고 용납해 준다면 나는 진정한 '친밀함'을 경험하고 있다. 이것은 에덴동산으로 돌아가는 것이다. "아담과 그의 아내 두 사람이 벌거벗었으나(서로 아무것도 숨기는 것 없이 온전히 알았으나) 부끄러워하지 아니하니라(거부당할 두려움 없이 상대방이 자신을 온전히 용납해 주는 것을 느꼈다)"(창 2:25). 이런 관계에는 언제나 치유가 있다. 이런 관계에는 언제나 은혜가 흐른다.

여기에 핵심 진리가 있다. "우리는 자신을 열어 보이는 만큼만 사랑을 받을 수 있다." 남들에게 보여 주고 싶은 나의 이미지가 있는 반면, 진짜 내 모습이 있다. 내가 이미지 관리를 하고 있다면 당신이 내게 "너를 사랑해"라고 말해도 나는 생각할 것이다. '그렇지 않아. 내 진짜 모습을 안다면 그렇게 말할 수 없을 거야.' 나 자신을 많이 숨길수록 나 자신이 사랑받을 가능성은 줄어든다.

자신을 온전히 드러내야 온전한 사랑을 받을 수 있다. 숨어 있으면 죄책감과 수치심을 치유받기 위해 진정으로 필요한 것을 차 버리는 셈이다. 우리 자신을 열어 보여야 사람들이 우리를 용납해 주고 용서해 줄 수 있다. 그래야 치유가 가능하다. 사랑받는 기쁨을 알고 싶다면 자신을 드러낼 때의 고통을 견뎌야 한다. 내 삶을 다 털어놓을 친구를 찾을 때는 내 추악함과 결점과 죄를 보고도 나를 변함없이 사랑해 줄 사람을 찾아야 한다.

내 참모습을 온전히 보여 주지 말아야 할 사람들이 있다. 비판하기 좋아하는 사람들, 험담하기 좋아하는 사람들, 우월감을 즐기는 사람들이다. 큰 비밀을 털어놓기 전에 먼저 작은 비밀을 말해서 그가 그 비밀을 지켜 주는지 확인하라.

용기 있게 진실을 말해 줄 사람

진실을 말하는 사람인지도 확인해야 한다. 내 삶을 완전히 공개할 친구는 '안전해야' 한다. 그것이 항상 '편안하다'는 뜻은 아니다. 우리에게 필요한 것은 '어리석은 연민'(idiot compassion)이 아니다.

> 어리석은 연민은 문제를 제기해야 하는데도 사람들의 감정을 건드리지 않기 위해 포기하는 것이다. 그런 연민은 솔직함보다 더 큰 해를 입힌다. 사람들은 10대 청소년, 배우자, 중독자, 심지어 자기 자신에게도 이렇게 한다. 이것의 반대는 '지혜로운 연민'이다. 상대방을 배려하면서도 필요할 때는 사랑으로 진실의 폭격을 가한다.[3]

스위스 작가 폴 투르니에에 따르면, 친구들을 향한 참된 사랑은 "그들에 관한 큰 포부에서 드러난다. 이것은 그들이 용감해지기를 바라는 동시에, 그들이 숨도록 돕는 것이 아니라 우리도 용기를 내어 그들이 용감해지도록 돕는 것을 의미한다."[4]

비밀을 지켜 줄 사람

비밀을 지켜 주고 우리만의 속도로 삶을 공개하도록 기다려 줄 사람을 찾는 것도 중요하다. 늘 고립되어 있는 삶은 위험하다. 하지만 우리에 관한 정보를 악용해서 우리에게 해를 끼칠 사람에게 삶을 공개하는 것 역시 위험하다. 사이비 종교인들은 압박하거나 강요해서 중요한 정보를 털어놓게 한다. 반면에 진정한 공동체에서는 사람들의 자유, 그들만의 작은 '나라'를 존중하고 보호해 준다.

내가 내 문제를 상담사에게 털어놓는다고 해서 상담사가 자신의 문제를 내게 털어놓지는 않는다. 하지만 우정은 다르다. 서로의 삶을 완전히 공개하는 우정의 관계에서는 대개 고백이 양방향으로 이루어진다. 따라서 상대방도 자신을 열어 보일 마음이 있는지를 확인해야 한다. 그러기 위해서 먼저 상대적으로 안전한 정보로 시작해야 한다. 예를 들어, 나는 자녀들에게 소리를 질렀다거나 아내와 가볍게 다퉜다거나 과음했다는 사실을 털어놓는다. 그러면 상대방도 자신의 문제를 그 정도 수준으로 솔직히 털어놓는가? 그는 자신을 공개할 줄 모르는 사람인가? 자신을 드러내지 않는 사람과 관계를 맺는 것은 피해야 할 일이다.

서로 기뻐하는 관계

친구라면 서로를 기뻐하고 함께할 시간을 고대해야 한다. 델리아 오언스의 소설 《가재가 노래하는 곳》의 주인공인 일곱 살 소녀 카야는 가족들에게 거의 버림받다시피 한 삶을 살고 있다. 그러다 자신이 숨어서 사는 늪지에서 한 소년이 보트를 조종하는 모습을 본다. 소년은 카야를 보고 미소를 지으며 손을 흔든다. 그 순간, 소녀는 소년과 친구가 될지도 모르고 친구가 되면 정말 좋을 것 같다고 생각한다.

나는 열다섯 살이 되어서야 (가족 외에) 진정한 친구를 만났다. 그것이 진정한 우정이었는지는 한참 뒤에 깨달았다. 위의 소설을 읽다가 친구는 나와 함께하기를 '원하는' 사람이라는 생각이 들었다. 진정한 친구들은 함께하는 것을 좋아하고 서로 삶을 나눈다.

이것이 진정한 친구 관계가 오래 지속되는 이유다. 친구 관계는 의무만으로는 지속될 수 없다. 친구를 찾기 위해서는 자신을 드러내는 일이 필요하다. "왜 아무도 나와 함께하고 싶어 하지 않을까?" 내가 누군가에게 이 고민을 털어놓았다면 진정한 친구를 조금 더 일찍 만났을지도 모른다.

마침내 진정한 친구를 얻고 보니 그것은 기적이요 은혜였다. 우리는 날마다 통화하고, 밤늦게까지 어울리고, 함께 영화를 보고, 함께 피아노를 치며 노래를 부르고, 함께 공놀이를 했다. 둘이 함께하는 시간을 나도 원했고 그 친구도 원했다.

하나님은 모세와 그의 형 아론에 관한 이야기를 하다가 이렇게 말씀하셨다. "그가 너를 만나러 나오나니 그가 너를 볼 때에 그의 마음에 기쁨이 있을 것이라"(출 4:14). 따라서 우리는 이렇게 물어야 한다. 나는 사람들이 친구로 삼고 싶은 사람인가? 내 이기심, 은폐하려는 성향, 분노가 친구를 사귀는 데 방해가 되는가? 친구로 삼고 싶은 사람이 있는가?

🕮 실천하기

당신의 관계들을 점검하라

당신이 이런 우정을 맺을 만한 사람이 누구인지 생각해 보라. 그와의 우정이 어떻게 발전할까? 그와 우정 맺기를 원한다고 하나님께 기도하라.

아리스토텔레스는 우정의 주된 유익이 흔히 생각하는 것처럼 애정이 아니라 "미덕의 성장"이라고 말했다. 그런데 교회에서도 우리는

'우정' 하면 공통 관심사(동호회)나 전략적 유용함(인맥)을 중심으로 형성된 관계를 떠올린다. 아리스토텔레스는 이 두 가지는 모두 진정한 우정의 특징인 "미덕의 훈련"이라는 핵심 요소가 없다고 말했다.[5] 더구나 신앙 공동체에는 '변화시키는 우정'이 있어야 한다. 이 우정은 친구를 위해 기꺼이 목숨까지 바치는 우정이다(요 15:13 참고).

자, 당신 주변에 당신이 귀하게 여기는 품성을 지닌 사람이 있는지 잠시 생각해 보라. 누군가를 염두에 두었다면 너무 성급하게 행동하지 마라. 신뢰는 시간을 두고 서서히 쌓아 가야 한다. 상대적으로 작은 비밀이나 잘못을 그 사람에게 털어놓고 그가 어떻게 반응하는지 보라. 그가 비밀을 지켜 주는가? 성급하게 조언하는가? 비판적인가?

당신은 우정을 쌓기 위해 시간을 투자하고 있는가? 예를 들어, 상대방을 커피숍이나 식당으로 초대하라. 함께 숲속을 거닐라. 상대방이 좋아할 만한 선물을 주라. 함께 책을 읽고 토론하라. 함께 여행을 가라.

앞서 말한 앨레드 수사는 영적 우정에 몰두했다. 그는 하나님 자신이 삼위일체 안에서 영원하고도 무한한 우정을 누리신다는 사실에 깊은 감명을 받았다. 성부와 성자와 성령은 서로에게 훌륭한 친구가 되신다. 앨레드는 "하나님은 우정이시다"라는 문장을 여러 번 썼다.[6]

우정은 우리가 억지로 만들어 낼 수 없는 것이며 하나님이 주시는 선물이다. 앨레드는 "우정은 은혜 없이는 존재할 수도 없다"라고 말했다. "삶에서 우정을 제거한 사람은 우주에서 태양을 제거한 것이나 다름없다. 우리가 하나님께 받은 것 중에 우정보다 더 좋고 즐거운 것은 없기 때문이다."[7]

앨레드는 너무 성급하게 우정을 맺지 말라고 경고했다. 친구로 삼고 싶은 사람과 '수습' 기간을 가지고 천천히 신뢰를 쌓는 편이 현명하다고 말했다. 하지만 친구를 얻고 싶다면 다음 장에서 이야기할 간단한 행동을 취할 수 있어야 한다.

◆ **핵심 정리**

- 우리 자신을 온전히 드러내지 않으면 온전히 사랑받을 수 없다.

- 내 삶을 완전히 공개할 친구를 찾을 때 확인해야 할 중요한 성품이 있다. 나를 온전히 용납해 주고 내게 진실을 말할 용기가 있는 사람, 비밀을 지킬 줄 알고 나와의 관계에서 기쁨을 느끼는 사람이어야 한다.

3.
내 행동을 감독해 달라고
부탁하기

지금 우리는 하나님, 자기 자신, 다른 사람에게 자신의 결점과 잘못을 구체적이고 솔직히 인정할 때 찾아오는 치유에 관해서 살펴보고 있다. 혹시 지금 이런 생각을 하고 있는가? '나는 이렇게 하고 싶지 않아!' 그런 독자에게 내가 해 줄 수 있는 말은 '무엇을 하고 싶은지'는 별로 중요하지 않다는 것이다. "많은 사람이 '내가 이것을 원하는가, 원하지 않는가'에 따라 결정을 내리며 자라 왔다."[1] 하지만 중요한 질문은 "내가 진정으로 성장하고 싶다면 무엇을 '해야만' 하는가?"다.

이 단계의 필요성을 깨닫는 것과 아울러 접근하는 방식도 중요하다. 퀘이커 교육자 파커 파머는 아웃워드 바운드(Outward Bound)라는 프로그램에서 30미터 절벽을 억지로 내려가야 했을 때 이 교훈을 배웠다.

가이드는 절벽을 내려가는 유일한 방법은 몸을 절벽과 직각으로 만들고 다리에 몸무게를 실어 걸어 내려가는 것이라고 했다. 파머가 생각하기에 이것은 지독히 어리석은 짓이었다. 그는 절벽에 얼굴을 최대한 붙여야 안전하다고 생각했다. 그러나 한 발 내딛을 때마다 아래 바위 턱에 세게 부딪힐 뿐이었다.

"아직도 이해를 못하셨군요." 가이드가 말했다.

"어떻게 해야 할지 다시 한 번 말씀해 주세요."

"뒤쪽으로 몸을 기울이고 다음 발걸음을 내딛으세요."

가이드의 말대로 하자 수월하게 내려갈 수 있었다. 벼랑에 파인 검고 거대한 구멍을 만나기 전까지는 말이다. 조금 전까지의 방식으로는 내려갈 수 없을 것 같았다. 몸을 흔들어 오른쪽이나 왼쪽으로 옮겨 가야 할 것 같았다. 하지만 그렇게 하면 죽을 것 같았다. 파커는 두려움에 온몸이 굳어 버렸다.

"무슨 문제가 있나요?"

파커가 떨리는 목소리로 대답했다. "말하고 싶지 않아요."

그러자 가이드는 밝은 목소리로 말했다. "그렇다면 이제 아웃워드 바운드의 모토를 배울 시간이군요."

가이드는 큰소리로 모토를 외쳤다. 파커는 그 모토를 평생 잊을 수 없을 것 같았다. "빠져나올 수 없다면 아예 깊이 들어가라!"

자신의 내적 삶(후회와 추악함과 결점)에서 빠져나올 길은 없다. 그렇다면 그 안으로 더 깊이 들어가는 편이 낫다. 영적 여행에서 빠져나오는 길은 그 속으로 들어가 통과하는 것이다.[2]

우리는 우리 잘못의 정확한 본질을 하나님, 우리 자신, 다른 사람에게 인정했다. 이제는 여기서 빠져나올 수 없다. 이 속으로 들어가자.

사람들은 왜 그들의 삶을 완전히 공개할 수 있는 친구를 찾지 못하는 것일까? 로버트 퍼트넘은 《나 홀로 볼링》에서, 자원 봉사를 해 본 적이 없는 사람들에게 그 이유를 물었을 때 가장 많이 나온 대답은 "누구도 내게 요청하지 않아서"였다고 말한다. 반면, 자원 봉사를 한 적이 있는 사람들에게 이유를 물었을 때 가장 많이 나온 대답은 "누군가가 내게 요청해서"였다.[3]

어쩌다 보니 모든 것을 온전히 털어놓는 진정한 우정을 얻게 되는 경우는 없다. 그렇다면 요청해야 한다. 때로 사람들은 "배우자에게 모든 것을 다 털어놓으면 되지 않는가?"라고 묻는다. 그렇게 하지 않는 편이 좋다. 그것은 전문 상담사가 자기 배우자를 상담하지 않는 것과 같은 이유에서다. 부부는 서로의 삶에 너무 깊이 관련되어 있어서 상담사 역할을 효과적으로 감당하기 힘들다. 가정 안에서 분노나 성적인 문제가 자주 발생하는데, 그런 문제는 외부인과 이야기하는 편이 더 편하다. 그렇다고 해서 배우자에게 문제를 숨겨야 한다는 뜻은 아니다. 부부 상담 전문가들은 사생활(건강한 관계 유지에 필요한 마음과 정신의 공간)과 (수치심에서 비롯되고 건강한 관계를 해치는) 비밀을 구분한다.[4] 건강한 부부는 서로의 사생활을 존중하되 서로에 대해 비밀을 갖지 않는다.

때로 사람들은 자기 마음을 털어놓을 영적 지도자, 곧 하나님과 올바로 교제하도록 도와줄 전문가를 찾는다. 기본적으로는 우리가 먼저 그런 사람을 찾아가는 것이 맞다. 우리가 요청하지도 않았는데 우리의 고백을 들어주고 영적 지도자가 되어 주겠다고 나서는 사람이 있다면 그런 사람은 피하는 것이 낫다.

삶 전체를 대대적으로 점검하라

영혼을 드러내는 것은 자동차 관리와 어느 정도 비슷하다. 대대적인 점검과 주기적인 튜닝에는 큰 차이가 있다. 몇 십 년 동안 나는 세 번에 걸쳐 삶 전체에 대한 대대적인 점검을 하고 나서 릭과 이야기를 나누었다. 이런 점검은 여러 번 해도 항상 두렵다. 그래서 이런 시간을 사전에 계획하고, 방해받지 않도록 사적인 공간을 확보해야 한다.

나는 내 두려움을 릭에게 인정하면서 시작한다. 우리는 함께 기도한다. 나는 솔직함과 용기를 달라고 기도한다. 이 과정에서 평온을 비는 기도가 유용하다. "하나님, 제가 바꿀 수 없는 것을 받아들이는 평온, 제가 바꿀 수 있는 것을 바꾸는 용기, 그 차이를 아는 지혜를 주십시오."

그런 다음, 내가 써 온 것을 읽는다. 이해되지 않는 것이 있을 때는 릭이 내 말을 끊고 질문할 수 있다. 하지만 의견이나 조언을 제시하고 경고를 하려고 내 말을 끊지는 않는다. 꾸짖거나 비판하지 않는다. 그의 주된 역할은 그냥 듣는 것이다. "우리는 치료제가 필요하지 않다. 우리는 증인이 필요하다."

때로 릭은 내게 내 부채만큼이나 내 자산을 기억하라고 일깨워 준다. 내 행동 이면의 패턴을 찾도록 도와준다. 한번은 나를 비판하는 사람에 대해 여러 번 불만을 토로하자 릭이 물었다. "모든 사람이 너를 인정해 줄 것이라 생각해?"

"물론 … 그렇지는 않지만 … 무슨 뜻이야?"

무엇에 관해서 이야기해야 할까? 중요한 원칙은 가장 이야기하고 싶지 않은 것부터 시작해야 한다는 것이다. 상담사들은 내담자들이 "문손잡이 공개"(doorknob disclosures)를 할 때가 많음을 발견했다.[5] 상담 시간이 끝나서 상담실을 나가기 직전에야 자기가 꼭 하고 싶었던 말을 불쑥 꺼 낸다는 것이다.

토머스 키팅 신부는 이렇게 말한다. "무엇이든 말하고 싶지 않은 것을 가장 먼저 말해야 한다. 가장 큰 것을 떨쳐 내라. 고백을 들어본 적 있다면 대부분의 사람들이 최악의 것을 마지막까지 남겨 둔다는 점을 알 것이다. … 생각은 문제가 아니다. 문제는 그 생각으로 무엇을 하느 냐다. 생각을 숨기는 것은 당신이 할 수 있는 최악의 행동이다."[6]

자기 죄를 고백하기로 마음먹은 모든 사람, 모든 내담자는 파커가 그 절벽을 내려올 때 공포에 질려서 했던 말을 하고 있다. "말하고 싶지 않아요."

빠져나올 수 없다면 더 깊이 들어가라

이 단계에서 수치심과 두려움에 시달릴 때 그 감정을 그냥 떨쳐 내 기는 어렵다. 그때 진실과 겸손과 자유 속으로 '더 깊이 들어가야' 한다 는 사실을 기억해야 한다.

예수님은 충격적인 예언으로 종교적 위선을 경고하셨다. "감추인 것이 드러나지 않을 것이 없고 숨긴 것이 알려지지 않을 것이 없나니 이 러므로 너희가 어두운 데서 말한 모든 것이 광명한 데서 들리고 너희가 골방에서 귀에 대고 말한 것이 지붕 위에서 전파되리라"(눅 12:2-3). 이 말 씀은 표면적으로는 좋은 소식처럼 들리지 않는다. 하지만 우리가 진정 두려워하는 것은 알려지는 것이 아니고, 알려졌다가 거부를 당하는 것 이다. 그렇다 해도 우리는 알려져서 자유를 얻는 삶 속으로 과감하게 한 발 내딛어야 한다.

키팅 신부는 이에 관해서 놀라운 말을 했다. "내가 어떤 사람인지 모든 사람이 알면 어떤 변화가 나타날까? 삶이 끝나면, 관심 있는 사람은 누구나 확인할 수 있도록 내세에서 당신의 삶 전체가 재연될지 모른다. 그렇다면 모든 사람이 당신이 정확히 어떤 사람이고 무엇을 했는지 알게 될 것이라는 사실에 익숙해지는 편이 좋을 것이다. 철저히 정직하게 살면 교만을 이길 수 있다."[7]

때로 릭은 내게 자신의 결점을 고백한다. 그것은 나만 결점이 있는 것이 아니라 둘 다 똑같다는 사실을 내게 일깨워 주기 위해서다. 릭은 이 모임을 위해서 충분한 시간을 비워 두고, 프라이버시가 보장되는 조용한 자리를 마련한다. 그는 비밀을 털어놓을 때도 숨겨야 할 사항(해당 정보가 밝혀질 때 자신이나 남이 위험에 처할 수 있는 경우)이 있음을 알려 준다. 마지막에는 사랑의 말로 기도해 준다. 그 말은 언제나 내게 필요한 말이요 나를 치유하는 말이었다.

앞서 말했듯이 릭은 나의 고백을 듣고서 나를 전에 없이 사랑하게 되었다고 말했다. 그로부터 몇 십 년이 지난 최근에 그가 왜 그런 말을 했는지 물어 보지 못했다는 생각이 들었다. 그래서 물었더니 뜻밖의 대답이 돌아왔다.

릭과 나는 대학원 시절에 서로를 알게 되었다. 당시에는 성적, 성과, 스포츠, 배움이 우리 삶의 중요한 부분이었다. (나는 겸손한 척하면서도 은근히 내 성과나 지식을 자랑하고 싶었기 때문에) 그는 성공을 추구하는 내 모습에 거리감을 느꼈다. 그래서 내가 수치심과 약함과 결점을 고백하자 나와의 거리감이 좁혀지는 것 같았다고 했다. 나는 타인에게 보이고 싶지 않은 부분을 그에게 공개했고, 그것이 그에게는 선물이었다.

나는 성과를 내서 사랑받으려 했지만 그 성과로 인한 교만은 오히려 거리감을 만들어 냈다. 반대로, 드러내기 두려워했던 나의 약함은 오히려 사람들이 내게 더 가까이 다가오는 기회가 되었다.

내 행동을 책임지겠다는 결단

이런 대대적인 점검 외에도 서로 완전 공개를 하는 관계 속에서는 주기적인 튜닝이 이루어진다. 릭과 나는 어제 있었던 일을 검토한다. 어제 어떤 유혹을 받았는가? 어떤 부분에서 잘하고, 어떤 부분에서 잘못했는가? 오늘 어떤 유혹을 마주하고 있는가? 우리는 함께 기도한다.

우리는 책임성이라는, 인생을 변화시키는 선물을 서로에게 준다. 우리는 책임성의 힘을 알고 있다. 고속도로에 들어서면 혼란스럽다. 모두 과속을 하고, 손가락질을 하고, 휴대폰을 보며 운전하고, 마구 끼어들며 신앙인답지 못한 모습을 보인다. 그러다가 경광등을 번쩍이는 경찰차가 나타난다. 그러면 어떤 일이 벌어질까?

사람들이 속도를 늦춘다. 브레이크를 밟는다. 휴대폰을 내려놓는다. 손가락질을 멈춘다. 이 모든 변화를 만들어 내는 것이 바로 책임성이다.

우리는 책임성이 '다른' 사람들에게 필요한 것이라고 생각한다. 정치인이나 기업인이나 범죄자들은 책임을 져야 한다고 믿는다. 하지만 이것은 우리 모두에게 필요한 것이다.

베일러대학교의 철학자 C. 스티븐 에반스는 책임성 연구에 수백만 달러의 보조금을 받았다. 그를 비롯한 여러 학자들은 책임성이 (용서나 감사처럼) 개인과 사회의 번영을 위해 필요한 미덕이라고 믿는다.[8] 책임성에 관해서는 아직 많은 관심이 쏠리지도, 많은 연구가 이루어지지도 않았다. 자신의 행동은 자기가 책임져야 한다고 생각하는 사람, 자기 자신과 일터와 사회에 대한 책임이 자신에게 있다고 생각하는 사람들은 더 잘 살고 정직하게 산다. 책임성은 우리의 성장에 필수적이다.

애나 렘키는 '율리시스 계약'(Ulysses pact)에 관한 글을 썼다. 이것은 자신의 힘으로 견뎌 낼 수 없는 유혹을 이길 수 있도록 남에게 도움을 요청하는 것이다.[9] 이것은 뱃사람들을 꾀어 죽음에 이르게 만드는 사이렌의 노래를 듣지 못하도록 율리시스가 부하들의 귀에 밀랍을 끼우라고 명령한 그리스 신화에서 가져온 것이다. 율리시스는 자신을 돛대에 묶되 자신이 사이렌 노래의 마법에 잠시 정신을 잃어 아무리 애원해도 안전한 곳에 이르기 전까지는 절대 풀어 주지 말라고 부하들에게 신신당부했다.

율리시스 계약처럼, 우리는 자신의 의지만으로는 감당할 수 없는 상황에 대해 특정한 선택이나 행동을 고수하겠다고 다른 사람 앞에서 선포한다. 율리시스가 자신을 돛대에 묶게 한 것처럼 그 약속에 자신을 구속시킨다.

혹시 율리시스가 사이렌의 노래를 감당할 수 없으면서도 '자기 자신'의 귀에는 밀랍을 넣지 않은 이유가 궁금한가? 렘키는 그 이유를 설명하는 뒷이야기를 해 준다. 누군가는 노래를 듣고도 살아남아 그 이야기를 전해 주어야 사이렌들을 죽일 수 있다. 율리시스는 항해 후에 이 이야기를 전함으로써 사이렌들을 정복했다. "이야기를 전해서 죽였다."[10]

돈을 어떻게 사용할지, 이번 출장에서 성적인 유혹에 빠지지 않도록 어떻게 처신할지, 내 몸이나 동료나 자녀를 어떻게 대할지 릭에게 말하는 것은 곧 율리시스 계약을 맺는 것이다. 나는 성장하고 싶은 마음이 간절하다. 하지만 내 약함이나 습관이나 망각으로 인해 그릇된 방향으로 가게 되리라는 것을 잘 안다. 그래서 친구인 릭에게 나를 점검하고, 피드백을 해 주고, 내가 잘하고 있는지 확인해 달라고 부탁한다. 이 영역에 관해서 그에게 보고해야 한다는 것을 알면, 하나님과 나의 진정한 자아가 원하는 것을 할 힘이 생긴다.

완전한 솔직함에 관한 이 단계를 거치면서, 불가지론자나 무신론자도 처음으로 하나님의 임재를 경험하게 되고, 하나님을 믿는 사람들은 그분을 더 깊이 의식하게 되는 경우가 많다.[11] 한 작가는 이렇게 말했다. "요람에서 무덤까지 모든 인간의 기본적인 탐구는 모든 가식이나 방어기제를 버리고 완전히 벌거벗은 채로 그 앞에 설 수 있는 사람, 같이 벌거벗었기에 자신을 해치지 않으리라 믿을 수 있는 사람을 최소한 한 명은 찾는 것이라고 개인적으로 생각한다."[12] 이 5단계는 처음에는 악몽처럼 보이지만 결국 에덴의 상태를 꽤 회복하는 것으로 끝난다.

사람들에게 비밀을 유지하려고 하면 하나님의 임재를 놓친다. 하지만 비밀을 다른 누군가에게 말하면 하나님의 임재까지 덤으로 얻는다. 당신은 벗어날 수 없다. 그러니 더 깊이 들어가라.

☞ 실천하기

간단한 책임성 검사를 하라

베일러대학교의 연구 결과, 자신이 하나님 앞에서 책임이 있다고 생각하는 사람들은 자신이 다른 이들에게도 중요하다는 의식, 삶의 의미, 존엄성이 다른 사람들보다 더 높았다.[13] 이런 종류의 '유신론적 책임성'을 평가하기 위해 자신에게 두 가지 질문을 해 보라.

- 나는 하나님께 의지하지 않고 내 일을 결정하고 있는가?
- 나는 하나님께 도우심과 인도하심을 구하는가?

하지만 책임성에 피와 살이 있는 하나님의 대리인을 포함시키면 큰 도움이 된다. 곧 하나님 앞에서 책임감 있게 살도록 도와줄 사람이 있어야 한다. 믿을 만한 친구 앞에서 약속해야 한다. 재정, 정직함, 시간, 성, 분노, 양육, 일 등의 영역에서 추구하려는 가치들을 다른 누군가에게 말해야 한다. 내가 그 영역에서 어떻게 하고 있는지 보고하겠다고 말하고, 잘못했을 때 책임을 물어 달라고 부탁해야 한다. 나 혼자서는 부족하기 때문이다. 우리는 〈마른 손 공동체〉의 구성원이기 때문이다.

◆ **핵심 정리**

- 책임감은 부담스럽지만 그것에서 빠져나올 수는 없기 때문에 그 안으로 들어가야 한다.
- 책임감을 위한 모임에는 대대적인 점검을 위한 모임도 있고 정기적인 튜닝을 위한 모임도 있다.
- 궁극적으로 하나님 앞에 책임을 지는 것은 자신이지만 믿을 만한 친구는 하나님의 대리인 역할을 할 수 있다.

준비: 변화를 위한 태도

나는 하나님이 내 인격적 결함을 없애 주시도록 준비를 마쳤다.

오, 주님,

저의 모든 자유, 저의 기억, 저의 이해,

저의 모든 뜻을 취하고 받아 주십시오.

저의 존재 전체와 제가 가진 모든 것은 주님이 주셨습니다.

이 모든 것을 주님께 드리니 주님의 뜻대로 써 주십시오.

저에게는 오직 주님의 사랑과 은혜만 주십시오.

그것만으로도 저는 충분히 부요합니다.

그 이상 아무것도 바라지 않습니다.

아멘.

- 성 이그나티우스[1]

1.
변화를 거부하는 이유
파악하기

　나의 무력함과 하나님의 강하심을 인정하고, 내 삶과 뜻을 하나님께 맡기고, 내 인격을 솔직히 점검한 뒤에 나를 낮춰 내 부족함을 하나님과 나 자신뿐 아니라 다른 사람에게 인정했으니 이제 나는 변화될 준비가 되었다. 물론 내 힘만으로는 변할 수 없다는 것을 안다. 그것은 하나님의 일이다. 하지만 하나님께 나를 변화시켜 달라고 기도할 수는 있다. 나는 옛 습관, 옛 원한, 금지된 쾌락, 교만, 험담과 시기, 비판을 일삼던 옛 삶을 버릴 준비가 되었다. 나는 하나님께 나를 변화시켜 달라고 요청할 준비가 되었다.

　단, 내 안의 일부는 준비되지 않았다. 내게 익숙한 옛 습관이 없으면 지루할 때가 있다. 인격에 결함이 없다면 아예 인격이 없는 것 아닌가 염려될 때가 있다. 나는 준비가 되었다. 꽤 준비가 되었다. 기분이 좋거나 교회에 있을 때는 준비가 된다. 단지 '완전히' 준비되지는 않았다. 결과적으로, 거의 준비된 것과 완전히 준비된 것은 천지차이다.

우리는 성 아우구스티누스의 가장 유명한 기도에서 저항과의 씨름을 볼 수 있다. 아우구스티누스는 젊은 시절에 정욕에 사로잡혀 있었다. 질투와 의심, 분노와 강박적인 욕구에도 사로잡혀 있었다. 데이비드 브룩스의 표현을 빌리자면 그는 "역사상 가장 문제가 많은 남자 친구"였다.[1]

아우구스티누스는 그리스도인이 되면서 성 윤리를 따라야 한다는 것을 알았다. 하지만 버려야 할 것을 버릴 준비가 되어 있지 못했다. 그래서 이런 기도를 드렸다. "주님, 저를 순결하게 해 주소서. 하지만 지금은 마소서." 다시 말해서, "제 안에 약간의 죄가 남아 있습니다. 분명히 저는 성적인 순결을 원합니다. 주님의 뜻대로 살고 싶습니다. 하지만 지금 당장은 말고요. 아마 내일쯤?"

성에 관한 아우구스티누스의 시각은 복잡해서 많은 논쟁의 대상이다. 하지만 양립할 수 있는 길들 앞에서 쪼개진 기분은 모두가 동일하게 경험하는 것이다. 윌리엄 제임스는 이것을 "분열된 자아"라고 불렀다.[2] 나는 작은 배와도 같은데, 여러 사람이 각기 노를 잡고 서로 다른 방향으로 젓고 있다. 나는 영화 〈인사이드 아웃〉의 주인공 같다. 기쁨, 분노, 두려움, 까칠함, 슬픔이 감정의 콘솔 주위에 둘러서서 오늘 누가 운전대를 잡을지 다툼을 벌이고 있다.

하나님, 제가 후히 베풀게 해 주세요. 하지만 지금은 말고요. 아직 갖고 싶은 것이 많아요. 돈이 필요합니다. 안정이 최우선입니다. 물론 변화되고 싶습니다. 하지만 오늘은 아닙니다.

하나님, 제가 감사할 줄 알게 해 주세요. 하지만 아직은 말고요. 최고급 와인을 마시게 되면 감사할게요.

하나님, 제가 오래 참게 해 주세요. 하지만 아직은 말고요. 오늘 운전해야 하는데 화를 낼 수밖에 없습니다.

하나님, 제가 겸손하게 해 주세요. 하지만 지금은 말고요. 일단 상사에게 내 성과를 자랑해야 합니다.

하나님, 제가 진실만 말하게 해 주세요. 하지만 지금은 말고요. 늦잠 잤다고 솔직하게 말하기 싫으니 교통 체증 때문에 늦었다고 변명 좀 하고 나서요.

하나님, 저를 좋은 부모로 만들어 주세요. 아이들과 많은 시간을 보내고 좋은 추억거리를 만들도록 도와주세요. 하지만 지금은 말고요. 지금은 기분이 좋지 않습니다.

예수님의 형제 야고보는 이중적인 마음을 바람에 이리저리 밀려가는 물결에 빗대었다(약 1:6-7). 철학자 해리 프랭크퍼트는 인격 성장에 "의지의 내적 통합"이 중요하다고 말한다.[3] 우리 안에는 많은 욕구와 가치가 계층을 이루고 있다. 우리가 가장 소중히 여기는 가치들이 상단에 있다. 완전히 준비되어 있지 않으면, 변하고 싶은 마음과 변하고 싶지 않은 마음이 반반이라면, 우리 내면은 통합되어 있지 않은 것이다.

하나님은 우리에게 양심이라는 선물을 주셨기 때문에 무엇이 옳은지에 관해서 우리 자신을 완전히 속이는 것은 불가능하다. 한 순간 운전을 하면서 휴대폰 문자를 보내거나, 불륜을 저지르거나, 친구에게 거짓말을 해도 괜찮다고 생각하더라도, 내면 깊은 곳에서는 그것이 옳지 않음을 알고 있다.

분열된 삶을 살 때 행동은 일관되지 못하며 내면에서 가치들이 충돌한다. 자신을 제대로 인식하지 못하고 인간관계는 엉망이 된다. 자신을 제대로 알지 못하기 때문에 남들에게 자신을 온전히 열어 보일 수 없다. "내적으로 분열된 사람은 비유적 혹은 다소 비약적 의미에서 자기 자신과 친하지 않은 사람이다."[4] 완전히 준비되려면 두 가지 행동이 도움이 된다.

자신이 하는 변명을 정직하게 들여다보라

내 조카는 수년 동안 캘리포니아주 고속도로 순찰대로 근무했다. 운전을 잘못해서 순찰대에 잡힌 사람들이 하는 변명은 항상 놀랍다고 조카는 말한다.

어떤 운전자는 운전 중에 휴대폰으로 통화를 했으면서도 그냥 손을 들어 머리를 빗었을 뿐이라고 주장한다. 차가 심하게 오락가락했는데, 자신은 취하지 않았다고 주장한 여자 운전자도 있었다. 그녀는 휴대폰으로 문자를 보내면서 가슴 양쪽에 유축기를 사용했기 때문이라고 말했다. (그 여자는 분명 취했다. 정신이 멀쩡한 사람이라면 유축기를 사용하면서 문자를 사용했다고 변명하느니 오히려 술을 먹었다고 말할 것이다.) 시속 145킬로미터 이상으로 달린 운전자는 언덕을 오르려면 속도를 높여야 했다고 주장한다.

우리는 사람들과의 갈등을 피하기 위해 변명하기도 하지만 자신의 가치관을 어길 때 경험하는 인지 부조화를 줄이기 위해서도 변명한다. 칼뱅의 말처럼 인간의 마음이 우상 공장이라면 인간의 정신은 변명 검색 엔진이다.

내가 내 가치관과 다르게 행동할 때마다 내 정신은 책임을 면하기 위한 변명을 만들어 낼 준비가 되어 있다. 내 자신에게라도 내 행동을 정당화하기 위해 변명을 만들어 낸다. 카를로 디클레멘트는 이렇게 말했다. "부정(denial)의 문제는 … 현재 시점에서는 변하는 것이 자신에게 유리하지 않다는 개인의 … 확신에 불과하다."[5]

알코올 중독에서 회복 중인 사람들은 이런 말을 자주 한다. "내 문제는 '알코올'이 아니었다. 내 문제는 '현실 부정'이었고, 알코올이 내 해법이었다." 우리는 현실 부정의 문제를 안고 있다. 이 단계에서는 양심을 마비시키고 현실을 도피하려고 했던 시도를 버리고 현실 속으로 다시 들어가야 한다. 변명하지 말고 자신의 인격적 결함을 정직하게 직시해야 한다. 이 결함이 가져다주는 쾌락이 그로 인한 고통을 감수할 만한 가치가 있는지 차분히 돌아봐야 한다.

물론 의지만으로 정욕을 떨쳐낼 수는 없다. 의지만으로 더 많은 돈이나 권력, 명예를 바라는 욕심을 멈출 수는 없다. 모든 피조물은 욕구를 갖고 있다. 하지만 인간만은 다른 욕구를 품으려는 '욕구'를 가질 수 있다. 하나님의 형상을 따라 창조된 인간은 자신을 돌아보고 평가한 후 다른 욕구를 추구하기로 선택할 수 있다.

우리는 왜 저항하는지 돌아볼 수 있다. "내 정욕이 만족되지 않으면 삶이 너무 지루할까 봐 두려워하는 걸까?" "돈을 더 많이 벌지 못하면 재정적으로 불안해지거나 쾌락을 즐길 수 없을까 봐 두려워하는 걸까?" 파괴적인 욕구에 흔들리지 않고 순결하고 잘 베푸는 삶이 어떤 것인지 우리는 상상할 수 있다. 우리를 그릇된 욕구에서 해방시켜 주시고 더 좋은 욕구를 달라고 하나님께 기도할 수 있다.

더 이상은 안 된다

아우구스티누스가 너무 멀게 느껴진다면 인격적 결함을 해결하기 위해 완전한 준비를 한 이 사람을 보자. 그는 영화 〈사랑의 블랙홀〉의 주인공 필 코너스다.[6] 불가해한 기적이 일어나, 코너스는 매일 아침 눈을 뜨면 2월 2일 성촉절을 맞는다. 이런 날이 반복된다. 코너스는 자기중심적이고 얄팍한 인간이다. 같은 날이 반복되자 그는 섹스와 위스키에 빠져 마음껏 쾌락을 즐긴다. 그러다가 프로듀서인 리타를 유혹하는 데 집착한다. 리타를 위해 프랑스 시를 외우고 세계 평화를 갈망하는 척한다. 하지만 리타는 그의 욕구를 꿰뚫어보고, 그는 실패한다. 절망한 코너스는 자살하려 하지만 그다음 날이면 다시 똑같은 하루가 시작된다.

마침내 코너스는 더 이상 이렇게 살 수 없다는 생각이 든다. 그는 자신의 인격적 결함에 눈을 돌린다. 이제 변화될 준비가 되었다. 그는 완전히 다른 사람으로 천천히 변화되기 시작한다. 피아노 레슨을 받고, 문학을 공부한다. 한 노인의 죽음에 마음 아파 하기도 한다. 나무에서 떨어지는 아이를 구해 주고, 자동차 타이어가 펑크 난 할머니를 도와준다. 코너스의 내면이 변화되었다. 온 마을 사람이 그를 사랑하게 된다.

때로 완전한 준비를 하기 위해서는 "뭔가를 하지 말고 가만히 앉아 있을" 필요가 있다. 세상은 "뭔가를 하라"고 말한다. 출근을 하거나 설

거지를 하거나 책을 읽거나 세금을 내라고 말한다. 하지만 인격적 결함 때문에 계속해서 패배할 때, 불안을 다스릴 수 없을 때, 나쁜 습관이나 중독에서 벗어날 수 없을 때, 일중독으로 인해 친구나 가족들과 멀어졌을 때 우리는 순간적인 쾌락, 지킬 수 없는 약속, 변명, 행동 교정으로 그 고통을 해결하려 하기 쉽다. 심리학자 앨버트 밴류라가 말하는 "자신감 넘치는 무능함"(confident incompetent), 즉 지나친 자신감에 빠지기 쉽다.[7]

이럴 때는 오히려 "가만히 앉아 있어야" 한다. 그렇게 앉아서 내 진짜 현실을 직시해야 한다. 그렇게 가만히 앉아 있던 아우구스티누스는 성경을 펴서 읽었다. 그때 '거의 준비된 상태'에서 '완전히 준비된 상태'로의 변화가 이루어졌다. 가만히 앉아 있던 필 코너스는 마침내 자신의 인격적 결함을 직시했다.

나는 밤에 푹 자지 못한 지 수년이 되었다. 새벽 3시만 되면 (비유적이든 진짜든 간에) 마귀가 원망이나 피해의식, 절망감의 메시지를 속삭인다. 그럴 때 보통 나는 사람들과 나눈 고통스러운 대화를 강박적으로 곱씹으며 원한을 품고 피해의식에 빠지고 복수를 상상한다.

더 이상은 안 되겠다는 생각이 들었다. 그래서 가만히 앉아 있는 법을 배우고 있다. 가만히 앉아서, 고통 속에서 하나님을 만난다. 가만히 앉아서, 내가 원하는 반응이 모두 잘못된 것임을 인정한다. 가만히 앉아서, 내 두려움과 분노가 주변 사람들을 얼마나 힘들게 만들고 있는지를 직시한다. 가만히 앉아서, 나보다 더 나은 사람이라면 같은 상황에서 어떻게 반응할지를 상상한다. 가만히 앉아서, 망가진 세상에서 시선을 떼어 내 안의 망가진 마음을 바라본다.

🕯️ 실천하기

당신이 무엇에 저항하는지 정확히 확인하라

당신이 무엇에 저항하는지 정확히 확인하면 큰 도움이 된다.

당신이 자주 하는 변명을 생각해 보라. 어떤 상황에서 자주 변명하는가? 일터에서? 가족에게? 언제 가장 방어적으로 행동하는지 생각해 보라. 비판을 받았다고 느낄 때 그러는가? 달라지고 싶은 인생의 영역들을 생각해 보고, 당신이 변화하지 않는 데 대해서 자신에게 어떤 변명을 대는지 따져 보라.

깨달음을 얻기 위해서는 불편을 감수해야 한다. 혹자는 이렇게 말했다. "진리는 우리를 자유롭게 하지만 그전에 우리를 불행하게 만든다." 예를 들어, 시험에서 커닝을 했을 때, 친구에게 거짓말을 했을 때, 자녀를 실망시켰을 때 느꼈던 고통을 기억하라. 그때의 상처를 온전히 느껴 보라. 벌주기 위해서가 아니라 어떤 사람이 되고 싶은지 정확히 알기 위해서 그렇게 하라.

동산에서의 깨달음과 은혜의 순간 이후 아우구스티누스는 평온한 삶을 살았다. 하지만 항상 평온했던 것은 아니다. 처음의 강렬한 낙관론이 지나고 나자 "자신의 악함이 여전히 존재한다는 충격적인 자각"이 찾아왔다. "자신의 거짓된 사랑은 마법처럼 사라지지 않았다."[8] 찾아내야 할 저항이 더 남아 있었다. 아우구스티누스의 말을 빌리자면 "습관의 짐은 처리해야 할 세력이다."[9]

◆ 핵심 정리

• 우리의 인격적인 결함을 해결하시도록 하나님께 맡길 준비가 거의 된 것과 완전히 된 것은 천지차이다.

• "주님, 저를 순결하게 해 주소서. 하지만 지금은 마소서"라는 아우구스티누스의 기도에서 보듯이 우리 안에는 서로 다른 욕구들이 상충할 때가 많다.

• '완전한 준비'에 이르는 데 도움이 되는 두 가지 행동이 있다. 내가 하는 변명을 정직하게 들여다보고, 진정한 변화를 원할 만큼 현재 상태가 지긋지긋해질 때까지 가만히 앉아서 우리의 인격적 결함을 바라보는 것이다.

2.
나쁜 습관을
좋은 습관으로 대체하기

지금 우리는 인격적 결함을 해결하기 위해 완전히 준비하는 법을 배우고 있다. 이 과정에 저항하지 않는 법을 배우고 있다. 그렇다면 인격적 결함을 없애는 데 이것만 있으면 될까? 전혀 그렇지 않다! 우리가 발견하고 파악해야 할 완전히 새로운 영역이 또 있다. 우리의 인격적 결함을 없애려면 먼저 인격이 무엇인지를 이해해야 한다.

로버트 맥키는 《로버트 맥키의 스토리》라는 책에서 성격 묘사(characterization)와 인격(character)을 구분한다. "성격 묘사는 인간의 관찰 가능한 모든 특성의 집합이다. … 나이와 아이큐, 성과 성적 지향, 언어 스타일과 자세, 집과 차와 옷 선택, 교육과 직업." 여기에는 외모와 인종 같은 삶의 모든 외적 측면도 포함된다.

반면 "진정한 인격은 사랑이 많은지 잔인한지, 후한지 이기적인지, 강한지 약한지 등과 관련이 있다." "진정한 인격은 인간이 압박을 받을 때 하는 선택에서 드러난다. 압박이 클수록 인격이 분명하게 드러난다. 인격의 본질에 더욱 충실한 선택을 하게 된다. … 선택이 곧 그 사람 자체다."[1]

하나님은 우리에게 인격을 형성할 능력을 주셨다. 우리는 좋은 쪽으로든 나쁜 쪽으로든 인격을 형성해 가고 있다. 인격은 내적 자아의 내적이고도 전반적인 구조다.[2] 인격은 행동의 장기적인 패턴에서 나타난다. 행동은 인격에서 자동으로 흘러나온다. 인격은 사람들이 신용보고서와 추천사를 신뢰하는 이유다. 인격은 사람들이 선을 볼 때 (어리석거나 미성숙하지 않은 이상) 상대방의 외모 외에 그 사람에 관해 더 많은 것을 알고 싶어 하는 이유다.

인격은 생각, 욕구, 가치, 성향의 흐름이다. 거기서 우리의 행동이 나온다. 인격은 중요하기 때문에 사람들이 험담하는 주제는 다른 사람들의 인격이다. 우리는 날씨, 자동차, 주식 시장에 관해서는 험담하지 않는다. '사람 자체'에 관해서 험담한다. 더 구체적으로는, 인격을 드러내는 행동에 관해서 험담한다. 우리가 험담하는 이유는 대개 상대방의 인격적 결함을 지적하다 보면 자신의 인격이 좀 더 나아 보이기 때문이다. 그러므로 험담은 해결해야 할 인격적 결함이다.

인격은 다른 단어로 표현할 수 있는데, 지금까지 살핀 모든 내용과 관련 있는 단어다. 바로 '습관'이다. 진정한 변화는 습관의 차원에서 이루어져야 한다. 자신이 변화될 준비가 되었다고 느껴질 수 있다. 의도는 좋을 수 있다. 하지만 좋은 의도에 반하는 행동을 자동적으로 할 때가 많다. 생각하기도 전에 행동이 불쑥 튀어나온다. 우리는 손톱을 물어뜯거나 매일 양치질을 하는 것처럼 피상적인 행동들의 집합이 습관이라고 생각하는 경향이 있다. 하지만 습관은 더 깊은 차원의 문제다. 습관은 인간의 삶을 가능하게 만드는 것이다.

한 세기도 더 전에 윌리엄 제임스는 습관이 형성되는 기제를 '가소성'(plasticity)으로 기술했다. 가소성은 "영향에 굴복할 정도로 약하지만 한 번에 굴복하지는 않을 만큼 강한" 특성이다.[3] 그는 종이를 예로 들었다. 종이를 처음 접으려면 어느 정도의 힘이 필요하다. 하지만 한 번 접힌 종이를 다시 접으면 대개 이전에 접힌 선을 따라 쉽게 접힌다. 그렇게 몇 번 접을수록 점점 더 쉽게 접힌다. 옷도 마찬가지다. 셔츠나 코트를 처음 입으면 뻣뻣하지만 입을수록 부드러워지고 몸에 맞춰진다.

우리도 그런 식으로 만들어졌다. 신경학에 헵의 법칙(Hebb's rule)이 있는데 "함께 발화하는 신경세포들은 서로 연결된다"는 법칙이다. 이것이 습관이 가능해지는 기제이며, 습관은 삶을 가능하게 만든다. 습관은 우리를 지금의 '우리'로 만든 것이다. 제임스는 이렇게 말했다. "구체적인 형태를 지니고 있는 한, 우리의 모든 삶은 습관의 집합일 뿐이다."[4]

때로 사람들은 좋은 습관만 있으면 삶이 따분해질지 모른다고 생각한다. 하지만 제임스 클리어의 베스트셀러 《아주 작은 습관의 힘》에 따르면 "습관은 자유를 제한하지 않는다. 오히려 자유를 낳는다."[5] 습관을 잘 관리하지 못하는 사람일수록 자유가 없다. 돈 관리 습관, 식습관, 운동 습관, 학습 습관이 나쁜 사람들은 나쁜 결과의 족쇄에 계속 매이게 된다. 좋은 습관을 지닌 사람은 생활과 성장에 집중할 자유를 누린다.

인격은 습관들의 총합 위에서 형성된다. 이것은 새로운 발견이 아니다. 로마 웅변가 키케로는 이렇게 말했다. "예나 지금이나 습관은 제2의 천성이다."[6] 우리가 습관적으로 하는 행동이 '자연스럽게' 느껴지는 것은 그 행동에 관해서 생각할 필요가 없기 때문이다.

뭔가를 습관으로 바꾸기 위해서는 21일이 걸린다는 말을 들어본 적이 있는가? 안타깝지만 그것은 사실이 아니다.[7] 그것이 사실이라면 온 가족이 단 3주간만 억지로라도 한자리에서 같이 식사를 하면 건강한 관계의 본이 될 것이다. 21일간 아침마다 예산을 세우면 근검절약이 영구적으로 몸에 밸 것이고, 21일만으로 습관이 영구적으로 자리를 잡는다면 과식과 게으름을 한 달도 안 돼서 없앨 수 있을 것이다.

습관은 생각하지 않고서도 자동적으로 할 수 있는 행동이다.[8] 우리는 습관으로 산다. 태도와 생각 패턴과 기분도 주로 습관의 통제를 받는다. 이것들은 습관이 우리의 몸으로 표출된 것이다. 의지로 잠시 습관을 거스를 수는 있지만 오래 가지는 않는다. 습관이 의지를 이긴다. 습관에 대해 하나님께 감사하라. 습관은 자유를 준다. 습관 덕분에 우리는 의식의 방해를 받지 않을 수 있다. 습관 없이는 인간답게 살 수 없다.

그런데 한 가지 문제가 있다. 죄가 우리의 습관 속으로 들어왔다. 우리의 인격적 결함은 우리가 그것에 관해서 생각하기도 전에 작동한다. 성경의 옛 역본에서는 죄가 "우리의 지체 속"에 있다고 말한다. 즉 죄는 우리 몸 안에 있다. 이는 습관이 몸으로 표출될 때 그릇된 생각, 욕구, 감정, 교만이 작용하기 때문에 의지만으로 그것을 효과적으로 억누를 수 없다는 뜻이다. 정욕은 우리의 눈으로 들어오고, 기만은 우리의 혀로 들어오고, 폭력은 우리의 손으로 들어오고, 분노는 우리의 입으로 들어오고, 경멸은 우리의 얼굴로 들어오고, 비겁은 땀으로 젖은 우리의 겨드랑이로 들어오고, 식탐은 우리의 위장으로 들어온다. 나쁜 습관은 당장은 즐거움을 주지만 장기적으로는 파괴적인 행동을 낳는다.

윌리엄 제임스는 자신의 책에서 습관에 관한 장을 정신을 바짝 들게 하는 말로 마무리한다. "신약에서 말하는 내세의 지옥도 우리가 습관을 통해 인격을 그릇된 방향으로 형성한 탓에 이생에서 만들어 낸 지옥보다 나쁘지는 않다." 지옥은 우리가 죽어서 가는 곳이라기보다는 잘못된 형성의 결과다. 제임스는 계속해서 이렇게 말한다.

> 젊은이들은 습관이 곧 삶이 된다는 것을 깨닫고 유연한 상태일 때 자신의 행동에 더 주의해야 한다. 우리는 좋은 쪽으로든 나쁜 쪽으로든 자기 운명의 수레바퀴를 굴리고 있으며, 이것은 끝나지 않고 계속된다. 지극히 작은 선행이나 악행 하나도 작다고 할 수 없는 상처를 남긴다.

제임스는 주인공이 잘못된 행동을 계속하면서 변명으로 일관하는 연극을 언급한다. 주인공은 결국 이렇게 말한다. "이번 잘못은 세지 않겠어!"

> 그는 세지 않을지 모른다. 친절한 하늘은 세지 않을지 모른다. 하지만 그럼에도 세어지고 있다. 그의 신경세포들과 조직들 사이에서 분자들이 세고 있다. 다음 번 유혹이 찾아올 때 그에게 불리하게 사용하기 위해 분자들이 그것을 기록하고 저장하고 있다. 과학적으로 엄

밀히 말하면, 우리가 하는 어떤 것도 그냥 지워지지 않는다.[9]

그렇다면 습관적인 인격적 결함을 어떻게 해결할 수 있을까? 더 좋은 새 습관으로 교체해야 한다. 찰스 두히그는 말한다. "습관은 결코 사라지지 않는다."[10] 옛 신경 경로는 계속해서 존재한다. 이것이 나쁜 옛 습관이 계속해서 다시 나오는 이유다. 하지만 변화의 열쇠는 두히그가 말한 "습관 형성의 황금률"에 있다. 즉 습관은 소멸시키기보다 대체하기가 훨씬 더 쉽다는 것이다.[11]

이것은 영적 성장에 관한 좋은 소식이다. 우리는 영적인 사람들이 욕구를 잘 억제한다고 생각하지만 그것은 오해다. 유혹을 계속해서 거부하려고만 하면 오히려 성숙해지기가 더 어렵다. "저것을 보지 말고, 이 말을 하지 말고, 저것을 사지 말고, 그를 시기하지 말고, 그를 미워하지 말고, 그를 배척하지 말고, 그곳에 가지 말기 위해, 계속 더 노력해야 한다." 이렇게 다짐하면서 욕구를 억누르는 것은 형편없는 전략이다.

절제력이 높은 사람들은 절제력이 낮은 사람들보다 욕구를 억누르는 데 시간과 에너지를 덜 투자한다.[12] 그 대신 그들은 좋은 습관을 기른다. 이런 습관을 기르면 굳이 생각하지 않아도 삶과 가치관이 일치한다. 윌리엄 제임스는 이렇게 말한다. "모든 좋은 교육은 우리의 신경계를 우리의 적이 아니라 동맹으로 만든다. … **유용한 행동을 최대한 일찍, 최대한 많이 자동적이고 습관적인 것으로 만들어야 한다.**"[13]

습관적인 것은 영웅적으로 느껴지지 않는다. 위대한 피아니스트가 연주하는 것을 보면 손가락이 마법처럼 날아다니는 것 같은데, 이는 습관이 그들의 정신을 자유롭게 해서 아름다움을 만들어 낼 수 있는 자유를 주었기 때문이다.

이와 비슷한 예를 들어 보면, 내 손가락은 습관의 힘으로 컴퓨터 키보드를 자유자재로 타이핑한다. 나는 타이핑을 하면서 자유롭게 생각할 수 있다. 타이핑에 관해서는 더 이상 생각할 필요가 없기 때문이다. 사실, 내 오른손은 키보드의 오른쪽 절반을 알고 내 왼손은 왼쪽 절반을 안다. 내 오른손은 내 왼손이 무엇을 하는지 전혀 모른다.

영적 성장의 열쇠는 영웅적인 노력이나 지독한 욕구 억제가 아니다. 우리의 몸('신경가소성')을 하나님께 드리는 것이 열쇠다. 예를 들어, 예수님은 우리에게 베푸는 자가 되라고 하셨다. 그 명령에 따르는 방법은, 후히 베푸는 사람으로 보이고 싶어서 내 물건을 사고 싶은 욕구를 억누르고 마지못해 기부하는 것이 아니다. 그런 식으로 하면 우리의 '베풂'은 또 다른 인격적 결함으로 변질된다.

예수님은 사실상 이렇게 말씀하신다. "베풂이 너의 일부가 되기를 바란다. 그래서 베풂이 영웅적인 행동으로 느껴지지 않기를 바란다. 베풂이 습관, 아니 제2의 천성이 되어, 네가 베풀 때 네 오른손이 하는 일을 네 왼손이 모를 정도가 되어야 한다."

예수님은 기도하지 않고 잠든 제자들에게 말씀하셨다. "마음에는 원이로되 육신이 약하도다"(마 26:41). 제자들을 꾸짖기 위해서가 아니라 가르치시려고 하신 말씀이다. 몸에 밴 습관을 극복하려면 의지만으로는 부족하다.

👉 실천하기

새로운 좋은 습관을 쌓아 가라

윌리엄 제임스는 유용한 일 혹은 성장을 위한 일을 매일 하나씩 하라고 조언했다. 그 목적은 "의지를 연습하기" 위해서였다. "다소 불필요한 활동을 매일 조금씩 함으로써 노력하는 기질이 당신 안에 살아 있게 하라. 하고 싶지 않은 일 한두 가지를 별 다른 이유 없이 매일 하라. 그렇게 하면 긴박한 상황이 닥칠 때 시험에 대비해 훈련되지 않은 무력한 상태가 되지 않을 수 있다."[14]

옷을 입고 양치질을 하고 운전을 하고 음식을 먹을 때처럼 여러 습관적인 일을 할 때 잠시 멈추고, 당신이 하고 있는 그 일에 관해 생각하고 그 습관을 하나님께 드리라. 제임스 클리어가 말한 "습관 쌓기"를 하라. 즉 이미 매일 하고 있는 습관 하나를 확인한 다음, 그 습관 위에 다른 습관 하나를 쌓으라.[15] 내 친구는 매일 근무를 마치면 5분간 성경 읽기와 묵상을 하기로 결심했다. 어떤 사람은 매일 아침 옷을 입자마자 전날에 있었던 일 중에서 감사할 거리 세 가지를 쓰면서 하루를 시작한다. 65년간 함께 살아온 부부는 매일 저녁 잠자리에 들기 전에 그날 하루가 얼마나 귀한 선물인지를 생각하며 서로 "사랑해"라고 말한다. 일터에서 두 시간마다 알람을 맞춰 놓고, 그때마다 긴장을 풀고 감사하며 도움을 구하는 기도 시간을 갖는 사람도 있다.

"습관 쌓기"는 초대 교회의 핵심적인 관행이었다(그들이 이 표현을 사용하지는 않았지만). 그들은 매일 사도들의 가르침을 듣고 기도하고 교제하며 가정 교회에서 만나는 일에 힘썼다(행 2:42). 사도 바울은 그들에게 "어떤 사람들의 습관과 같이" 이렇게 모이는 일을 소홀히 하지 말라고 강권했다(히 10:25).

습관을 지속적으로 이어 갈 수 있도록 한 가지 조언을 더 하고 싶다. 기쁨을 주는 습관을 만들라. 윌리엄 로는 시편을 그냥 읽지 말고 시편으로 '노래하라'고 조언했다. 그는 생각과 감정이 몸에 영향을 미치는 것처럼 몸을 사용해서 생각과 감정을 변화시킬 수 있다는 점을 지적했다. "분노가 분노로 가득한 말을 만들어 내는 것처럼 분노로 가득한 말은 분노를 증폭시킨다."[16]

우리 아이는 깡충깡충 뛰면서 우울함을 느끼기는 정말 어렵다는 사실을 일찌감치 알았다. 기쁨의 순간을 경험하고 싶다면 깡충깡충 뛰어 보라. 이미 몸에 밴 습관 위에 기쁨을 더해 주는 습관을 쌓으면 우리의 결함을 없애기 위한 완전한 준비로 나아가는 데 큰 도움이 된다.

♦ **핵심 정리**

- 인격은 생각, 욕구, 가치, 성향의 흐름이다. 거기서 행동이 나온다. 인격은 습관을 통해 형성된다.

- 습관이 외적으로 표출된 것이 행동이다. 습관은 인간의 삶을 가능하게 만든다. 죄는 우리 몸의 지체 속에 있다.

- 습관적인 인격적 결함은 더 좋은 새 습관으로 대체하여 없앨 수 있다.

3.
'사랑받는 존재'라는
사실을 믿기

인격적 결함에 관한 논의 아래에는 항상 정체성에 관한 질문이 있다. 나는 누구인가? 내 삶은 중요한가? 나는 사랑을 받을 만한 가치가 있는가? 나는 특별한가? 우리는 충분히 좋은 사람이 아니거나 충분히 가지지 못했다는 두려움에 시달리고, 이 두려움 때문에 그릇된 유혹에 빠진다. 헨리 나우웬은 정체성을 얻는 법과 관련해 세상이 세 가지 거짓말로 우리를 유혹한다고 했다.[1]

- **내가 가진 것이 곧 나다.** 내가 쌓은 재물과 경험이 내 가치를 정한다. 아름다운 결혼 생활, 완벽한 가정, 빛나는 교육이 곧 나다. 많은 돈을 벌었기 때문에 나는 안전하다. 누구나 부러워할 만한 집

이나 자동차나 육체적 외모를 가졌다. 예수님의 비유에 등장한 탕자가 이와 같았다. "아버지 유산만 받으면, 돈과 자유와 쾌락만 더 있다면 만족할 텐데."

- **나에 관한 남들의 생각이 곧 나다.** 다시 말해, 남들이 나를 어떻게 생각하는지에 관한 '나의 생각'이 곧 나다. 나는 칭찬을 받거나 비판을 받거나 무시를 당하는 사람이다. 내가 받은 '좋아요'와 내가 모은 '팔로워들'이 곧 나다. 내가 가꿔 온 이미지가 곧 나다. 나는 남들에게 잘 보이려고 내 삶을 관리한다. 남들이 보기에 큰 성공을 거두지 못하면 실패자로 느껴질 것이다. 종교 지도자 니고데모가 이와 같았다. 그는 예수님과 이야기를 나누고 싶었지만 밤까지 기다렸다. 아마도 남들이 뭐라고 생각할지 몰라서 그랬을 것이다.
- **내가 하는 것이 곧 나다.** 내 정체성과 가치는 눈부신 성과를 통해 얻을 수 있다. 내 재능이 곧 나다. 내 트로피가 곧 나다. 내 이력서가 곧 나다. 나는 내 커리어나 재능이나 권력으로 내 존재 가치를 증명해 보인다. 느부갓네살 왕이 이와 같았다. 그는 미치기 직전인 상황에서 이렇게 자랑했다. "이 큰 바벨론은 내가 능력과 권세로 건설하여 나의 도성으로 삼고 이것으로 내 위엄의 영광을 나타낸 것이 아니냐"(단 4:30).

이런 거짓말을 들으면 우리의 모든 에너지가 이런 영역으로 집중된다. 그러면 삶은 롤러코스터가 된다. 상황이 좋아지면, 인정이나 상을 받으면, 승진을 하면, 건강이 좋을 때면, 우리는 성공한 사람인 것 같다. 하지만 상황이 나빠지면 우울증에 빠져든다. 우리는 바다 위의 작은 배와 같다. 작은 칭찬 한 번에 높이 솟았다가 작은 문제 하나가 생기면 뒤집어진다.

이 세 가지 시험은 강력하다. 삶에 필요한 좋은 것을 포함하고 있기 때문이다. 토머스 키팅 신부는 우리 삶을 빨아들이는 세 가지 거대한 "정서적 프로그램"에 관해 말했다. 이것은 나우웬이 말한 시험과 동일하다. 우리는 기본적으로 이런 욕구가 있다.

- 안정과 생존(내가 가진 것이 곧 나다)
- 애정과 존중(나에 관한 남들의 생각이 곧 나다)
- 힘과 통제(내가 하는 것이 곧 나다)[2]

이것 자체가 잘못은 아니다. 하지만 이런 것을 아무리 많이 가져도 충분하다 여기지 못한다. 항상 더 많은 것을 원한다. 이것을 삶의 중심에 놓으면 우리의 우상이 된다. 유한한 좋은 것에서 무한한 행복을 끌어내려고 하기 때문에 좌절할 수밖에 없다.

심리학자들은 무엇에든 금세 익숙해지는 우리의 성향 때문에 이모든 것이 우리를 만족시킬 수 없다고 말한다. 복권에 당첨된 사람도 1년만 지나면 일반 사람보다 행복하지 않다.[3] '쾌락의 쳇바퀴'(hedonic treadmill)는 만족을 줄 수 없는 것에서 끝없이 만족을 추구한다는 의미다.

하지만 이것은 단순한 심리적인 익숙함보다 더 심각한 문제다. 성경에서도 이 세 가지 역학을 볼 수 있는데, 이는 악한 자의 거짓말들이기도 하다. 하나님을 우리 하나님으로 삼기를 거부하는 영적 시험이다. 사도 요한도 이 세 가지 영적 착각을 지적했다(요일 2:16).

- "육신의 정욕"(만족할 줄 모르는 욕심: 내가 가진 것이 곧 나다)
- "안목의 정욕"(눈은 내게 좋아 보이는 것과 내가 남들에게 좋아 보이게 만드는 것을 의미한다: 나에 관한 남들의 생각이 곧 나다)
- "이생의 자랑"(나의 힘과 성취: 내가 하는 것이 곧 나다)

이 세 가지 요소는 매우 근본적이다. 첫 시험에도 이 세 가지의 작용이 있었다. 성경은 에덴동산에서 하와가 금단의 열매를 보고 다음과 같이 느꼈다고 말한다(창 3:5-6).

- "먹음직도 하고"(육신의 정욕)
- "보암직도 하고"(안목의 정욕)
- "지혜롭게 할 만큼 탐스럽기도 한"/"하나님과 같이 되어"(이생의 자랑)

세 가지 원색인 빨강, 파랑, 노랑을 섞어서 다른 색깔을 만들 수 있듯 이 세 가지는 모든 인격적 결함 이면에 있는 주요 시험이다.

아무리 많이 가져도 부족하다

새 자동차를 운전하는 사람이 최고급 스포츠카를 모는 사람을 보고 '저런 스포츠카를 가지면 얼마나 좋을까?'라고 생각한다. 그 남자 뒤에서 낡은 소형차를 운전하는 사람은 '저런 새 차를 몰면 얼마나 좋을까?'라고 생각한다. 도로 한쪽에서 자전거를 타는 남자는 '나도 저런 차가 있으면 얼마나 좋을까?'라고 생각한다. 인도에서 걷는 남자는 자전거를 보며 '나도 저런 자전거가 있으면 얼마나 좋을까?'라고 생각한다. 안타까운 점은 두 발로 걸을 수 있는 사람들이 그 사실을 당연시하고, 그런 능력 없이도 용감하게 살아가는 사람들을 보려고도, 그들에게 배우려고도 하지 않는다는 것이다.

"내가 가진 것이 곧 나다"라고 믿으면 불만족, 불안, 충동적 소비, 정욕, 분노, 베풀지 않음, 시기 같은 인격적 결함이 나타난다. 친구가 은퇴 자금을 얼마나 모았는지 말해 주었다. 내 은퇴 자금보다 많았다. 나는 배가 아팠다. 그의 은퇴 자금이 내 것보다 적었다면 기분 좋았을 것이다.

아무리 많이 해도 부족하다

"내가 하는 것이 곧 나다"라고 믿으면 일중독, 탈진, 사랑 없음, 교만, 자기 고집, 사람들을 이용하는 태도로 이어진다.

책을 한 권도 쓰지 않았을 때, 나는 한 권만 쓰면 좋겠다고 생각했다. 그러면 완전히 만족해서 더 이상 욕심 부리지 않을 것이라고 생각했다. 그렇게 해서 책을 한 권 내게 되었다. 하지만 만족은 오래 가지 않았다. 수년 동안 여러 권을 출간했는데 책 판매 부수가 급격히 줄어들기 시작했다. 나는 어떻게 반응했을까?

나는 호기심과 평정심으로 반응할 수도 있었다. 판매 부수가 내 가치와 상관없다는 사실을 기억할 수도 있었다. 하나님은 내 책의 판매 부수가 증가하는 만큼 나를 사랑하시는 것이 아니다. 나는 현실을 직시하고 그 실패를 분석해서 좋은 선택을 내릴 수도 있었다. 영적으로 성숙한 사람이라면 그렇게 한다.

하지만 나는 그렇지 못했다. 그 일에 관해 생각하지 않으려 했다. 판매 부수 내역을 받으면 면밀히 분석하지 않고(판매 부수가 많았다면 그렇게 했을 것이다) 재빨리 한쪽으로 던져 버렸다. 출판사와 의논하지도 않았다. 나는 실패가 두려웠다. 내가 실패하고 있다는 기분이 들면 불안해졌다.

인정을 아무리 많이 받아도 부족하다

이 경우에 나타나는 증상은 거짓말, 숨기, 기만, 비판과 칭찬에 대한 지나친 민감함, 고립, 이미지 관리다.

대학교에 다닐 때 옳고 똑똑하고 선하게 보이고 싶어 하는 내 성향에 관해 친구가 조언해 주려 했다. 그는 나에게 악의 없이 친절하게 말했다. 나는 그의 말에 호기심을 발휘할 수도 있었다. 그의 솔직함에 감사할 수도 있었다. 내가 내 문제를 더 분명히 보고 성장할 수 있도록 도와 달라고 요청할 수도 있었다.

하지만 나는 그렇게 하지 않았다. 나는 기분이 상했다. 그의 말이 틀렸다고 생각했고, 그와의 관계를 끊었다. 나는 성장과 우정을 둘 다 놓쳤다. 지혜를 담은 옛 글 하나를 소개한다.

20대에는 남들이 나를 어떻게 생각할지 걱정했다.
30대에는 남들이 나를 어떻게 생각하는지 더 이상 신경 쓰지 않았다.
40대에는 아무도 나를 생각하지 않는다는 것을 깨달았다.

다른 사람들도 자기 문제를 생각하느라 바빠 나에 관해서 생각할 시간이 없다는 것을 알고 있다. 하지만 그걸 안다는 것만으로는 자유를 얻을 수 없다.

엄청나게 성공한 월스트리트의 거물 투자자가 아서 브룩스에게 조언을 구했다. 이 투자자는 큰돈을 벌었고 금융계에서 존경을 받았지만 만족스럽지 못했다. 친구가 없고, 결혼 생활은 불행하고, 자녀들과의 사이는 서먹했으며, 술을 꽤 자주 마셨고, 늘 피곤에 시달렸다. 해법은 분명해 보였다. 이 투자자처럼 지성이 있는 사람이라면 해법을 모를 수 없다. 자녀들과 함께할 시간을 내고, 음주 습관에 대해 도움을 구하고, 친구를 사귀고, 잠을 충분히 자면 된다. "왜 이렇게 하시지 않습니까?" 브룩스가 물었다.

투자자는 잠시 생각하더니 솔직한 답변을 내놓았다. "아마도 행복해지는 것보다 특별해지는 것이 더 좋아서 그런가 봐요." 브룩스가 뜻밖이라는 표정을 짓자, 그는 좋은 가정을 꾸리거나 좋은 부모가 되거나 친구를 사귀는 것은 '아무나' 할 수 있는 일이지만, 자신이 하는 일은 '특별하다'고 했다. 특별하다는 것은 언제나 덜 특별한 남들에 비해서 특별하다는 뜻이다. 더 많이 갖거나 더 많이 하거나 남들에게 더 잘 보이면 결국 특별해질 것이라는 생각은 착각이다. 그런 식으로 진정 특별해진 사람은 아무도 없다. 그런데도 우리는 멈추지 않는다.

브룩스는 알코올과 마약 중독에 시달렸던 친구와 나눈 대화가 생각났다. 그 친구는 자신의 불행했던 세월을 이렇게 설명했다. "행복해지는 것보다 기분 좋아지기를 더 원했어." 브룩스는 그때 중요한 사실을 깨달았다. 행복해지는 것보다 특별해지는 것을 원하는 사람들은 중독된 사람들이다.[4] 나도 그런 사람들 중 하나다. 나는 특별함에 중독된 사람이다.

소망을 찾을 수 있는 곳

좋은 소식은 우리만 그런 것이 아니라는 점이다. 예수님도 사역을 시작하실 때 광야로 들어가 같은 시험을 겪으셨다(마 4:1-11 참고).

- "명하여 이 돌들로 떡덩이가 되게 하라." 너의 욕구를 만족시키라. 육체적 욕구가 만족되지 않은 채로 살 필요가 없다. 물질적인 소유를 얻으면 안정된 삶을 얻을 수 있다. 떡만 있으면 살 수 있다. 네가 가진 것이 곧 너다.
- "성전에서 뛰어내리면 천사들이 붙잡아 줄 것이다." 인상적인 행동을 하라. 뭐든 특별한 행동을 하면 모두가 놀라워할 것이다. 의심하거나 미워하는 사람들은 더 이상 없을 것이다. 온 군중이 너를 인정할 것이다. 너에 관한 사람들의 생각이 곧 너다.
- "내게 절하고 경배하면 세상 모든 왕국을 줄 것이다." 아무도 대적하지 못하는 세상의 왕이 되는 것을 상상하라. 모든 사람과 세력을 지배할 수 있는 권력을 상상하라. 네 힘과 의지를 막을 것은 아무것도 없다. 네가 하는 것이 곧 너다.

세 가지 거짓말

헨리 나우웬	내가 가진 것이 곧 나다	나에 관한 남들의 생각이 곧 나다	내가 하는 것이 곧 나다
토머스 키팅	안정과 생존	애정과 존중	힘과 통제
사도 요한	육신의 정욕	안목의 정욕	이생의 자랑
창세기 3장	먹음직한	보암직한	지혜롭게 할 만큼 탐스러운
예수님의 시험	돌을 떡으로	성전에서 뛰어내리라	세상의 나라들

예수님의 반응은 다른 길을 보여 준다. 두 가지 시험은 "네가 만일"로 시작된다. "네가 만일 하나님의 아들이어든…." 예수님은 자신의 정체성을 의심하게 하는 시험을 당하셨다. 마귀는 예수님께 존재의 가치를 증명해 보이는 행동을 하라고 유혹했다. 예수님은 이 시험들을 물리침으로써 다른 길을 보여 주셨다. 그분의 정체성은 그분이 가진 것이나 사람들의 생각이나 그분이 하신 일에서 비롯되지 않았다.

광야 시험에서 마귀가 정체성에 의문을 제기하자 예수님은 세례받을 때 그분을 축복하신 목소리에 귀를 기울이셨다. "너는 내 사랑하는 아들이라 내가 너를 기뻐하노라"(막 1:11). 예수님은 아버지께 사랑받는 아들이셨다. 아버지께서는 아들이 광야에서 시험을 받도록 허락하시기 전에 먼저 요단강에서 아들을 축복하셨다.

우리도 마찬가지다. 우리의 정체성은 노력으로 얻는 것이 아니라 은혜로 받는 것이다. 세상에 태어난 아기들은 놀랍도록 특별하다. 어떤 아기도 다른 아기보다 더 특별하거나 덜 특별하지 않다. 아기는 뭔가를 하거나 가질 필요가 없다. 남들이 좋게 생각할 만한 뭔가를 할 필요가 없다. 아기는 그냥 그 자체로 특별하다. 아기들에게 특별함의 점수를 매기려는 사람이 있다면 우리는 크게 분노할 것이다. 하나님께 우리는 바로 이런 존재다. 헨리 나우웬이 세 가지 거짓말을 다룬 설교에서 말했듯 우리는 사랑받는 자들이다. 당신은 사랑받는 자다. "보라 아버지께서 어떠한 사랑을 우리에게 베푸사 하나님의 자녀라 일컬음을 받게 하셨는가, 우리가 그러하도다"(요일 3:1).

👈 실천하기

당신 자신을 하나님께 사랑받는 자로 보라

하나님께 사랑받는 자녀라는 사실을 확신하고, 특별해지기 위해 더 이상 애를 쓰지 않을 때 우리는 하나님의 도우심으로 우리의 인격적 결함을 없앨 완전한 준비가 된다. 하나님께 사랑받는 자라는 사실을 머리로만 알아서는 안 된다. 마음으로 느껴야 한다. 물론 뭔가를 느끼고 싶다고 해서 느껴지는 것은 아니다. 하지만 생각에서 느낌으로 가는 것보다 느낌에서 생각으로 가는 것이 더 쉬울 때가 많다.

영성 작가 트레버 허드슨은 하나님께 사랑받는 자녀로서 우리의 지위를 표현한 진술서를 쓰라고 말한다. 이것은 우리와 하나님 사이의 "사랑 선언서"(Beloved Charter),[5] 하나님이 우리에게 주시는 사랑의 약속이다. 여기에는 하나님의 사랑을 말하는 성경 말씀이 포함될 수 있다.[6] 당신이 좋아하는 작품의 문장이나 머릿속에 떠오른 영감 어린 문장을 써

넣어도 좋다. 하나님 사랑에 대한 감격과 감사가 담긴 글이면 된다. 이런 선언서를 써서 자주 읽는 것이 나에게는 큰 도움이 되었다. 특히, 아침에 가장 먼저 이 선언서를 읽으면 좋다. 선언서를 쓰는 데 도움이 될까 싶어 내가 쓴 선언서를 소개한다.

> 존, 나는 너의 선한 목자다. 내가 네 어머니의 모태에서 너를 지었다. 너는 기묘하게 지어졌다. 나는 너의 등불이요 너의 구원이다. 네가 사망의 음침한 골짜기를 다닐지라도 내가 너와 함께하니 두려워할 것이 없다. 이제 그 어떤 정죄도 없다. 그 무엇도 내 사랑에서 너를 떼어 놓을 수 없다. 그 어떤 스캔들도. 그 어떤 실패도. 실직도. 사람들이 너에 관해서 나쁜 글을 써도. 그 어떤 실망스러운 일도. 가족도. 끔찍한 고통도. 심지어 죽음조차도.
> 다른 사람을 위해 자기 목숨을 내주는 것보다 더 큰 사랑은 없다. 내가 너를 위해 내 생명을 내주었다. 너는 결코 혼자가 아니다. 너는 사랑받지 않는 순간이 없다. 오늘 내가 너를 축복하고 지켜 줄 것이다. 내 얼굴이 너를 향하고 사랑으로 비추고 있다. 너를 더 이상 종이라 부르지 않고 내 친구라 부를 것이다.

부활하신 그리스도께서 당신에게 이렇게 말씀하신다고 상상해 보라. 세 가지 거짓말을 떨쳐 내면서 시작해도 좋다.
"이제 나는 힘과 통제의 욕구를 내려놓는다.
이제 나는 애정과 존중의 욕구를 내려놓는다.
이제 나는 안정과 생존의 욕구를 내려놓는다."[7]

이렇게 말하고 나서 당신의 선언서를 천천히 읽으라. 그 안의 진리에 관해서 하나님과 이야기를 나누라. 그 진리가 당신의 머리에서 가슴으로 내려와 자리를 잡도록 해 달라고 하나님께 기도하라.

◆ 핵심 정리

• 세 가지 큰 거짓말은 "내가 가진 것이 곧 나다", "나에 관한 남들의 생각이 곧 나다", "내가 하는 것이 곧 나다"이다.

• 이 세 가지 거짓말이 모든 인격적 결함의 이면에 있다.

• 이런 거짓말을 떨쳐 내는 방법은 하나님께 사랑받는 자라는 진정한 정체성 안에서 쉬는 것이다. 하나님께 사랑받는 자로서의 정체성은 노력으로 얻는 것이 아니라 은혜로 받는 것이다.

잘못을 바로잡고
관계를
회복하다

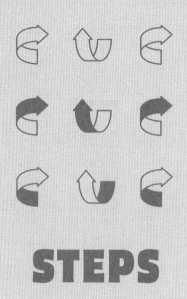

STEPS

7단계

간구: 겸손한 요청

나는 하나님께 내 단점을 해결해 달라고 간절히 기도했다.

내 주 하나님, 저는 제가 어디로 가고 있는지 전혀 모릅니다.
제 앞에 있는 길을 보지 못합니다.
그 길이 어디에서 끝날지 알 수 없습니다.
제 자신도 잘 모릅니다.
하나님의 길을 따른다고 생각한다 해서
실제로 그렇게 하고 있는 것도 아닙니다.

하지만 하나님을 기쁘시게 하려는 마음이
실제로 하나님을 기쁘시게 한다고 믿습니다.
제가 하는 모든 일에서 이 마음 품기를 소망합니다.
이 마음 없이는 아무것도 하지 않기를 원합니다.
제가 이렇게 하면 제가 옳은 길에 관해서 전혀 모를지라도
하나님이 저를 옳은 길로 인도하실 줄 믿습니다.

그래서 제가 길을 잃고 사망의 음침한 골짜기에 있는 것처럼 보여도
항상 하나님을 믿겠습니다.
하나님이 늘 저와 함께하시고
저 혼자 위험을 마주하도록 놔두지 않으실 것이니
두려워하지 않겠습니다.

- 토머스 머튼[1]

1.
겸손한 마음
구하기

에이모 토울스의 소설 《모스크바의 신사》는 두 인물의 삶을 따라 간다. 주인공인 알렉산더 일리치 로스토프와 그의 여자 친구 안나 우르바노바는 매력과 아름다움, 부와 지위를 가진 사람들이었지만 통제할 수 없는 상황에 무너지면서 가난한 무명인으로 추락했다. 토울스는 이렇게 썼다.

남부러운 삶을 살다가 큰 실패를 당한 사람 앞에는 다양한 선택의 길이 존재한다. 수치심에 사로잡혀, 상황이 바뀌었다는 모든 증거를 숨기려고 할 수도 있다. 예를 들어, 도박으로 돈을 다 날린 상인은 좋은 옷을 닳아빠질 때까지 입고, 회원권 유효 기간이 지난 프라이빗 클럽

복도에서 무용담을 늘어놓는다. 자기 연민에 빠져, 자신이 살아온 축복받은 환경에서 도망치는 사람도 있다. 예를 들어, 인내심이 강한 남편이 결국 사교계에서 아내에게 망신을 당하고 집을 나와 마을 반대쪽 작고 어두컴컴한 아파트로 들어간다. 아니면 백작과 안나처럼 〈겸손해진 자들의 동맹〉(Confederacy of the Humbled)에 합류할 수도 있다. 〈겸손해진 자들의 동맹〉은 프리메이슨처럼 끈끈한 형제애로 맺어진 집단이다. 이 동맹의 구성원들은 외적 표식 없이 돌아다니지만 서로를 한눈에 알아본다. 갑자기 은혜로부터 떨어져 나온 동맹 구성원들은 같은 시각을 공유한다. 그들은 영향력과 명성과 특권은 원래 그들의 것이 아니라 빌린 것임을 알기에 쉽게 놀라워하지 않는다. 그들은 쉽게 시기하거나 기분 나빠 하지 않는다. 자기 이름을 찾기 위해 논문을 뒤지지 않는다. 계속해서 같은 인간들 속에서 살아가되 아첨에 경계심으로, 야망에 연민으로, 생색에 내면의 웃음으로 반응한다.[1]

〈겸손해진 자들의 동맹〉은 〈마른 손 공동체〉의 하위 그룹이라고 할 수 있다. 이 그룹은 인생이 망하기 전까지는 권력이나 아름다움, 부, 교만 때문에 하나님을 진정으로 알지 못했던 사람들의 모임이다.

토울스는 〈겸손해진 자들의 동맹〉의 구성원들을 "갑자기 은혜로부터 떨어져 나온" 사람들이라고 묘사했지만 혹시 반어적 표현이 아닐까? 어쩌면 그들은 '은혜로부터' 떨어져 나온 것이 아니라 오히려 '은혜 속으로' 떨어진 것일지도 모른다. "하나님이 교만한 자를 물리치시고 겸손한 자에게 은혜를 주신다"(약 4:6; 벧전 5:5; 잠 3:34 참고).

이 말씀은 명령이 아니다. 현실을 그대로 진술한 것이다. 이 말씀은 물리적 영역에서 중력이 작용하듯 영적 세상에서 작용한다. 자신을 낮추면 하나님이 내 안에서, 나와 함께, 나를 위해 내가 스스로 할 수 없는 일을 하실 수 있도록 내 자신을 준비시킬 수 있다. 그래서 단순히 우리의 약점을 없애 줄 것을 하나님께 요청하라고 지혜는 말하지 않는다. 그것은 부사로 시작한다. "'겸손히' 요청했다."

"영적인 삶을 위해 노력하는" 사람은 무엇보다도 겸손해야 한다. "자아는 모든 것, 심지어 영성조차도 자신을 위한 용도로 전환할 수 있기" 때문이다.[2] 스콧 카우프만은 "영적 습관"이 "영적 자아도취"로 이어지는 경우가 많음을 보여 주는 연구를 여럿 인용한다. "요가의 주된 목적이 자아를 진정시키고 자기중심적인 태도를 줄이는 것이라면 왜 인스타그램에 요가 자세가 그토록 많은가? … 요가 책을 읽어 보면 요가의 이론적인 의도는 매력적인 육체를 꽈배기처럼 꼬는 능력을 자랑스럽게 과시하는 것으로는 보이지 않는다."[3]

따라서 우리는 하나님 앞에 나아가 그분의 도우심을 겸손히 요청할 준비를 해야 한다. 요청 자체가 본래 겸손한 행위다. 우리는 강요하거나 요구하거나 명령하지 않고, "하나님, 해 주시겠습니까?"라고 요청한다.

우리는 그 무엇도 통제하지 않는다. 타이밍을 통제하지 않는다. 하나님, 이것을 하루 안에, 한 달 안에, 제가 죽기 전까지 해 주시겠습니까? 그것은 우리에게 달려 있지 않다. 하나님이 내 인격적 결함을 그냥 쉽게 없애 주실까? 아니면 그 과정은 수고와 고통과 수치스러움으로 가득할까? 우리는 알 수 없다. 그것은 우리에게 달려 있지 않다. 하나님이 우리보다 더 잘 아신다. 이것이 그분이 하나님이시고 우리는 하나님이 아닌 이유다.

최근 자료들은 지금이 우리가 겸손해지기에 어려운 시대임을 보여 준다. 데이비드 브룩스는 겸손의 문화에서 '대단한 나'(Big Me)의 문화로 이동했다고 말한다. 예를 들어, 1950년에는 고등학교 3학년생들의 12퍼센트가 자신을 "매우 중요한 사람"으로 본다고 대답했다. 같은 질문을 2005년에 던졌을 때는 80퍼센트가 자신을 "매우 중요한 사람"의 범주에 포함시켰다. "자아도취 점수 평균"이 20년 사이에 30퍼센트나 높아졌다("나는 특별한 사람이다"와 "나는 내 몸을 보는 걸 즐긴다"와 같은 진술로 평가). 1976년의 설문 조사에서는 16개 인생 목표 중에서 15위를 차지했던 명성(fame)이 30년 후에는 젊은이들 대다수에게 가장 중요한 개인적 목표가 되었다.[4] 지금은 겸손으로 가는 길이 몇 세대 전보다 훨씬 더 멀어졌다.

토머스 키팅은 "굴욕은 겸손으로 가는 길이다"라고 말했다.[5] 이는 사실 좋은 소식이다. 겸손으로 가는 길은 눈에 보이는 굴욕이 눈에 보이지 않는 망가진 상태보다 낫다는 현실을 받아들일 때 시작된다. "당신의 약함과 결함이 당신을 겸손하게 유지시켜 주므로 그것을 사랑하게 되는 순간이 올 수 있다. 수치심과 굴욕감이 물러가고, 진리를 사랑으로 받아들이고 하나님의 무한한 자비를 온전히 믿게 될 수 있다. 우리의 잘못이 공개되는 것은 때로 하나님의 가장 큰 선물이다."[6] 많은 사람이 개인적인 경험을 돌아볼 때 정말 그렇다고 말한다. 폴 투르니에는 이것이 옛 기독교 문구인 '펠릭스 쿨파'(felix culpa)의 의미라고 말했다. 이것은 "복된 잘못, 복된 죄다. 이 잘못과 죄가 우리로 하여금 은혜를 간구하고 하나님 앞에 엎드려 그 은혜를 받게 만들었고, 계속해서 받게 만들기 때문이다."[7]

때로 사람들은 성경이 옳은 교리를 믿는다고 고백하는 사람들과 그렇지 않은 사람들을 구분한다고 생각한다. 그들은 성경의 주된 질문이 "누가 받아들여지고 누가 배제되는가?"라고 생각한다. 하지만 성경에서 가장 중요한 질문은 "하나님이 어떤 사람들과 협력하실 수 있는가?"다. 성경은 "하나님이 불신자를 물리치시고 신자에게 은혜를 주신다"라고 말하지 않고, "하나님이 교만한 자를 물리치시고 겸손한 자에게 은혜를 주신다"라고 말씀한다(약 4:6; 벧전 5:5; 잠 3:34; 마 23:12; 눅 1:52).

하나님은 겸손한 자와 협력하신다. 겸손한 심령은 그분께 열려 있기 때문이다. 하나님은 교만한 자와 협력하실 수 없다. 교만한 심령은 그분을 거부하기 때문이다. C. S. 루이스는 교만은 "철저히 하나님을 대적하는 마음 상태"(the complete anti-God state of mind)라고 했다. [8] 탐욕이나 정욕이나 식탐은 다른 사람에 대한 배려와 공존할 수도 있지만 교만은 그렇지 않다. 바리새인과 세리 이야기는 예수님이 "자기를 의롭다고 믿고 다른 사람을 멸시하는 자들에게" 하신 비유다(눅 18:9).

하나님은 예수님 안에서 인간이 되신 일을 통해 너무도 아름다운 겸손을 보여 주셨다. 역사학자 존 딕슨은 고대 그리스-로마 세계에서 약점으로 여겼던 겸손이 오늘날 미덕으로 여겨지는 변화는 누구보다도 예수님의 공이라고 말한다. [9]

어떻게 해야 겸손해질 수 있을까

아버지를 갈라파고스 군도에 모시고 갔을 때 사람들의 시선을 끄는 인기 동물들이 있었다. 완전히 핑크색인 이구아나. 무게가 거의 400킬로그램에 백 살 이상 된 코끼리거북. 나는 법을 잊어버린 가마우지. 갈라파고스 군도에서만 새끼를 낳은 다음 땅을 밟지 않고 수년간 날 수 있는 갈라파고스 알바트로스. 푸른발부비새. 열대 펭귄. 갈라파고스 붉은게.

하지만 가이드는 무당벌레 이야기를 가장 즐거워했다. 수십 년간 무당벌레는 이 연약한 생태계를 구해 내는 역할을 해 왔다. 무당벌레는 파괴적인 공격으로부터 식물들을 보호했다. 그렇지 않았다면 귀한 종이 많이 멸종했을 것이다. 누구도 무당벌레를 보려고 갈라파고스에 가지 않는다. 무당벌레는 티셔츠에 캐릭터로 인쇄되지 않는다. 하지만 무당벌레는 다른 모든 생명체의 삶을 가능하게 하는 숨은 영웅이다.[10] 우리는 무당벌레가 되지 않으면 하나님 나라에 들어갈 수 없다.

달라스 윌라드는 우리가 무당벌레처럼 겸손이라는 선물을 추구할 수 있다고 말한다.

> 하나님은 우리의 진짜 모습을 감추고 다른 사람인 '척하기'(pretending), 자신에게 유리한 입장을 '가정하기'(presuming), 남의 뜻을 꺾기 위한 '밀어붙이기'(pushing)를 삼가면서 하나님의 역사를 믿고 기다리는 사람에게 기꺼이 겸손을 주신다. (이것은 겸손을 얻는 확실한 방법이다. 한 달만 시도해 보라. 통하지 않으면 환불을 보장한다.)[11]

윌라드는 수십 년 전에 이 세 가지를 삼가는 것에 관해서 썼다. 지금까지 환불을 요청한 사람은 없다.

📢 실천하기

겸손을 얻으려면 다음 세 가지를 삼가라

아래의 글을 찬찬히 읽으라. 당신에게는 세 가지 중에서 무엇이 가장 힘든지 판단해 보라. 오늘 하루 이 세 가지를 삼갈 수 있도록 도와 달라고 하나님께 기도하고 어떤 일이 벌어지는지를 보라.

척하기를 삼가라. 읽지 않았는데 "나는 그 책을 읽어 봤어"라고 말하지 마라. 잘 모르면서 "저 사람을 알아"라고 말하지 마라. 다 끝내지 못했는데 "나는 이것을 이루었어"라고 말하지 마라. 사실 그렇지 않은데 "나는 똑똑해, 인기가 많아, 강해, 유능해"라고 말하지 마라.

상담사 로리 고틀립은 말한다. "사람들이 온라인에서 원하는 것은 자신의 삶을 더 아름답게 꾸미는 것이다. 그 증거를 원한다면, 상담사가 되어 당신의 환자들을 구글에서 검색해 보라."[12] 오늘 하루만이라도 당신이 치료받을 때 보여 주는 진짜 모습이 아닌, 아름답게 꾸민 모습을 페이스북에 올리지 마라.

가정하기를 삼가라. 특권 의식을 버리라. 서열 1위로 대접받겠다는 기대를 버리라. 상석에 앉으려는 생각을 버리라. 여자를 얕보고 가르치려는 짓을 그만두라. 식당 종업원을 존중하라. 좋은 주차 자리를 포기하라. 상대방의 동기가 나쁘다고 가정하지 마라.

밀어붙이기를 삼가라. 자신을 높이려고 하지 마라. 귀를 기울이라. 일을 잘하라. 남을 도와주라. 모임에서 다른 사람이 먼저 말하게 하라. 공을 남에게 돌리라. 심부름을 하라.

성경에는 〈겸손해진 자들의 동맹〉 구성원들이 가득하다. 그들은 부러워 보이는 삶으로부터 떨어져 나왔다가 뜻밖에도 더 좋은 나라로 가는 입구에 이른 사람들이다. 부유한 삭개오, 권세자 느부갓네살, 교만한 나아만, 꿈꾸는 자 요셉, 지성을 갖춘 바울이 그들이다.

하지만 〈겸손해진 자들의 동맹〉 창립자는 인간의 상상을 넘어 가장 아래까지 내려오신 예수님이다. 예수님은 부러운 삶("근본 하나님의 본체")을 어쩔 수 없이 잃은 것이 아니라 기꺼이 희생하셨다. 수치 속에 숨거나 두려움으로 도망치지 않고 우리처럼 되셨다(스스로 종이 되셨다. "자기를 낮추시고 죽기까지 복종하셨으니 곧 십자가에 죽으심이라" 빌 2:5-8). 알고 보니, 〈겸손해진 자들의 연맹〉은 하나님 나라의 입구였다. 이제 당신도 그렇게 기도할 준비가 되었는가?

◆ 핵심 정리

- 하나님은 교만한 자를 물리치시고 겸손한 자에게 은혜를 주신다.

- 겸손해지기 어려운 시대다. 하지만 하나님께 나아가 우리의 인격적 결함을 해결해 달라고 기도하기 위해서는 꼭 겸손해야 한다.

- 성경에서 중요한 질문은 "하나님이 어떤 사람과 협력하실 수 있는가?"다. 하나님은 겸손한 자와 협력하실 수 있다. 겸손한 심령은 하나님께 열려 있기 때문이다.

2.
감정 다루는 법 배우기

우리는 인격적 결점을 스스로 해결하기 위해서가 아니라 하나님이 하시도록 맡기기 위해 완전히 준비했다. 이는 우리가 더 열심히 노력한다 해서 이 일을 해낼 수는 없다는 뜻이다. 우리가 할 수 없는 것을 해 달라고 하나님께 겸손히 요청해야 한다.

그렇다고 해서 수동적으로 있으라는 의미는 아니다. 신약을 보면 사람들이 치유를 구할 때 예수님이 그들의 '몸'을 즉시 치유해 주신 적이 많다는 점에 주목할 필요가 있다. 일순간에 맹인이 눈을 뜨고, 다리 저는 자가 온전히 걷고, 나병 환자가 치유를 받았다.

하지만 예수님은 사람들의 '인격'은 그런 식으로 치유하시지 않는 듯하다. 인격적 결함 해결에 대한 성경의 언어는 '성화'다. 성화는 과정이다. 제자들은 역사상 가장 위대한 선생님께 3년간 배운 뒤에도 여전히 교만과 두려움과 의심 제거 작업이 필요했다. 우리도 꽤 시간이 걸릴 것이다.

사람들이 예수님께 다양한 요청을 해 왔지만 인격적 결함을 없애 달라는 요청은 거의 없었다는 점도 주목할 만하다. 한 남자는 예수님께 요청했다. "선생님 내 형을 명하여 유산을 나와 나누게 하소서"(눅 12:13). 그는 "주님, 제 인격적 결함인 탐욕을 없애 주십시오"라고 요청하지 않았다.

마르다는 불평했다. "주여 내 동생이 나 혼자 일하게 두는 것을 생각하지 아니하시나이까 그를 명하사 나를 도와주라 하소서"(눅 10:40). 그녀는 "주님, 희생정신이 부족한 제 인격적 결함을 없애 주십시오"라고 요청하지 않았다.

야고보와 요한은 어머니를 통해 예수님께 청탁했다. "나의 이 두 아들을 주의 나라에서 하나는 주의 우편에, 하나는 주의 좌편에 앉게 명하소서"(마 20:21). 그들의 어머니는 "주님, 남들보다 높아지려는 제 아들들의 인격적 결함을 없애 주십시오"라고 요청하지 않았다.

이렇듯 인격적 결함은 단 한 번의 요청으로 없앨 수 없고 시간이 걸리는 과정이다. 우리가 요청하면 하나님은 우리 인격적 결함의 본질을 밝혀 온전한 사람이 되게 하는 과정을 시작하신다. 그런데 우리는 순간순간 솟아나는 감정으로 인해 이 과정에서 이탈한다.

예를 들어, 곤란한 상황에 처할까 봐 거짓말을 한다. 시기심이 발동해 험담을 한다. 따분해져서 술을 마신다. 열등감에 빠져 자신을 과시하려고 한다. 분노에 빠져 복수를 추구한다. 불만족에 빠져 불평한다. 마음의 상처를 받고 등을 돌린다. 지기 싫어서 속임수를 쓴다. 죄책감을 느끼면 남에게 비난의 화살을 돌린다. 배가 고파서 폭식한다.

인격적 결함을 없애는 과정에는 안 좋은 감정을 다루는 방법을 배우는 것도 포함된다. 하지만 이 감정들이 그냥 사라지게 만들 수는 없다. 우리가 겸손히 기도해야 하는 이유는 의지만으로는 충분하지 않기 때문이다.

내 친구인 심리학자 릭은 안 좋은 감정을 해결하기 위한 좋은 방법을 소개한다. 그 방법은 그 감정을 보좌에 앉히지 말고 소유하는(OWN) 것이다. 감정은 좋은 종이 아니라 나쁜 주인이다. 따라서 나는 하나님께 도움을 구할 때마다 OWN(소유하다)의 각 글자를 따라 세 가지 행동을 한다.

관찰하라(Observe)

나는 감정을 무시하지 않는다. 감정을 통제하여 떨쳐 내려고 하지도 않는다. 우선 감정을 관찰한다. 내 머릿속에서 벌어지는 일을 이해할 수 있게 해 달라고 하나님께 요청한다. 감정과 생각을 품되 그것의 통제를 받지 않는 법을 배운다. 오직 하나님만 나를 통제하신다.

마이클 싱어는 우리 머릿속에서 정신적인 대화가 끊임없이 이루어지고 있다고 말한다. "어제 프레드에게 전화했어야 했는데 잊어버렸어. 큰일 났어! 지금이라도 바로 전화하는 게 나을까? 하지 말까? 어쩌면 프레드도 잊었을지 몰라. 그러면 전화하지 않는 편이 좋지 않을까?" 이 목소리는 끝없이 재잘거린다. 삶의 모든 부분을 언급한다. 판단하고, 유혹하고, 경고하고, 주장하고, "내가 그렇게 하지 말라고 했지?"라고 말한다.

혹시 이 글을 읽으면서 이런 생각을 하고 있는가? '존 목사가 무슨 말을 하는지 통 모르겠군. 내 머릿속에서는 아무런 목소리도 들리지 않는데.'

바로 그 생각이 내가 말하는 그 목소리다. 이 목소리에서 먼저 주목할 점은 스스로 잠잠해지지 않는다는 것이다. 이 목소리는 때로 주장하는 동시에 반박도 한다. 이 목소리는 틀렸을 때도 우리에게 사과하지 않는다. 이 목소리가 지긋지긋해서 입을 다물라고 소리를 지르면, 그 목소리를 향해 소리를 지르는 것도 그 목소리다.

따라서 우선 뒤로 물러서서 이 목소리의 존재를 알아채야 한다. 우리는 이 목소리의 통제를 받지 말아야 한다. 우리도 이 목소리를 통제할 수 없다. 최소한 직접적으로는 통제할 수 없다. 이 목소리는 앞서 살폈듯이 주로 습관에 의해 움직이는 우리의 중요한 일부분이다.[1] 따라서 자신의 정신에 관해 호기심을 가지라. 자신의 생각과 감정을 평가하지 말고 그냥 주목하고 주의를 기울이라.

이와 관련해서 유용한 비유를 읽은 적이 있다. 안 좋은 생각이나 감정이 든다면, 사라지길 원하나 계속해서 내 안에 한자리를 차지하고 있는 짜증나는 개라고 상상하라.[2] 개는 매일 현관 계단에 앉아 관심을 달라고 낑낑거린다. 당신을 졸졸 따라다니고, 가구에 침을 묻히고, 운동화 뒤꿈치를 물어뜯는다. 당신이 무시하고, 소리를 지르고, 쫓아내고, 이베이에 매물로 내놓고, 큰 공원에 버리고 와도 소용없다. 어느 날 당신의 마음이 누그러지기 전까지는 말이다. 어느 날 당신은 항복한다.

녀석을 당신 삶의 일부로 받아들인다. 몸을 굽혀 녀석을 토닥인다. 녀석에게 먹을 것을 준다.

그럴 때 이상한 일이 벌어진다. 녀석이 잠잠해진다. 더 이상 물어뜯지 않는다. 토닥여 달라고 데굴데굴 구를 뿐이다. 음식을 먹고 누워서 잠을 잔다. 참아줄 만해진다.

녀석을 없애려고 하면 녀석은 옛 모습으로 돌아간다. 녀석이 당신의 관심을 필요로 할 때 주목해 주기만 하면 녀석은 더 이상 당신의 삶을 지배하지 않는다. 의지로 생각과 감정을 떨쳐 내려고 하면 그것은 개처럼 계속해서 돌아온다. 우리의 시간과 에너지를 잡아먹는다. 우리는 그것에 집착하게 된다. 그것을 무시하기 위해서 너무 많이 먹거나 너무 많이 마시거나 텔레비전을 너무 많이 보게 된다. 하지만 그것은 여전히 우리 마음의 문간에서 침을 흘리며 우리를 기다리고 있다.

우리는 그것을 받아들이는 법을 배워야 한다. 도덕적으로 무엇이 좋은지 더 이상 생각하지 않는다는 뜻이 아니다. 신경과학자 제프리 슈워츠는 자신의 행동을 도덕적으로 판단해야 하며 파괴적인 행동을 선택할 때 "무비판적으로" 굴어서는 안 된다고 말한다.[3]

하지만 우리 머릿속에 처음 드는 생각이나 충동이나 갈망에 대해서는 판단하지 않으려고 해야 한다. 우리는 이것의 존재를 통제할 수 없고, 자기 비난은 이것을 제대로 인식하지 못하도록 방해할 뿐이다. 그 대신, 모조리 하나님께 가져가야 한다.[4]

환영하라(Welcome)

역설적이지만, 부정적 감정은 없애려 하지 말고 오히려 환영해야 한다. 부정적 감정은 뿌리치려고 할수록 강해진다. 그것은 공기로 가득 찬 비치 볼을 물속으로 밀어 넣는 것과 같다. 비치 볼을 누르다 보면 결국 지치고 만다. 비치 볼은 참을성이 많다. 비치 볼은 결국 자신이 이긴다는 것을 안다.

우리가 뿌리치려고 하는 생각과 감정은 끈덕지게 남아서 사라지지 않는다. 우리는 우리의 정신에 불가능한 임무를 맡긴다. 우리의 정신으로 우리 세상을 통제하려 한다. 마이클 싱어에 따르면, 우리는 우리의 정신을 향해 이렇게 말한다. "모든 사람이 나를 좋아했으면 좋겠어. 누구도 나를 나쁘게 말하지 않았으면 좋겠어. 누구도 내게 상처를 주지 않았으면 좋겠어. 내가 싫어하는 일은 절대 일어나지 않았으면 좋겠어. 모든 것이 내가 원하는 대로 되면 좋겠어."[5]

그러고 나서 우리의 마음을 향해 계속해서 말한다. "자, 정신아, 이 모든 것을 현실에서 이룰 방법을 알아내. 밤낮없이 이것만 생각해서라도 무조건 알아내." 그러면 우리의 마음은 이렇게 말한다. "그렇게 하고 있어. 계속 그렇게 일할게." 하지만 우리의 마음은 세상을 통제할 수 없다. 오직 하나님만 그렇게 하실 수 있다. 따라서 우리는 우리 자신과 우리의 불쌍한 정신에 관한 현실을 받아들여야 한다. "자기 수용이 자기 학대보다 중요하다. 모욕하고 조롱하는 식으로 자신을 학대해서는 영성을 갖출 수 없다. 쇠망치를 들어도 꽃을 피울 수는 없다. 오직 하나님만 꽃을 피우실 수 있다."[6]

릭은 걱정이 많은 자기 모습에 죄책감을 느끼며 자기 의지로 불안을 떨쳐 내려 했던 내담자 이야기를 해 준 적이 있다. 그의 방법은 통하지 않았다. 그래서 내담자는 자신의 불안에 이름을 붙이기로 했다. 자신의 불안에 〈고인돌 가족〉(The Flintstones)의 등장인물인 윌마의 이름을 붙였다. 불안한 생각이 밀려올 때마다 두더지 잡기 놀이 하듯 때려잡지 않고 "어서 와, 윌마"라고 환영했다. 자기 옆에 앉으라고 말했다. 불안해하고 두려워하는 아이를 대하듯이 말이다. 그녀는 친절과 연민의 태도로 그 불안한 생각을 하나님께로 가져가 기도로 말씀드렸다.

불안 같은 부정적인 감정을 '환영하는' 것은 우리가 원하는 때에 우리가 원하는 것을 이루어 달라고 조르는 대신에 우리를 변화시키기 위한 하나님의 시간표를 환영한다는 뜻이다. 우리와 하나님 사이에는 큰 차이점이 많다. 우리는 하나님을 이용해 우리의 상황을 바꾸려 하는 반면, 하나님은 우리의 상황을 사용하여 '우리'를 바꾸기 원하신다. 우리는 하나님을 이용하여 우리의 문제를 없애고 싶어 한다. 하지만 하나님은 우리의 문제를 사용하여 우리의 인격적 결함을 없애기 원하신다. 하나님이 우리의 삶에서 다루시려는 것은 인격이다.

명명하라(Name)

부정적인 감정에 이름을 붙이는 것은 정체를 지적하는 것이다. 즉 그것의 정체는 일시적인 생각이나 욕구에 불과하다. 결국 지나갈 어떤 것이다. 따라서 그것을 우리 삶의 보좌에 앉힐 필요가 없다.

불안 같은 부정적인 감정에 정확한 이름을 붙이면 더 이상 우리의 내적 세상을 지배하는 듯한 막연하고 불쾌한 구름 속에서 살지 않게 된다. '명명하기'는 거리를 만들어 낸다. 이제 감정이 나 자신이 아님을 명확히 알고 감정과 나를 구분할 수 있다.

UCLA 연구 결과, '명명하기'는 거미 공포증을 가진 사람에게도 통한다는 사실이 밝혀졌다. 연구진은 거미 공포증을 가진 사람 88명에게 투명한 용기 안에 들어 있는 타란툴라 거미를 만져 보라고 했다. 그러고 나서 그들을 네 그룹으로 나누어 각기 다르게 행동하게 했다. 첫 번째 그룹은 각자의 두려움을 구체적으로 표현하게 했다("나는 크고 뚱뚱하고 털이 가득한 타란툴라가 무섭다"). 두 번째 그룹은 두려움을 축소하고 거미를 덜 위협적으로 묘사하게 했다(사람들이 두려움을 다룰 때 흔히 사용하는 방법). 세 번째 그룹은 거미 말고 다른 것에 대해 말하거나 아무 말 하지 않아도 좋다고 했다. 네 번째 그룹은 아무 말도 하지 못하게 했다. 일주일 후에 타란툴라 만지는 실험을 다시 했을 때, 자신의 두려움을 구체적으로 표현했던 그룹은 거미에게 훨씬 가까이 다가갈 수 있었고 손바닥에 땀이 덜 났다.[7] 우리 생각과 감정에 이름을 붙이면 그것을 길들일 수 있다.

외적 세상에서도 마찬가지다. 인간이 세상을 다스린 방식은 하나님이 데려오신 동물들에게 이름을 붙이는 것이었다. 이름을 붙이려면 기능을 관찰하고 특징을 이해해야 한다. 예수님의 삶에서 감동적인 사례를 찾을 수 있다. 절박한 남자가 고통에 시달리는 아들을 도와 달라고 예수님께 요청했다. "무엇을 하실 수 있거든 우리를 불쌍히 여기사 도와주옵소서." 그러자 예수님은 이 남자의 의심을 지적하셨다. "할 수 있거든이 무슨 말이냐 믿는 자에게는 능히 하지 못할 일이 없느니라." 남자는 대답했다. "내가 믿나이다 나의 믿음 없는 것을 도와주소서"(막 9:22-24).

남자는 자신의 불신을 부인하지 않았다("지금 잘 믿고 있잖아요."). 자신의 의지로 불신을 떨쳐 내려 하지도 않았다("이제부터 믿겠습니다!"). 그는 자신의 불신을 깨닫고(그는 자신의 입에서 "하실 수 있거든"이라는 말이 나오기 전까지는 자신의 불신을 전혀 알지 못했을 것이다) 그것에 이름을 붙인 뒤에 도움을 청했다.

이것으로 충분하다. 예수님은 이것만으로도 역사하실 수 있다. 솔직한 의심이 거짓 확신보다 낫다. 예수님은 남자에게 아들만이 아니라 그의 두려움도 가져오라고 초대하셨다. 예수님은 남자가 요청한 대로 아들을 고쳐 주셨고, 이와 더불어 그의 불신도 해소해 주셨다. 그의 인격적 결함을 없애 주신 것이다.

🖐 실천하기

부정적인 감정을 하나님께 가져가라

자기 인식은 배울 수 있는 기술이다. 예를 들어, 당신이 몸으로 하는 행동에 5-10분간 관심을 기울여 보라. 다리를 꼬거나 몸을 긁거나 무언가를 반복적으로 두드리고 있을 수 있다. 내 친구는 접시와 컵, 그릇을 전혀 건드리지 않은 채 식사를 한다. 하지만 누군가가 지적해 줄 때까지 그는 자기 행동을 전혀 알아차리지 못했다.

몸에 어떤 느낌이 있는지 5-10분간 조용히 살펴보라. 어깨 근육이 긴장되어 있는가? 목이 칼칼한가? 이를 꽉 깨물고 있는가?

당신 머릿속에서 재잘거리는 그 목소리에 잠시 귀 기울여 보라. 그 목소리가 뭐라고 말하고 있는가? 특별히 뭔가를 생각하려 하지 않을 때 자연히 떠오르는 생각을 확인해 보라.

1861년 헨리 데이비드 소로는 19세기의 소셜 네트워크라고 할 수 있는 편지에 집착함으로써 자기 인식을 피하는 사람들에게 경고했다. "내적 삶이 실패한 사람일수록 우체국에 더 지속적으로, 절박한 심정으로 간다. 그런데 가장 많은 편지를 들고 자신의 광범위한 인맥을 자랑스러워하며 우체국을 나서는 그 불쌍한 사람은 필시 자신의 목소리를 들어본 지 꽤 오래되었을 것이다."[8]

"자신의 목소리를 듣기" 위한 유일한 방법은 조용히 앉아서 귀를 기울이는 것이다. 그러고 나서 부정적인 생각과 파괴적인 감정과 인격의 결함을 하나님 앞으로 가져가는 것이다. 그것을 없애 달라고 하나님께 겸손히 요청하라. 그분의 시간에 그분의 방법으로 없애 달라고 말하라. 하나님이 당신을 자유롭게 하실 최적의 시간을 아신다고 믿고 그때까지 기다리라.

◆ 핵심 정리

- 나쁜 감정을 마음의 보좌에 앉히지 말고 소유해야 한다(OWN, 관찰하고 환영하고 명명하라).

- 우리는 하나님을 이용해 우리의 상황을 바꾸기 원하지만, 하나님은 우리의 상황을 사용하여 '우리'를 바꾸기 원하신다.

- 하나님이 우리의 삶에서 다루기 원하시는 것은 우리의 인격이다.

3.
나를 짓누르는
'돌' 버리기

인격적 결함을 없애 달라고 하나님께 기도하더라도 여전히 우리는 짜증스럽고 답답하고 실망스러운 일이 가득한 세상에서 살아가야한다. 우리를 둘러싼 압박은 우리 안의 약함을 일깨운다. 하지만 우리는 그것을 인식조차 하지 못할 때가 많다.

어느 엄마가 어린 자녀들이 작은 동물들과 함께 노는 모습을 창문으로 지켜보았다. 엄마는 그 동물들이 스컹크라는 것을 알고 소스라치게 놀란다. "얘들아, 어서 도망쳐!" 엄마는 다급하게 소리를 질렀다. 놀란 아이들은 스컹크를 한 마리씩 안고 도망쳤다.

우리는 늘 스컹크를 데리고 다닌다. 그것에 익숙하다. 우리는 잘못한 행동만 인격적 결함이라고 생각하곤 한다. 하지 말았어야 하는 거짓말. 하지 말았어야 하는 배신. 하지만 진짜 문제는 그런 행동 이면에 있는 생각과 감정의 패턴이다. 우리는 교만, 원망, 방어적인 태도, 자기 연민, 이기주의, 민족중심주의, 정죄 의식, 두려움, 허영, 짜증을 너무 오랫동안 품고 살아와서 우리 안에 그런 것이 있는지 의식조차 하지 못한다. 오래전에 이런 말을 한 사람이 있다. "우리가 인격적 결함대로 계속 행하면 하나님도 우리의 결함을 없애도록 도우실 수 없다."[1]

샘 슈메이커는 이렇게 말했다. "우리는 하나님을 이해하는 만큼만 자신을 하나님께 드릴 수 있다. … 우리의 모든 결함을 한꺼번에 볼 수 없다는 것은 매우 감사한 일이다. … 하나님은 우리가 감당할 수 있을 만큼만 진리를 우리에게 밝혀 주신다. 우리가 가진 진리에 따라 살면 더 많은 진리를 받을 준비가 된다. 이것이 현실이다."[2]

잘 알려진 다음 예화는 인격적 결함을 없앨 때 필요한 내적 항복을 이야기한다. 분노, 기만, 시기, 망가진 관계 같은 문제를 안고 있는 사람들이 치유라는 배를 타고 자유 섬을 향해 가기로 했다. 메리가 부두에 도착해 보니 배는 막 떠난 뒤였다. 배에 탄 사람들이 메리를 보고 헤엄쳐 오라며 소리친다. 메리는 물속에 뛰어들어 조금씩 나아간다. 하지만 곧 허우적거리며 물에 가라앉기 시작한다. 배에 탄 사람들은 여자의 목에 커다란 돌이 묶여 있는 것을 보았다. "돌을 버려요! 돌을 버리면 여기까지 올 수 있어요!"

메리는 목에 뭔가 묶여 있다는 것을 어렴풋이 느끼지만 돌아볼 시간도 힘도 없다. 우선 몸에 지닌 것을 최대한 버린다. 그래서 조금 앞으로 나아가지만 이내 다시 물속에 빠져든다. 그러자 사람들이 다시 소리를 지른다. "돌을 버려요! 그래야 희망이 있어요!"

메리는 다시 물속에 가라앉는다. 그러다 마침내 깨닫는다. 그전까지는 목에 돌을 달고 있다는 걸 몰랐다. 그 돌이 자신을 물속으로 끌어내린다는 것을 이제야 깨닫는다. '내가 이 쓸데없는 돌을 왜 매달고 있지? 이 돌 때문에 죽겠어.'

그 생각은 기도로 발전한다. "하나님, 이 돌을 버리게 도와주세요." 줄 몇 가닥을 풀자 몸이 가벼워진다. 메리는 허우적거리기를 멈추고 줄을 푸는 데 집중한다. 이내 돌은 바닥으로 가라앉는다. 메리는 자유로워진다. 몸이 물 위에 뜬다. 배에 무사히 도착한다. 모든 사람이 박수를 치면서 잘했다고 칭찬해 준다. 메리는 배에 올라와 긴장을 풀고 사람들의 따뜻한 환영을 즐긴다.

그때 물속에서 뭔가 움직인다. 자세히 보니 또 다른 사람이 배에 타려고 물속에 뛰어들었는데 그도 가라앉고 있다. 이번에는 메리가 누구보다도 먼저 소리를 친다. "돌을 버려요!"[3]

우리 모두 돌이 있다. 그 돌은 분노, 원망, 누군가에게 당한 기억이다. 도움 구하기를 거부하는 고집스러움도 돌이다. 그런데 시간이 지나면 이상하고 슬픈 일이 벌어진다. 돌이 곧 우리 삶이 된다. 움켜쥐고, 요구하고, 이기적이고, 욕구의 노예가 되고, 자신이 우주의 중심인 것처럼 구는 삶. 자기 집착. 모든 것과 모든 사람을 자기 뜻대로 통제하려는 시도. 하나님 없는 삶.

이런 삶을 부여잡으면 죽는다.

이런 삶에 대해서 죽으면 산다.

물론 '돌을 버리는' 원래 이야기는 2천 년 전 요한복음 8장에 기록되었다. 성경은 "동틀 녘에" 예수님이 성전에서 가르치고 계실 때 몇몇 종교 지도자들이 간음 현장에서 붙잡힌 여인을 그분과 그분의 제자들 앞으로 끌고 왔다고 말한다. 그들은 이 여인을 돌로 쳐 죽이는 것이 율법의 명령이라는 점을 상기시킨 뒤 예수님의 입장을 물었다. 그분이 어떤 대답을 내놓아도 무자비 혹은 무법의 그물에 걸리도록 함정을 판 것이다.

여인은 겁에 질려 있었다. 율법에 따르면 그녀와 함께 있던 남자도 돌로 쳐 죽여야 한다. 하지만 종교 지도자들은 남자는 굳이 끌고 오지 않았다. 어쩌면 남자는 그들의 하수인이었는지도 모른다. 사실 그들은 여인에게도 전혀 관심이 없었다. 여인은 미끼였을 뿐이다. 그들은 더 큰 먹잇감인 예수님을 노리고 있었다.

예수님은 몸을 굽혀 땅바닥에 무언가를 쓰셨다. 모두가 그 쓰신 말을 추측해 보지만 요한은 그 말이 무엇인지 말해 주지 않는다. 예수님은 사람들의 관심을 여인에서 다른 데로 돌리기 위해 그렇게 행동하셨는지도 모른다.

종교 지도자들은 예수님께 빨리 말하라고 종용했다. 예수님은 허리를 펴고 말씀하셨다. "누구든 죄가 없는 사람이 먼저 여인에게 돌을 던지라." 그리고 나서 다시 몸을 구부려 뭔가를 쓰셨다.

"돌을 버리라." 이 상황에서 '돌'은 종교 지도자들의 위선과 정죄 의식과 사랑 없음이다. 종교와 영성이 우리를 우월감과 교만에 빠뜨렸다면 돌이 된 것이다. 하지만 하나님은 교만한 자를 물리치신다. 죄 없는 사람이 어디에 있는가.

한 사람씩 그 자리를 떠나기 시작했다. 요한은 가장 나이가 많은 자들부터 떠났다고 말한다. 혹시 나이가 많을수록 쌓인 죄가 많았던 것은 아닐까? 어느새 예수님과 여인, 이렇게 단 둘만 남았다. 예수님은 허리를 펴시고 물으셨다. "그들은 어디 있느냐? 아무도 너를 정죄하지 않았느냐?"

"네, 아무도 하지 않았습니다."

"그렇다면 나도 너를 정죄하지 않는다."

수치와 죄책감의 돌은 내려놓을 수 있다. 정죄의 무게에 짓눌린 채로 이곳을 떠나지 마라. 더 이상 숨거나 움츠리거나 두려워하지 마라. 돌을 버리라.

예수님은 여기서 멈추지 않으셨다. "이제 가서 죄를 짓지 말라." 죄도 돌이다. 죄는 하나님의 자리를 찬탈하는 것이고, 우리 삶을 채울 수 없는 것으로 채우려는 것이다. 기만. 배신. 부정한 관계. 거짓 친밀함. 이런 죄의 돌도 버리라.

죄를 버릴 때 우리는 '내 것'이라는 작지만 지독히 잘못된 단어를 버리게 된다. C. S. 루이스의 책에서 늙은 마귀 스크루테이프는 사람들에게 "주인의식"을 심어 주는 것이 얼마나 중요한지 제자 마귀에게 편지를 써서 설명한다. 그렇게 되면 "나의 장화", "나의 개", "나의 종", "나의 아내", "나의 아버지", "나의 조국", "나의 하나님"이라는 말을 다 자신의 소유라는 뜻으로 해석하게 된다.[4]

우리 몸도, 우리 돈도, 우리의 일정도 우리 소유가 아니다. 스크루테이프는 "방해"가 우리 고집이 어느 정도인지를 어떻게 드러내는지 설명한다. "방해받았다고 화를 낸다면 자기 시간을 자신의 것으로 여겨서 자기 시간을 빼앗겼다고 생각하기 때문이야. 따라서 마음속에 '내 시간은 나 자신의 것이다'라는 이상한 가정을 열심히 심어 줘야 해. 자신이

24시간의 합당한 소유주라는 느낌으로 매일을 시작하게 만들어야 해."⁵

내가 이 글을 쓰고 있을 때 딸에게 전화가 왔다. "아빠, 시간 좀 내줄 수 있어요? 서점에 왔는데 주인 아저씨가 C. S. 루이스의 책을 다 읽으셨대요. 달라스 윌라드 책도 읽고, 아빠 책도 몇 권 읽으셨다고 해요. 그래서 말인데요. 여기 와서 주인 아저씨를 만나 보지 않으실래요? 꼭 그러셨으면 좋겠어요."

곧바로 든 생각은 이랬다. '그럴 시간이 없어. 시간이 우리 소유가 아니라는 점을 설명하기 위해 이번 장을 써야 해.'

"내 시간"이라는 말은 얼마나 어리석은가. 장성한 자녀의 삶 속으로 들어오라는 초대는 얼마나 귀한가. 내가 시간을 '나의 것'으로 여기는 바람에 얼마나 많은 귀한 시간을 놓쳤는가. 나는 왜 여전히 돌을 들고 있는가.

그래서 나는 노트북을 덮었다. 서점 주인은 멋진 사람이었다. 그는 책을 사랑하게 된 사연을 들려주었다. 어렸을 때, 그의 아버지는 아들이 어리석다고 비웃는 사람이었다. 그는 아버지 말처럼 고등학교 내내 꼴찌였다. 하지만 입대 후 베트남 정글에 갔고 책을 읽기 시작했다. 그는 책을 읽으며 개념과 가치관을 배우고 하나님을 깊이 만났다. 아버지를 향한 분노의 돌을 버렸다. 수치심과 무지의 돌을 버렸다.

그는 말했다. "저는 운이 좋은 사람이에요." 그렇게 그는 바닥에 나무를 깐 작은 서점에서 "허다한 증인들"에게 둘러싸여 있었다. 실로 거룩한 순간이었다. 그리고 그 순간은 '나의 것'이 아니었다.

스크루테이프의 말을 또 들어 보자. "'내 것'이라는 말은 언제나 황당한 말이야. 인간은 그 무엇에 대해서도 완전히 소유했다는 의미로 이 단어를 사용할 수 없거든. 중국에는 존재하는 모든 것, 특히 모든 사람에 대해 우리 아버지나 원수 둘 중 한 편이 '내 것'이라고 주장하게 될 거야. 인간들도 결국 자기 시간, 자기 영혼, 자기 육체가 과연 누구 것인지를 알게 될 거야. 어떤 경우든 그들 자신의 것은 결코 아니지."[6]

돌을 버려야 할 시간이다.

☞ 실천하기

'내 것'이라는 돌을 버리라

오늘 당신이 하는 말에서 "나의" 혹은 "나의 것"이라는 표현에 주목해 보라. 그것 말고 다른 표현을 쓸 수 있는지 생각해 보라. "나의 신발"과 "나의 하나님" 어구의 차이를 생각해 보라.

오늘 재정적인 문제가 생기면 이 물건이나 이 집이나 이 담보물을 꼭 가져야 한다고 고집 부리지 말고, 돌을 버리라.

다른 사람이 당신의 뜻을 방해하거든 당신의 뜻을 고집하지 말고 그 사람을 하나님의 손에 맡기라.

교통 상황, 날씨, 주가, 선거 결과, 이메일 내용이 마음에 들지 않을 때 세상을 통제하려 하지 말고, 돌을 버리라.

계획에 없던 일이 생기면 무조건 거절하지는 마라. 오늘 당신의 시간을 하나님이 주신 선물로 여기라.

성 이그나티우스는 우리가 가진 것은 하나님의 선물이며, 그것을 그분께 돌려 드리는 것이 옳다는 사실을 매일 기억하라고 권했다. (6단계 시작할 때 언급한) 그의 기도는 널리 퍼져서 '수시페'(Suscipe)라는 라틴어 이름을 얻었는데 "받으소서"라는 뜻이다. 이 기도는 이렇게 시작한다.

오, 주님, 저의 모든 자유, 저의 기억, 저의 이해, 저의 모든 뜻을 취하고 받아 주십시오. 저의 존재 전체와 제가 가진 모든 것은 주님이 주셨습니다. 이 모든 것을 주님께 드리니 주님의 뜻대로 써 주십시오. 저에게는 오직 주님의 사랑과 은혜만 주십시오. 그것만으로도 저는 충분히 부요합니다. 그 이상 아무것도 바라지 않습니다. 아멘.[7]

돌을 버리라. 다음 단계를 위해서는 양손이 다 필요하기 때문이다.

♦ **핵심 정리**

- 우리는 인격적 결함은 자신의 잘못된 행동이라고 생각한다. 하지만 진짜 문제는 그런 행동 이면에 있는 생각과 감정의 패턴이다.

- 우리는 모두 돌이 있다. 그 돌은 분노, 원망, 누군가에게 당한 기억이다. 도움 구하기를 거부하는 고집스러움도 돌이다. 시간이 지나면 그 돌이 우리 삶이 된다.

- 돌을 버릴 때 '내 것'이라는 지독히 잘못된 단어를 버리게 된다.

피해: 내가 해를 끼친 사람들

나는 내가 피해 입힌 사람들을 기억하고 그들에게 보상할 것이다.

하나님, 제가 바꿀 수 없는 것을 받아들이는 평온,
제가 바꿀 수 있는 것을 바꾸는 용기,
그 차이를 아는 지혜를 주십시오.
한 번에 하루씩 살고,
한 번에 한 순간씩 즐기고,
고난을 평안으로 가는 길로 받아들이고,
이 악한 세상을 제가 원하는 대로 만들려고 하지 않고
그분처럼 있는 그대로 받아들이게 해 주십시오.
그분의 뜻에 항복하면
그분이 모든 것을 바로잡아 주실 줄 믿고
이생에서 꽤 행복하며
영원한 세상에서 그분과 함께 더없이 행복하게 해 주십시오.

- 평온을 비는 기도[1]

1.
내가 상처 준 이들의
명단 작성하기

우리는 분노의 시대로 불리는 세상에서 살고 있다. 어떤 이들은 분노할 거리를 찾아 소셜 미디어를 뒤진다. 한 상담사는 이것을 "이유를 찾는 분노"라 부른다. 또 다른 전문가는 "걷잡을 수 없이 요동치는 분노"라는 표현을 사용한다. 분노를 품고 다니면서 그 분노를 쏟아낼 대상을 찾고 있다는 뜻이다.[1] 요즘은 상대편을 악마화하는 것이 용인할 만한 것을 넘어 아예 정치적 미덕으로 취급된다. 현대에는 많은 분노가 떠다니고 있다. 하지만 우리는 그 분노를 어떻게 처리해야 할지 모른다.

요즘 인터넷에 떠도는 '스트레스 푸는 법'이 있는데, 이 방법대로 하면 마음이 편해지고 안도감이 찾아온다고 한다. 하지만 무시무시한 반전이 있다.

강가에 있는 자신을 상상하라.

새들이 지저귀고 산바람은 시원하다.

이곳에는 당신을 귀찮게 하는 것이 전혀 없다.

누구도 이 비밀스러운 장소를 모른다.

당신은 세상과 완전히 단절되어 있다.

잔잔한 폭포수가 공중 가득 평온한 소리를 채운다.

물은 더없이 맑다.

그래서 당신이 손에 들고 있는 물속 머리통의 얼굴을 쉽게 볼 수 있다.

누가 썼든 농담이기를 바란다. 우리가 갈망하는 평온함과 누군가를 목 졸라 죽이고 싶을 정도의 분노가 충격적으로 대조된다.

때로 사람들은 철저히 개인적인 의미에서 온전함과 스트레스 해소가 '영성'이라고 생각한다. 그 목적은 더 많은 내적 평안을 얻는 것이다. 하지만 그렇게 되면 자아가 삶의 보좌를 차지하고, 영성은 다른 사람을 희생해서라도 더 즐거운 삶을 얻기 위한 수단으로 전락한다.

이제 8단계에서는 관계를 다루려 한다. 우리가 누구에게 상처를 주었는지 돌아보고, 우리가 초래한 피해를 어떻게 하나님이 회복시키시고 우리가 맺은 관계들을 더 좋은 기초 위에 지어 주실지 살펴보겠다.

이 단계는 우리가 감정적으로, 정신적으로, 육체적으로, 재정적으로 상처를 준 사람들의 명단을 만드는 것이다. 상대방의 눈으로 이 상처를 보려고 노력해야 한다. 나의 어떤 인격적 결함이 나쁜 생각과 나쁜 행동을 촉발했는지 이해해야 한다. 어떻게 하면 상황을 바로잡을 수 있을지 고민해야 한다. 상황을 바로잡기 위해 노력할 마음을 달라고 하나님께 기도해야 한다.

먼저, 8단계에서 다루지 않는 것이 무엇인지 분명히 짚고 넘어갈 필요가 있다. 인간관계가 고통스러울 때 대개 우리는 우리를 고통스럽게 하는 까다로운 사람 다루는 법을 떠올린다. '그들을' 어떻게 변화시킬 수 있을까? 깨진 관계를 어떻게 회복할 수 있을까? 안전하지 못한 사람들과의 경계를 어떻게 설정해야 할까? 물론 중요한 질문들이다. 헨리 클라우드와 존 타운센드의 책《NO라고 말할 줄 아는 그리스도인》이 도움이 될 것이다.

하지만 이 책은 그런 책이 아니다. 8단계는 까다로운 사람 다루는 법을 말하지 않는다. 여기에서 다루려는 까다로운 사람은 오직 '나 자신'뿐이다. 8단계는 망가진 관계를 회복시키는 법도 말하지 않는다. 물론 8단계의 결과로 화해가 이루어질 수는 있다. 하지만 화해는 부분적으로 상대방의 반응에 따라 이루어지며, 그 반응은 전적으로 상대방에게 달려 있다. 우리가 이야기하는 프로그램은 '그들'이 아니라 '우리의' 삶을 깨끗하게 만들려는 것이다.

일단 명단을 만들어야 한다. 그러기 위해서는 먼저 관계적 삶의 '두 명단'을 보고 이 중에서 어떤 명단을 만들 것인지 정해야 한다. 인간관계의 고통에는 두 가지 종류가 있다. 먼저, 남이 나에게 가한 고통이 있다. 또한 내가 남에게 가한 고통이 있다. 가장 쉽게 떠오르는 명단은 내게 상처를 준 사람들의 명단이다. 누군가가 내게 상처를 주면 나는 그 상처를 품고 살아간다. 그 상처를 생생하게 느끼고 기억한다.

내게 상처를 준 사람들의 명단을 만드는 것은 다른 명단보다 훨씬 재미있다. 아일랜드를 배경으로 한〈말 없는 사나이〉(The Quiet Man)라는 옛날 영화가 있다. 존 웨인과 모린 오하라가 분(扮)한 영화다. 두 인물 모두 성깔이 고약하다. 심지어 마을의 신부까지 그러하며 이 영화 속의 등장인물이 거의 다 그렇다. 가장 성질이 사나운 등장인물은 빅터 매클러글렌(Victor McLaglen)이 분한 모린 오하라의 형제다.

빅터 매클러글렌은 실제 제1차 세계대전 당시 영국군에서 복무했던 헤비급 복서다. 영화 속에서 그는 무뚝뚝하고 탐욕스럽고 거친 사내다. 그를 화나게 하는 사람, 기분 나쁘게 하는 사람, 그가 싫어하는 말을 하는 사람이 있을 때마다 하인을 시켜 그 사람의 이름을 기록한다. 그들의 이름과 잘못을 하나도 잊지 않기 위해 일일이 기록한다. 그는 자신이 희생자라는 사실에서 살아갈 힘과 정체성을 얻는다.

바울은 사랑은 "악한 것을 생각하지 아니하며"라고 말한다(고전 13:5). 하지만 우리는 남이 우리에게 저지른 악한 행위를 생각하고 기억한다. 분노가 매력적인 이유는 우월감을 주기 때문이다. 누가 나에게 상처를 주면 그는 나에게 빚을 진 셈이다. 그의 잘못에 초점을 맞추면 나는 상대적으로 순결한 사람으로 여겨진다.

레베카 드영은 《매혹적인 악덕들》이라는 훌륭한 책에서 죽음에 이르는 일곱 가지 죄악은 옳은 가치를 잘못 추구하는 것이라고 말한다. 그중 분노가 추구하는 가치는 정의다. 올바로 표출된 분노는 불의에 대한 경각심을 일으키고 그것을 바로잡을 힘을 준다. 하지만 잘못 관리된 분노는 죄악이다. 빅터 매클러글렌이 기록한 명단 같은 것을 간직하면 자신을 늘 더 큰 피해자로 보이게 하려는 무익한 경쟁으로 우리 삶은 전락할 것이다.

이와 반대되는 명단이 있다. 만들기 힘든 명단. 우리 삶을 깨끗하게 해 주는 명단. 우리에게 피해를 입힌 사람들이 아니라 우리가 피해를 입힌 사람들의 명단을 만들어야 한다. 그러기 위해서는 먼저 자기 잘못을 바로잡으려는 의지가 있어야 한다. 원한은 복수를 원하지만 사랑은 회복을 원한다.

아마도 이 명단을 작성한 대표적 인물은 삭개오일 것이다.[2] 성경은 어느 날 예수님이 여리고로 "들어가 지나가시더라"라고 말한다. 예수님은 그곳에 들를 생각이 없으셨다는 뜻이다. 여느 사람들처럼 삭개오는 예수님을 뵙고 싶었다. 그래서 그는 돌무화과나무 위에 올라갔다. 성경 기자는 삭개오가 숨을 곳을 찾아 잎사귀가 큰 돌무화과나무에 올랐다는 점을 강조하기 위해 이 사실을 언급했을 것이다. 그는 로마를 위해 일하는 세리였기 때문에 동포들에게 부패한 반역자 취급을 받았다. 그러니 자신의 모습을 보이고 싶지 않았을 것이다.

성경은 삭개오가 키가 작았다고도 말한다. 아모스 용(Amos Yong)은 그 표현이 당시 병적인 왜소증을 가리켰다고 지적한다.[3] 실제로 삭개오는 소인증으로 키가 매우 작았을 가능성이 아주 크다. 예수님 시대에 이것은 사회적으로 큰 흠이었을 것이다. 레위기 21장 20절은 성전에 들어가 제사를 지내는 제사장이 될 수 없는 요건 중 하나로 왜소증을 꼽는다.

나는 누군가로 인해 상처를 받아 힘들 때 "다들 최선을 다하고 있을 뿐이야"라는 말을 듣곤 했다. 그러나 나의 최선과 그들의 최선은 한참 멀기 때문에 그런 말은 별로 도움이 되지 않았다. 그런가 하면 이렇게 말하는 사람도 있었다. "모든 사람의 행동에는 나름의 이유가 있지."

그렇다. 삭개오도 그만의 이유가 있을지 모른다. 삭개오는 스스로를 장애인 차별과 편견에서 비롯한 잔인함과 배척과 정죄의 피해자라고 생각했을지 모른다. 그렇게 보면 로마에 부역한 이유가 설명된다. 최소한 로마인들은 그를 인정해 주었으니 말이다. 한편 그 지역 사람들은 그의 탐욕과 부패로 피해를 보고 있다고 생각했고, 장애에 대한 편견은 그들의 우월의식을 강화했다.

피해의식은 일종의 힘으로 작용할 때가 있다. 개인만이 아니라 그룹도 마찬가지다. 최근 연구에 따르면, 자신이 속한 집단이 반대편 집단보다 더 많은 불의에 당하고 있다는 점을 증명해 보이려 애쓰는 사람들이 많다. 이 연구의 저자는 이렇게 말한다. "최근 많은 국가에서 두드러진 담론은 피해자가 되려는 경쟁이다. 여러 사회 집단들이 누가 더 많은 고통을 겪는지를 놓고 경쟁을 벌인다."[4]

피해자가 되면 무고함과 관련되기 때문에 도덕적으로 지위가 높아진다. 우리는 피해자가 정당한 대우와 연민을 받을 자격이 있다고 본다. 결국 그것은 피해자가 더 큰 힘을 얻을 자격이 있다는 뜻이다. 때로 기득권 집단도 피해자 자격을 얻기 위해 경쟁한다. 예를 들어, 남성이라는 이유만으로 억울한 누명을 쓸 수 있기 때문에 자신이야말로 '진짜' 피해자라고 불평하는 남성들이 미투(Me Too) 운동 이후 생겼다.

그리스도인이라는 사람들도 피해자 지위를 얻으려 경쟁한다. 그들은 자칭 약자인 자신들을 보호해 주겠다고 약속하는 사람이라면 누구에게나 지지를 보낸다. 최근 선거에서 한 후보는 환호하는 군중을 향해 말했다. "그리스도인을 공격하고, 우리를 증오와 편협이 가득한 존재라고 누군가 보도한다면 그 사람을 가만두지 않겠습니다!"[5] 이것은 예수님의 가르침("너희를 박해하는 자를 위하여 기도하라")과 어긋난다. 예수님은 원수 사랑을 가장 고귀한 사랑의 형태로 강조하셨다(마 5:39, 44).

프레드릭 비크너는 이렇게 말했다. "죽음에 이르는 7가지 죄 중에서 아마도 분노가 가장 재미있을 것이다. 자신의 상처를 핥는 것, 지난 불만 사항을 보며 입맛을 다시는 것, 아직 듣지 않은 모진 질책을 혀 위에 올리고 굴리는 것, 당신이 당한 모든 고통과 당신이 가할 모든 고통을 맛있게 베어 먹는 것. 여러모로 이것은 왕에게 어울리는 진수성찬이다. 결정적인 문제점은 당신이 먹어치우는 것이 바로 당신 자신이라는 것이다. 상 위의 해골은 바로 당신이다."[6] 당신이 손에 들고 있는 물속의 머리통은 바로 당신 자신이다.

이 이야기에서 삭개오와 마을 사람들은 모두 자신이 피해자라고 생각했다. 삭개오는 자주 마음을 다쳤고, 복수할 사람들을 기록한 두툼한 문서를 갖고 있었다. 아마도 누가가 돌무화과나무를 언급한 것은 율법에 따라 돌무화과나무는 마을에서 최소한 50규빗 밖에 있어야 했기 때문일 것이다. 따라서 예수님이 돌무화과나무에 도착했을 때는 이미 여리고를 떠나신 상태였다. 어쩌면 삭개오는 예수님과 단둘이 만나기를 기대했을지 모른다.

하지만 군중은 여전히 예수님의 주변을 에워싸고 있었다. 예수님은 삭개오의 이름을 부르셨다. 어떻게 그의 이름을 아셨는지는 알 수 없다. 어쩌면 난쟁이 삭개오에 관한 험담을 들으셨는지도 모른다. 예수님은 삭개오에게 나무에서 내려오라고 말씀하셨다. 사람들은 예수님이 "이 부패한 매국노야. 돈을 위해 영혼을 팔다니, 더러운 놈. 똑바로 살아. 하나님 앞에 올바로 서라"라고 호통을 치시리라 생각했다.

하지만 예수님은 이렇게 말씀하셨다. "삭개오야 속히 내려오라 내가 오늘 네 집에 유하여야 하겠다." 기껏 삭개오와 저녁 식사를 하기 위해 여리고에 머물다니 구경꾼들에게는 몹시 기분 나쁜 일이었다. 삭개오 같은 부자가 주최하는 만찬은 밖에서 훤히 볼 수 있는 안뜰에서 이루어졌다. 그곳에 많은 사람이 모였는데 그들은 예수님을 못마땅한 표정으로 쳐다보며 수군거렸다. "저가 죄인의 집에 유하러 들어갔도다."

삭개오는 예수님이 자기 때문에 고생하고 계신다는 것을 깨달았다. 여기서 이야기는 새로운 국면에 접어든다. 삭개오의 내면에서 변화가 일어난다. 이제 그는 마을 사람들이 자신에게 상처를 준 사람들이 아니라 자신에게 상처를 받은 사람들이기도 하다는 사실을 본다. 그는 자기에게 집을 빼앗긴 과부와 자기 때문에 구걸하게 된 고아들과 자기 때문에 망한 상인을 알아보기 시작한다. 예수님께 사랑을 받은 사람으로서 사람들에게 해를 끼칠 수는 없다는 것을 깨닫는다. 그리하여 기적이 일어난다.

삭개오가 자리에서 일어선다. 긴장된 순간이다. 이런 만찬에서는 주최자가 자리에서 일어서면 모두가 귀를 기울인다. 삭개오는 아무도 예상치 못한 말을 한다. "주여 보시옵소서 내 소유의 절반을 가난한 자들에게 주겠사오며 만일 누구의 것을 속여 빼앗은 일이 있으면 네 갑절이나 갚겠나이다."

삭개오는 자신의 잘못을 바로잡기로 결심한다. 율법이 규정하는 의무를 훨씬 더 초과해서 보상하기로 한다. 사람들은 놀랐을 것이다. 삭개오의 마음은 사랑으로 벅차올랐다. 그가 하는 일을 경멸한 사람들, 그의 몸을 조롱한 사람들, 그의 재산을 시기한 사람들을 일일이 기록한 명단을 버렸다. 그는 새로운 명단을 기록하기 시작했다. 자신이 해를 끼친 사람들의 명단이다. "이 과부, 이 아이들, 저 노인…. 새 친구 예수님을 만나 새 삶을 얻었으니 이제 지금까지의 잘못을 바로잡으리라."

영화 〈말 없는 사나이〉의 마지막 장면에서도 빅터 매클러글렌이 분한 인물은 나무에서 내려온다. 그는 자기 잘못으로 소원해진 누이의 집에 식사하러 간다. 크게 싸웠던 매제와 악수하고 화해한다. 그를 사랑해 준 미망인에게 겸손하게 사과하고 수줍게 사랑을 표현하기 시작한다. 그는 다른 명단을 만들기 시작했다. 희생자(Victim)에서 자신의 진짜 이름인 승리자(Victor)로 가는 여행을 시작한다.

☛ 실천하기

명단을 만들라

당신이 상처를 준 사람들의 명단을 작성하라. 이 명단을 만들려면 시간을 내야 한다. 일단 한 사람의 이름을 쓰고 나면 다른 이름들이 술술 기억날 것이다. 누가 이 명단을 볼까 봐 걱정된다면 쓰지 않아도 좋다.

◆ 핵심 정리

- 우리가 누구에게 상처를 주었으며 어떻게 하나님이 그 상처를 회복시켜 주실 수 있는지 살펴봐야 한다.

- 우리에게 상처를 준 사람들의 명단은 쉽게 떠오를 것이다. 하지만 8단계에서는 우리가 상처를 준 사람들의 명단을 만들어야 한다.

- 삭개오는 예수님과 사랑의 관계를 맺고 나면 사람들에게 해를 끼칠 수 없다는 사실을 깨달았다.

2.
내 잘못을 바로잡기로
결단하기

해를 끼친 사람들의 목록을 만들었다면 이제 해결해야 할 어려운 문제가 있다. 즉 자기 잘못을 바로잡겠다는 마음을 자발적으로 가져야 한다. 예수님은 집에 가는 것을 조건으로 삭개오에게 잘못부터 바로잡으라고 명령하실 수도 있었다. 하지만 그렇게 하시지 않았다. 왜일까? 예수님은 삭개오가 자발적으로 변화되기를 바라셨음이 분명하다. 예수님은 순종을 강요할 마음이 없으셨다.

잘못을 바로잡겠다고 자발적으로 결심하려면 극복해야 할 장애물이 있다. 장애물이 없었다면 우리는 이미 결심했을 것이다. 애초에 사람들에게 상처를 주지도 않았을 것이다. 주된 장애물이 무엇이며 이를 극복하기 위해서는 무엇이 필요한지 살펴보자.

장애물 1: "그들은 용서받을 자격이 없어"

우리가 아무 잘못도 없는 사람에게 상처를 주는 경우도 있다. 그런 경우에는 100퍼센트 우리의 잘못이다. 하지만 그런 경우는 많지 않다. 우리가 상처를 입힌 사람들은 대개 우리에게 상처를 준 사람들이기도 하다. 우리는 워낙 합리화를 잘하기 때문에 대개 우리가 더 큰 피해자처럼 보인다. 자기 고통 때문에 마음이 냉담해지기 쉽다.

삭개오는 깨달음을 얻었지만 주변 사람들은 변하지 않았다. 그들은 여전히 삭개오가 예수님의 관심을 받을 자격이 없다며 화를 내고 있다. 흥미롭게도, 맹인의 눈을 뜨게 하시고 나병 환자를 깨끗하게 해 주셨던 예수님이지만 삭개오의 몸은 고쳐 주시지 않았다. 여전히 삭개오는 장애인 차별과 영적 배타주의의 피해자다. 하지만 삭개오는 자신이 예수님의 방문을 받을 자격이 없음을 알고 있었다. 그래서 다른 사람들이 보상받을 자격을 갖출 때까지 자신의 변화를 미루지 않았다.

〈용서받지 못한 자〉라는 어두운 영화의 결말에서 클린트 이스트우드는 진 해크만에게 말했다. "자격은 용서와 아무 상관이 없네." 용서와 은혜가 완벽한 자격을 갖춘 사람에게만 주어진다면 당신과 나는 매우 곤란할 것이다. 다른 사람들의 도덕적 상태를 판단하는 일은 우리가 아니라 하나님의 일이다.

자기 잘못을 바로잡기로 결심하려면 관점이 변화되어야 한다. 지금 우리는 '우리의' 집을 청소해야 한다. 다른 사람들의 집 청소에 대해서는 신경을 꺼야 한다. 집 청소는 우리와 하나님 사이의 일이다. 우리는 우리의 집, 곧 우리의 마음, 우리의 태도, 우리의 잘못, 우리의 독한 말을 청소해야 한다.

이상하게도 자기 잘못을 바로잡기로 결심하면 다른 사람들이 자격을 갖춘 듯 보인다. 삭개오의 경우, 전에는 돈벌이 수단이었던 주변 사람들이 이제는 대우와 베풂을 받아 마땅한 존재로 보이기 시작했다. 그의 내면이 변했기 때문이다.

내 친구가 가족과 불화를 겪고 있었다. 그의 가족들은 좋은 사람들이었지만 그는 분노와 자기방어적인 생각으로 냉담했다. 어느 날, 오랜만에 손자가 찾아와 그의 품으로 달려왔다. 손자는 그를 껴안고 "할아버지!"라고 불렀다. 순간, 그의 마음이 녹아내렸다. '내가 지금까지 뭘한 거지?' 그는 가족에게 사과하고 자기 잘못을 바로잡기로 마음먹었다. 그러고 나자 가족이 다르게 보이기 시작했다.

장애물 2: "내 잘못을 인정하는 것은 너무 굴욕적이야"

굴욕감은 잘못을 바로잡기 전에 흔히 느끼는 감정이다. 하지만 이상하게도 잘못을 바로잡은 뒤에는 자신이 낮아지는 것이 아니라 오히려 높임을 받는다.

실제로, 자기 잘못을 바로잡으면 막대한 힘이 생긴다. 밥(Bob) 박사는 알코올 중독자 갱생회의 공동 창립자다. 그는 수년간 옥스퍼드 그룹에 있었기에 하나님과 성경에 관해서 잘 알았다. 하지만 못 말리는 술꾼이었다. 빌 W.를 만난 그는 희망을 품기 시작했고 드디어 술을 끊었다. 하지만 예전에 자주 술을 마셨던 곳에서 모임이 열려 그곳에 갔다가 잔뜩 취하고 말았다.

아내와 빌 W.는 밥이 돌아올 때까지 긴장하며 기다렸고, 그가 다시 술을 마신 것을 알고 낙심했다. 그는 다시 해독 작업을 했다. 빌 W.는 그를 병원에 데려가 예약되어 있던 수술을 받게 했는데, 그가 너무 심하게 몸을 떨어서 신경 안정제로 맥주를 주었다. 수술 뒤에 밥은 몇 시간 동안 집에 돌아오지 않았다. 그의 아내와 빌 W.는 다시 걱정하며 기다렸다.

몇 시간 뒤 밥은 집에 돌아왔다. 수술 후 삭개오처럼 깨달음을 얻은 밥 박사는 자신이 해를 끼쳤던 사람들을 만나고 온 것이었다. 자신이 빚을 갚지 않은 채무자들. 자신이 실망시켰던 환자들. 자신이 속였던 직원들. 밥은 그들을 찾아가 사과하고 잘못을 바로잡기 시작했다.

그날 그는 새로운 힘을 얻었다. 그 맥주가 그가 마지막으로 마신 술이었다. 그의 도움으로 술을 끊은 알코올 중독자는 5천 명이 넘는다.[1] 그날 그의 집에 구원이 임했다. 자기 잘못을 바로잡는 일은 굴욕적인 일로 보이지만 사실은 내적 힘과 자기 존중감의 표현이다.

장애물 3: "내 잘못과 상관없이 하나님은 나를 용서하셔"

용서받는 것과 책임을 면하는 것은 다르다. 그런데 두 가지를 혼동하는 사람들이 있다. 누군가의 용서를 구한다면 자신이 용서받아야 한다는 점을 인정하고, 이제 해롭고 파괴적인 행동을 하지 않기로 결단하는 모습을 보여야 한다.

자기 잘못을 바로잡는 것은 용서받을 때 꼭 필요하다. 이는 하나님이 우리를 용서하고 싶지 않기 때문이 아니다. 하나님은 언제라도 용서를 베풀 준비를 하고 계신다. 하지만 자기 잘못을 바로잡는 것과 용서를 받는 것은 하나로 연결되어 있다. 자기 잘못을 바로잡을 마음이 없다면 사실 용서를 받을 마음이 없는 것이다. 그냥 고통을 피하고 싶을 뿐이다.

삭개오 이야기에서 다른 결말을 상상해 보자. 사람들이 죄인과 식사를 하는 예수님을 비난할 때 삭개오가 이렇게 말한다고 해 보자. "행위가 아니라 은혜로 구원을 받는다니 얼마나 놀라운가! 이제 나는 하나님과 관계가 좋아. 물론 내가 완벽하지는 않지. 단지 용서를 받았을 뿐이야. 하지만 나는 당신들이 내 키와 내 일에 대해 나쁜 말로 쑥덕거리는 걸 다 알고 있어. 당신들에게 줄 저녁 식사는 없어!" 그가 이렇게 말했다면 "오늘 이 집에 구원이 임했다"라고 과연 예수님이 말씀하셨을까? 잘못을 바로잡기로 결심했기 때문에 삭개오가 구원을 받은 것은 아니다. 그런 마음을 품은 것 자체가 구원의 증거다.

장애물 4: "보상할 능력이 없어"

여기서부터 삭개오의 이야기는 정말 재미있어진다. 구약의 법에 따르면 그는 사취한 것의 120퍼센트(원금+20퍼센트)를 갚아야 했다. 그런데 그는 자진해서 400퍼센트로 올렸다. 게다가 전 재산의 50퍼센트를 사람들에게 나눠 주겠다고 약속했다. 이는 전 재산에서 13퍼센트만 부당한 방법으로 형성했다 해도 배상액을 감당할 수 없다는 뜻이다. 켄 베일리는 당시 사람들이 그의 진심을 이해하도록 삭개오가 과장해서 말했다고 주장한다.[2] 그럴지도 모른다.

하지만 더 중요한 사실은 따로 있다. 이제 삭개오는 하나님의 풍성한 돌보심을 믿고 행동하고 있다. 우리는 그냥 항복하는 것이 아니다. 참새를 먹이시고 백합화를 입히시는 예수님의 아버지이신 하나님께 항복한다. 우리의 자원만 가지고 살면 항상 부족하다고 느낄 수밖에 없다. 그러면 내 것을 나누거나 온전히 용서하는 일은 불가능하다. 하지만 하나님의 돌보심 아래서 살면 아낌없이 베풀 수 있다. 하나님의 정의에 관한 약속을 믿으면 용서할 수 있다.

내가 아는 사람은 부동산 사기로 많은 사람들에게 재정적 손해를 끼치고 감옥에 들어갔다. 거기서 예수님을 만났다. 출소한 그는 죗값을 다 치렀기 때문에 법적으로는 피해자들에게 돈을 갚을 의무가 없었다. 하지만 수년 동안 열심히 돈을 벌고 허리띠를 졸라매서 빚을 다 갚았다. 그는 삭개오의 길을 걸었다. 잘못을 바로잡는 동안 금전적으로 쪼들렸지만 깨끗한 삶에서 오는 기쁨은 귀했다.

자기 잘못을 바로잡겠다는 결심은 우리 힘으로 다 보상할 수 있다는 자신감에서 비롯되지 않는다. 우리에게는 하나님이 계시며, 그분이 우리에게 필요한 모든 것을 공급해 주시기 때문이다.

장애물 5: "그렇게 하고 싶지 않아"

때로 사람들은 자기 잘못을 바로잡으라는 말에 "그러고 싶지 않다"라고 반응한다. 하지만 원하느냐 원치 않느냐는 별로 중요하지 않다. 이 단계의 목적은 자기 잘못을 바로잡기를 '원하는' 것이 아니다. 잘못을 바로잡기로 결심하는 것이며, 결심은 원함의 문제가 아니다.

어느 작가는 결심이 손님맞이와 비슷하다고 말한다. 추수감사절에 일가친척이 모인다. 에바 이모도 찾아온다. 당신은 에바 이모가 오는 것을 '원하지' 않았다. 이모는 까다롭고 심술궂은 사람이다. 그래도 당신은 이모를 '맞이할' 수는 있다. 이모에게 자리와 먹을 것을 내줄 수 있다.

자기 잘못을 바로잡고 싶은 마음이 들지 않을 수는 있지만 그렇게 하기로 마음먹을 수는 있다. 이것은 의지의 행위이기 때문이다. 이것이 성경에서 이 행위를 굳이 명령하는 이유다. 삭개오 이야기에서 볼 수 있듯이 이 명령은 구약 시대로, 이스라엘 역사 속으로 거슬러 올라간다. 고대 세계 전역에 비슷한 법이 있었다.

우리는 지혜를 범주화할 때가 많다. 즉 세속의 법 시스템은 정의를 세우고, 상담사는 관계 회복법을 가르쳐 주고, 종교는 하나님 앞에 올바로 서는 법을 알려 주기를 기대한다. 하지만 진정한 인간 번영의 상태(성경 언어로 '샬롬')에서는 모든 지혜가 연결되어 있다. 이웃에게 잘못하고 이를 보상하려 할 때 하나님께도 속건제를 드렸던 이유가 바로 그 때문이다. 이웃에게 끼친 잘못은 곧 그 이웃을 지으시고 사랑하시는 하나님께 끼친 잘못이기 때문이다.

내 잘못을 인정하고 바로잡으려 하면 대개 관계는 회복된다. 내가 상대방을 변화시키려 한 것도 아닌데, 내 잘못을 바로잡으려고 노력하면 대개는 관계가 저절로 회복된다. 때로는 전보다 더 깊은 친밀함이 싹트기도 한다. 여기서 끝이 아니다. 내 잘못을 바로잡는 것은 은혜를 누리는 수단이기도 하다. 바로, 나 자신이 변화되기 때문이다. 내 잘못을 바로잡으면 내 행동을 상대방의 시각에서 보게 된다. 그렇게 되면 다시는 이전처럼 남에게 해를 끼칠 수 없다.

장애물 6: "내가 피해를 준 사람은 없는 것 같아"

잘못을 바로잡는 문제에 대해 이렇게 제안한 책이 있다. "나는 아무에게도 피해를 입히지 않았을 것이라는 생각을 거부하라. … 내가 아무에게도 해를 끼치지 않았다고 생각한다면 그것은 그 일을 일부러 잊어버렸기 때문이다."[3] 용서받을 일이 없을 만큼 좋은 사람도 없고, 용서받을 수 없을 만큼 나쁜 사람도 없다.

잘못을 바로잡는 것에 관한 가이드라인이 *Medieval Handbooks of Penance*(회개를 위한 중세 안내서)에 정리되어 있다. 사제들을 비롯한 교회 지도자들은 타락한 인간들이 서로 간의 문제를, 그리고 하나님과의 문제를 바로잡아 샬롬을 회복시킬 방법을 찾으려 고민했다.

옛사람들은 주로 이런 식으로 회개를 유도했다. "형제님, 저도 죄인이니까 형제님의 죄를 고백하는 것을 부끄러워하지 마십시오. 어쩌면 제가 형제님보다 더 나쁜 행동을 했을지도 모릅니다. 죄를 짓는 것만이 아니라 죄를 고백하지 않는 것도 인간의 습관적인 잘못입니다. 따라서 반드시 죄를 고백해야 합니다." 그러고 나서 이런 놀라운 조언을 했다.

> 고백하는 사람이 부끄러워하면 사제는 다시 이렇게 말해야 한다. "사랑하는 형제님, 혹시 잘못이 생각나지 않습니까? 그렇다면 제가 질문을 던지지요. 마귀의 꾐에 넘어가 조금이라도 거짓으로 대답하지 않도록 조심하십시오." 이제 사제가 순서대로 질문한다. "살인을 저지르셨습니까?" "사람의 팔이나 다리를 잘랐거나 사람의 눈을 도려냈거나 사람의 몸에 상처를 입혔습니까?" "이 세상의 탐욕이나 강요로

인해 위중한 적이 있습니까?" "도둑질을 했습니까?"[4]

고대 세상은 무서운 곳이었다. 한편, 우리는 모든 사람에게 주시는 하나님의 은혜를 망각하곤 한다. 혹시 감방에 앉아서 이 글을 읽고 있는가? 혹시 살인을 저질렀는가? 물건을 훔쳤는가? 누군가를 때려서 불구로 만들었는가? 당신이 어떤 짓을 저질렀든 용서받을 수 있다. 그리고 당신이 아무런 죄를 짓지 않았다고 생각하더라도 용서받을 필요가 있다.

위의 책은 분노 때문에 벌어진 잘못을 어떻게 바로잡을지도 알려준다. "분노 때문에 가혹한 말은 했으나 실제로 해를 끼치지 않은 사람은 그 형제에게 배상하고 특별 금식을 해야 한다." "얼굴이 창백해지거나 붉어지거나 목소리가 떨리는 식으로 (분노를 표출)하되 말은 하지 않았다면 하루 동안 빵과 물만 먹어야 한다."[5] 공격적인 말이나 행동으로, 혹은 냉랭함으로 화를 크게 표현했던 순간들이 생각나는가?

자기 잘못을 바로잡을 마음을 갖지 못하게 방해하는 이런 장애물은 건강을 방해하는 장애물이기도 하다. 스탠퍼드대학교 신경과학자 애나 렘키는 은폐하고 부인하는 삶을 살면 뇌의 보상 경로 부분이 인생 이야기를 서술하고 판단력을 발휘하는 대뇌 피질의 상위 부분에서 단절된다고 말한다. 회개하고 잘못 바로잡기를 거부하면 계속해서 어둠 속에 갇혀 있게 된다. 청교도 존 오웬은 이렇게 말했다. "사람들은 자신의 상처를 제대로 치료하지 않는다."[6] 장애물을 깨기로 마음먹으면 뇌가 재배치되고 영혼이 회복된다.

☞ 실천하기

자기 잘못을 바로잡기로 결심하라

내가 상처 입힌 사람들의 명단을 만들고 잘못을 바로잡기로 결심한 것에 관해 문답을 해 보자.[7]

상처 입힌 사람들의 명단을 작성했는가?

- 당신이 상처 준 사람들의 이름을 모두 적으라.
- 당신이 사람들에게 했던 해로운 행동을 적으라.
- 인격적 결함(각 상처 이면에 있는 탐욕, 과시, 기만, 시기, 원망, 냉담, 허영, 게으름 등)을 적으라.
- 이 질문에 답하라. "상대방에게 한 잘못을 바로잡기로 결심하겠는가?"(그렇다/아니다/어쩌면)

해를 끼친 모든 사람의 이름을 다 기록해야 할까?

- 그렇다.

그들이 어디에 있는지 모른다면?

- 상관없다. 이것은 어디에 있는지를 아는 사람들의 목록이 아니다.

내가 그들에게 준 상처보다 그들이 내게 준 상처가 더 많다면?

- 우리는 모두 여섯 살 때부터 이런 생각을 해 왔다. 하지만 이런 생각은 도움이 되지 않는다. 우선, 당신은 객관적일 수 없는 입장이다. 설령 그들이 당신에게 실제로 더 많은 상처를 주었다

해도 잘못을 바로잡는 과정에서 당신의 초점은 바로 당신이 한 잘못이다. 지금 당신은 그들의 집이 아니라 당신의 집을 청소하는 중이다.

그들이 용서받을 자격이 없다면?
- 하나님이 그 질문을 당신에게 던지신다면?

내가 한 사람에게 여러 번 상처를 주었다면?
- 모든 사건을 다 적으라. 몇몇 이름이 여러 사건에서 등장할 것이다. 구체적으로 확인하면 치유와 성장에 도움이 된다.

여전히 잘못을 바로잡기 싫거나 어떻게 해야 바로잡은 것인지 잘 모르겠다면?
- 다음 장으로 넘어가라.

◆ **핵심 정리**
- 우리가 상처를 입힌 사람들은 대개 우리에게 상처를 준 사람들이기도 하다. 자기 잘못을 바로잡기로 마음먹으려면 시각의 변화가 필요하다. 지금 우리는 다른 사람의 집이 아니라 우리의 집을 청소하고 있다.
- 자기 잘못을 바로잡을 마음이 없다면 진정으로 용서받을 마음이 없는 것이다. 그냥 고통을 피하고 싶을 뿐이다.
- 자기 잘못을 바로잡겠다는 마음이 저절로 생기기는 어렵다. 하지만 그렇게 하기로 결심할 수는 있다. 이것은 의지의 행위다.

3.
분노를 해결하고
용서하기

바리스타가 당신의 커피를 너무 늦게 만들어 줬다. 도로에서 어떤 운전자가 끼어드는 바람에 당신이 아끼는 셔츠에 커피를 쏟았다. 그 셔츠는 친구가 2년 전에 생일 선물로 준 옷이다. 그러고 보니 그 친구가 오늘 당신 생일을 잊었다. 성공해도 공을 인정받지 못할 프로젝트 때문에 일찍 출근하느라 오늘 아침 가족들에게 생일 축하도 제대로 받지 못하고 나왔다. 그런데 꾸물거린 바리스타 때문에 회사에 지각하게 생겼다. 속도를 올렸더니 룸미러에 빨간 경광등이 번쩍거리는 것이 보인다. 진짜 범인을 찾는 일은 안중에도 없고 그저 범칙금 할당량을 채우는 데만 급급한 경찰이 당신을 쫓아온다. …[1]

이런 시나리오에서 '용서'라는 단어를 떠올릴 수 있을까? 용서는 힘든 일이다. 그런데 필립 얀시는 말했다. "용서보다 유일하게 더 힘든 일은 용서하지 않는 것이다."[2]

오래전 내가 참여했던 한 소그룹에 신앙이 없는 젊은 여성이 있었다. 그녀의 남자 친구는 그녀를 학대했고 이기적이었으며 잔혹했다. 그녀는 상처를 고백하면서 말했다. "그 인간이 정말 미워요. 어디서 죽어 버렸으면 좋겠어요."

그 소그룹에는 전국을 다니며 성령 집회를 인도하는 그리스도인이 있었다. 그는 그 여성에게 권했다. "그 사람을 미워해서는 안 돼요. 용서는 선택이에요. 지금 용서하기로 선택할 수 있어요. 그 사람이 구원받기를 바라야 해요."

신앙이 없는 그 여성은 황당하다는 표정을 지었다. "그럴 수 없어요. 그 사람이 구원받는 건 절대 원치 않아요. 그러면 천국에 갈 거 아니에요? 저는 그 인간이 지옥에서 영원히 썩었으면 좋겠어요."

자기 잘못을 바로잡는 과정에서 우리는 자신의 분노와 씨름해야 한다. 우리가 누군가에게 상처를 주는 것은 대개 그에게 상처를 입었기 때문이다. "그녀는 나를 모욕했어." "그가 바람을 피웠어." "부모가 나를 방치했어." "부모가 나를 학대했어." "상사는 내 수고가 당연하다고 생각해." "친구가 나를 배신했어." 용서가 주는 자유는 어떻게 얻을 수 있을까?

에버렛 워딩턴은 용서에 관한 세계적 권위의 연구자로 버지니아 카먼웰스 대학교 명예교수다. 몇 십 년간 그는 용서에 관한 로드맵을 만들었다. 이번 장은 그 로드맵을 바탕으로 한다. 이 로드맵은 단순한 학문적 로드맵이 아니다. 그가 *To Forgive Is Human: How to Put Your Past in the Past*(인간은 용서한다: 당신의 과거를 과거에 두는 법)[3]이라는 원고를 출판사에 보내고 나서 일주일 뒤, 집에 침입한 괴한에게 어머니가 살해당했다. 고통에 **빠진** 그는 자신이 쓴 원고 내용을 직접 증명해 보여야 했다.

워딩턴은 용서를 두 가지 유형으로 구분한다. '결정적 용서'(decisional forgiveness)는 복수하지 않고 상대의 잘못을 마음에 두지 않기로 동의하는 것이다. 이런 용서는 "미안, 네가 좋아하는 도넛을 내가 먹었어"와 같은 작은 잘못에 통한다.

하지만 더 강력한 용서, 마음을 변화시키는 용서는 '감정적 용서'(emotional forgiveness)다. 용서하지 않음은 분노, 두려움, 원망, 상처가 뒤섞인 독한 감정의 칵테일이며, 이것은 신경 화학적으로 온몸에 퍼진다. 이런 감정을 공감과 연민, 겸손과 사랑으로 대체해야 한다. 감정적 용서는 자기 의지만으로는 하기 힘들다. 이런 용서를 하려면 다섯 가지 작업을 해야 하고, 상처가 깊을수록 용서의 과정은 더 오래 걸린다.[4]

기억하라

첫 번째 작업은 상처를 기억하는 것이다. 루이스 스미즈는 용서와 상관없는 상처는 세 가지 특징이 있다고 말한다. 그 상처들은 '개인적이고'(날씨 때문에 화가 날 수는 있지만 날씨를 용서할 수는 없다) '불공평하고'(누가 테니스 시합에서 나를 이기면 마음이 아프지만 그가 내 아내가 아닌 이상 내게 사과하리라 기대할 수 없다) '거리가 먼'(8개 이하 물품 계산을 위한 **빠른** 계산대에 섰는데 내 앞에 서 있는 사람의 카트에 물품 11개가 들어 있으면 짜증이 날 수 있다. 하지만 내가 넓은 아량으로 "당신을 용서합니다"라고 말해도 그와의 관계가 좋아질 일은 없다) 것이 특징

이다.[5]

따라서 마음이 상했다면 어떤 일 때문인지 확인해야 한다. 사실 쉬운 일은 아니다. 크리스티 테이트는 회고록 《지나친 고백》에서 갈등을 피하고 화를 삭이는 성격 탓에 진정한 관계를 맺기 어려웠다고 고백한다. 그녀의 상담사는 이런 성격을 버려야 한다고 계속 잔소리했다. 상담사에게 짜증이 난 그녀는 그의 음성 메일에 욕을 해 버렸다. 다음 그룹 치료 모임에서 상담사는 음성 메일을 공개하고 분노를 표현한 그녀를 칭찬했다. 그녀는 분노를 인정하는 법을 배우고 있고, 우리도 그래야 한다. 하지만 여기서 끝이 아니다.

용서하려면 프로이트가 추천했던 감정적 분출을 넘어서야 한다(워딩턴은 "프로이트는 틀렸다"고 말했다.[6]). 감정적 분출을 넘어 상황을 깊이 이해하고 더 건강한 반응으로 나아갈 때만 상처를 기억하는 것이 도움이된다. 따라서 탐사 보도 기자나 탁월한 역사가가 사건을 연구하는 방식으로 상처를 기억해 내야 한다. 감정을 치워 놓고 최대한 차분한 상태에서 자신의 경험을 솔직하고 객관적으로 살펴보아야 한다.

창세기는 깨진 형제 관계를 이야기한다. 질투심에 사로잡힌 형들이 요셉을 노예로 파는 장면에서 갈등은 최고조에 달한다. 형들에게 배신당했을 때 요셉이 얼마나 큰 고통과 분노를 느꼈을지 상상해 볼 수 있다. 하지만 창세기 기자는 형들의 죄만 지적하지 않는다. 요셉은 아버지가 편애하는 자식이었다. 그는 특별한 옷을 입었다. 그는 아버지의 사랑을 받지 못하는 형들, 즉 아버지의 첩들이 낳은 아들들의 잘못을 고자질했다. 자신이 형들을 다스릴 것이라는 꿈을 떠들고 다녔고, 형들은 그 꿈에 분노했지만 그는 눈치 없이 더 거창한 두 번째 꿈을 자랑했다.

요셉은 자신이 받은 상처를 생각했을 것이다. 형들의 잘못된 행동을 그냥 잊어버릴 수는 없었을 것이다. 하지만 그가 솔직하다면 형들의 분노 이면에 있는 그들의 상처를 알아보고, 아버지가 불공평했으며 자신도 형들의 고통에 일조했다는 점을 인정할 수 있었을 것이다. 이는 두 번째 작업으로 이어진다.

공감하라

내게 상처를 준 사람에게 공감하려면 그의 입장이 되어 봐야 한다. 분노는 이 단계를 피하게 만든다. 분노 때문에 "무조건 내가 피해자다"라고 주장하기 때문이다. 분노는 사람들을 친구와 적, 선과 악으로 나눈다. 하지만 어느 날 아침 갑자기 "오늘은 끔찍한 짓을 저질러야겠어"라고 말하는 사람은 거의 없다. 대개 사람들이 뭔가를 할 때는 나름의 이유가 있다. 분노와 자기연민은 사건에 관한 기억을 왜곡해서 나는 피해자이고 상대방은 악인이라는 생각을 강화한다.

내게 상처를 준 사람에게 공감하려면 그를 이해하려고 해야 한다. 그의 진짜 생각과 목표는 무엇이었을까? 내게 상처 준 사람도 대개는 큰 상처로 괴로워하고 있다. 그다음에는 그에게서 '나 자신'을 봐야 한다. 내가 비슷한 행동을 했던 때를 기억해야 한다. 궁극적으로는 그에게 연민을 느끼려고 해야 한다.

감정적인 용서를 하려면 상대방을 다르게 생각해야 한다. 분노는 이것을 거부한다. "무조건 내가 피해자다." 미움을 계속 품고 있으면 심장마비에 걸려 진짜 피해자가 될 수 있다.

트라우마는 감정을 관장하는 뇌의 해당 부분을 크게 바꾸기 때문에 뇌를 다시 프로그래밍해야 한다. 그러려면 내게 잘못한 사람의 시각에서 상황을 되돌아봐야 한다. 요셉도 형들의 입장에 서 보기 위해 노력했을지 모른다. 아버지의 사랑을 받지 못하는 상황. 아버지에게 계속 혼나고 차별당하는 상황. 요셉은 형들이 잘못 행동하기도 했지만 그 행동이 상처에서 비롯되었다는 사실을 이해하게 되었을지 모른다.

이런 자각의 궁극적인 모습은 십자가에 달리신 예수님에게서 볼 수 있다. 십자가에서 예수님은 "자기들이 하는 것을 알지 못함이니이다"라며 자신을 십자가에 못 박은 자들을 용서해 달라고 하나님 아버지께 요청하셨다(눅 23:34).

용서를 선물로 여기라

공감은 꼭 필요하지만 그것만으로는 충분하지 않다. 내게 잘못한 사람을 이해하고도 그를 용서하지는 않을 수도 있기 때문이다. 그래서 또 다른 과정이 필요하다.

어떤 사람들은 스스로를 위해 가해자를 용서해야 한다고 주장한다. 그래야 더 건강하고 행복해진다고 한다. 이것은 '유익에 기반한 용서' 혹은 '치료를 위한 용서'라고 할 수 있다. 물론 용서가 우리에게 유익한 것은 사실이며, 그런 유익을 바라는 것은 잘못이 아니다. 하지만 워딩턴은 가장 오래가며 심오한 용서는 가해자에게 선물로 주는 이타적인 용서라는 사실을 발견했다. (심지어 가해자가 회개하지 않은 경우에도 그러했다!)[7]

공감에 더해서 필요한 요소는 '겸손'이다. 겸손해질 때 우리와 가해자가 다르지 않다는 사실을 알 수 있다. 우리도 용서받아야 할 사람들이다. 나는 누군가를 험담한 적이 있다. 사실 그는 겸손하고 인품이 좋은 사람이었다. 내가 험담했음을 그가 알았을 때, 나는 몹시 당황했다. 하지만 그가 나를 용서하면서 해 준 말은 따뜻했고 은혜로우면서도 진정성이 있었다. 20년이 지난 지금도 그때 느꼈던 수치감과 안도감과 감사함이 생생하다. 그 일을 기억할 때면, 내게 잘못하는 사람들을 나도 용서해야 한다는 마음이 든다.

《레미제라블》에서 수배자 장발장은 마리엘 주교의 은식기를 훔친다. 경찰이 장발장을 잡아오자 주교는 선물로 준 것이라며 은촛대까지 그에게 준다. 주교는 장발장의 영혼은 하나님을 위해 "다시 사신바"(bought back) 되었다고 말해 준다. 그때부터 장발장은 용서하는 자가 된다. 기분 좋아지려고 용서하는 것이 아니다. 겸손하기 때문에 용서하는 것이다. 이제 그는 '뭔가를 얻기 위한 망각'(for-get-ting)이 아니라 '내주기 위한 용서'(for-give-ing)를 실천한다.[8]

용서하기로 공개적으로 선언하라

우리 마음은 수시로 오락가락한다. 누군가를 용서하고 나서 그 용서를 의심한다. 스트레스를 받거나 가해자를 다시 보거나 나중에 비슷한 방식으로 상처를 받으면 진정으로 용서하지 못했다는 기분이 든다. 따라서 공개적이고 가시적이며 실제적인 행동으로 용서를 확정하면 도움이 된다. 결혼식에서 공개적으로 혼인 서약을 하듯 말이다.

요셉은 많은 세월이 흐른 뒤 애굽 궁중에서 형들을 만났을 때 그렇게 행동했다. 형들을 껴안고 입을 맞춘 뒤 왕실의 다른 애굽인들이 듣도록 큰소리로 울었다. 형들의 고통을 보지 못했던 어린 시절과는 달리, 지난 잘못으로 인해 괴로워하지 말라고 형들에게 말해 준다. 그는 형들이 평생 기억할 수 있도록 용서를 공개적으로 선언했다. 학자인 마이크 우드러프는 요셉의 은혜로운 행위는 "용서가 문학에 처음 기록된 사례다"라고 말했다.[9]

가해자와 화해할 수 없을 때도 그를 용서해야 한다. 가해자가 사망했을 수도 있고 서로 연락을 안 할 수도 있다. 가해자에게 연락을 취하는 것이 위험할 수도 있다. 그럴 때에도 용서를 공개적이고 실제적으로 표현하는 것이 도움이 된다. 가해자를 용서한다는 증서를 쓰는 사람도 있다. 용서해야 할 일을 종이에 쓴 다음 불태우거나 십자가에 못 박는 사람도 있다. 실제로 보내지는 않지만 가해자에게 용서의 편지를 쓰는 이들도 있다.

용서의 마음을 굳건히 유지하라

복수할 권리를 포기하는 것도 우리의 뜻을 포기하는 것과 비슷하다. 우리는 이 권리를 하나님께 드리고 나서도 되찾기를 반복한다. 누군가를 용서했지만 그의 잘못이 기억나면 상처가 다시 도질 수 있다. 하지만 과거가 기억나서 그때의 아픔을 잠시 느끼는 것과 복수와 미움의 굴레 속으로 다시 들어가는 것은 다르다.

어쨌든 용서는 한 차례로 끝나는 경우가 드물다. 다시 용서하면서 용서를 더욱 확고히 하는 일종의 '보수 관리 프로그램'이 필요하다. 용서하는 사람이 되고 싶다는 사실을 계속해서 다시 기억해야 한다. 내가 용서받은 일을 기억해야 한다. 마음을 다해 주기도문을 드려야 한다. "우리가 우리에게 잘못한 사람을 용서하여 준 것같이 우리 죄를 용서하여 주시고."

요셉의 이야기에서 용서를 굳건히 하는 행위는 창세기의 절정을 장식한다. 요셉의 아버지 야곱이 세상을 떠났다. 요셉에게 용서를 받은 지 17년 이상 지났음에도 형들은 아버지의 죽음과 함께 요셉의 용서도 무효가 될까 두려웠다. "요셉이 혹시 우리를 미워하여 우리가 그에게 행한 모든 악을 다 갚지나 아니할까"(창 50:15).

형들이 다시 용서를 구하자 요셉은 흐느꼈다. 그는 하나님이 자신의 상황을 선하게 사용하셨다는 점을 상기시켰다. 그러면서 "간곡한 말로 위로"했다(창 50:21). 가인과 아벨에서 시작해서 노아의 아들들의 이상한 이야기를 지나 이삭과 이스마엘, 야곱과 에서, 서로 먼저 태어나기 위해 어머니의 태 안에서 다툰 베레스와 세라까지, 창세기 전체에 흐르는 형제간 갈등과 상처의 고통은 요셉의 용서로 마침내 치유된다. 슬프고도 아름다운 책인 창세기는 용서로 끝맺음된다. 말씀의 능력으로 세상을 창조하신 하나님은 용서의 능력으로 세상을 '다시' 창조하고 계신다.

🔊 실천하기

자신을 표현하는 글을 쓰라

깊은 상처나 트라우마를 안고 있을 때 효과적인 한 가지 방법은 '자기 표현적 쓰기'(expressive writing)를 하는 것이다. 크게 고통받은 사건이나 시기에 집중하라. 공책을 가져와서 아무것도 거르지 말고 그 사건에 관해 떠오르는 대로 20분 동안 쓰라. 이 사건에 관한 당신의 반응에 집중하라. 무엇을 느끼고 생각했는가? 20분만 하고 멈추라. 시간을 정해 놓지 않으면 마음이 너무 힘들 수 있다.

이 활동을 사흘간 연속으로 하라. 그러고 나서 이것을 하나님께 드리라. 이 이야기를 당신 인생이라는 더 큰 배경 속에 둘 수 있도록 하나님께 도움을 구하라. 네 번째 날에는 그 시기에 있었던 좋은 것들을 생각해 보라. 이 힘든 시기에 어떻게 성장하고, 어떤 의미를 찾고, 고통받는 다른 사람들을 어떻게 돕고, 어떻게 더 큰 소망을 품게 되었는가? 지금은 어떤 객관적인 시각을 얻었는가? 가해자에 대한 진정한 연민, 용서를 선물로 여기는 겸손은 어떻게 얻었는가?

그러고 나서 이 일을 십자가가 중심에 있는 하나님의 이야기라는 더 큰 이야기 속에 두라. 예수님은 그분의 죽음을 예배의 중심으로 기억하라고 제자들에게 명령하셨다. 예수님이 겪으신 일을 기억하라고 하셨다. 우리는 우리에게 상처를 준 사람이 비인간적인 괴물이 아니라 우리처럼 망가진 사람이며, 예수님이 그 사람을 위해서도 돌아가셨다는 사실을 십자가에서 기억한다.

마지막으로, 당신에게 상처를 주었지만 회개하지 않는 사람은 어떻게 해야 할까? '열두 족장들의 증언'(The Testaments of the Twelve Patriarchs)이라는 옛 유대교 문서에 이런 내용이 있다. "그대에게 죄를 지은 사람이 …
회개하고 죄를 고백하면 용서하라 … 그가 파렴치하게 계속 죄를 지어
도 그를 마음으로 용서하고 복수는 하나님께 맡기라."[10]

◆ **핵심 정리**

- 에버렛 워딩턴은 용서를 두 유형으로 구분한다. 결정적 용서와 감정적 용
  서가 그것이다. 감정적 용서(마음에서 우러나오는 용서)가 더 강력하다.

- 감정적 용서에는 다섯 가지 작업이 필요하다. 즉 상처를 (솔직하고 객관적으로)
  기억하고, 공감하는 방식으로 그 사건을 기억하고, 이타적인 마음으로 용
  서하고, 용서를 공개적으로 선언하고, 용서를 굳건히 해야 한다.

- 감정적 용서는 공감만으로 충분하지 않다. 우리도 용서받아야 한다는 사실
  을 인정하려면 겸손해야 한다.

내 잘못을 인정하고 바로잡으려 하면
대개 관계는 회복된다.
내가 상대방을 변화시키려 한 것도 아닌데,
내 잘못을 바로잡으려고 노력하면
대개는 관계가 저절로 회복된다.

9단계

보상: 피해를 책임지다

나는 가능한 한 그들에게 직접 보상했고, 그렇게 하는 것이
그들에게 해가 될 수 있는 경우는 예외로 했다.

여호와는 네게 복을 주시고

너를 지키시기를 원하며

여호와는 그의 얼굴을 네게 비추사

은혜 베푸시기를 원하며

여호와는 그 얼굴을 네게로 향하여 드사

평강 주시기를 원하노라.

- 민수기 6장 24-26절[1]

1.
피해 보상 계획 세우기

기억을 솔직하게 더듬어서 우리가 상처를 준 사람들의 명단을 만들었다. 우리는 자신의 잘못을 바로잡기로 결심했다. 그렇다면 자기 잘못을 바로잡는 것은 어떤 의미이며 어떻게 해야 하는가?

자기 잘못을 바로잡는 것은 뭔가 망가진 것을 회복하려는, 이 경우에는 관계를 회복하려는 노력이다. 탕자의 비유에서 둘째 아들은 집에 돌아왔고 아버지의 종으로 일하겠다고 말한다. 일부 주석가들은 용서를 은혜의 선물로 받아들이지 않고 집으로 들어올 권리를 노력으로 사려는 것은 교만이라며 탕자의 행동을 비판한다.

실제로 그럴지도 모른다. 하지만 탕자가 아버지 재산의 절반을 탕진했다는 사실을 기억하라. 탕자가 노동을 하겠다고 아버지에게 말한 것은 자기 잘못을 바로잡겠다는 시도였을 것이다. 그는 이기적인 욕심으로 탕진한 재산을 회복하려고 애쓰고 있었다. 자신이 초래한 피해를 복구하려고 했다.

은혜로운 아버지는 아들의 제안을 받아들이지 않았다. 하지만 아들의 태도를 기특하게 여겼을 것이다. 잘못을 바로잡는 것은 상대방에게 준 피해를 복구하려고 노력하는 것이다. 우리는 다른 사람에게 정서적으로, 육체적으로, 재정적으로, 사회적으로, 영적으로 피해를 입힌다. 본의 아니게 피해를 입힐 때도 있고 일부러 그럴 때도 있다. 일부러 피해를 주고 나서 실수한 척하면 더 큰 상처를 주는 꼴이다.

자기 잘못을 바로잡는 일은 힘들다. 내 친구가 자기 아내에게 하기 힘든 말을 꺼내려는 참이었다. "이 말을 하자니 손바닥에서 땀이 나요." 한 시간 동안 고백한 후에도 친구는 여전히 긴장한 상태였다. "이 말을 하자니 입이 바싹 마르네요." 그러자 아내는 농담처럼 말했다. "그러면 손바닥 땀으로 입을 축이는 게 어때요?"

우리는 (땀이 나지만) 마른 손 공동체다. 그래서 우리는 할 수 없다. 하지만 하나님은 하실 수 있다. 하나님께 도움을 요청해야 한다.

잘못을 바로잡고 배상해야 할 사람들을 네 범주로 나누면 도움이 된다. 〈지금〉, 〈나중에〉, 〈할 수도 있고 안 할 수도 있고〉, 〈하지 않음〉이 그 범주다.[1]

〈지금〉은 상대방이 나와 가까운 사람인 경우 혹은 위험 부담이 낮은 경우에 해당한다. 예를 들어, 우리가 이사를 했는데 전에 살던 아파트의 전기 요금 청구서가 계속 날아와서 짜증이 난 적이 있다. 아내는 전기 계약 해지를 잊은 것 아니냐고 나에게 물었다. 왜 그랬는지 모르겠지만 순간 나는 분명히 해지했다고 거짓말하고 전력 회사에 전화를 걸어 애꿎은 상담원에게 화를 냈다.

하지만 바로 제정신을 차리고 다시 상담원에게 전화를 걸어 사과했다. 이것은 쉬운 일이다. 서로 얼굴을 모르는 사이이기 때문이다. 아내에게도 곧바로 사과했다. 이것도 쉬운 일이었다. 내 아내는 용서를 잘해 주는 사람이기 때문이다. 〈지금〉의 경우, 자기 잘못을 바로잡으면 안도감이 들고 다음 범주로 나아갈 마음이 생긴다.

〈나중에〉 범주는 아직까지는 잘못을 바로잡고 싶은 마음이 들지 않는 경우다. 아직 상황을 정확히 몰라서 그 사람과 곧바로 대화를 시도하는 것이 도움이 되지 않기 때문이기도 하다. 피곤해서 심신이 허약해졌을 때도 일단 기운을 차리는 편이 나을 수 있다. 상대방이 멀리 살고 있는데 그를 직접 만나서 자기 잘못을 바로잡고 싶은 경우도 있다. 그런 경우에는 잘못을 바로잡아야 한다는 것을 알고 그럴 마음도 있지만 당장은 힘들다.

〈할 수도 있고 안 할 수도 있고〉 범주는 자기 잘못을 바로잡아야 할지 확실히 모르는 경우다. 상대방이 이 정보를 이용해서 남에게 상처를 줄 수도 있다. 혹은 상대방에게 이야기를 꺼내면 오히려 더 큰 상처가 될 수 있다. 그래서 판단이 서지 않는다.

고등학교 시절 나는 동성애자들에 관해서 함부로 말했다. 그런 행동이 신앙이나 사랑과 상충한다는 생각을 전혀 하지 않고 가혹한 말을 서슴없이 했다. 지금 돌아보면 고통스럽다. 내가 그렇게 했다는 것이 때로는 믿기지 않는다. 하지만 분명 내가 한 일이다. 세월이 흐르고 나는 이 일에 관해서 심한(그리고 마땅한) 죄책감에 시달렸다. 내 말을 들은 사람들 중 한 명이 동성애자라는 사실을 알게 되었다. 하지만 이제 와서 그에게 그 이야기를 꺼내고 싶지 않았다. '아주 오래된 일이야. 그는 기억하지 못할 거야. 지금 이 이야기를 꺼내면 오히려 더 상처를 줄 뿐이야.' 그렇게 합리화했다.

하지만 나는 그를 만나 그때 일을 이야기했고 그는 그 일을 기억하고 있었다. 내가 한 일을 분명히 말하고 용서를 구하려고 했지만 차마 입이 떨어지지 않았다. 하지만 다른 방법은 없었다. 피하고 싶은 일일수록 더 해야 한다.

〈하지 않음〉 범주는 서로가 껄끄러워하는 경우다. 옛 애인, 사업상 심한 의견 충돌을 빚었던 사람, 예전에는 가까웠지만 지금은 소원해진 사람이 그런 경우다. 물론 언젠가 찾아가서 내 잘못을 바로잡을 기회가 올 수는 있다.

하지만 찾아가서 잘못을 바로잡는 것이 좋지 않은 경우도 있다. 직접 찾아가면 그 사람이나 다른 사람들에게 상처가 되는 경우가 대표적이다. 내적 감정이 외적 피해로 이어지지 않은 경우도 그렇다. 나에게 이렇게 말하는 사람들이 있었다. "목사님께 용서를 구하고 싶어요. 목사님을 전혀 좋아하지 않았어요. 목사님 설교가 마음에 들지 않아요. 이전 목사님이 훨씬 더 좋아요. 목사님은 냉랭해 보여요. 설교할 때 너무 웃기려고만 하고요. 그래서 죄책감이 들었어요. 죄송하다는 말씀을 드리고 싶어요." 솔직함은 높이 평가하겠지만 지금 와서 이런 말은 내게 아무런 도움이 되지 않는다.

물론 가능하면 최대한으로 자신의 잘못을 직접 바로잡아야 하지만 가능하지 않을 때도 있다. 상대방이 위험한 사람인 경우도 있다. 폭력적인 사람에게 잘못한 일이 생각날 수 있다. 배우자를 상습적으로 폭행하는 사람은 일시적으로 뉘우칠 수 있지만 언제 또 폭력을 휘두를지 알 수 없다. 그런 상황에서 가정으로 돌아가 남편에게 복종하라고 권유한 목사의 말을 따랐다가 비극적인 일이 발생한 경우도 적지 않다.[2] 폭력적이거나 나를 학대했던 사람을 찾아가는 것은 지혜롭지도 영적이지도 못한 행동이다. 안전한 거리를 유지해야 한다.

한 여성이 친한 친구의 남편을 짝사랑했다. 잠깐 그러다 말았고, 그 여성은 더 이상 그 남자와 연락하지 않는다. 그런데 친구를 만날 때마다 죄책감이 밀려왔다. 그렇다고 해서 자기 잘못을 고백하고 바로잡으려고 하다가는 오히려 친구에게 상처를 주고 친구의 가정을 위태롭게 할 뿐이다.

상황을 지혜롭게 살핀 결과, 자기 잘못을 바로잡기가 불가능할 수 있다. 하지만 그런 경우에도 자기 잘못을 바로잡으려는 마음을 가져야 한다. 그래야 나중에 상황이 바뀌면 자기 잘못을 바로잡을 수 있다. 그렇게 되지 않더라도 상황이 복잡하다는 이유 뒤에 숨어서 자기만 억울하다는 생각으로 저항하면 안 된다.

무슨 말을 해야 할까: 잘못을 바로잡기 위한 가이드

자기 잘못을 바로잡으려 할 때는 무슨 말을 할지 미리 생각해 두는 것이 도움이 된다. 예수님의 이야기에서 탕자는 아직 먼 나라에 있을 때 아버지에게 할 말을 충분히 고민했다.

우선 "제 삶을 찬찬히 돌아보니 당신에게 잘못했다는 것을 알았어요. 제 잘못을 바로잡고 싶어요"라고 간단히 말할 수 있다. 그다음에는 어떻게 잘못을 바로잡을지 말해야 한다(훔친 돈을 갚겠다거나, 내가 퍼뜨린 헛소문을 바로잡겠다는 식으로). 상대방이 내 말을 들어 준다면 용서받을 기회일 수 있다. 하지만 그렇지 않을 수도 있고, 시간이 필요할 수도 있다.

중독 치료를 받는 중이라면 그 상황을 밝히는 것이 도움이 될 수 있다. "저는 중독자입니다. 중독 치료의 일환으로, 제가 잘못한 사람들을 찾아가 잘못을 바로잡아야 합니다. 당신에게도 제가 잘못한 일이 있습니다."[3]

내 잘못을 바로잡기 위해서 많은 대화를 했던 적이 있다. 힘들고 창피했지만 그렇게 하고 나니 자유가 찾아왔다. 내가 사용한 절차는 다음과 같다.

1. 내가 초래한 피해를 당사자에게 직접 말했다. 해명하지 않고 그냥 사실관계만 말했다.
2. 내가 당신의 입장에서 상황을 보려고 노력하기는 했지만 혹시 내가 더 알아야 할 것이 있다면 알려 달라고 말했다. 그러면 대개 상대방은 내가 미처 깨닫지 못한 일을 이야기해 주었다. 예를 들어, 내가 목표를 이루기 위해 사실을 왜곡했고, 그래서 나에 대한 신뢰가 깨졌다는 말을 들은 적이 있다. 이런 말을 듣기는 괴로웠지만 상황을 해결하는 데 도움이 되었다.
3. 내가 어떤 식으로 내 잘못을 바로잡고 싶은지 이야기했다.
4. 다른 조치가 더 필요한지 물었다.

일반적으로 잘못을 바로잡는 조치는 세 가지 중 한 형태를 띤다. 이 틀을 사용하면 어떤 식으로 자기 잘못을 바로잡을지 파악하는 데 도움이 된다.

- 해결: 해결해야 할 문제가 있는 경우. 탕자는 아버지와의 관계가 끊어졌고 그 고통을 해결하기 위해 집으로 돌아갔다.
- 배상: 원래 주인에게 돌려줘야 하는 경우. 삭개오가 할 직접적 조치는 속여 빼앗은 사람들에게 보상하는 것이었다.
- 회복: 망가진 관계를 좋았던 상태로 되돌려야 하는 경우. 호세아의 아내 고멜은 옛 생활을 청산하고 호세아와 다시 언약을 맺음으로써, 깨진 결혼 생활이 회복되었다.

간접적 조치와 삶을 통한 조치

직접적 조치를 할 수 없을 때는 다른 방법을 고려해야 한다.

간접적 조치는 우리가 상처를 준 것은 아니지만 여러 면에서 상처받고 취약한 사람들을 돕는 구속적 행동이다. 삭개오는 직접적 조치 외에도 재산의 절반을 가난한 사람들에게 나눠 주는 간접적 조치도 했다. 이 방법으로는 해를 당한 사람을 직접 돕지는 못해도 비슷한 상황에 처한 다른 사람들을 도울 수 있다.

삶을 통한 조치는 일회적 행동을 넘어선다. 이것은 자신이 고통스러웠던 영역에서 사람들을 돕는 데 삶의 많은 부분을 헌신하는 것이다. 내 아내의 지인 부부가 생각난다. 그 부부는 존경할 만한 사람들이다.

그들에게는 스물한 살 아들이 있었다. 그 아들은 공부도 잘하고 기쁨이 넘치고 활동적인 젊은이였는데 안타깝게도 헤로인에 중독되고 말았다. 아들이 재활센터에 들어가겠다고 말하기 전까지 이 부부는 아들의 중독을 전혀 모르고 있었다. 아들이 재활센터에서 나왔을 때 완전히 회복되었다고 생각했다. 하지만 재활센터에서 나온 첫날, 집을 나선 아들은 재활 모임에 가기 위해 우회전하지 않고 마약을 구하기 위해 좌회전했다. 재활 후 해독은 내성이 매우 낮다는 의미이고, 따라서 재활 전에 보통 사용하던 1회분 마약도 이제는 치명적일 수 있었다. 이 아들의 경우가 그랬다. 아버지는 어떤 일이 일어날지 직감했다. 그날 밤 경찰이 아들의 사망 소식을 알릴지도 모른다고 생각했고, 실제로 그 일이 벌어졌다.

부모는 죽은 자식을 되살릴 수 없었다. 그래서 아들의 이름으로 재단을 세웠다. 어머니는 어디든 찾아가 마약의 위험성과 자녀와의 대화의 중요성을 알린다. 아버지는 자기 아들의 목숨을 구하지 못했다. 하지만 다른 가정의 아들과 딸을 구함으로써 자신의 아들을 기념하고 고통을 구속할 수 있다.

삶을 통한 조치는 잘못을 바로잡는 것이 한 차례 이벤트만으로 충분하지 않음을 상기시켜 준다. 단순히 잘못만 바로잡는 것으로는 부족하다. 다른 사람들에게 상처를 덜 주도록 관계에서 성장해야 한다. 선한 영향력을 끼치는 사람이 되어야 한다. 사랑의 훈련을 해야 한다.

치유력은 자연의 경이다. 병코돌고래(bottlenose dolphin)의 재생 능력은 타의 추종을 불허한다. 인간이라면 목숨을 잃을 만큼 상어에게 심하게 물려도 살아남을 수 있다. 축구공 크기의 살점이 떨어져 나가도 한 달 만에 감쪽같이 재생될 정도다. 해양 연구가는 이렇게 말한다. "우리 바로 옆에 기적이 있음을 깨닫는 것이 가장 어렵다."[4] 자기 잘못을 바로잡으면 관계와 영혼 속에 새살이 돋아나는 치유의 기적이 일어난다.

☞ 실천하기

자기 잘못을 바로잡을 계획을 짜라

누구에게 어떻게 상처를 주었는지 구체적으로 생각해 보라. 누구에게 거짓말을 했는가? 누구의 물건을 훔쳤는가? 제3자에게 누군가를 험담해서 그의 평판에 흠집을 냈는가?

이제 이렇게 물으라. 내가 그 사람이라면 기분이 어떨까? 그는 어떤 피해를 입었는가? 내가 그의 상처를 진심으로 이해하고 상황을 바로잡으려 노력했다는 점을 어떻게 전달할 수 있을까?

어떤 조치가 적절할지 고민해 보라. 사과해야 할까? 이자를 붙여 배상해야 할까? 당신이 그 제3자를 찾아가 오해를 풀었다고 말하면 될까? 그런 조치를 취하기 힘든 이유는 무엇인가? 이 조치를 취하기 전인 지금은 어떤 기분인가? 조치를 취하고 나면 어떤 기분이 들까?

◆ 핵심 정리

• 자기 잘못을 바로잡는 것은 상대방에게 입힌 피해를 복구하려고 노력하는 것이다.

• 자기 잘못을 바로잡을 때 무슨 말을 할지 미리 생각해 두는 것이 좋다.

• 자기 잘못을 바로잡기 위한 조치에는 해결, 배상, 회복 등이 있다. 때로는 간접적 조치나 삶을 통한 조치가 적절할 수도 있다.

2.
관계 회복 기술
배우기

　남에게 해를 끼치는 우리의 능력은 그야말로 한계를 모른다. 내 잘못보다 다른 사람의 잘못이 훨씬 잘 보인다. 메리 카(Mary Karr)의 회고록 *The Liars' Club*(거짓말쟁이 클럽)에는 텍사스에 사는 작은할아버지가 나온다. 작은할아버지는 아내가 설탕에 너무 많은 돈을 쓴다는 이유로 부부싸움을 했다. 싸움 끝에 그는 톱으로 집을 잘랐고 집 절반을 천 평쯤 되는 땅의 반대쪽 끝으로 옮겼다. 그리하여 두 사람은 반토막 난 집에서 각각 살면서 40년간 반토막 난 결혼 생활을 했다.

　우리는 무엇에든 익숙해질 수 있다. 하지만 관계가 수천 번 타격을 받다 보면 결국 집을 톱으로 자르는 순간이 온다. 친구가 떠나간다. 동료가 더 이상 나와 어울리지 않으려고 한다. 한때 가까웠던 친척이 나 때문에 상처받았다고 하소연한다. 우리는 관계 회복의 기술을 배워야 한다. 이 기술은 큰 문제뿐 아니라 일상의 인간관계 갈등 해결에도 도움이 된다.

내 친구 릭은 잘못을 바로잡는 방법을 'CRAFT'(기술)로 설명한다. 곧 대화하기(Conversation), 기억해 내기(Recall), 사과하기(Apology), 용서하기(Forgiveness), 말하기(Talk)다.

대화하기

극도로 화가 날 때 우리는 감정의 홍수(flooding)를 경험한다. 감정이 홍수처럼 밀려오면 생각과 추론과 경청이 힘들어진다. 그때 다음 과정이 일어난다. 외부 세계에서 뇌로 들어오는 데이터가 충분한 감정적 자극을 일으키면 편도체는 그 데이터를 논리와 전략을 담당하는 피질이 아니라 변연계(투쟁 혹은 도망 반응 같은 본능적 행위를 통제하기 때문에 '도마뱀 뇌'로도 불리는 뇌의 부분)로 보내기로 결정한다. 홍수처럼 솟구치던 호르몬이 진정되고 피질이 다시 통제권을 가져오려면 15-20분이 걸린다.

그래서 화가 날 때 1에서 10까지 숫자를 세면 도움이 된다. 하지만 너무 화가 나면 밖으로 나가서 걷는 편이 좋다.[1] 대화를 시도하면 '홍수가 가라앉을' 수 있다. 대화는 현재 갈등을 빚고 있는 상황에도 도움이 되지만, 과거에 자기가 상처 준 일을 기억하고 잘못을 바로잡으려고 할 때도 도움이 된다.

감정의 홍수가 발생하면 제정신을 잃었다는 표현을 사용한다. 따라서 '자기 달래기'(self-soothing) 기술을 배워야 한다.[2] '달래기'는 응석받이처럼 자기 멋대로 해도 된다는 말로 들릴 수 있다. 하지만 이것은 자신을 아기로 대하는 것이다. 달래기는 우리가 하나님의 돌보심 아래에 있고, 우리가 세상을 통제할 필요가 없으며, 우리를 위한 하나님의 뜻에 다시 항복해야 한다는 사실을 상기시키는 것이다. 하나님의 말씀으로 흥분을 가라앉혀야 한다. 그렇게 하면 뇌도 따라서 진정된다. 제정신이 돌아온다.

우선, 적절한 어조와 절제된 감정으로 상대방과 대화해야 한다. 갈등이 최고조에 달했을 때는 특히 더 그래야 한다. 감정이 격한 상태에서 말하지 말고, 방어적 태도가 아닌 열린 태도로 상대방의 말을 경청해야 한다.

기억해 내기

기억해 내기는 훨씬 어렵다. 관계를 회복하려면 남에게 잘못한 일이 있을 때, 그 일을 그 사람의 관점에서 보려고 의식적으로 노력해야 한다. 분노로 일그러진 내 얼굴을 본 딸의 기분은 어땠을까? 동료의 아이디어를 훔치고 그 아이디어로 상사의 칭찬을 들었을 때, 그 동료의 기분은 어땠을까? 내가 다른 여자와 시시덕거리는 모습을 본 아내의 기분은 어땠을까?

우리의 기억은 그런 기억에 저항한다. 우리는 '자기 위주 기억 편향'(self-serving memory bias)을 경험한다. 대니얼 카너먼은 《생각에 관한 생각》에서 선택적으로 집중하고 기억하는 능력이 인간에 관한 두 가지 중요한 사실을 드러낸다고 말한다. "우리는 분명한 사실을 보지 못할 뿐 아니라 자신이 보지 못한다는 사실도 보지 못한다."[3]

신학자 미로슬라브 볼프는 크로아티아 공산 정권 아래서 갖은 고초를 겪었다. 그는 자신의 책 《기억의 종말》에서 말하기를, 잘못을 분명히 기억하되 복수하기 위해서가 아니라 온전히 용서하기 위해서 기억해야 한다고 한다. 기억해 내는 일은 "적들의 사이를 갈라놓는 깊고 어두운 협곡이 아니라 그들 사이를 이어 주는 다리"가 되어야 한다.[4] 그렇지 않으면 과거는, 니체가 말한 대로 "현재의 무덤 파는 자"가 된다.

여기서 주로 할 일은 자기중심적 기억에 의문을 갖는 것이다. 분노는 우리의 기억을 왜곡한다는 사실을 기억해야 한다. 우리는 마음을 열고, 질문을 던지고, 분노를 호기심으로 바꾸어야 한다.

사과하기

사과는 크게 두 종류로 나눌 수 있다. 첫 번째는 '가벼운 사과'라고 할 수 있다. 내 행동이 상대에게 좋지 않은 영향을 주긴 했지만 그를 다치게 할 의도는 없었을 때 하는 사과다. 비행기 안에서 누군가와 부딪히거나, 버스에서 실수로 누군가의 발을 밟았을 때 하는 사과다.

이런 예의 바른 사과는 사회를 매끄럽게 돌아가게 만드는 기름칠이며, 의도치 않았던 잘못에 대해서는 얼마든지 해도 괜찮다. 하지만 누군가에게 고의로 깊은 상처를 주었다면 이런 사과는 도움이 되기는커녕 오히려 2차 가해를 하는 셈이다.

《거짓말의 진화: 자기정당화의 심리학》은 경우에 맞지 않는 '가벼운 사과'를 소개한다.

"제가 섬기는 행정부에서 실수했을 가능성이 분명히 있습니다."

_ 헨리 키신저(1970년대 베트남, 캄보디아, 남미에서 미국 참전과 관련해 그가 전쟁 범죄를 저질렀다는 비난을 받고)

"실수가 있었다는 것을 압니다."

_ 제이미 다이먼, JP모건 체이스 CEO(정부의 구제 금융으로 파산을 면한 뒤회사 경영진에게 막대한 보너스를 지급한 후)

"저희 프렌치프라이와 해시 브라운의 성분에 관해 대중과 고객에게설명하는 과정에서 실수가 있었습니다."

_ 맥도널드(감자의 "자연적인 양념"에 소고기 가공물이 포함되었다는 사실을 채식주의자들에게 알리지 않은 것을 사과하면서)[5]

때로 우리는 '조건부 사과'(if-apologies)("혹시 이번 일로 기분 상하신 분이 계신다면 진심으로 사과드립니다")를 한다. 사과처럼 들리지만 실제로는 상대방의 판단을 비난한다("그런 식으로 느끼셨다면 사과드리죠." 러셀 브랜드에 따르면 이것은 "내 탓입니다"가 아니라 "네 탓입니다"라는 의미).[6]

자기 잘못을 바로잡으려면 사과를 분명히 해야 한다. 내가 해를 끼친 사람을 찾아가야 한다. 가서, 내 잘못을 정확히 말해야 한다. 책임을 인정해야 한다. 의도가 나빴다고 인정해야 한다. 이기적이었다고, 잔인했다고, 탐욕스러웠다고, 부당하게 화를 냈다고 인정해야 한다. 내가 나쁜 의도로 그렇게 한 것은 아니라 해도 좀 더 신경을 썼어야 했는데 부주의했다고 인정해야 한다.

진정한 사과는 내 잘못의 '이유'를 대는 것이 아니다("그때는 내가 많이 힘들어서 어쩔 수 없었어요"). 진정한 사과는 잘못을 그냥 인정하는 것이다. 사과한 후에는 어떤 노력을 더 해야 할지 고민해야 한다. 상대방에게 금전적 손해를 끼쳤다면 손해를 어떻게 보상하면 좋을지 물어야 한다. 누군가를 험담하고 다녀서 그의 명예를 손상시켰다면, 험담을 들은 사람들을 찾아가 사실을 바로잡아야 한다.

용서하기

오직 용서만이 필립 얀시가 말한 관계의 "비은혜의 순환"(the cycle of ungrace)을 끊을 수 있다.[7] 과정이 아무리 길고 힘들어도 우리는 용서하고 용서받기를 추구해야 한다. 역사상 가장 유명한 기도라고 할 수 있는 주기도문에 이런 구절이 있다. "우리가 우리에게 죄지은 자를 사하여 준 것같이 우리 죄를 사하여 주시옵고"(마 6:12). 찰스 윌리엄스는 이렇게 말했다. "이 구절에서 '같이'라는 작은 단어만큼 큰 두려움을 자아내는 단어는 없다."[8]

월터 윙크는 제2차 세계대전 후 폴란드의 그리스도인들을 방문했던 평화 운동가들 이야기를 전해 주었다. 평화 운동가들은 폴란드 그리스도인들에게 전쟁 범죄에 대해 용서를 구하려는 독일 그리스도인들을 만날 용의가 있는지 물었다.

순간, 침묵이 흘렀다. 이윽고 한 사람이 말했다. "불가능한 걸 요구하시는군요. 바르샤바의 돌 하나하나가 폴란드인들의 피로 흠뻑 젖어 있습니다. 그들을 절대 용서할 수 없습니다!"

평화 운동가들과 폴란드 그리스도인들은 대화를 마쳤고 주기도문으로 모임을 마무리하기로 했다. "우리가 우리에게 죄지은 자를 사하여 준 것같이 우리 죄를 사하여 주시옵고"라는 대목에 이르자 갑자기 침묵이 찾아왔다.

폴란드 그리스도인들은 깊은 고민에 빠졌다. "아무래도 당신 말대로 해야겠습니다. … 용서하기를 거부한다면 우리는 더 이상 그리스도인이라고 할 수 없을 겁니다." 18개월 뒤 폴란드 그리스도인들과 독일 그리스도인들은 비엔나에서 만나 화해했고 그때 맺은 우정은 평생 이어졌다.[9]

나는 아침마다 주기도문을 외운다. 그런데 내게 용서는 자연스럽지 않기 때문에 용서에 관한 대목에서 멈추고 하나님께 도움을 구하곤 한다.

말하기

관계를 회복하려면 말을 해야 한다. 그래야 배우고 성장하고 뭔가 다른 방법을 시도할 수 있다. 까다로운 주제나 문제에 새롭게 접근할 수 있는 방법을 의논해야 한다. 함께 상담을 받을 수도 있고, 함께 뭔가를 읽거나 기도할 수도 있다.

갈등 관계에서 도움이 되는 방법은 까다로운 주제를 함께 이야기할 때 부드럽게 시작하는 것이다.

갈등 관계에 있는 사람들끼리 이야기할 때는 대개 처음 시작했던 분위기로 끝나기 마련이다. 민감한 주제를 이야기하면서 "어떻게 이렇게 아무것도 모를 수 있죠?"라고 시작하면 끝날 때까지 분위기가 좋을 리 없다.

물론 내가 피해를 준 사람과의 대화가 불가능할 수도 있다. 그 사람이 대화를 한사코 거부할 수도 있고, 대화를 시도하기에 그 사람이 안전한 사람이 아닐 수도 있다. 찾아가면 그에게 도움이 되기보다 오히려 상처를 줄 수도 있다. 모든 측면을 고려해서 좋은 판단을 내려야 한다.

☛ 실천하기

관계의 기술(CRAFT)을 발휘하라

필요하다면, 대화를 시도하라(Conversation).

기억해 내라(Recall).

사과하라(Apology).

용서하라(Forgiveness).

말하라(Talk).

그리고 한 가지 더.

혹시 당신이 절대 용서받을 수 없는 죄를 지었다고 생각하는가? 그렇다면 이 이야기를 들어 보라. 르완다의 컴패션 인터내셔널 간사들은 방문객을 데리고 조셉과 소피아를 찾아가곤 한다.

후투족은 투치족을 죽이는 데 협력하지 않으면 죽이겠다고 조셉을 협박했고, 총으로 그의 팔을 쏘기도 했다. 결국 조셉은 그들에게 협조하기로 했다. 후투족의 전략은 이웃이 이웃을 죽이게 만드는 것이었다. 조셉은 이웃인 소피아를 죽여야 했다. 그는 덤불을 자르는 큰 칼로 소피아의 팔을 벤 후 죽게 놔두었다. 또 다른 남자는 소피아의 눈앞에서 그녀의 아기를 살해했다.

다행히 소피아는 죽지 않았다. 고통과 출혈로 기절했지만 기적적으로 목숨을 건졌다. 하지만 아기는 죽었고 그녀에게는 미움과 절망만 남았다. 대량 학살이 끝나자 후투족 백만 명 이상이 재판에 넘겨졌다. 사법 시스템이 도저히 감당할 수 없는 숫자였다. 그래서 정부는 피해자들을 불러 재판을 진행하게 했다.

조셉이 재판장에 끌려왔을 때 소피아가 재판에 참석했다. 조셉은 자신이 저지른 악을 생각할 때 고통스러웠고 죽고 싶었다. 조셉이 받은 처벌 중 하나는 자신이 공격한 이웃들을 한 명씩 찾아가 무릎 꿇고 용서를 구하는 것이었다.

몇 년간 조셉이 깊이 뉘우치는 모습을 보고 소피아는 그를 용서했다. 소피아는 다시 조셉의 이웃이 되었고 그가 아내를 찾도록 도와주기도 했다.

지금 두 사람은 방문객들에게 자신들의 이야기를 해 준다. 두 사람은 함께 앉아 있다. 팔과 자식을 잃은 소피아는 자신을 죽이려 한 조셉을 용서하고 그와 친구가 되었다.

조셉은 자신이 소피아와 여러 이웃뿐 아니라 온 인류에게 죄를 지었다고 생각한다. 방문객들에게 자신의 큰 죄와 깊은 슬픔에 관해 고백하는 것도 바로 그런 이유 때문이다. 그는 이야기를 마치면 무릎을 꿇고 자신의 이야기를 들은 모두에게 용서를 구한다. 그도 삭개오다.

◆ 핵심 정리

- 자기 잘못을 바로잡는 것은 관계 회복을 위한 과정이다.

- 잘못을 바로잡는 과정의 핵심 요소는 "대화하기, 기억해 내기, 사과하기, 용서하기, 말하기"다.

- 자기 책임을 회피하거나 다른 누군가나 무언가에 책임을 전가하는 '가벼운 사과'를 하면 안 된다.

3.
하나님 사랑을 믿고 회개하기

　우리는 잘못을 바로잡는 겸손한 과정에 돌입했다. 삭개오처럼 잘못된 방식으로 취한 돈을 돌려주어야 한다. 거짓말과 험담이 초래한 피해를 바로잡아야 한다. 분노나 악한 말로 상처 준 것에 대해 가족들을 찾아가 사과해야 한다. 동료의 공을 가로채거나 상사가 열심히 일한 결과를 훔친 적이 있다면 그 잘못을 바로잡아야 한다. 탈세를 하거나 부당한 이익을 취했다면 잘못을 바로잡아야 한다. 우리는 눈을 크게 뜨고 이 작업을 해야 한다. 즉 우리가 상처 준 사람들을 열심히 찾아야 한다. 이제 다 된 것일까?

　전혀 그렇지 않다. 외적 결과를 바로잡는 것도 중요하지만, 우리 내면을 바로잡는 것은 더 중요하다. 우리는 세상 문화와 반대로 행동해

야 한다. 즉 자기 자신에게 책임 돌리는 법을 배우고, 죄책감을 가져야
한다. 회개의 놀라운 힘, 곧 자유롭게 하는 힘을 발견해야 한다.

형제끼리 싸우면 부모는 억지로라도 둘이 손을 잡고 사과하게 만
든다. 그러면 아이들은 이를 악물고서 "미안해"라고 말하기는 한다. 하
지만 그들의 '내적인 손'은 다른 것을 하느라 바쁘다. 달라스 윌라드는
어릴 때 사촌과 싸웠던 일을 회상했다. 이모는 벌 받기 의자에 둘을 앉
히고 "사랑이 날 건졌네"(Love Lifted Me)라는 옛 찬송가를 처음부터 끝까지
부르라고 시켰다.

> 죄 가운데 빠져서
> 평안함 없을 때
> 깊은 바다 속에서
> 도울 자 없을 때…
> 날 구할 자 없을 때 건지셨네
> 사랑이 날 건졌네

이모처럼 지혜로운 사람들은 우리에게 내적 변화가 필요하다는
것을 잘 안다. 그리고 다른 부분에서와 마찬가지로 이 부분에서도 '나
는' 할 수 없다. 하지만 '하나님은' 하실 수 있다. 내 역할은 요즘 그 가치
가 폄하되고 있는 회개를 사람들에게 촉구하는 것이다.

오늘날에는 회개를 찾아보기가 어렵다. 하지만 역사를 돌아보면
그렇지 않았다. 영국 국교회의 《일반 기도서》(Book of Common Prayer)의 고백
에는 깊은 회개가 있다.

저희는 잘못을 저질렀고, 길 잃은 양처럼 주님의 길에서 벗어나 헤맸습니다.

저희는 저희 마음의 계획과 욕심을 너무 많이 따랐습니다.

저희는 주님의 거룩한 법을 어겼습니다.

저희는 해야 할 일을 하지 않았습니다.

저희는 하지 말아야 할 일을 했습니다.

저희 안에는 건전한 것이라곤 없습니다.

하지만 주님, 이 불쌍한 죄인들에게 자비를 베푸소서.[1]

사람들은 이런 회개가 지나치다고 느낀다. 우리는 사회 비평가 필립 리프가 말하는 "심리 치료의 승리"(The Triumph of the Therapeutic) 속에서 살고 있다. 이것은 "종교적인 사람들"이 "심리학적인 사람들"로 대체된 상황이다. 이 패러다임에서 죄는 신경과 관련되었다고 여겨진다.[2] 우리는 코미디 영화 〈몬티 파이튼의 성배〉에 나오는 황당한 하나님의 시대에 진입했다. 영화 속 하나님은 풀이 죽은 아서 왕에게 말한다. "굴복하지 마라! 내가 참을 수 없는 것이 하나 있다면 그건 굴복하는 자들이다. … 그리고 사과하지 마라. 하나같이 나한테 '이게 죄송해요', '이 일을 용서해 주세요', '저는 가치가 없어요'라고 말하는구나."

그러나 우리가 저지른 배신과 기만, 잔인한 일과 태만을 회개하고 깨끗하게 해야 하는데 스스로 할 수 없는 일이라는 깨달음이 찾아오는 순간이 있다. 다음은 수천 년 전에 다윗이 한 말로 알려져 있다.

"주께서는 제사를 기뻐하지 아니하시나니 그렇지 아니하면 내가 드

렸을 것이라 주는 번제를 기뻐하지 아니하시나이다 하나님께서 구
하시는 제사는 상한 심령이라 하나님이여 상하고 통회하는 마음을
주께서 멸시하지 아니하시리이다"(시 51:16-17).

'통회하는 마음'은 무엇이며 그 마음을 어떻게 얻을 수 있을까?

로버트 로버츠 교수는 영적으로 건강한 사람의 생동감 넘치는 삶
을 탐구하기 위해 *Spiritual Emotions*(영적인 감정들)이라는 책을 썼다. 그는
올바른 통회, 곧 회개는 치유의 시작이라고 말했다. 우리는 하나님의
거룩하신 선하심을 보지 못할 때 회개를 피한다. (로버츠는 회개하지 않으려
했던 자신의 저항감을 이렇게 표현했다. "나의 작은 신은 옛 기도문의 하나님보다 좀 더
친절하고 너그럽다."[3])

회개를 회복해야 한다. 로버츠는 회개의 사촌 격이 되는 개념들이
회개와 어떻게 다른지를 연구했다. 회개는 당혹스러움이나 처벌에 대
한 두려움과 다르다. 때로 우리는 어떤 행동을 후회한다. 적절한 타이
밍에 주식 매수를 하지 않은 것, 이 직장에 들어간 것, 저 사람과 결혼한
것을 후회한다. 상황이 뜻대로 풀리지 않을 때 후회한다. 하지만 회개
는 상황에 관한 문제가 아니라 '나 자신'에 관한 문제다.

회개는 심지어 죄책감과도 다르다. 죄책감을 느끼지만 상황을 바
로잡으려는 노력은 하지 않을 수 있다. 그냥 자포자기하고 말 수도 있
다. 사울 왕도 다윗에게 잘못을 저지른 뒤 가끔 죄책감을 느꼈다. 하지
만 그것은 회개가 아니다.

회개하는 사람은 자신의 마음뿐 아니라 하나님의 선하심을 분명
하게 본다. 자신의 현재 모습과 미래에 나아질 모습을 함께 보아야 한

다. 지금 나는 자녀에게 상처를 줄 수도, 배우자 몰래 바람을 피울 수도, 자아를 우상화할 수도, 친한 친구를 속일 수도 있는 사람이다. 하지만 현재의 자신을 넘어 지금보다 훨씬 좋아질 자신을 봐야 한다. 우리가 죄를 짓는 궁극적인 대상인 하나님의 선하심과 위대하심을 보아야 한다. 우리가 소망을 가질 수 있는 이유는 하나님의 자비하심 때문이다. 이 소망이 회개와 흔한 죄책감의 차이다. 이것이 회개 없이는 치유 과정이 시작될 수 없는 이유다.

루이스 스미즈는 탕자 이야기를 읽는 사람들은 탕자가 아버지에게 "제가 하늘과 아버지께 죄를 지었습니다"라고 말하는 장면에서 감동을 받는다고 말한다.[4] 이 이야기의 줄거리를 바꿔 보라. 만약 아들이 으스대며 돌아와 "이런 말을 해도 될지 모르겠지만, 저는 대단한 사람이에요"라고 말한다면? 탕자 이야기가 이런 식으로 진행되었다면 우리는 그 이야기를 좋아하지 않을 것이다. 그러나 탕자는 "저는 아버지의 아들이라 불릴 자격이 없습니다. 저를 그냥 종으로 써 주세요"라고 말했다.

아들에게 회개하는 마음이라는 선물을 준 것은 바로 아버지의 사랑이다. 오직 회개하는 마음만 샌들과 좋은 옷, 반지와 살찐 송아지를 겸손하게 받을 수 있다. 회개는 우리를 겸손하게 하고, 사랑은 우리를 높여 준다.

많은 사람이 용서하기 가장 힘들어하는 사람은 바로 자기 자신이다. 과학자가 데이터를 조작했다가 그 사실이 들통나서 과학계에서 파면당한다. 저명한 사업가가 경솔한 문자 메시지를 보냈다가 공개 망신을 당한다. 목사가 자녀를 잘 양육하지 못하고 그 일로 사역을 못하게 된다. 거짓말이 들통난다. 배우자를 놔두고 바람을 피운다. 이런 자신을 용서하기란 정말 힘들다.

회개를 이야기하는 고전 문학인 《죄와 벌》에서 주인공 라스콜니코프는 한 노파를 죽인다. 노파는 가난한 자들을 착취하는 전당포 주인이다. 아무리 그렇다 해도 라스콜니코프는 살인을 저지른 것이다. 죄책감을 감당할 수 없었던 그는 사랑하는 여인 소냐에게 죄를 고백한다.

우리는 라스콜니코프와 함께 죄의 고통스러운 미궁 속을 헤맨다. 그는 자신의 행위를 정당화하고, 거짓말을 하고, 숨는다. 범죄 사실이 들통날까 봐 전전긍긍한다. 벌을 받고 손가락질을 당할까 두려워한다. 두려움에 떨던 그는 결국 자수해서 죄를 고백하고 재판을 받은 뒤 시베리아로 추방된다.

하지만 이 모든 행위 중에 회개는 없다. 라스콜니코프는 용서를 구하지 않고 변명을 한다. 그 노파는 죽어 마땅했다. 그리고 자신은 가난했다. 그는 일반적인 법칙이 적용되지 않는 완전히 다른 인간, 나폴레옹 같은 영웅이었다. 누구도 감히 '죄인'이라 부를 수 없는 사람이었다.

도스토옙스키는 소설에서 이렇게 썼다. "그가 자책했다면 좋았을 것을 … 운명이 그를 회개로, 그의 마음을 찢어놓고 잠 못 이루게 하는 불타는 회개로 이끌었다면 좋았을 것을."[5]

마침내 몇 년 뒤, 라스콜니코프가 시베리아의 감옥에서 소냐를 만났을 때 기적이 일어났다.

어떻게 된 것인지 그도 알 수 없었다. 갑자기 뭔가가 그를 붙잡아 그녀의 발아래에 내동댕이친 것 같았다. 그는 눈물을 흘리며 두 팔로 무릎을 감쌌다. … 그들은 말하고 싶었지만 그럴 수 없었다. 눈에 눈물이 가득했다. 둘 다 창백하고 말랐다. 하지만 병들어 파리한 얼굴이 새로운 삶으로 완벽히 부활하는 새로운 미래의 여명으로 빛났다.[6]

라스콜니코프는 죄책감을 느낀 뒤에야 비로소 용서받을 수 있었다. 묵은 죄와 잘못은 여전히 남아 있었지만, 이제 그에게는 자신의 고통과 범죄가 "아무런 신경이 쓰이지 않는 외적인, 이상한 얼굴"처럼 보였다.[7]

어떻게 된 것인지 그도 몰랐다.

답은 바로 은혜다.

"사랑이 날 건졌네."

메리 존슨은 미니애폴리스에서 오서 이스라엘(Oshea Israel)의 옆집에 산다. 수년 전 이스라엘은 술집에서 한 남자와 시비가 붙어 싸우다가 그를 죽이고 말았다. 그가 죽인 남자가 메리 존슨의 아들이다.

사건 이후 10년이 넘도록 메리는 이스라엘을 증오했다. 이스라엘이 죽기를 바랐다. 그러다가 미움이 자신도 죽이고 있음을 깨달았다. 메리는 이스라엘을 만나고 싶었고, 교도소 측에서 두 사람의 만남을 주선했다. 만남이 끝났을 때 메리는 맥이 빠져 비틀거렸다. 이스라엘은 자신이 죽인 남자의 어머니가 바닥에 쓰러지지 않도록 붙잡아 주어야 했다.

어떻게 된 것인지 그도 몰랐지만, 감옥에서 냉담해질 대로 냉담해졌던 이스라엘의 마음이 부드러워지기 시작했다. 이제 메리는 이스라엘의 어머니가 되었다. 이스라엘은 메리를 어머니로 모신다.[8] 회복으로 가는 철로는 회개의 역을 지난다.

☛ 실천하기

죄책감을 가지라

하나님의 사랑과 인간의 죄책감이 같은 마음에, 심지어 같은 순간에 공존할 수 있음을 믿으라.

당신이 잘못된 행동이나 말을 했다는 것을 깨달았다면 변명거리를 찾기 전에 일단 멈추라. 저항하지 마라. 변호하지 마라.

하나님께 새로운 관점을 달라고 기도하라. 피해자의 관점에서 보는 능력을 달라고 기도하라.

하나님께 새로운 마음을 달라고 기도하라. 당신이 상처를 준 사람의 고통을 느낄 수 있는 마음을 달라고 기도하라.

그런 일이 어떻게 일어날 수 있을지 우리는 모른다.

"사랑이 날 건졌네."

이제 우리는 이 여행을 새로운 차원으로 끌어올릴 준비가 되었다.

◆ **핵심 정리**

• 외적인 부분을 바로잡는 것도 중요하지만, 우리의 내면을 바로잡는 것은 더욱 중요하다.

• 회개는 당혹스러움, 처벌에 대한 두려움, 상황이 내 뜻대로 풀리지 않을 때의 후회, 막연한 죄책감과 다르다.

• 회개하는 마음은 자기 자신의 마음뿐 아니라 하나님의 선하심을 분명하게 본다.

4부

완벽하진 않아도 성장하는 삶을 추구하다

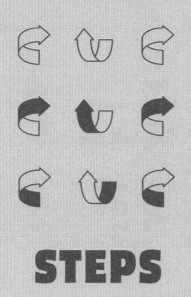

STEPS

10단계

반복: 영적 습관 세우기

나는 계속 삶을 점검하면서 잘못이 있을 때는
즉시 인정할 것이다.

무엇보다도 하나님의 느린 역사를 믿으라.
우리는 천성적으로 매사에 참을성이 없다.
목표에 지체 없이 이르기를 원한다.
우리는 중간 단계들을 건너뛰기 원한다.
우리는 미지의 뭔가, 새로운 뭔가로
가는 길에서 참을성을 발휘하지 못한다.
하지만 불안정한 단계들과
매우 오랜 시간이 걸릴 수 있다는 가능성은
모든 진보 이면의 법칙이다.

나는 그래서 당신도 그러하다고 생각한다.
우리의 생각은 서서히 성숙해진다.
생각이 성숙할 시간을 주라.
지나치게 서두르지 말고 생각이 형성될 시간을 주라.
억지로 생각을 짜내지 마라.
시간(당신의 유익을 위해 작용하는 은혜와 상황)이 내일 형성해 줄 당신의 모습에
오늘 이를 수 있을 것처럼 굴지 마라.

당신 안에서 서서히 형성되는 이 새로운 영이
어떤 모습일지는 오직 하나님만 아신다.
그러니 우리 주님을 믿으라.
그분의 손이 당신을 인도하고 계신다는 사실을 믿으라.
그리고 지체와 미완성 속에서 당신이 느끼는 불안을 받아들이라.

- 피에르 테야르 드 샤르댕(Pierre Teilhard de Chardin)[1]

1.
현재에 집중하고
성령을 따라 행하기

10단계는 우리가 지금까지 배운 것을 매일의 삶에서 실천하는 것이다. 그래서 이번 단계는 한 장밖에 되지 않지만 정말 중요한 원칙을 다룬다. 이 원칙을 따르지 않으면 거대한 난관 앞에서 무너질 것이다. 비유로 시작해 보자.

미국 농무부는 미국인 한 명이 평균적으로 한 해에 1,997파운드, 약 1톤의 식량을 먹는다고 말한다. 여기에 미국인들의 평균 수명을 곱해 보자.

당신이 평생 먹을 식량이 비축된 창고로 들어간다고 상상해 보라. 46,000파운드의 유제품. 14,000파운드의 소고기와 닭고기. 7,000파운드의 버터와 기름. 이제 누가 당신을 그 창고 안에 앉혀 놓고 그 모든 음식을 다 먹어야 한다고 하면 기절초풍할 것이다.

그런데 실제로 우리는 이렇게 많은 음식을 먹고 있다. 어떻게? 75톤가량의 식량을 먹는 비결은 무엇일까?

한 번에 한 끼 식사량만 먹으면 된다.

너무 먼 미래를 바라보면 쉽게 포기하게 된다. 모든 문제를 예상하고 모든 문제의 답을 알아내려고 하면 엄두가 나지 않는다. 이것이 미래나 과거에 집착해서 살지 말아야 할 이유다. 프랑스 철학자 블레즈 파스칼은 이렇게 썼다.

> 우리는 현재에 집중하지 않는다. … 우리는 미래가 너무 늦게 오고 있으니 빨리 오게 만들려는 것처럼 미래를 예상한다. 혹은 과거가 너무 빨리 지나가 버린 것처럼 과거를 회상한다. 우리는 너무 어리석어서 우리에게 속하지 않은 시간들을 고민하고, 우리에게 속한 유일한 시간은 생각하지 않는다. … 현재를 목표로 삼지 않는다. 과거와 현재를 수단으로 삼고 오직 미래만 목표로 삼는다. 그래서 진정으로 살지 않고 진정으로 살기를 바라고만 있다. 행복해지기를 항상 계획만 하니 지금 행복하지 못할 수밖에 없다.[1]

살면서 마주할 모든 걱정스러운 일은 어떻게 해결해야 할까?

나를 실망시키는 모든 일은 어떻게 다루어야 할까?

하나님이 원하시는 사람으로 자라 가려면 어떻게 해야 할까?

답은 '한 번에 하루씩'이다.

예수님은 이렇게 말씀하셨다. "내일 일을 위하여 염려하지 말라 내

일 일은 내일이 염려할 것이요 한 날의 괴로움은 그날로 족하니라"(마 6:34). 예수님은 "일용할 양식"을 구하라고 말씀하셨다. 하나님은 오늘 우리에게 필요한 것을 오늘 주시기 때문이다. 한 번에 하루씩.

영적 회복 단계 연구의 이 지점에서 질문이 생길 수 있다. 이 단계를 다 거치려면 시간이 얼마나 걸릴까? 언제 결승선에 도달할 수 있을까? 언제 다음 주제로 넘어갈 수 있을까?

그런 날은 오지 않는다.

우리는 해야 일 목록에서 항목을 다 지워 나가는 접근법을 영적 영역에도 원할 때가 많다. 나도 그런 적이 있다. 하지만 영적 영역에서 우리는 '완전히' 회복되지 못한다. "우리의 영적 상태를 관리한다는 조건이 붙은 매일의 집행유예"만 얻을 수 있을 뿐이다.[2]

그래서 10단계가 필요하다. 이 단계에서는 '한 번에 하루씩' 하는 것을 훈련한다. 이제 배운 것을 일상의 리듬으로 전환해야 한다. 10단계에서는 1단계에서 9단계까지를 지속적인 습관으로 만든다. 매일 기도할 때 "나는 할 수 없고, 하나님은 하실 수 있으며, 하나님께 맡길 것이다"라고 말해야 한다. 자기 조사(4단계)를 매일, 평생 지속되는 습관으로 만들어야 한다. 결함을 고백하고, 그 결함을 없애 달라고 요청하고, 자기 잘못 바로잡기를 주기적인 습관으로 삼아야 한다. 처음에는 이것이 버거울 수 있다. 우리는 난생처음 신발 끈을 매면서 끙끙거리는 어린아이 같다. 신발 끈을 매려던 아이가 결국 울기 시작한다. 그러자 엄마가 왜 우느냐고 묻는다. 신발 끈을 스스로 매려는 것은 자랑스러운 일이요 성장하고 있다는 증거라면서 말이다. 아이는 말한다. "알아요. 하지만 매일 이렇게 평생 해야 하잖아요."

이 아이는 습관이 되면 손가락이 저절로 움직여 신발 끈을 맬 수 있다는 것을 모른다. 이 단계에서는 우리의 삶을 변화시키도록 하나님께 맡긴다는 영광스러운 목표를 습관적으로 추구하는 것이 목표다. "자기 점검을 규칙적인 습관으로 삼기 전까지, 그렇게 해서 깨달은 것을 인정하고 받아들이기 전까지, 잘못된 것을 바로잡으려고 인내와 끈기로 노력하기 전까지, 누구도 제대로 된 삶을 살 수 없다. 예로부터 지혜로운 사람들은 이 사실을 알고 있었다."[3] 10단계는 지속적인 성장에 관한 것이다. 그것만이 도무지 감당할 수 없어 보이는 도전들을 감당해 낼 수 있는 유일한 길이다.

가장 중요한 것은 이 단계를 혼자 힘으로 할 수 없다는 것이다. 사실, 10단계는 "성령으로 행하는" 법을 배우는 것이다. 그럴 때 "성령을 근심하게" 하거나 "성령을 소멸"시키는 습관들, 하나님과 영적으로 상호 작용하여 인도하심과 능력을 얻지 못하게 하는 습관들을 찾아낼 수 있다(갈 5:25; 엡 4:30; 살전 5:19). 이 단계의 진짜 목적은 우리 마음의 습관을 다시 형성하여 생각이 늘 하나님의 도우심과 인도하심을 향하게 하는 것이다.

우리는 계속해서 자기 조사를 하고, 잘못이 발견되면 재빨리 인정해야 한다. 목표는 조기 발견이다. 예전에는 깨닫지 못했던 것이 지금은 분명히 보인다. 그래서 바꿀 수 있다. 내 결함을 더 빨리 인정할수록 나쁜 습관이 자리 잡기 어렵기 때문에 나는 더 쉽게 변화될 수 있다. 사람들에게 내 결함을 빨리 인정할수록 관계도 좋아진다.

사소한 예를 들어 보겠다. 나는 아내와 함께 토스트를 만들고 있다. 토스터에서 식빵이 튀어 오른다. 그때 나는 다른 일을 하고 있다. 아내는 식빵이 따뜻할 때 땅콩버터를 바르지 않으면 촉촉한 버터 맛이 나지 않으니 지금 바르라고 알려 준다. 하지만 나는 반사적으로 나를 변호한다. 더 중요한 일을 하는 중이고 몇 초 뒤에 식빵을 다시 토스터에 넣어 더 뜨겁게 데울 생각이었다고 말한다. 나는 변호에 성공한다.

조리대에 가 보니 아내가 버터 나이프를 땅콩버터 병에 그대로 넣어 두었다. 나는 이렇게 하면 땅콩버터가 나이프 손잡이에 들러붙는다고 지적한다. 아내는 즉시 "당신 말이 맞아요. 미안해요"라고 말한다.

이럴 수가! 왜 나는 그렇게 말을 못했지? 장황한 설명 없이 그냥 "미안해요"라고만 하면 될 것을.

이 사소한 사건은 내 자아가 비판에 극도로 민감하다는 사실을 보여 준다. 나는 습관적으로 변명하고 합리화한다. 어떻게든 내 결함을 인정하지 않으려 한다. "오늘 우리에게 일용할 양식을 주시옵고." 오늘 아내의 지적에 "미안해요"라고 말하게 하시옵고.

10단계를 실천하는 두 가지 주된 방법이 있다. 첫 번째 방법은 하루에 한 번씩 하는 것이고, 두 번째 방법은 하루 종일 계속 실천하는 것이다.

자신을 매일 점검하라

시대와 장소를 불문하고 지혜로운 사람들은 날마다 하는 점검이 얼마나 중요한지 알았다. 로마의 현자 세네카는 말했다. "우리는 매일 밤 자신을 추궁해야 한다. 오늘 어떤 약점을 정복했는가? 어떤 정욕을 거부했는가? 어떤 유혹을 뿌리쳤는가? 어떤 장점을 얻었는가?" 매일 자

신의 결함을 솔직하게 직시하면 그 결함이 줄어든다고 그는 말했다.[4]

성 이그나티우스는 널리 사용되는 좋은 틀을 만들었다. 이 틀은 다섯 가지 간단한 단계로 이루어진다. 전체 활동은 10분 이상 걸리지 않는다. 대부분 하루를 닫으며 이 활동을 하지만, 자신에게 가장 잘 맞는 시간을 찾기 위해 여러 시간대를 시도해 봐도 좋다.[5]

1. 하나님께 도우심을 요청하라. 어떤 상황에 있든 하나님이 그 상황에 함께 계신다는 사실을 기억하는 시간을 가지라. 기도가 천장에 막혀 더 이상 올라가지 않는 것 같아 힘들어하는 사람들이 있다. 하지만 그것은 문제가 되지 않는다. 하나님은 천장 아래에도 계신다. 나는 시편 121편으로 시작할 때가 많다. "내가 산을 향하여 눈을 들리라 나의 도움이 어디서 올까 나의 도움은 천지를 지으신 여호와에게서로다." 나는 내 하루를 하나님의 눈으로 볼 수 있게 해 달라고 기도한다.

2. 복을 세어 보라. 감사는 영적 삶과 건강에 필수적이다. 구체적으로 감사하라. 감사 전문가 로버트 에몬스는 "비가 내렸다", "옛 친구에게 문자 메시지를 받았다" 같은 구체적인 감사가 "감사 피로감"을 예방해 준다는 사실을 발견했다.[6] 억지로 감사를 짜내면 감사 피로감에 빠질 수 있다. 예를 들어, 감사할 내용을 수첩에 계속 적으려고 하면 나중에는 지친 나머지 감사해야 한다는 사실에 불평이 나올 수 있다. 해법은 소소하고 구체적인 상황에 관심을 갖는 것이다. 나는 거위가 꽥꽥 울면 귀가 잘 들린다는 것에 감사한다. 깊은 우울증에 빠졌던 시절을 떠올리며 오늘을 살아갈 힘을 주신 하나님께 감사한다. 나는 매일 세 가지씩 구체적인 감사 내용을 적고 있다.

3. 하루 동안 내가 품었던 주요 감정에 관해 기도하라. 이그나티우스

에 따르면, 하나님은 우리의 '내적 움직임'을 통해 말씀하신다. 내적 움직임은 기쁨, 끌림, 분노, 혼란이 느껴지는 순간을 말한다.[7] 감정 자체는 그 감정에 어떻게 반응하느냐보다 중요하지 않다. 어떤 상황에서 의욕이나 열정을 느꼈는가? 어떤 상황에서 유혹을 받거나 낙심했는가?

가장 중요한 것은 다음 질문이다. 이 감정이 나를 하나님께로 가까이 이끌었는가? 믿음과 사랑이 성장하는 데 도움이 되었는가? 아니면 하나님에게서 멀어지게 만들었는가? 소망을 잃게 했는가? 한 여성은 이 활동을 통해 머릿속에서 "더 많이 일해야 해. 더 훌륭한 사람이 되어야 해. 더 열심히 노력해"라고 말하는 목소리의 정체를 깨달았다. 하나님에게서 온 줄 알았는데 사실은 그녀의 영적 삶을 방해하는 목소리였다. 그것은 하나님의 음성이 아니었다.

4. 기뻐하고 용서를 구하라. 기쁨과 용서는 항상 짝을 이룬다. 완벽에 이르지 못했다고 자책해서는 안 된다. 아이러니하게도 완벽은 영적 삶을 죽이는 주범이다. 우리는 완벽이 아니라 성장을 추구한다.

하나님의 은혜는 우리의 실패도 유용하게 승화시킨다. 이것이 필립 얀시가 하나님이 이상하게도 "성자"(최소한 자신을 성자로 보는 사람들)보다 죄인에게 더 가까이 다가가신다고 말한 이유다. 얀시는 영성에 관한 옛 가르침을 언급한다. 하나님은 각 사람과 줄로 연결되어 계신다. 우리가 죄를 지으면 줄이 끊어진다. 그러면 하나님은 매듭을 지어 줄을 다시 묶으신다. 매듭을 지어 줄이 짧아진 만큼 우리는 하나님께 조금 더 가까워진다. 죄는 계속해서 줄을 끊고, 그럴 때마다 매듭이 추가된다. 그렇게 하나님은 우리를 점점 더 가까이 끌어당기신다.[8] 하루 동안 잘못한 일을 확인했다면, 사과하고 잘못을 바로잡아야 할 사람이 누구인지 하나님께 여쭈어야 한다. 그리고 즉시 사과해야 한다.

5. 내일을 보라. 하나님은 오늘 우리와 함께 계셨다. 우리가 잘 때도 함께 계실 것이다. 내일 아침 눈뜰 때도 함께하실 것이다. 빅터 프랭클은 많은 사람이 "내가 삶에서 무엇을 기대할 수 있을까?"라고 묻고는 자신이 원하는 것을 얻을 일만 생각한다고 말했다. 하지만 그보다 물어야 할 질문은 "삶이 나에게 무엇을 기대하는가?"다.[9] 나는 어떻게 하면 쓸모가 있을까? 언제 성장할 수 있을까? 오늘 어디서 누구를 도우라고 하나님은 내게 말씀하시는가? 누구를 후히 대접하고, 누구의 말을 들어 주고, 누구에게 나눠 주고, 무엇을 즐기라고 하나님은 말씀하시는가?

탁월한 기독교 사상가인 유겐 로젠스톡 허시(Eugen Rosenstock-Huessy)는 한 번에 하루씩 하나님과 함께 사는 법에 관한 책을 썼다. 우리는 시공간 속에서 사는 유한한 피조물이다.[10]

시간적으로 우리는 과거와 미래의 교차점에서 살고 있다. 우리는 지나간 일을 기억한다. 주로 감사나 후회의 감정으로 과거를 기억한다. 우리는 앞으로 일어날 일을 예상한다. 주로 희망이나 두려움의 감정으로 예상한다. 하지만 우리가 하나님을 찾을 수 있는 유일한 곳은 오늘 '이 순간'이다. 후회는 우리를 과거 속에서 살게 한다. 불안은 우리를 미래 속에서 살게 한다. 10단계까지 오면 과거의 실수와 미래에 대한 두려움을 모두 하나님께 맡길 수 있다. 현재 이 순간에 "성령을 따라" 행할 수 있다(갈 5:16). 10단계를 거치면서 현재는 하나님이 우리에게 주시는 선물이 된다.

공간적으로 우리는 내적 세상과 외적 세상의 교차점에서 살고 있다. 우리는 내적 세상에서 살고 있다. 머릿속에서는 생각과 감정이 끊임없이 흐른다. 우리의 내적 세상은 선물이다. 우리는 외적 세상과도 상호 작용한다. 즉 사물과 자연, 특히 사람들과 상호 작용한다. 우리의 외적 세상도 선물이다. 우리는 내적 세상에서 평화롭게 거하도록 창조되었다. 외적 세상과 사랑으로 상호 작용하도록 창조되었다. 10단계에서 우리는 내적 세상의 인격적 결함을 제거해 달라고 하나님께 끊임없이 기도한다. 외적 세상에서는 우리가 상처를 입힌 사람들을 찾아가 잘못을 고백하고 바로잡는다.

그래서 이 단계는 현재에 온전히 집중하도록 도와준다. 정신과 마음은 발이 디딘 곳에 있어야 하기 때문이다. 우리는 과거와 미래의 교차점에서 살고 있으며, 그 교차점에서 우리의 내적 세상은 외적 세상과 만난다. 우리는 이 십자가의 중심에서 살도록 창조되었고, 십자가 형상의 삶을 살도록 설계되었다.

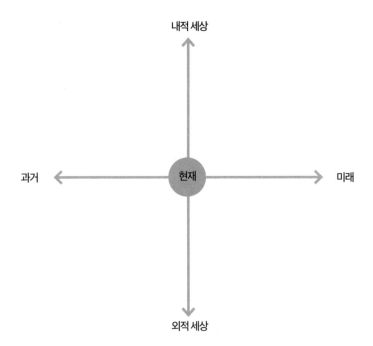

십자가 형상의 삶. 과거나 미래가 아닌 지금 이곳에서 사는 삶.

그리고 나서 우리는 또 다른 '지금'을 얻는다. 그리고 또 다른 '지금'을. 우리는 모든 '지금'을 당연하게 여기지만 그것을 만들어 낼 수 없다. 시간만큼 우리의 무력함을 잘 보여 주는 것도 없다. 나는 할 수 없다. 하나님은 하실 수 있다. 하나님께 맡길 것이다. 모든 '지금'은 기적이요 선물이다.

'지금'은 영원의 일부다. 하나님 안에서는 항상 '지금'이다. 누군가 아우구스티누스에게 물었다. 태초에 하나님이 천지를 창조하셨다면 태초 전에는 무엇을 하고 계셨을까? 아우구스티누스는 하나님이 그런 질문을 던지는 사람들을 위해 지옥을 창조하고 계셨다고 대답했다.[11]

우리는 시간에 대해 무력하지만 아주 작은 힘은 갖고 있다. 그것은 시간을 올바른 자세로 받을 힘이다. 우리는 다음과 같이 해야 한다.

- 감사함으로 과거를 기억하라.
- 소망을 품고 미래를 바라보라.
- 평안이 마음 안에 거하게 하라.
- 사랑으로 세상과 상호 작용하라.

이것이 십자가 형상의 삶이다. 10단계를 행할 때 '십자가 모양의 영성'을 실질적이고도 구체적으로 경험하게 된다. 계속 자기 조사를 하고 잘못을 즉시 인정하면 과거에 대한 죄책감과 후회에서 벗어나고 미래에 관한 두려움에서도 자유로워진다. 자신도 평안을 누리고 사람들과도 평화를 누리며 현재 이 순간에 성령을 따라 살게 된다. 현재(present)

가 하나님이 우리에게 주시는 선물(present)이 된다.

하루 내내 아무 때고 자신을 점검하라

밤에만 자기 조사를 해서는 안 된다. PRN 처방이 따라오는 약품들이 있다. PRN은 라틴어 '프로 레 나타'(pro re nata)의 약자로, '필요할 때마다'라는 뜻이다. 우리는 하루를 살다가 필요할 때마다 재빨리 자신을 점검하는 법을 배워야 한다. 그럴 때는 부정적인 감정들이 선물이 될 수 있다. 한 저자는 이렇게 말한다. "원인이 무엇이든 불안할 때마다 우리에게 뭔가 문제가 있다는 것은 영적 이치다."[12] 불안하거나 분노가 치밀거나 혼란스럽거나 양심의 가책을 느낀다면 그것은 자기 조사를 하고 "성령을 따라" 행하기 위해 무엇이 필요한지 알아 내라는 신호다. 이를 위해서는 듣는 훈련이 필요하다.

친구의 차를 빌린 적이 있다. 멋지고 비싼 새 차였다. 정말 조심히 운전하겠노라 약속했다. 그런데 주행 중 알 수 없는 이유로 경고음이 나기 시작했다. 친구에게 전화를 걸어 차에 문제가 있는지 물었다. 친구는 아무 문제가 없다고 말했다. 그 차에는 중앙선 이탈 감지 기능이 있었다. 경고음은 부주의한 운전에 대한 작은 경고였다.

요동치는 감정은 대개 차선을 넘었다는 경고 신호다. 초보 조종사들은 대개 이어폰을 끼고 비행을 한다. 항로를 벗어나면 경고음이 들린다. 경고음 한 번은 오른쪽으로 이탈했다는 의미이고, 경고음 두 번은 왼쪽으로 이탈했다는 의미다. 비행기가 항로의 정중앙에 있다면 경고음 없이 조용할 뿐이다.[13]

이와 비슷하게, 항상 우리와 함께 계시는 성령을 통해 우리가 올바른 궤도에 있는지 알려 달라고 하나님께 요청해야 한다. 우리 뜻이 하나님 뜻과 일치할 때는 평온한 침묵을 경험한다. 하지만 경고음에는 늘 귀를 기울여야 한다. 경고음은 대개 고통의 형태로 찾아온다. 죄책감. 혼란. 누군가에 대한 질투심. 속임수를 쓸 때. 분노나 불만족에 시달릴 때. 충동에 굴복하고 싶을 때. 그럴 때는 재빨리 하나님께 항복하는 시간을 가짐으로 항로를 조정해야 한다. "하나님의 뜻이 이루어지게 하소서."

우리 영혼에 정말 위험한 것은 실패보다는 실패에 대한 반응이다. 다이어트를 하다가 참지 못해 과자 상자에서 몰래 과자를 꺼내 먹은 사람들, 재정적 이익을 얻기 위해 부정행위를 하는 사람들에 관한 연구가 있다. 실패에 대한 반응은 두 가지다. 어떤 사람은 본래의 목표에 다시 집중한다(한 연구에 따르면 "교정된 죄인"이 되는 것). 그런가 하면 첫 목표를 완전히 포기하는 사람도 있다("죄를 계속 짓는다"). 두 번째 반응에는 명칭이 따로 있다. 과자 하나를 먹고 다이어트를 망쳤다고 생각해 아예 봉지째 다 먹어 버리는 경우에 "에라 모르겠다 효과"(What the Hell Effect)라는 표현을 사용한다.[14]

첫 번째 그룹은 실패를 '동기 유발 요인'으로 받아들인다. 두 번째 그룹은 실패를 '허락'으로 받아들인다. 그 결과는 진짜 실패다. 잘못을 바로잡는 과정은 남에게 상처 주는 행동을 더 이상 반복하지 않을 때까지는 완성되지 않는다. 따라서 10단계에서 우리는 한 가지 가이드라인을 기억해야 한다. 완벽이 아니라 진전, 곧 더 나아짐을 추구하라는 것이다.

사도 바울은 완벽하지 않았다. 그는 하나님과 상호 작용하는 삶의 아름다움을 칭찬한 뒤에 자신은 아직 그 수준에 도달하지 못했다고 말한다. 그는 불완전한 상태였다. 헬라어 '텔레이오스'(teleios)는 '완벽한, 성숙한'이라는 의미다. 바울은 누구든 '텔레이오스'(성숙)하면 자신이 완벽하지 않다는 것을 깨닫게 된다고 말한다. 다시 말해, '완벽'의 한 가지 의미는 자신이 완벽하지 않음을 깨닫는 것이다. 자신이 완벽하다고 생각하면 그것은 완벽하지 않다는 확실한 증거다(빌 3:15 참고).

바울은 자신의 불완전 때문에 낙심했을까? 혹시 이렇게 말했을까? "아무래도 글렀어. 그냥 평범한 삶에 만족해야겠어." 전혀 그렇지 않다. 오히려 바울은 더 노력했다. "내가 하는 일은 오직 한 가지입니다. 뒤에 있는 것은 잊어버리고, 앞에 있는 것을 향하여 … 목표점을 바라보고 달려가고 있습니다."(빌 3:13-14, 새번역).

"뒤에 있는 것은 잊어버리고"는 진전이 없다고 낙심할 필요가 없다는 뜻이다. 우리가 항복의 길을 실천하는 것은 우리가 꽤 훌륭해서가 아니다. 오히려 전혀 훌륭하지 못하기 때문이다. 작가인 에벌린 워(Evelyn Waugh)는 그리스도인이라면서 왜 그렇게 성미가 고약하고 사람들과 잘 어울리지 못하느냐는 비판에 이렇게 응수했다. "내가 하나님과 **함께**하는데도 나쁜 사람이라고 생각한다면, 하나님 **없는** 나는 어떨지 상상해 보라."[15]

어제 진전이 없었다고 해서 오늘을 망쳐서는 안 된다. 경주하는 선수처럼 계속해서 나아가라. 상을 받는다는 목표를 향해 모든 근육이 움직이게 하라. 포기하지 말고 계속 나아가야 한다. 이는 우리에게 결함이 없기 때문이 아니라 이보다 가치 있는 목표는 없기 때문이다. 그리고 나 혼자 달리는 것이 아니기 때문이다.

☞ 실천하기

하루 내내 수시로 자신을 점검하라

잠시 시간을 내 지금 자기 자신을 조사해 보라. 지금 무슨 생각을 하고 있는가? 어떤 감정을 느끼는가? 하나님께 더 가까이 나아가고 있는가? 하나님과 멀어지고 있는가? 이도 저도 아닌 상태인가? 무슨 일로 불안한가? 위로가 되는 것은 무엇인가? 오늘 바로잡아야 할 뭔가가 생각나는가? 계속해서 밀고 나가야 할 일은 무엇인가?

이제 십자가의 중심에서, 곧 지금 이 순간, 하나님을 계속 만나라.

◆ **핵심 정리**

- 우리는 한 번에 하루씩 살아간다. 10단계에서는 매일 일상에서 이전의 9가지 단계를 습관화하도록 도와준다.

- 내가 가야 할 길에서 벗어나지 않았는지 확인하기 위해 계속해서 불시로 자신을 점검해야 한다.

- 우리는 완벽이 아니라 진전을 추구한다.

연결: 하나님과 함께하는 삶

나는 기도와 묵상을 통해 하나님과 교제하면서 하나님 뜻을 알고
이를 행할 수 있는 능력을 달라고 기도할 것이다

주여, 저를 평화의 도구로 써 주소서.
미움이 있는 곳에 사랑을
상처가 있는 곳에 용서를
의심이 있는 곳에 믿음을
절망이 있는 곳에 소망을
어둠이 있는 곳에 빛을
슬픔이 있는 곳에 기쁨을 심게 하소서.

오, 주님,
위로받기보다는 위로하고
이해받기보다는 이해하고
사랑받기보다는 사랑하게 하소서.
우리는 줌으로써 받고
용서함으로써 용서받고
죽음으로써 영생을 얻기 때문입니다.
아멘.

- 아시시의 성 프란체스코[1]

1.
늘 곁에 계시는
하나님 의식하기

11단계 목표는 아름다울 정도로 단순하다. "하나님과 의식적으로 접촉하고 그 방법을 계속 개선하라." 다음 두 장에 걸쳐 우리는 이 단계를 어떻게 실행할지 살펴볼 것이다. 하지만 먼저 이 목표를 실제로 추구하는 것이 무슨 의미인지부터 짚고 넘어가자.

하나님과 의식적으로 접촉하고 그 방법을 개선하는 것은 더없이 어려운 목표처럼 들린다. 그러나 전혀 그렇지 않다.

'개선한다'는 것은 지금 아주 잘하지는 못해도 얼마든지 잘할 수 있는 일이라는 뜻이다. 이 단계의 목표는 하나님과의 의식적 접촉을 완벽히 완성하는 것이 아니다. 그냥 지금보다 잘하는 것이다. 평소에 하나님에 관해 거의 생각하지 않는 편인가? 하루에 한 번 정도는 생각하는가? 하나님에 관한 생각을 하루에 한 번 이상으로만 늘려도 성공이다.

10단계까지는 여러모로 방어적인 조치다. 우리의 무력함을 깨닫고, 결함을 찾아 고백하고 하나님께 그것을 없애 달라고 요청하며, 남에게 잘못한 것을 바로잡으려고 노력하는 것이다. 그렇게 하면 부정적인 것에서 자유로워지는 데 도움이 된다.

하지만 부정적인 것을 없애는 것만으로는 영적으로 풍요로워질 수 없다. 우리의 마음을 향해 뭔가를 생각하지 말라고 해 봐야 소용없다. 줄타기 곡예사가 줄에서 떨어질 수 있다는 생각을 하지 않으려고 하면 오히려 더 위험해질 수 있다. 뭔가에 대해 생각하지 않으려고 하면 오히려 더 생각하게 된다. 무엇인지 알아야 그것에 대해 생각하지 않을 수 있기 때문이다. 따라서 이런 방법은 좋지 않다.

11단계에는 공격을 시작하려 한다. 그릇된 생각을 피하려고만 하지 말고, 생명을 주는 것에 우리 마음이 향하도록 의식적인 노력을 해야 한다. 생명을 주는 것은 매우 많다. 사도 바울은 이렇게 조언했다. "형제들아 무엇에든지 참되며 무엇에든지 경건하며 무엇에든지 옳으며 무엇에든지 정결하며 무엇에든지 사랑받을 만하며 무엇에든지 칭찬받을 만하며 무슨 덕이 있든지 무슨 기림이 있든지 이것들을 생각하라"(빌 4:8). 이런 것을 생각하면 하나님과의 의식적 교제가 개선된다. 빌립보서 4장 8절에 기록된 모든 것은 하나님의 성품과 하나님이 우리에게 주시는 선물의 특징을 정확히 반영하기 때문이다.

우리의 정신(mind)은 우리 삶의 열쇠다

달라스 윌라드는 우리가 정신을 통해서만 현실과 효과적으로 접촉하기 때문에 우리의 마음(정신)이 삶의 가장 중요한 측면이라고 말했다.[1] 전기를 다루는 법, 알파벳을 읽고 쓰는 법, 사람들과 어울리는(혹은 어울리지 않는) 법, 원자로를 구축하는 법은 정신을 통해서 배운다.

우리가 가진 가장 큰 자유는 무엇을 생각할지 선택할 수 있는 능력이다. 네 살배기가 벌 받기 의자에 앉아서 벌을 받는데 함박웃음을 짓고 있다. "너, 왜 그러니?" 부모가 의아한 눈으로 묻자 아이가 대답한다. "만화를 생각하고 있어요." 아이의 몸은 가만히 있게 할 수 있어도 정신까지 통제할 수 있는 부모는 없다.

우리가 머릿속으로 하는 생각은 어떤 삶을 살고 어떤 사람이 될지를 결정한다. 그런데 인간은 기본적으로 자기 자신에 관한 생각으로 머릿속을 가득 채우게 되어 있다. 주로 자신이 받은 상처와 자신이 이루지 못한 꿈이 그것이다. 이런 자기 집착적인 생각은 불안과 분노로 이어지고, 결국 그런 감정이 우리의 삶을 지배한다.

우리는 누군가를 만날 때 어떤 생각을 하고 있는지 묻지 않는다. "기분이 어때?"(How are you feeling?)라고 묻는다. 감정은 시끄러운 아이들 같아서 우리의 모든 관심을 앗아간다. 하지만 우리는 감정을 직접 통제할 수 없다. 감정을 바꾸어서 생각을 바꿀 수는 없다. 하지만 다른 것을 생각하려고 노력하면 감정이 바뀌는 경우는 많다.

우리의 생각을 하나님께로 향해야 한다. 우리는 늘 머릿속에서 하나님을 떠올릴 능력이 있다. 하루 종일 하나님을 기억하고, 하나님께 감사하고, 하나님을 기쁘시게 하고, 하나님과 협력하고, 하나님을 의지하고, 하나님께 항복하기 위해 노력할 수 있다. 정신의 놀라운 능력 덕분에 바쁘게 살면서도 그렇게 할 수 있다.

연구가들은 인간의 정신이 초당 120비트의 정보를 처리할 수 있다고 추정한다.[2] 하루로 치면 거의 천만 비트이며, 80년 인생이라면 2경 4천조 비트다. 그중에 하나님은 얼마나 포함될까? 십자가의 성 요한은 말했다. "인간의 건강은 하나님을 의도적으로 의식할 때 가능하다."[3] 하나님과의 의식적인 접촉을 개선한다는 개념은 성경에 자주 등장하는 주제다.

- "위의 것을 생각하고"(골 3:2).
- "주께서 심지가 견고한 자를 평강하고 평강하도록 지키시리니 이는 그가 주를 신뢰함이니이다"(사 26:3).
- "내가 여호와를 항상 내 앞에 모심이여"(시 16:8).

하나님 외에 아무것도 생각하지 말아야 한다는 뜻은 아니다. 다만 혼자 살아가지 않고 하나님과 함께 살아가려면 하나님을 늘 생각해야 한다는 뜻이다. 우리의 머릿속을 통과하는 "초당 120비트 정보" 중에서 일부는 하나님의 임재를 상기시키는 정보여야 한다. 누군가의 존재는 우리의 상황을 바꿔 놓을 수 있기 때문이다.

인간적 차원에서 의식적 접촉의 영향을 보여 주는 예를 들어 보자. 나는 친구 마크 집을 가끔 방문한다. 마크의 집에는 레이디라는 이름의 개가 있다. 레이디는 나를 좋아하지 않는다. 내가 혼자 있을 때는 레이디가 언제 달려들지 몰라 불안하기 짝이 없다. 내 머릿속에는 불안한 생각이 흐르고 몸에는 두려움이 흐른다. 하지만 마크가 함께 있으면 내 마음은 평온하다. 레이디는 마크의 말을 잘 듣고, 마크는 내 친구다.

내가 '레이디'의 음침한 골짜기를 다닐지라도 두려워하지 않는 이유는 마크가 나와 함께하기 때문이다. 마크만 있으면 내게 그의 집은 완벽히 안전한 곳이다.

우리의 정신은 끊임없이 세상을 분석하며 우리가 안전한지 판단한다. 누군가를 볼 때 그가 내 친구인지 적인지 즉각 판단을 내린다. "도망쳐야 할 상황인지, 접근해도 되는 상황인지를" 순식간에 판단한다.

두려움의 유일한 진짜 해독제는 하나님의 임재를 의식하는 것이다. 하나님을 의식하면 우리의 선택도 달라진다. 좋은 사람이 앞에 있으면 더 낫게 행동하기 마련이다. 존경하는 사람과 함께 있으면 다른 사람을 험담하지 않는다. 그런데 예수님과 함께 있다면, 얼마나 더 그렇게 하겠는가.

하나님을 의식하고 살면 힘든 결정 앞에서 좌절할 까닭이 없다. 하나님께 인도하심과 지혜를 구하고, 도와주실 줄 믿고 담대히 나아갈 수 있다. 우리의 의지가 하나님께 항복하도록 창조되었듯, 우리의 정신은 하나님과 의식적 접촉을 하도록 창조되었다. 우리는 하나님을 생각할 때 번영한다. "영의 생각은 생명과 평안이니라." 하지만 바울에 따르면 하나님과의 의식적 접촉이 없다면 생각은 허망해진다(롬 1:21; 8:6). 우리는 자신이 무엇을 생각하는지 모를 때가 있다. 하나님과의 의식적 접촉을 개선하려면 우리 정신이 평소에 무엇을 생각하는지 알아야 한다.

멍함(mindlessness) VS 마음챙김(mindfulness)

멍한 상태는 하나님과의 의식적 접촉을 방해하는 걸림돌이다. 멍함은 의식이 부족한 상태다. 멍할 때는 그냥 머릿속에 들어오는 생각을 따라간다. 표류한다. 자신의 생각을 제대로 의식하지 못한다. 머릿속에 들어오는 아무 생각에나 정신을 빼앗긴다. 그런 생각에는 대개 하나님이 포함되어 있지 않다.

생각과 관련한 우리 문제의 중심에는 영적 멍함이 있다. 머릿속에 탐욕, 분노, 정욕, 기만이 가득하면 하나님과의 의식적 접촉을 생각하고 싶은 마음이 사라진다. 생각 속에서 하나님을 내보내고, 자신이 그렇게 했다는 사실에 주목하지 못하도록 자신을 속인다. 그런 면에서 우리는 삼손과 비슷하다. 일종의 충동 조절 장애에 빠졌던 그는 "여호와께서 이미 자기를 떠나신 줄을 깨닫지" 못했다(삿 16:20).

생각을 포함해서 우리가 파악하지 못한 것은 바꿀 수 없다. 따라서 하나님과의 의식적 접촉을 개선하려면 평소에 무엇을 생각하는지, 우리 마음이 현재 무엇과 의식적 접촉을 하고 있는지 파악해야 한다. 우리의 의식(생각) 관리는 인생 최대의 난제다. 요즘 이런 관리는 흔히 마음챙김이라 불린다.

제프리 슈워츠와 레베카 글래딩은 "마음챙김의 핵심은 인식이다. 지금 이 순간 어떤 일이 벌어지고 있는지 온전히 아는 것이다." 그들은 때로 사람들이 마음챙김을 기분이나 마음 상태로 오해한다는 점을 지적한다. 하지만 마음챙김은 사실 '활동'이다. 어쩌다 보니 자신도 모르게 피곤이나 불안이나 따분함에 '빠질' 수 있다. 하지만 "내가 마음챙김을 하고 있는 줄 전혀 몰랐어"라고 말하는 사람은 없다.[5]

다른 활동과 마찬가지로 마음챙김은 노력과 의지가 필요하다. 매 순간 우리는 마음챙김을 하거나 하지 않기로 선택할 수 있다. 이것은 연습할수록 느는 기술이다. 머릿속에서 벌어지는 일을 알기 위해서는 잠시 모든 것을 멈추고 고요한 상태로 들어가기만 하면 된다.

토머스 키팅은 이렇게 설명했다. "주된 훈련은 가만히 앉아서 입을 닫는 것이다. 그런데 대다수 사람들에게 이것은 몹시 힘든 일이다. 이 것은 단지 입만 닫는다는 의미가 아니다. 평소 생각의 흐름과 밤낮 이 어지는 내적 대화를 멈추는 것을 의미한다."[6] 헨리 나우웬은 "고요해지 는 것"의 어려움을 이야기했다.

> 내 발판을 치운다. 이야기할 친구도, 전화할 곳도, 참석할 모임도, 들 을 음악도, 정신을 팔 책도 없다. 그냥 나만 있다. 벌거벗고, 취약하 고, 약하고, 악하고, 궁핍하고, 망가진 채로 … 내 안의 모든 것이 내 친구들, 내 일, 내가 정신을 팔던 것들로 달려가고 싶어 한다. 그래서 나의 무가치함을 잊고, 내가 뭔가 가치가 있다고 믿게 만들고 싶어 한다. 하지만 그게 전부가 아니다. 고독 속에 머물기로 결심하는 순 간, 혼란스러운 개념, 불안한 이미지, 헛된 공상, 이상한 생각이 마치 바나나 나무 위 원숭이들처럼 마음속을 뛰어다닌다.[7]

이런 작은 '원숭이들' 중에는 슈워츠와 글래딩이 "기만적인 뇌 메시 지"라 부르는 것들이 많다. 이것은 나를 불안이나 분노, 의기소침의 소 용돌이 속으로 빨아들인다. 이런 '원숭이들'은 내가 하나님과 의식적인 접촉을 하도록 도와주지 않는다. 나는 내 힘으로 이것들을 쫓아낼 수는 없지만 그 소리에 마음을 뺏기지 않는 법을 배웠다. 나는 내 마음을 통제할 수 없다는 사실을 받아들이고 하나님이 내 생각을 이끄시도록 맡긴다.

슈워츠와 글래딩은 사람들이 마음챙김이라고 하면 '판단하지 않는'이라는 단어를 떠올린다는 점을 지적한다. 그래서 마음챙김을 무엇이든 가능하고 무엇을 하든 괜찮다는 뜻으로 오해한다.[8] 전혀 그렇지 않다. 자신의 생각과 감정을 이해하려고 할 때는 판단하지 말아야 한다. 우리는 생각과 충동을 통제할 수 없다. 그것은 바나나 나무에서 날뛰는 원숭이들이다. 하지만 어떤 선택을 하고 어떤 행동을 할지에 대해서는 판단력을 발휘해야 한다. 사실, 자신의 생각을 이해할 때 판단을 하지 않을수록 삶에서 더 좋은 판단력을 발휘할 수 있다.[9]

마지막으로 한마디 하자면, 이 단계에서는 단순한 마음챙김이 아니라 '하나님'과의 의식적 접촉을 개선하는 것과 관련해 마음챙김을 해야 한다. 심리학자 로저 브레더턴은 내게 마음챙김에 관한 좋은 통찰을 하나 나누어 주었다. 그는 일반적인 마음챙김은 "현재에 집중하는 것"인 반면, 기독교의 마음챙김은 "현재 속에서 하나님의 임재에 집중하는 것"이라고 말했다.

👈 실천하기

자신이 무슨 생각을 하는지 의식하라

하루를 사는 동안 자신이 하는 생각들을 더 잘 의식할 수 있도록 하나님께 도우심을 구하라. 지금 무엇을 생각하고 있는가? 무엇을 느끼고 있는가? 무엇을 하고 있는가?[10]

5분간 조용히 앉아 있으라. 휴대폰을 포함해서 방해되는 모든 것을 치우라.

눈을 감으라. 어떤 생각이 떠오르는지 주목하라. 어떤 주제에 관해 억지로 생각하려고 하지 마라. 생각을 바꾸거나 통제하려고 하지 마라. 가장 중요한 것은 이것인데, 당신의 생각에 대해 판단하지 마라. 그냥 호기심을 발휘하라. 좋은 친구가 들려주는 생각에 귀를 기울이듯 당신의 생각에 주목하라.

그런 생각 중에 육체적인 감각을 동반하는 것이 있는지 보라. 예를 들어, 얼굴이 찡그려지는가? 이를 꽉 물게 되는가? 어깨가 굽는가?

문제를 풀거나 뭔가를 알아내려고 하지 마라. 이 활동의 목표는 짧은 시간에 당신의 머릿속에 얼마나 많은 생각이 들어오며, 그중 얼마나 많은 생각이 중요하지 않고 유익하지 않은지를 확인하는 것이다.

그런 다음, 하루 중에 당신이 일하고 읽고 말하고 먹을 때 보이는 움직임에 5분간 관심을 쏟아 보라. 팔짱. 다리 꼬기. 헛기침하기. 피부 긁기. 하품. 자세 바꾸기. 안절부절못하기. 눈살 찌푸리기. 몸을 살피면 마음속에 있는 것을 의식하는 데 도움이 된다.

우리는 마음속에 있는 것을 하루 종일 끊임없이 의식할 수 있다. 마음을 챙기며 걷고, 마음을 챙기며 일하고, 마음을 챙기며 (느리게!) 먹고, 마음을 챙기며 인터넷을 서핑하고, 심지어 마음을 챙기며 운전도 할 수 있다. 하나님과의 의식적인 접촉이 계속해서 깊어지도록 마음 밭을 계속 갈아야 한다.

◆ 핵심 정리

• 우리의 정신은 끊임없이 세상을 분석하며 우리가 안전한지 판단한다. 두려움의 유일한 해독제는 하나님의 임재를 의식하는 것이다.

• 마음속에 무엇을 채울지 결정할 수 있는 큰 자유가 우리에게 있음을 깨닫지 못할 때가 많다. 빌립보서 4장 8절에 기록된 바울의 권면을 읽어 보라.

• 기독교적 마음챙김의 핵심 목표는 하나님을 의식하는 것이다. 하나님은 모든 시간 속에 계시며, 우리는 우리와 함께하시는 그분의 임재를 의식할 수 있다.

2.
기도하고
말씀 묵상하기

11단계에서 우리는 하나님과의 의식적 접촉을 개선하기 위해 언제든지 건강하고 좋은 것으로 마음을 채울 수 있는 두 가지 활동을 한다. 바로 기도와 묵상이다. 먼저 기도로 시작해 보자.

기도

모든 사람은 기도한다. 심지어 무신론자도 기도한다. 어떤 무신론자는 매일 기도한다.[1] 하지만 우리 대다수는 기도를 힘들어한다. 기도하지 않을 이유를 정말 잘 찾아낸다. 다음 평계가 익숙한지 보라.

- "시간이 없다."
- "어떻게 기도해야 할지 모른다."
- "기도해 봤지만 기도 응답을 받지 못했다."
- "하나님이 계신지 잘 모르겠다."
- "하나님은 계신다고 생각하지만 내 삶에까지 관여하시지 않는 것 같다."
- "기도하려고만 하면 잡생각이 든다."
- "공식대로 기도하면 부자연스럽고, 자유롭게 기도하면 혼란스럽다."
- "너무 피곤하다."
- "내가 바꾸고 싶지 않은 것을 하나님이 바꾸시려 들까 봐 두렵다."
- "남들은 하나님의 음성을 듣는 것 같은데 나는 들은 적이 없다."
- "하나님은 이미 모든 것을 알고 결정해 두셨으니 기도해 봤자 바뀌는 것은 없다."

우리는 자기만족이라는 허상에 빠져 하나님을 의지하지 않으려는 유혹에 늘 시달린다. 포크송 가수 피트 시거(Pete Seeger)는 이 유혹을 잘 보여 주는 이야기를 소개했다. 구더기 형제가 삽 손잡이에 앉아 있었는데 일꾼이 그 삽을 들고 걸어갔다. 그 바람에 한 구더기는 길가 틈에 빠졌고, 다른 구더기는 죽은 고양이 위에 떨어졌다. 그 구더기는 배가 불러 더 이상 먹을 수 없을 때까지 죽은 고양이를 사흘 동안 먹고 또 먹었다. 그 구더기는 길가로 가서 형제를 불러 어떻게 지내고 있는지 물었다.

"사흘 동안 아무것도 먹지 못했어. 물 한 모금 못 마셨어. 굶어 죽기 직전이야. 너는 통통해졌네. 네 성공 비결이 뭐야?"

그러자 다른 구더기가 대답했다. "형제여, 내 두뇌와 성격이 좋아서지."[2]

성공한 사람에게 물어보라. "당신의 성공 비결이 뭔가요?"

"형제여, 내 두뇌와 성격이 좋아서지."

길가 틈에 떨어지기 전까지는 그렇게 말한다. 그리고 반드시 길가 틈에 떨어질 날이 있다.

우리는 두뇌와 성격의 힘으로 살도록 창조되지 않았다. 두뇌와 성격은 노화와 죽음, 후회와 수치, 우리가 통제할 수 없는 사람들 앞에서는 무용지물이다. 우리는 〈마른 손 공동체〉의 일원들이다. 우리는 할 수 없다. 하지만 하나님은 하실 수 있다. 우리는 하나님께로 달려가야 한다.

그러니 현실 부정에서 빠져나오자. 우리는 기도할 수 있다. 기도할 시간도 있다. 가장 먼저 기도를 해야 한다. 마지막에도 기도를 해야 한다. 중간에도 기도를 해야 한다. 일한 뒤에 기도할 시간을 내야 한다. 차에서도 기도해야 한다. 아침에 출근할 준비를 하면서도 기도해야 한다. 친구와 함께 기도하기도 해야 한다. 상점에서도, 공항에서도, 주문한 커피를 기다리는 동안에도 기도해야 한다.

어떻게 기도할까

기도는 하나님과 직접 대화하면서 그분과의 의식적 접촉을 의식적으로 개선하는 방법이다. 신약에는 우리를 기도로 초대하면서 지침을 주는 구절이 있다. "그러므로 우리는 긍휼하심을 받고 때를 따라 돕는 은혜를 얻기 위하여 은혜의 보좌 앞에 담대히 나아갈 것이니라"(히 4:16).

"때를 따라"에서 '때'는 언제인가? 바로 '지금'이다. 매일 우리는 힘겨운 고난에 직면한다. 따라서 방해받지 않는 곳을 찾아 기도하라. 우리는 "은혜의 보좌 앞에" 나아가야 한다. 하나님의 보좌에 누가 앉아 있는가? 당연히 하나님이 앉아 계신다. 하나님의 보좌로 나아가는 것은 우리의 마음으로 하는 것이다. 우리의 생각 중심에 하나님을 모시는 것이다. 따라서 먼저 우리의 문제를 생각하지 말아야 한다. 하나님을 생각해야 한다. 예수님이 가르쳐 주신 "하나님에 관한 사실" 세 가지를 늘 기억해야 한다.

- **하나님은 전능하시다.** 하나님은 이스라엘을 바로에게서, 다윗을 골리앗에게서, 다니엘을 사자에게서, 에스더를 하만에게서, 예수님을 무덤에서 구해 낼 능력이 있으시다.
- **하나님은 여기 계신다.** 하나님은 우리의 생각보다 가까이 계신다. 사람들은 자신의 기도가 천장 너머로 올라가지 못한다고 느끼곤 한다. 하지만 하나님은 천장 아래에도 계신다.
- **하나님은 선하시다.** 하나님 아버지에 관한 예수님의 메시지는 이러했다. "하나님은 빛이시라 그에게는 어둠이 조금도 없으시다"(요일 1:5).

기도는 그저 긍정적인 생각에 불과한 것이 아니다. 소박한 소원을 우주를 향해 속삭이는 것도 아니다. 기도는 곧 보좌로 나아가는 것이며, 그 보좌에는 하나님이 계신다. 하나님은 전능하시다. 그 보좌에는 이름이 있다. 성과의 보좌나 두뇌와 성격의 보좌가 아니다. 영적 거인의 보좌도 아니다. "은혜의 보좌"다. 사회에 적응하지 못한 사람, 삶이 망가진 사람, 가난한 사람, 절박한 사람, 패배한 사람, 뒤처진 사람을 위한 보좌다. 이 보좌는 부족한 사람을 환영한다. 따라서 우리는 이 보좌로 "담대히" 나아가야 한다. 죄책감과 두려움으로 나아가지 말아야 한다. 기도가 걱정이나 후회, 우울한 회상으로 변질되지 않게 조심해야 한다.

폴 투르니에 박사는 기도와 자기반성 사이에 중요한 차이가 있다고 말했다.[3] 자기반성은 자신에 관해 생각하며 자신에게 말하는 것이다. 이것은 하나님께 마음을 집중하는 기도가 아니다.

내 기도 수첩에 "부모로서 잘하지 못했다. 감사를 실천하지 못했다. 시간을 많이 허비했다"와 같은 내용이 너무 많은 것을 보고 놀란 적이 있다. 그런 식으로 기도하니 마음이 드높아지는 것이 아니라 낙심만 밀려왔다.

이것에 관해 하나님께 아뢰었더니 이런 음성이 들려오는 것 같았다. "내 아들아, 나는 우주의 주인이요 그 안에 있는 모든 것의 창조자다. 매일 너의 부족함을 생각하며 네 마음을 채울 수도 있고, 나의 충분함을 생각하며 네 마음을 채울 수도 있다. 선택은 네 몫이다."

기도가 우리를 낙심시키면 안 된다. 옛 그리스도인들이 말하는 '마음을 드높여 주님을 향하는 것'(sursum corda)이 없으면 기도 생활을 오랫동안 이어 갈 수 없다. 기도는 하나님의 "은혜"(우리는 용서받았다)의 "보좌"(하나님은 전능하시다) 앞으로 "담대히"(예수님은 우리의 대제사장이시다) 나아가서, 긍휼을 받고 때를 따라 돕는 은혜를 얻는 것이다.

무엇을 기도할까

달라스 윌라드는 말했다. "복음서에 기록된 예수님의 삶과 가르침에서 보이는 기도의 그림은 분명하다. 기본적으로 기도는 하나님께 뭔가를 구하고 요청하는 것이다."[4] 찬양, 감사, 침묵, 묵상까지 많은 활동이 도움이 된다. 하지만 기도를 한마디로 정리하면 "우리가 하나님과 함께 하고 있는 일에 관해서 하나님께 아뢰는 것"이다.

우리는 하나님과 함께하면서, 만나게 될 사람들, 마주할 난관들, 아직 해결하지 못한 문제들, 답을 찾지 못한 질문들을 두고 요청한다. "하나님, 하나님의 뜻을 아는 지혜와 그 뜻을 행할 능력을 주십시오."

이것이 우리의 핵심적인 요청이다. 물론 특정 상황에 대해 도움을 요청할 수도 있다. 예를 들어, 친구의 병을 고쳐 달라거나 원하는 학교에 입학하게 해 달라고 기도할 수 있다. 하지만 우리는 어떤 상황이 궁극적으로 우리에게 최선인지 알지 못한다. 상황에 관한 기도는 자기중심적 요청으로 변질되기 쉽다. 원하는 것을 얻지 못하면 낙심하거나 혼란에 빠질 수 있다. 그렇게 되면 우리에게 기도가 절실히 필요함을 잊어버리고 기도하지 않게 된다.

"오늘 우리에게 일용할 양식을 주시옵고." 이 기도는 내일에 관해서 알고 싶은 마음을 내려놓는 기도다. 우리는 오늘을 위한 만나를 구해야 한다. 하나님께 우리 문제를 해결할 방법을 알려 드리는 것은 올바른 기도가 아니다. "아침 기도"로도 불리는 다음 기도문은 하루를 시작하기에 더없이 좋은 기도다.

> 하나님, 오늘 제 생각이 신세 한탄, 거짓, 자기 고집, 자기 추구, 두려움에서 멀어지도록 인도해 주십시오. 하나님, 제 생각과 결정을 인도해 주십시오. 제가 긴장을 풀고 편안해지도록 도와주십시오. 의심과 망설임에서 해방시켜 주십시오. 오늘 저를 인도하셔서 다음 단계를 보여 주십시오. 하나님, 모든 문제를 다룰 때 필요한 것을 주십시오. 제가 이 모든 것을 구하는 것은 하나님과 이웃을 잘 섬기고 싶기 때문입니다. 예수님의 이름으로 기도합니다. 아멘.[5]

기도할 때 자기 말만 하지 마라. 하나님 말씀을 듣기도 하라. 하나님이 말씀하신다는 것이 믿기지 않는가? 하나님이 말씀하신다고 믿기는 하지만 당신 같은 사람에게는 절대 말씀하시지 않을 것이라고 생각하는가? 하지만 성경에서 하나님의 음성을 들은 사람들 중에는 영적으로 대단해 보이지 않는 사람들도 많다.

하나님은 살인자 가인, 거짓말쟁이 아브라함, 도망자 모세, 간음을 저지른 다윗, 수많은 첩을 거느렸던 솔로몬, 소명을 피해 도망친 요나, 죽은 나사로에게 말씀하셨다. 하나님은 이름도 알려지지 않은 당나귀에게도 말씀하셨다. 그러니 당신과 내게 말씀하시지 않을 이유가 있는가.

기도 중 침묵의 시간을 가지면서 떠오르는 모든 생각을 적는 활동이 도움이 될 수 있다. 실생활과 관련된 생각이 떠오를 수 있다. 생각나는 대로 누군가의 이름을 적거나 계획을 세우거나 성경 구절을 읽으라.

"성령은 현실적인 문제로 넘어가 우리가 언제 일어나고 언제 잠자리에 들지, 무엇을 먹고 무엇을 먹지 말아야 할지, 누구에게 말을 하고 누구에게 말을 하지 말아야 할지, 어떤 관계에 집중하고 어떤 관계는 끊어야 할지를 말씀하신다."[6] 예를 들어, 바울이 그리스의 한 지역에 가려고 계획하고 있을 때 이런 생각이 들었다. '그곳에 가지 마라.' 그러고 나서 마케도니아에 있는 누군가가 "우리를 도우러 와 주세요"라고 말하는 꿈을 꾸었다. 그래서 그는 그렇게 했다(행 16:6-10 참고). 모험은 성령을 따를 때 찾아오고, 성령을 따르려면 귀를 기울여야 한다.

묵상

우리는 기도에 묵상을 더해야 한다. 한 가지 비밀을 말해 주겠다. 대다수의 사람들은 묵상을 싫어한다. 중독에 시달리는 사람들은 묵상을 정말 못한다. 그 이유는 '모든 사람'이 묵상을 정말 못하기 때문이다. 서구인들의 선입관과 달리 대개 불교인들도 묵상을 하지 않는다. 불교 스승인 루이스 리치몬드는 미국을 방문한 일본인 승려 이야기를 해 주었다. 그 승려는 깊이 묵상하는 사람들로 꽉 찬 모임을 보고 이렇게 물었다. "어떻게 하면 때리지 않고도 저렇게 묵상하게 만들 수 있죠?"[7] 파스칼은 인간의 기본적 문제가 방 안에 조용히 앉아 있지 못하는 것이라고 말하기도 했다.

묵상은 하나님과 의식적 접촉을 잘하도록 돕는다. 묵상은 전통적 습관이고, 성경뿐 아니라 많은 종교적 전통과 문화 속에서 논의되었다. 묵상은 생각을 지속하는 것이다. 어떤 목사는 걱정할 수 있는 사람은 묵상도 할 수 있다고 말한다. 실제로 걱정은 해로운 묵상이다. 사랑에 빠지면 집착처럼 보일 만큼 누군가에 관해 '묵상하게' 된다.

생각의 원천이 되는 것 중에서 가장 묵상할 가치가 있는 것은 바로 성경이다. 릭 워렌 목사는 성경 묵상의 놀라운 효과를 이야기했다. 성경을 묵상하면 생명을 얻고 믿음이 자라며 인도하심을 받을 수 있다. 어리석은 자가 지혜로워지고, 비틀거리는 자가 강해지며, 낙심한 자가 소망을 얻는다. 성경은 어린아이가 처음 읽어야 하는 책이며, 죽어 가는 사람이 마지막으로 읽기에 가장 좋은 책이다. 성경은 지극히 단순하면서도 지극히 깊어서, 초대 교회 교부들은 성경 안에서는 모기가 헤엄칠 수도 있고 코끼리가 익사할 수도 있다고 말했다. 성경은 잘못을 바로잡아 주고, 용기를 불어넣고, 절망한 자를 격려하고, 교만한 자를 겸손하게 한다.

우리가 성경을 읽으면 하나님은 높임을 받으시고 마귀는 근심한다. 성경은 외로운 자들에게 그들이 이생에서 사랑을 받고 내세에는 천국을 가졌다는 사실을 상기시켜 준다. 임종 자리에서 당신에게 이 사실을 말해 줄 다른 책은 없다.[8]

우리는 세상이 '어떻게' 창조되었는지, '누구에 의해' '누구를 위해' 창조되었는지 성경에서 알 수 있다. 성경에서 우리의 정체성, 우리의 적, 우리의 가족, 우리 죄의 심각성, 우리가 왕의 자녀라는 사실, 천국 시민으로서 우리의 영원한 운명을 알 수 있다.

이것만으로도 부족하다는 듯, 성경에서 우리는 홀로 삶을 완성하고 죽음을 정복하신 예수님을 만난다. 예수님이 행하신 일, 예수님의 탁월한 가르침, 예수님의 죽음과 부활에 관한 목격자들의 증언은 다른 어디에서도 찾아볼 수 없다. 우리는 무엇보다도 예수님에 관해 묵상해야 한다. 예수님의 삶과 가르침을 묵상해야 한다.

그러니 윌리엄 틴데일과 존 로저스가 성경 번역에 목숨을 바친 것도 무리가 아니다. 그들 외에도 수많은 사람이 성경을 다른 언어로 번역하기 위해 이름 없이 수고했다. 그들이 혼신의 힘을 쏟은 덕분에 지금 전 세계 사람들의 95퍼센트 이상이 모국어로 예수님의 메시지를 읽을 수 있다. 그러니 하나님의 뜻을 아는 지식을 달라고 겸손히 간구하면서 성경 이야기 속으로 빠져들라. 그럴 때마다 우리 마음속에 그 지식이 쌓여 갈 것이다.

묵상에 관해서 도움이 되는 단어로 '반추하다'가 있다. 이 단어는 걱정의 소용돌이를 말할 때 자주 사용된다. 원래 이 단어는 소가 먹은 음식을 더 확실히 소화시켜 영양분을 철저히 흡수하기 위해 다시 씹는 것을 뜻한다.[9]

나는 이렇게 반추한다. 먼저, 내 영을 조용히 가라앉힌다. 반추하려면 긴장을 풀어야 한다. 하나님께 몸과 마음에 평안을 달라고 기도하면서 시작한다. 심호흡을 한다. 걱정이나 근심을 확인하면 내 생각을 하나님께로 향하기 위해 그것들을 한쪽으로 치운다.

그런 다음, 성경에서 "주는 나의 목자" 같은 짧은 어구나 문장을 골라서 그 의미를 깊이 돌아본다. "나의"라는 표현에 주목하여 그 말씀이 얼마나 개인적인지를 생각한다. 혹은 목자가 무슨 일을 하고 어떤 의미에서 하나님이 내게 목자와 같으신 분인지 묵상한다.

이 진리에 대한 내 반응을 생각해 본다. 이 진리가 내 삶에 펼쳐지기를 얼마나 진심으로 바라는가? 전에 그런 경험을 한 적이 있는가? 오늘 어떤 상황에서 이런 경험이 필요한가?

그다음, 머릿속에 떠오른 생각에 관해 하나님께 말씀드린다.

그다음, 내게 하시고자 하는 말씀이 있는지 하나님께 여쭌다. 몇 분간 조용히 앉아서 귀를 기울인다. 마지막으로 하나님의 돌보심과 사랑에 감사한다.

묵상은 하나님과의 의식적인 접촉을 개선하는 데 매우 효과적인 방법이다.

☞ 실천하기

조용히 있어 알지어다

성경을 읽을 때, 한 어구나 문장이 특히 중요하게 다가오는 경우가 많다. 시편 46편 10절을 묵상해 보라. 한 문장씩 천천히 읽으라. 먼저, 조용히 앉아서 얼굴과 몸의 긴장을 풀고 하나님의 임재 안에 마음을 두라. 담대함으로 그분께 나아가라. 잡생각이 들어도 낙심하지 말고 마음을 하나님께로 다시 돌리라. 이 말씀은 하나님이 당신에게 하시는 말씀임을 기억하라. 떠오르는 생각과 감정에 주목하라.

"가만히 있어 내가 하나님 됨을 알지어다."

"가만히 있어 알지어다."

"가만히 있어."

"가만히."

마치기 전에, 하나님이 당신에게 어떤 일을 행하라 하시는지 묵상하라. 그 일을 하기로 결심하라.

◆ 핵심 정리

• 우리는 기도로 하나님께 도우심을 요청하도록 창조되었다. 좋은 두뇌나 성격으로 살도록 창조되지 않았다. 하나님께 달려가도록 창조되었다.

• 기도는 긍정적인 생각에 불과한 것이 아니다. 우리의 기도를 들으시는 분이 계신다. 그분은 바로 하나님이시며, 그분은 전능하시고 연약한 자들을 환영해 주신다.

• 기도에 묵상을 더하면 하나님과 의식적으로 접촉하는 데 도움이 된다.

3.
그다음 해야 할
옳은 일 하기

지금 우리는 우리 마음을 사로잡고 있는 생각을 분명히 의식하기 위해 노력하고 있다. 기도하고 묵상함으로 하나님과의 의식적인 접촉을 개선하고 있다. 하지만 하나님의 임재 안에 더 깊이 들어가야 한다. 큐티 시간에 하나님을 의식하는 것만으로는 충분하지 않다.

일터에서도 하나님을 만나야 한다. 도로에서도 하나님을 만나야 한다. 소셜 미디어를 잘 사용하기 위해서, 그리고 소셜 미디어를 멈추고 휴식 시간을 갖기 위해서도 하나님의 도우심이 필요하다. 선행을 하고자 할 때도 하나님이 필요하다. 잘못된 일을 하고 싶은 유혹이 밀려올 때도 하나님이 필요하다. 사랑하는 사람들과 함께 있을 때도, 우리를 힘들게 만드는 사람들과 함께 있을 때도 하나님과의 의식적인 접촉이 필요하다. 어떻게 해야 하나님의 임재를 더 누릴 수 있을까?

답은 이 열한 번째 단계에 있다. 기도할 때 우리는 '하나님의 뜻을 아는 지식과 그 뜻을 행할 능력'을 구하는 데 집중해야 한다. 어떤 상황에서나 우리는 하나님의 뜻을 행하려고 노력할 수 있다. 그럴 때 그 상황 속에서 우리를 도우시는 하나님을 만나게 된다. '하나님의 뜻을 아는 것'으로 극적인 결심을 할 수도 있지만, 대개는 훨씬 단순하고 일상적이다. 인내심을 갖고 상대의 말에 귀를 기울일 때, 감사하며 음식을 먹을 때, 만족을 누리며 쉴 때, 전심으로 일할 때, 솔직한 말을 할 때, 진심으로 사랑할 때, 하나님의 뜻을 알게 된다.

누군가가 달라스 윌라드에게 영적으로 성장하려면 어떻게 해야 할지 물었다. 윌라드의 답은 놀랄 정도로 단순했다. "당신이 다음번에 해야 할 옳은 일이 무엇인가요? 바로 그것을 하세요. … 다음번 옳은 일만큼 우리를 하나님 나라로 강하게 이끌어 주는 것도 없답니다. … 그 일을 하려면 도움이 필요할 것입니다. 바로 그곳에 하나님이 계시기 때문에 반드시 도움을 얻을 것입니다."[1]

알코올 중독자 갱생회의 빅북에도 같은 지혜가 있다. "우리는 올바른 이상(ideal), 혼란스러운 상황에서의 인도하심, 옳은 일을 할 힘을 얻기 위해 간절히 기도한다."[2] 사실, 이 지혜는 예수님의 삶에서 비롯되었다. 에밀리 프리먼은 *The Next Right Thing*(다음번 옳은 일)이라는 의사결정에 관한 역작을 썼다.

프리먼은 "다음번 옳은 일을 하라"는 좋은 조언이지만 복음서에서 한 가지 패턴에 주목하기 전까지는 그 조언을 현실적으로 이해할 수 없었다고 말한다. 예수님은 누군가를 위해 기적을 행하신 후 그가 다음번에 해야 할 간단한 일을 알려 주신 적이 많다. 나병 환자를 치유하시고 이렇게 말씀하셨다. "가서 네 몸을 제사장에게 보이라." 중풍병 환자를 치유하시고 말씀하셨다. "네 침상을 들고 걸어가라." 간음 현장에서 붙잡혀 돌에 맞아 죽기 직전의 여인을 구하시고 말씀하셨다. "가서 더는 죄를 짓지 말라."

죽은 야이로의 딸을 살리신 예수님은 딸에게 먹을 것을 주라고 야이로에게 말씀하셨다. 기적적인 부활을 보고 놀란 군중 앞에서 야이로에게 뭔가 거창하고 대단한 일거리를 주실 것 같았지만, 그냥 이렇게 말씀하셨다. "딸에게 먹을 것을 주어라."

예수님은 인생 계획을 말씀해 주시는 것이 아니라 그냥 '다음번' 할 일을 지시하신다. 다음번 '큰' 일이 아니다. 다음번 '극적인' 일이 아니다. 다음번 '거창한' 일이 아니다. 다음번 '힘든' 일이 아니다. 그냥 다음번 '옳은' 일이다.[3]

베드로도 사도행전 9장에서 중풍병에 걸린 남자를 고친 뒤에 예수님처럼 지시했다. "침상을 들어라." 그 작은 행위는 병자 자신을 비롯한 모든 사람에게 새 삶의 시작을 선포하는 행위였을 것이다.

우리를 위한 하나님의 뜻은 잠자리 정돈처럼 아주 작은 일일 수 있다. 미 해군 특수부대 사령관이었던 윌리엄 맥레이븐의 졸업식 연설은 입소문을 탔고, 이 연설은《침대부터 정리하라》라는〈뉴욕 타임스〉베스트셀러로 다시 탄생했다. 맥레이븐은 세상을 바꾸고 싶다면 먼저 잠자리부터 정돈하라고 조언했다. 잠자리를 정돈하면 그날의 첫 번째 일을 완성하는 것이다. 그러고 나면 다음번 일, 또 다음번 일을 할 의욕이 생긴다. 잠자리 정돈을 통해 작은 일이 중요하다는 사실을 기억하게 된다. 큰일은 작은 일에서 시작된다. 하다못해 힘든 하루를 보낸 뒤, 잠자리가 정돈된 깨끗한 집에 돌아오면 기분이 좋아지고, 내일은 더 나아질 것이라는 희망을 꿈꿀 수 있다.[4] 주디 더튼은 잠자리를 정돈하는 사람이 잠자리가 헝클어진 사람보다 자신의 일을 좋아하고, 집을 마련하고, 꾸준히 운동하고, 푹 쉰 기분을 느끼는 경우가 더 많다는 〈사이콜로지 투데이〉(*Psychology Today*) 기사를 인용했다.[5]

물론 쉽지는 않다. 우리는 하나님과의 의식적 접촉을 원한다. 하지만 그렇지 않을 때도 많다. 때로 우리는 다음번 '잘못된' 일을 하기를 원한다. 거짓말하고, 험담하고, 기만하고, 정욕을 품고, 훔치고, 분노하고, 비방하고, 폭언하고, 재물을 쌓고 싶어 한다. 죄를 지으려면 숨어야 한다. 엄마가 지켜보고 있을 때는 죄를 지을 수 없기 때문이다. 하나님 앞에서는 얼마나 더 그렇겠는가.

이상하게 들릴지 모르지만, 가장 좋은 해결책은 이 문제에 관해서도 하나님께 아뢰는 것이다. 하나님이 충격을 받으실 일은 없다. 역사상 누구도 하나님만큼 많이 거부당한 분은 없기 때문이다. 어떤 관계에서든 솔직한 것이 답이다. 특히, 이미 모든 것을 아시는 하나님과의 관계에서는 더더욱 그렇다.

사실, 이 조언이 그토록 유익한 이유는 우리에게 다음번 옳은 일을 할 능력이 없음을 금방 깨닫게 되기 때문이다. 우리는 험담이나 자기 과시를 절제할 능력이 없다. 까다로운 사람에게 친절하게 말할 능력이 없다. 자녀에게 소리를 지르지 않거나 배우자에게 쏘아붙이지 않을 능력이 없다. 따라서 하나님의 도우심을 구해야 한다. 용서도 구해야 한다. 이 두 가지를 모두 주시는 것이 하나님의 계획이었다.

하나님을 만나기가 어려울 때가 많다. 이사야 선지자도 말했다. "진실로 주는 스스로 숨어 계시는 하나님이시니이다"(사 45:15). 여기에 신비가 있다. 어쩌면 하나님은 우리에게 자유를 주려고 숨으시는 것이 아닐까? 하나님이 코앞에서 지켜보시는데 죄를 지을 사람이 어디 있는 가. 혹은 우리의 영적 눈이 멀어 하나님이 숨으신 듯 보이는 것은 아닐 까? 하지만 그것과 상관없이, 선지자들에 따르면 한 가지는 분명하다. 하나님은 우리가 그분을 찾기를 원하신다.

하나님은 "너희가 온 마음으로 나를 구하면 나를 찾을 것이요"(렘 29:13-14)라고 말씀하셨다. 예수님도 같은 말씀을 다르게 표현하셨다. "너희는 먼저 하나님의 나라를 구하라"(마 6:33 참고). 때로 사람들은 어디 서 하나님을 찾아야 할지 혼란스러워한다.

만약 집 열쇠를 잃어버렸다면 어디를 뒤지는가? 사방을 뒤진다. 열쇠를 찾을 때까지. 하나님에 대해서도 마찬가지다. 영성 작가이자 신 비주의자인 마이스터 에크하르트는 하나님의 임재를 놀랍게 묘사했 다. "하나님은 숨어 있는 동안 헛기침을 해서 자신의 위치를 드러내는 사람과도 같다. 하나님은 사랑을 품고 우리를 기다리고 계신다."

따라서 우리는 아름다운 순간, 고통스러운 순간, 연결되는 순간, 홀로 있는 순간, 목적을 품은 순간, 어둠 속에 있는 순간, 빛 속에 있는 순간에 열심히 둘러보고 귀를 기울여야 한다. 하나님이 언제 헛기침을 하실지 모르니 말이다.

윌리엄 코프 모이어스는 자신이 중독자였을 때 알던 사람을 거리 에서 우연히 만나며 깨달은 은혜의 순간에 관해 이야기한다. 그 사람을 만날 확률은 지극히 낮았다. 그 순간, 모이어스는 자신의 삶에 임했던 하나님의 은혜를 기억했고, 그 은혜가 아니었다면 자신이 어떤 비참한 삶을 살았을지 아찔해졌다. "우연은 익명으로 남으시려는 하나님의 방식이다."[6]

모이어스는 그 사람을 길에서 만나 하나님이 행하신 일을 기억해 낸 것이 우연이 아님을 깨달았다. 그 순간, 자신의 이야기와 삶으로 치유가 절실히 필요한 사람들을 섬겨야 함을 다시 기억하게 된 것은 결코 우연이 아니었다. 하나님이 헛기침을 하신 것이다.

물론 때로 사람들은 '기이한 하나님 이야기'를 지어낸다. 그렇게 기적을 조작하는 사람들 때문에 영적 삶은 인위적이고 피상적으로 보인다. 물론 통계학자들이 말하는 '대수의 법칙'(Law of Large Numbers)이 작용한다. 백만 명이 각각 백만 번씩 쏘면 그중 한 사람은 과녁을 맞히게 되어 있다. 누군가는 복권에 당첨된다. 그것이 그 사람에게는 '기적'일지 모르지만 사실은 단지 통계일 뿐이다.

하지만 삶에는 통계 이상의 뭔가가 있다. 물리학자였다가 성직자가 된 존 폴킹혼(John Polkinghorne)은 주전자가 왜 끓고 있느냐는 질문에 두 가지 답변이 가능하다고 했다. 한 답변은 열이 분자들의 에너지를 증가시켜 물을 액체에서 기체 상태로 변화시키고 있다는 것이다. 다른 답변은 "내가 차를 마시고 싶어서"다.

이것도 있다. 우주가 왜 존재하느냐는 질문에 대한 한 가지 답변은 140억 년 전 빅뱅으로 하나의 점이 폭발했다는 것이다. 다른 답변은 하나님이 사랑할 사람들을 원하셨다는 것이다. 세상은 물리법칙으로만 움직이지 않는다. 세상은 섭리로도 움직인다. 하나님은 모든 시공간에 계시며 우리를 그분과 함께하는 삶으로 초대하신다.

하나님과 함께하는 삶은 꼭 극적으로만 나타나지는 않는다. 아니, 대개는 그렇지 않다. 프레드릭 비크너는 이렇게 썼다. "당신의 삶에 귀를 기울이라. 당신의 삶에서 불가해한 신비를 찾으라. 그 신비는 분명히 있으니. 흥미진진하고 즐거운 순간만큼이나 따분하고 고통스러운 순간에도 그 신비가 있으니. 그것을 만지고 맛보고 그 냄새를 맡음으로 그 신비 속에 숨겨진 거룩한 마음속으로 들어가라. 모든 순간은 궁극적으로 중요한 순간이고 삶 자체는 은혜다."[7]

우리는 오랜 세월 고통을 겪고 지혜를 얻어 가며 하나님과 의식적으로 접촉하는 법을 배워 간다. 영화 〈셰넌도어〉(Shenandoah)의 찰리 앤더슨은 심술궂은 홀아비다. 시대 배경은 남북전쟁 당시이고, 그는 자녀들과 살고 있다. 아내는 세상을 떠나면서 그에게 자녀를 신앙으로 키우라고 신신당부했다. 그래서 그는 자녀를 교회에 (항상 늦게) 데려가고 식전기도를 드리기는 한다. 하지만 식전 기도를 하면서 모든 일을 누가 한 것인지 하나님께 똑똑히 이야기한다.

하나님, 우리가 이 땅을 개간했습니다. 우리는 땅을 갈고 씨앗을 뿌리고 곡식을 거두었습니다. 거둔 곡식으로 우리가 요리를 하고요. 우리가 이 모든 일을 스스로 하지 않았다면 이 모든 곡식은 없을 것이고 우리는 아무것도 먹지 못할 겁니다. 부스러기 하나까지 우리가 뼈 빠지게 일해서 얻은 것입니다. 하지만 어쨌든 항상 그래왔듯이 우리가 곧 먹을 음식에 대해서 감사합니다. 아멘.

이렇게 하나님과 의식적인 접촉을 하지 않고도 기도하는 것은 가능하다. 그러다 고난이 찾아온다. 그는 전쟁으로 두 아들을 잃고, 한 아들은 안타깝게도 포로로 끌려간다. 그는 슬픔과 상실감에 사로잡혀 아내 무덤 앞에 서 있다. 아내라면 어떤 조언을 해 줄까 생각하고 있는데 교회 종이 울린다. "여보, 당신은 정말 포기라곤 모르는구려." 그는 가족을 데리고 교회에 간다. 이번에도 늦게. 그때 뜻밖에도 포로로 끌려갔던 아들이 다리를 절뚝거리며 돌아온다. 그는 아들을 안고 눈물을 흘린다. 교인들이 "만복의 근원 하나님"을 찬양하자 그도 전심으로, 열린 마음으로, 기쁜 마음으로 찬양에 동참한다. 더 이상 "항상 그래왔듯이 감사합니다"라고 기도하지 않는다.

이제 그는 알고 있다. 그의 아들, 그의 삶, 그의 가족, 그의 모든 것이 그의 소유가 아님을. 이 모든 것은 하나님의 선물이다. 그는 이제 하나님을 보기 시작한다.

벌들의 윙윙거림에서. 피조세계의 신비에서. 우리 주변의 아름다움에서. 아기가 태어나는 순간에서. 동료의 웃음에서. 우리가 사랑하는 누군가의 손길에서. 밤에 잠들었다가 다음 날 부활하듯 다시 눈을 뜨는 기적 같은 일 속에서. 하나님은 그 일상에서 헛기침을 하신다.

내 아버지는 모든 살아 있는 것을 좋아하셨지만 특히 제왕나비를 좋아하셨다. 아버지가 돌아가셨을 때 장례사가 아버지의 시신을 모시러 왔고 우리에게 다른 방에서 기다리라고 말했다. 하지만 나는 영구차에 있는 아버지의 시신과 함께 걷고 싶었다. 나는 영구차가 떠나는 모습을 보며 내가 알고 사랑했던 아버지에게 작별을 고했다. 그런데 차가 모퉁이를 도는 순간, 제왕나비가 곁에서 날고 있었다.

물론 안다. 대수의 법칙. 어디든 오래 서 있다 보면 나비를 볼 수도 있을 것이다. 이 나비가 천국에서 온 것이라고 주장할 생각은 없다. 하지만 … 예수님은 하나님이 우리의 머리카락까지 다 세신다고 말씀하셨다. 참새 한 마리도 하나님의 허락 없이는 둥지에서 떨어질 수 없다. 그렇다면 나비도 하나님 몰래 날개를 펄럭일 수 없다는 뜻이다. 하나님은 나비의 날갯짓이 아버지를 떠나보낸 아들의 아픈 마음에 어떤 감정을 불러일으킬지 아셨다. 우리는 하나님의 섭리적인 돌보심 아래 살고 있다.

👉 실천하기

다음번에 해야 할 옳은 일을 하라

스트레스를 완화하기 위해 현재 순간에 집중하는 방식으로는 하나님과의 의식적 접촉을 개선할 수 없다. 우리 기도의 초점은 하나님의 뜻을 아는 지식과 그 뜻을 행할 능력을 받는 것이어야 한다. 이렇게 표현할 수도 있다. "너희는 말씀을 행하는 자가 되고 듣기만 하여 자신을 속이는 자가 되지 말라"(약 1:22). 이 말씀을 간단하고 우아한 한 문장으로 정리할 수 있다. "다음번에 해야 할 옳은 일을 하라."

누군가에게 편지를 쓰라. 누군가에게 선물을 주라. 잠시 일을 멈추고 누군가를 섬기라. 남이 무시하는 사람을 주목하라. 긴장을 풀라. 찌푸린 눈살을 펴라. 누군가를 용서하라. 소리 내어 웃으라. 밖으로 나가 하늘을 올려다보며 하나님께 감사하라. 자동차 속도를 줄이라. 세상의 편견이 두렵더라도 당신이 하나님을 믿는다고 말하라. 봉사 활동에 자원하라. 자신을 소중히 여기라. 고귀하고 아름답고 좋은 것을 생각하

라. 도움을 요청하라. 누군가에게 뜻밖의 칭찬을 해 주라. 거울을 보며 "너는 아름답게 창조된 걸작이야. 참 잘 생겼어"라고 말하라. 심호흡을 하고 미소를 지으라.

다음번 옳은 일 하기를 잊어버렸다면? 오히려 잘못된 일을 하고 있다면? 그렇다면 성경 말씀을 기억하라. "내 은혜가 네게 족하도다"(고후 12:9). 잘못을 고백하고, 긍휼히 여기심을 받으라. 도움을 요청하라. 한 번에 하루씩. 서두르지 말고 천천히, 단순하게 하라.

◆ 핵심 정리

- 우리는 하나님의 섭리적인 돌보심 아래 살고 있다.

- 모든 소리, 모든 광경, 모든 맛, 모든 냄새, 모든 손길은 하나님이 자신의 존재를 드러내는 방식이다.

- 예수님께 더 가까이 다가가고 싶다면 그저 다음번 옳은 일을 하라. 다음번 큰일이 아니라, 다음번 극적인 일이 아니라, 다음번 거창한 일이 아니라, 그냥 다음번 옳은 일을 하라.

12단계

소명: 다른 사람을 돕기

나는 이 영적 깨달음을 다른 사람들에게 전하고 모든 일에서
이 원칙을 실천하고자 노력할 것이다.

언제나 우리 곁에 계시는 사랑하는 하나님 아버지,
아버지의 이름이 귀히 여김을 받으며 사랑받기 원합니다.
아버지의 통치가 우리 안에서 온전케 되기 원합니다.
아버지의 뜻이 하늘에서 이루어진 것같이
여기 이 땅에서도 이루어지기 원합니다.
오늘 우리에게 필요한 것을 주옵소서.
어떤 모양으로든 우리에게 잘못하는 모든 이들을
우리가 용서하는 것같이
아버지께 대한 우리의 죄와 잘못을 용서해 주옵소서.
우리가 유혹을 당하지 않게 하시고
모든 나쁜 일에서 건져 주옵소서.
아버지가 주관자이시며
모든 권세가 아버지께 있으며
모든 영광도 영원히 아버지의 것이기 때문입니다.
그것이 바로 우리가 원하는 바입니다.

- 주기도문[1]

1.
내가 받은
하나님의 위로 전하기

　　내가 부족한 사람임을 축하하고, 내 삶과 뜻을 포기하고 하나님께 항복하고, 내 삶을 정직하게 조사해서 그 결과를 하나님과 나 자신과 타인에게 고백하고, 내 인격적 결함을 해결해 달라고 하나님께 겸손히 요청하고, 사람들에게 끼친 잘못을 바로잡고, 한 번에 하루씩 하나님과 의식적으로 접촉하며 사는 법을 배웠다고 해 보자. 이제 다 된 것일까?

　　전혀 그렇지 않다.

　　이 모든 것의 이면에 있는 큰 목적과 의미는 아직 살펴보지 않았다. 사실, 영적 삶의 근본적인 법칙을 따르지 않으면 우리가 지금까지 배운 것은 모두 무용지물이 될 수도 있다. 이 법칙은 많은 전통에서 가르쳐 온 것이기도 하다. 구약성경의 잠언은 이 법칙을 이렇게 말한다.

"흩어 구제하여도 더욱 부하게 되는 일이 있나니 과도히 아껴도 가난하게 될 뿐이니라"(잠 11:24). 석가모니는 이렇게 말했다. "모든 종류의 베풂은 행복을 가져온다." 힌두교의 가르침은 이렇다. "베푸는 사람은 모든 것을 갖지만, 베풀지 않는 사람은 아무것도 갖지 못한다." 예수님은 이렇게 말씀하셨다. "무릇 자기 목숨을 보전하고자 하는 자는 잃을 것이요 잃는 자는 살리리라."[1]

하지만 사람들은 계속해서 이 진리를 간과하고 망각한다. 그렇기에 모든 세대와 모든 사람, 바로 우리가 이 진리를 재발견해야 한다. 20세기에 이 진리를 재발견한 사람의 이야기를 들어 보라.

1934년 11월 어느 날, 나중에 빌 W.로 역사에 남을 남자가 마지막 술을 마셨다. 그전까지 그는 구제불능의 술꾼이었고 깊은 절망에 빠져 있었다. 그러다 한 친구를 통해 하나님을 만나게 되었다. 그는 이것을 "영적 각성"이라고 불렀다. 영적 삶을 추구하는 사람들의 모임에 들어간 그는 거기에서 자신의 삶과 뜻을 항복시키고, 대담하고도 철저하게 삶을 조사하는 법을 배우고, 하나님께 인격을 변화시켜 달라고 기도하고, 자신이 사람들에게 했던 잘못을 바로잡고, 묵상하고 기도하는 법을 배웠다. 이 일이 알코올 중독자 갱생회의 시작이다. 하지만 알코올 중독자 갱생회는 좀 더 나중에 설립되었다. 이 알코올 중독자 갱생회를 탄생시킨 마지막 한 가지 깨달음은 모든 인간의 건강한 삶을 위해 꼭 필요한 것이었다.

빌은 이제 몇 개월간 술을 한 모금도 입에 대지 않고 있었다. 그는 영업차 뉴욕의 집을 떠나 오하이오주 애크론의 메이플라워 호텔에 묵고 있었다. 영업은 실패했다. 그는 외로웠다. 그날은 어머니날 전날이었고, 어머니는 30년 전에 그를 버렸다.

　로비에 서 있던 빌의 눈에 복도 끝에 있는 술집이 들어왔다. 잔 부딪치는 소리와 시끄럽게 웃고 떠드는 소리도 귀에 익었다. 외롭고 낙담해 있던 그는 말했다. "오늘은 진탕 마셔야겠어."

　순간 빌은 깜짝 놀랐다. 다시 술을 마신다는 것은 곧 죽음을 의미했기 때문이다. 지금 쓰고 있는 영적 방법이 효과가 없으면, 더 이상 아무런 희망이 없었다. 그 순간, 한 가지 생각이 떠올랐다. 마치 하늘에서 온 생각 같았다. 실제로 그랬는지도 모른다. "나는 술이 필요해"가 아니라, "나는 다른 알코올 중독자를 만나야 해"라는 생각이 들었다. 그는 도움이 필요한 사람을 찾아야 했다.

　로비 끝에는 교회 주소록이 비치된 공중전화 박스가 있었다. 빌은 도움이 필요한 알코올 중독자를 소개받기 위해 교회들에 전화를 돌리기 시작했다. 열 번째 전화. 몹시 두려워졌다. 술 한 잔만 몸에 들어가면 통화하기가 한결 수월할 것이라는 생각이 들었기 때문이다. 한 여성이 전화를 받았다. 빌이 자신을 "뉴욕에서 온 술꾼"으로 소개하고 자신의 문제를 설명하자, 그 여성은 절친한 친구의 남편인 심각한 알코올 중독자 로버트 스미스 박사를 만나게 해 주었다.

　밥(Bob) 박사로도 알려진 로버트 스미스는 항문외과 전문의였다. 그는 알코올 중독이 너무 심해서 환자들이 "밥 선생은 언제나 취해 있어"라고 말할 정도였다. 그는 술을 끊으려고 갖은 방법을 다 썼다. 여러 치료 시설을 드나들었고, 빌 W.가 뉴욕에서 받은 것과 똑같은 영적 치료법을 사용하는 애크론의 종교 단체에도 가입했다. 성경과 신앙 서적을 읽기도 했다. 하지만 좋은 아이디어들은 대부분 술을 마실 때 떠올랐다. 빌 W.의 말을 듣던 그는 한 가지 깨달음을 얻었다. "스펀지처럼 빨아들여서 혼자만 간직한다면 영적 접근법도 어느 접근법처럼 소용이 없다."[2]

삶의 목적은 얻는 것이 아니라 주는 것이다. 밥 박사는 많은 지식을 쌓고 성경을 읽었지만 이 한 가지 진리를 실천하지 못했다. 1935년 6월 10일, 사무실을 나선 그는 채권자들을 비롯해서 자신이 피해를 입힌 사람들을 찾아갔고 배상 계획을 세웠다.

1935년 6월 10일(밥 박사가 마지막으로 술을 마신 날)이 바로 알코올 중독자 갱생회가 설립된 날이다. '첫 회원'인 빌 W.가 마지막 술을 마시고 나서 수개월 지난 때였다. 6월 10일까지 미뤄진 것은 마지막 교훈이 분명해지지 않았기 때문이다. 마지막 교훈은 "지키기 위해서는 나눠 주어야 한다"였다.

알코올 중독자 갱생회는 술을 피하는 법만이 아니라 "정서적으로 맑은 정신"을 추구하는 법을 가르쳐 줄 후견인을 찾도록 권면한다. '후견인'이라는 단어는 전략적 브랜딩 팀이 선택한 것이 아니다. 처음에 병원에서는 알코올 중독자를 재정 손실 위험이 큰 대상으로 여겼다. 그래서 금주 중인 사람이 알코올 중독자를 '후견'해야, 즉 알코올 중독자가 금주하도록 돕고 이들의 치료비까지 보증해야 알코올 중독자를 받아 주었다. 하지만 후견 대상이 도움을 받아야 했기 때문에 후견 관계가 생긴 것만은 아니다. 오히려 후견인에게 더 유익이 되었기 때문이다. 금주할 때 어려운 점은 처음 술을 끊는 것보다 금주 상태를 유지하는 것이다. 그런데 금주하고 맑은 정신을 지키는 유일한 길은 다른 알코올 중독자가 금주하도록 돕는 것이라는 사실이 밝혀졌다.

기쁨, 감사, 소망, 우정, 격려도 마찬가지다. "자신이 가지지 않은 것은 줄 수 없다"는 말이 있다. 맞는 말이다. 하지만 영적 삶에서는 거꾸로다. "주지 않은 것은 지킬 수 없다." 이것은 인간의 본능에 반하는 일이다. 물리적 세계에서 뭔가를 지키는 유일한 방법은 소유하고 내놓지 않는 것이다. 내 음식을 당신에게 한 입 주면 내 몫은 한 입만큼 줄어든다. 내가 당신을 돕는 데 5분을 사용하면 내가 원하는 것을 할 시간이 5분 줄어든다.

게임 이론이나 경제학에서 이런 틀을 '제로섬 게임'이라고 한다. 한 사람이 이기면 다른 사람은 진다. 이득과 손실의 총합은 언제나 제로다. 소비주의적이고 물질주의적인 이 세상은 삶을 제로섬 게임으로 생각하여 무조건 이겨야 한다고 계속해서 부추긴다. 당신의 브랜드를 구축하라. 당신의 행복을 추구하라. 로버트 퍼트넘은 《업스윙》에서 지난 50년간 경제적 불평등, 정치적 대립, 사회적 분열, 문화적 자기중심주의가 심화되면서 세상이 개인주의적이고 서로 잡아먹으며 하나가 되지 못하는 적자생존의 정글로 전락한 과정을 자세히 기술한다.[3] 우리는 경제적, 정치적, 사회적, 문화적 생활을 제로섬 게임의 방식으로 접근하고 있다.

하지만 영적인 영역에서는 정반대 법칙이 작용한다. 자신보다 남을 돕는 데 초점을 맞추면 다음과 같은 많은 유익을 얻는다.

- 덜 자기중심적으로 바뀐다.
- 만족되지 않는 자기 욕구를 생각하기보다 남을 어떻게 섬길지 더 생각하게 된다.

- 자기 자신을 초월한 의미와 목적에서 기쁨과 힘을 얻는다.
- 존엄성을 얻고, 하나님께 사용될 때의 전율을 맛본다.

눈을 '안으로' 향해 자신에게 초점을 맞추면 우리의 상태는 더 나빠진다. 눈을 '밖으로' 향해 남에게 초점을 맞추면 우리의 상태는 더 좋아진다.

신학자 토마스 아퀴나스는 좋은 것에는 두 가지 범주가 있다고 말했다. 돈 같은 좋은 것들은 나눌수록 줄어든다. 당신이 많이 가진다는 것은 내가 적게 가진다는 뜻이다. 돈이나 재물이나 지위가 그렇다. 아퀴나스는 이런 것을 "세상적인" 혹은 "일시적인" 좋은 것이라고 말했다.

하지만 다른 좋은 것이 있다. 이 좋은 것은 남에게 나눌수록 더 불어난다. 기쁨을 나누면 자신의 기쁨이 줄어들까 봐 혼자 간직하려는 '기쁨 구두쇠'는 없다. 기쁨은 나눌수록 오히려 커진다. 내가 좋아하는 책이나 영화나 노래를 이야기해 줘서 상대방이 즐거워하는 모습을 보면 내 기쁨도 배가된다. 아퀴나스에 따르면 "나눈다고 해서 줄어드는 선(善)은 작은 선밖에 없다."[4] 더 좋은 선, 즉 영적 선을 나누는 것은 제로섬 게임이 아니다. 이런 것은 나눌수록 불어난다. 이런 것을 지키는 유일한 길은 나눠 주는 것이다.

여기서 끝이 아니다. "지키기 위해서는 나눠 줘야 한다"는 이 역학은 얼마나 강력한지, 영적 세상이 물리적 세상을 능가할 때가 많다. 노터데임대학교 사회학과의 크리스천 스미스와 공동 저자 힐러리 데이비드슨은 이것을 "베풂의 역설"이라고 칭하며, 철저한 연구를 바탕으로 저술한 동명의 책에서 이 개념을 설명했다. 그 책에 따르면, 경험적으로 볼 때 베푸는 사람들이 인색한 사람들보다 더 건강하고, 더 행복하고, 더 친절하고, 더 침착하고, 더 오래 산다. 자신을 내줄수록 더 번영한다. "이것은 철학적 혹은 종교적 가르침이 아니라 사회학적 사실이다."[5]

물질적으로 베풀지 않는 사람보다 베푸는 사람이 더 친구가 많고, 더 많은 개념을 배우고, 더 많은 인맥을 쌓고, 더 많은 직업적 기회를 누리고, 결국 더 많은 돈을 번다. 가진 것을 움켜쥐는 사람은 결국 모든 면에서 잃고 만다. '구두쇠'(miser)와 '불행'(misery)이라는 단어가 겨우 철자 하나 차이인 것은 우연이 아니다.

하지만 우리는 〈마른 손 공동체〉다. 우리는 약하고 부족하기 때문에 나눠 준다. 우리 힘으로 나눠 주려고 하면 바버라 오클리가 말하는 "병적 이타주의"(pathological altruism)에 빠지기 쉽다. 기껏 베풀어 놓고도 상황을 악화시킨다. 베풀면서 생색을 내는 경우가 그렇다. 상대방을 이해하지 않고 자기 방식대로 도우려는 경우도 그렇다.[6] 자신이 얼마나 똑똑한지 뽐내기 위해 친구나 배우자에게 조언하는 것, 자신의 재능이나 연민을 증명해 보이기 위해 남의 일을 도와주는 것이 병적 이타주의다. 사실 이는 심한 이기주의일 뿐이다. 이 방식은 오히려 상대방에게 해가 된다. 더 교묘하게 위장했을 뿐, 자신이 하나님 노릇을 하려는 것과 다름없다. "나는 네 문제를 진단하고 해법을 처방해 줄 만큼 똑똑해."

남을 도와야 할 이유는 남을 돕지 않고서는 우리가 치유되는 것이 불가능하기 때문이다. 자신을 변명하고 보호하는 데 초점을 맞출수록 삶과 관계는 악화된다. 하버드대학교 교수였던 숀 아처는 매우 우울해하는 국세청 감사관과 이야기한 적이 있다. 우울한 이유를 함께 찾아보

던 그 감사관은 아내가 지난 6주간 잘못했던 일을 일일이 엑셀 스프레드시트로 정리했다고 말했다.[7]

우리도 스프레드시트에 기록하지는 않아도 머릿속으로 다른 사람의 잘못을 일일이 기록하고 있을지 모른다. 다른 사람의 결함을 조사하면 나도 우울해지는 반면, 다른 사람의 삶을 부하게 하면 나도 만족스럽다. 사도 바울의 말처럼 "사랑은 … 악한 것을 생각하지 아니한다(잘못을 기록하지 않는다)"(고전 13:5).

바울은 타인의 실수를 헤아리는 대신 감사거리를 적어 나간다. 고린도교회에 보낸 첫 번째 편지에 그는 이렇게 쓴다. "내가 너희를 위하여 항상 하나님께 감사하노니"(고전 1:4). 바울은 여기서 그치지 않는다. 그는 모든 위로의 하나님이라고 말하면서 '지키기 위해서는 나눠 줘야 한다'는 역설을 강조한다. "우리의 모든 환난 중에서 우리를 위로하사 우리로 하여금 하나님께 받는 위로로써 모든 환난 중에 있는 자들을 능히 위로하게 하시는 이시로다 … 우리가 위로를 받는 것도 너희가 위로를 받게 하려는 것이니 이 위로가 너희 속에 역사하여 우리가 받는 것 같은 고난을 너희도 견디게 하느니라"(고후 1:4, 6).

종교 공동체 안에서도 이 원칙을 망각하고 개인의 발전, 영적인 소비주의, 교회 봉사에서 얻을 수 있는 것에만 초점을 맞추는 사람들이 많다. 이를 관찰한 사람이 이렇게 말했다. "사람들의 기본적인 자기중심주의가 적나라하게 드러나고, 그 정체가 밝혀지고, 근본적으로 방향이 바뀌지 않는 한, 많은 종교는 거대한 유람선의 갑판 의자를 재배치해서 각각 고립된 승객들을 태우고 있는 것과 같다. 배 전체가 침몰하는데도 승객들은 자기 행복만 추구하는 프로그램에 몰두하고 있을 뿐이다."[8]

나눠 주기

직장과 명예를 잃은 사람이 있다. 세상을 변화시키고 큰 영향을 미칠 기회가 사라진 것 같았다. 크게 낙심하던 그때 놀라운 생각이 떠올랐다. "오늘 하나님을 기쁘게 섬기는 데 이런 상황이 걸림돌이 되지는 않아." 누가 나를 주목하고 있는지, 돈이나 명성을 얻을 수 있는지, 이런 것은 중요하지 않다. 아니, 오히려 그럴 가능성이 적을수록 우리에게는 좋은지도 모른다.

오늘, 나눠 주는 것을 삶의 목표로 삼아야 한다. "어떻게 하면 오늘 하나님을 기쁘게 섬길 수 있을까?"라고 물어야 한다. 누군가에게 정성껏 식사를 대접해 볼까? 이 세상의 굶주리는 사람들을 위해 어떻게 기도할까? 오늘 택시를 탄다면, 운전사에게 편하게 말동무를 해 주고 그를 위해 기도하며 복음을 전해 볼까?

후히 베풀 수 있는 방법은 무엇일까? 새 물건을 살 때마다 그 값과 동일한 액수를 기부하기로 결심한 남자가 있다. 검소하게 살면서 수입이 늘 때마다 그 돈을 기부하기로 결심한 여자도 있다. 십일조가 좋은 출발점이 될 수 있다(미국 교인 중에서 십일조를 내는 교인은 3퍼센트가 채 되지 않는다[9]).

우리도 힘들지만 하나님의 위로를 받고 있음을 생각하며, 같은 처지에 있는 사람을 어떻게 도울지 고민해야 한다. 같은 고통을 당한 사람만이 도울 수 있는 부분이 있기 때문이다. 바쁘게 성공 가도를 달리고 있을 때 불청객처럼 여겨졌던 '다른 사람과의 대화'는 나와 같은 처지에 있는 사람을 도울 뿐만 아니라 나도 치유받고 삶의 목적을 찾는 기회가 될 수 있다. 하나님에 대해서도 마찬가지다. 사람들이 하나님을 생각하도록 돕지 않으면, 우리도 매사에 하나님을 생각하기가 어렵다. 우리와 같은 시련을 겪고 있는 〈마른 손 공동체〉 구성원을 만나면 우리의 불안, 실패, 중독, 우울함, 상실, 치욕은 갑자기 부채에서 자산으로 변한다. 혐오스럽거나 최악으로 보였던 내 자신의 어떤 부분이 이제는 내 삶의 보석이요 남에게 줄 수 있는 가장 큰 선물이 된다.[10]

이렇게 나눠 주면 우리 힘이 고갈될까? 전혀 그렇지 않다. 오히려 우리 자신을 넘어서는 힘의 원천을 발견하게 된다.

📣 실천하기

당신의 고난(mess)을 메시지(message)로 만들라

이상하게도 약함과 실패와 고통에 관한 우리의 이야기는 고통받는 사람에게 소망을 주는 선물이 되기도 한다. 암 생존자, 자식 잃은 부모, 우울증에 걸린 청년, 실직당한 사람은 다른 어디서도 받지 못했던 도움을 자기와 같은 고난을 당했던 사람들에게 받는 경우가 많다. 성경은 베드로가 예수님을 부인하고 바울이 교회를 핍박한 일을 감추지 않는다. 그런 이야기는 신약성경 곳곳에 기록되어 있어서 〈마른 손 공동체〉 안의 수많은 실패자에게 소망을 준다. 메시아가 굴욕적으로 죽었던 십자가는 고난을 메시지로 만드는 자세의 궁극적인 본보기가 되었다.

자, 이제 찾아보자. 당신의 삶에서 중요한 역할을 한 고난은 무엇인가? 고난을 감추는 것을 인생의 목표로 삼지 않겠노라 결단하라. 같은 고난 중에 있는 사람들을 생각해 보라. 그들에게 도움이 될 수 있도록 당신의 이야기를 어떻게 전하면 좋을까?

◆ 핵심 정리

· 인생의 목적은 받는 것이 아니라 주는 것이다. 지키기 위해서는 나눠 주어
  야 한다.

· "자신이 가지지 않은 것은 줄 수 없다"라는 말을 들어 보았을 것이다. 맞는
  말이다. 하지만 영적 삶에서는 거꾸로다. "주지 않은 것은 지킬 수 없다."

· 돈 같은 것은 나눌수록 줄어든다. 하지만 기쁨처럼, 나눌수록 오히려 커지
  는 것들이 있다. 최대한 많이 나눠 주는 것을 목표로 삼으라.

2.
실패하더라도
다시 시작하기

이 책의 모든 중요한 문장에 밑줄을 긋고, 여백에 빼곡히 메모하고, 모든 개념을 이해하고, 심지어 이 내용을 남에게 가르칠 수 있게 되었는데도 전혀 변화되지 않은 사람이 있을 수 있다. 혹은 잠시 변화된 것 같다가 정체의 늪에 빠져드는 사람들도 있을 것이다.

이 책에서 소개하는 삶의 길, 곧 많은 현자들과 특히 예수님이 분명하게 제시하신 이 길은 수많은 사람에게 생명줄이 되어 주었다. 하지만 이 길에 관해 듣고도 하나님을 만나지 못하고 삶이 전혀 변화되지 않아 크게 실망한 사람도 그에 못지않게 많다. 사실, 시간이 지나면 낙심은 필연적으로 찾아온다. 이 길로 계속해서 가는 것은 힘들다.

그래서 이 삶의 길을 걷고자 절실히 원하는 사람들은 지혜의 글을 읽고, 서로의 이야기를 듣고, 인도하심과 평온함을 위해 기도한 다음, 함께 손을 잡고 다음 문장을 외운다. 그들에게 가장 필요한 말이다.

"계속해서 돌아오라. 노력한다면 효과가 있을 것이다."

이 말을 쪼개서 분석해 보자. 그러면 이 말이 왜 그토록 절실히 필요한지 이해할 것이다.

계속해서 돌아오라

마음이 혼란스러운가? 여러 문제가 얽혀 있는가? 하지만 우리가 함께 탐구해 온 습관들은 전혀 복잡하지 않다. 복잡한 상황에 처한 사람을 위한 단순한 프로그램일 뿐이다.

《아주 작은 습관의 힘》에서 제임스 클리어는 건강해지는 생활 습관을 얻기 위해 뛰어난 코치에게 조언을 구했다. 코치의 답변은 뜻밖이었다. "어느 순간에는, 매일 똑같은 훈련을 반복할 때의 지루함을 잘 감당할 수 있느냐 하는 것이 관건이다."[1]

클리어는 성공의 가장 큰 적은 지루함이라고 말한다. 우리는 새로운 것을 갈망한다. 비디오 게임과 포르노 사이트와 카지노는 그 갈망을 공략하여 수십억 달러의 매출을 낳는다.

나는 내 삶을 점검하고 싶지 않을 때가 많다. 하지만 점검을 마치고 나서 괜히 했다고 후회한 적은 없다. 내 잘못을 친구에게 고백하고 싶지 않다. 하지만 일단 고백하고 나면 그렇게 하기를 잘했다는 생각이 항상 든다. 성경을 묵상하거나 남을 섬기는 일에 시간을 내고 싶지 않을 때가 있다. 하지만 그렇게 하고 나면, 다음에 또 그렇게 하고 싶다는 생각이 자연스럽게 든다.

계속해서 돌아오라. 계속해서 실천하라. 복잡하게 생각하지 마라. 그래서 우리에게는 공동체, 영적 친구, 서로를 책임져 주는 동역자가 필요하다. 무엇을 가치 있게 여겨야 할지 상기시켜 줄 사람이 필요하다. 혼자 있으면 죄를 짓기 쉽지만 함께하면 치유된다.

우리와 함께하는 사람들은 우리가 계속해서 돌아와야 한다는 점을 상기시켜 준다. 혼자서는 금세 믿음이 가라앉을 수 있다. 하지만 공동체에 속하면 우리보다 믿음이 큰 사람들에게 믿음을 나눠 받고, 계속해서 돌아올 힘을 얻는다. 히브리서 기자는 말한다. "우리에게 구름같이 둘러싼 허다한 증인들이 있으니 모든 무거운 것과 얽매이기 쉬운 죄를 벗어버리고 인내로써 우리 앞에 당한 경주를 하며"(히 12:1).

효과가 있다

능력과 자유를 주는 삶의 길이 있다. 우리 자신을 초월하는 영적 힘을 얻게 하는 삶의 길이 있다. 주로 12단계 모임을 마칠 때 사용하는 "계속해서 돌아오라. 노력한다면 효과가 있을 것이다"라는 선언을 교회 예배가 끝날 때도 말하면 좋을 것이다. 알코올 중독자 갱생회 회원들은 이 방법이 효과가 있다는 것을 알고 있다. 전에는 술에 취해 살았지만, 그 방법을 실천하는 지금은 맑은 정신으로 살고 있기 때문이다. 그들은 변화될 힘을 얻었다. 영적 능력이 분명하게 흘러나오는 "프로그램", 곧 삶의 길을 얻었다. 실제로 연구가들은 "효과가 있다"라는 믿음이 "계속해서 돌아오는" 사람들과 포기하고 마는 사람들을 가르는 결정적인 차

이점임을 발견했다.[2]

하지만 교회에서는 예배를 끝내면서 이런 말을 하는 경우가 별로 없다. 교인들은 성경에서 명령하거나, 교회에서 요구하거나, 자녀에게 도움이 되거나, 하나님이 진노하실 것이기 때문에 교회로 돌아올 의무가 있다고 생각한다. 그렇게 생각하지 않는 교인들은 돌아오지 않고 아예 교회를 떠난다.

하지만 지금은 교회로 돌아오라는 것이 아니라 효과가 있는 삶의 길로 매일 돌아오라고 권하는 것이다. '효과가 있는 프로그램'이 필요하다. 예수님은 그분의 길이 좁은 길이라고 말씀하신다. 사람들은 좁은 길이 편협한 마음이나 율법주의를 뜻한다고 오해한다. 하지만 예수님은 그와 정반대 삶을 사셨고, 변화를 일으키는 길의 본질을 말씀하셨다.

예를 들어, 피아노를 배우는 '좁은 길'에서는 레슨을 받고 음계를 연습하고 악보 읽는 법을 배워야 한다. 반면, 피아노를 배우지 않겠다면 아무것도 안 하면 된다. 피아노를 배우지 않는 길은 '넓은 길'이다.

스페인어를 배우거나 당뇨를 관리하거나 목공 기술을 배우고 싶을 때도 마찬가지다. '좁은 길'은 그 일을 위해 활동하고 연습하고 자세를 유지하는 것이다. 반면, '넓은 길'은 아무것도 하지 않는 것이다.

영적 능력을 갖추고 사랑이 충만한 사람이 되고 싶다면? 그렇다면 지금까지 탐구한 길, 곧 예수님의 길로 가야 한다. 이 길은 효과가 있다. 이 길의 효과는 예수님, 베드로, 바울, 마리아, 마르다, 사막 교부들, 성이그나티우스, 테레사 수녀, 아시시의 성 프란체스코, 디트리히 본회퍼 등 무수히 많은 사람을 통해 증명되었다.

이 길이 "효과가 있다"는 것은 건강과 번영의 복을 받는다는 뜻이 아니다. 난치병을 고침받고, 가출한 자녀가 집으로 돌아오고, 우울증이 사라지고, 직장에서 고속으로 승진한다는 뜻도 아니다. 이것은 구원받고, 하나님과 교제하고, 용서하고 용서받으며, 삶의 의미를 깨닫게 된다는 의미다.

자, 이제 "~한다면"이라는 작은 단어가 남았다.

노력한다면

이 말은 예수님의 형제 야고보가 한 말이기도 하다. 야고보는 행함이 없는 믿음은 죽은 것이라고 했다(약 2:20 참고). 행함이 없는 믿음은 아예 믿음이라고 할 수도 없다.

계속해서 돌아오라. 믿음은 효과가 있다. 우리가 노력한다면.

이 간단한 활동들이 노력할 가치가 없거나 우리 수준에 맞지 않는 것이라고 생각한다면 우리는 번영할 수 없다.

조 나윈스키는 *If You Work It, It Works!*(노력하면, 효과가 있다)라는 책을 쓴 작가다. 그 책은 이렇게 말한다. "우울증과 외상 후 스트레스 장애 같은 정신질환에 효과가 있다고 증명된 치료법이 있다. 당뇨와 심장질환 치료법도 있다. 하지만 이런 치료법이 항상 효과가 있을까? 환자가 그 치료법을 열심히 실천하는지에 따라 효과가 달라진다. 확실한 것은, 개인이 노력하면 이런 치료법이 효과가 있을 가능성이 높다는 것이다."[3]

배우 조나 힐은 최근 파킨슨병에 걸린 70대 심리치료사 필 스터츠를 인터뷰한 다큐멘터리에 출연했다. 이 인터뷰에서 가장 주목받은 부분은 누구도 피할 수 없는 현실의 세 가지 측면을 스터츠가 이야기한 내용일 것이다. 그 세 가지 측면은 다음과 같다.

- 고통
- 불확실성
- 지속적인 노력[4]

왜 우리는 이 세 번째 항목에 고개를 갸웃할까? 영적인 삶에서도 마찬가지다. 우리는 완성되지 않는다. 영성은 터득해야 할 기술이 아니라 살아 내야 할 삶이다. 매일 우리에게는 하나님의 도우심이 새롭게 필요하다. 매 순간이 새롭게 항복할 기회다. 모든 사람이 섬김의 새로운 기회다. 모든 죄가 자기 점검과 고백을 위한 기회다. 이것은 절망적인 것이 아니라 오히려 희망적인 상황이다. 우리의 결함이 우리의 삶을 망치도록 하릴없이 지켜만 볼 이유가 없다. 프로그램을 열심히 실천할수록 하나님의 능력이 우리 안에서 더 강하게 역사한다.[5] 고통. 불확실성. 지속적인 노력.

영적 정체기를 예상하라

아마 당신도 "노력하기" 힘들 때가 있을 것이다. 냉담해지거나 하나님이 멀게 느껴진 적이 있을 것이다. C. S. 루이스는 인간을 가리켜 양서류, 곧 "반은 영이고 반은 동물"이라고 했다.[6] 이런 이유로 우리는 그가 말하는 기복의 법칙(Law of Undulation) 아래에 있다. 우리는 지속적으로 성장하는 것이 아니라 밑바닥과 정상(頂上)이 끊임없이 반복되는 순환 속에서 살고 있다. 일터에서의 의욕, 친구들을 향한 애정, 육체적 욕구, 지적인 에너지까지 삶의 모든 부분이 그렇다. 모든 것이 상승과 하강을 반복한다.

이런 현실을 겪다 보면 기복의 법칙을 인식하고 받아들이게 된다. 옛 찬양에 이런 가사가 있다. "예수님과 함께하는 삶은 매일이 전날보다 더 달콤하네." 사실은 전혀 그렇지 않다. "예수님과 함께하니 날이 갈수록 그분을 더욱 사랑하게 되네." 사실은 전혀 그렇지 않다.

C. S. 루이스는 이렇게 썼다. "뜻밖이라고 생각할지 모르지만 하나님은 한 영혼을 영원히 소유하려 하실 때, 정상보다 오히려 바닥을 더 많이 사용하신다. 하나님이 특별히 사랑하는 이들 중에는 바닥을 남들보다 더 오래, 더 깊게 지나온 이들이 적지 않다."[7]

따라서 오늘 정상에 서 있다면 감사하라. 하나님을 찾으라. 넘치는 에너지를 다른 사람을 섬기고 자신이 성장하는 데 사용하라. 단, 목적지에 이르렀다고는 생각하지 마라. 정상이 계속되리라 기대하지 마라. 전혀 그렇지 않다.

오늘 밑바닥에 있다면 소망을 품으라. 하나님을 기다리라. 긴장을 풀고 쉬라. 당신이 영적 실패자라고 생각하지 마라. 전혀 그렇지 않다. 밑바닥이 영원히 계속되리라 생각하지 마라. 전혀 그렇지 않다.

조슈아 솅크는 《링컨의 우울증》이라는 탁월한 책에서 극심한 우울증에 시달린 링컨을 그린다. 링컨은 툭하면 자살 시도를 하는 바람에 친구들이 그를 수시로 감시했다. 친구들은 링컨이 주머니칼도 갖고 다니지 못하게 했다. 스물세 살의 링컨은 자신이 "세상에서 가장 불행한 인간"이라고 말했다. 하지만 솅크는 링컨이 고난의 밑바닥까지 떨어진

덕분에 겸손과 결단력을 얻었다고 말한다.

겸손. 자신은 힘이 없기 때문에 하나님의 권위에 항복하는 것.

결단력. 소명이 있기에 절대로 절망에 항복하지 않는 것.

링컨이 자신의 운명을 준비한 것은 밑바닥에서였다. 셍크는 그리스 철학자 아이스킬로스의 말을 인용한다. "잊을 수 없는 고통이 마음에 한 방울씩 떨어진다. 마침내 위에 계신 하나님의 놀라운 은혜로, 우리의 의지를 거스르고 지혜가 우리에게 올 때까지."[8]

따라서 밑바닥에서든 정상에서든 우리의 길로 돌아가야 한다. 너무 복잡하게 생각할 필요가 없다. 생각만큼 빨리 성장하지 않아도 걱정할 필요가 없다. 밑바닥과 정상은 우리가 통제할 수 있는 것이 아니다. 고통은 필연적이고 불확실성은 피할 수 없으며 지속적으로 노력할 가치가 있다는 사실을 서로에게 상기시켜 주어야 한다.

계속해서 돌아오라. 노력한다면 효과가 있을 것이다.

🕮 실천하기

당신에게 어려운 일이 무엇인지 확인하라

"계속해서 돌아오라. 노력한다면 효과가 있을 것이다." 이 진술에서 어느 부분이 가장 어려운가? 그 이유를 생각해 보라. 그 문제를 극복하게 도와 달라고 기도하라. 밑바닥에 있든 정상에 있든, 지금 당신에게 가장 필요한 메시지가 무엇인지 생각해 보라. 그리고 기억하라. 지금 이 상황은 일시적이다.

♦ 핵심 정리

- 계속해서 돌아오라. 혼자 있으면 죄를 짓기 쉽지만 다른 사람과 함께하면 치유된다.

- 계속해서 돌아오라. 노력한다면 믿음은 효과가 있다. 이 간단한 활동이 노력할 가치가 없다거나 우리 수준에 맞지 않는다고 생각하면 우리는 번영할 수 없다.

- 오늘 정상에 서 있다면 감사하라. 정상이 계속되리라 기대하지 마라. 전혀 그렇지 않다. 오늘 밑바닥에 있다면 소망을 품으라. 밑바닥이 영원히 계속되리라 생각하지 마라. 전혀 그렇지 않다.

3.
하나님 약속을 믿고
소망을 붙들기

　나는 친구들 소유의 차고에 딸린 작은 방에서 일하고 있다. 친구들은 솜씨 좋은 포도 농사꾼들이다. 나는 그들의 포도원을 자주 둘러본다. 매년 가을에는 포도나무를 가차 없이 가지치기한다. 포도나무가 감정이 있다면 필시 가지치기를 싫어할 것이다. 잎이 무성하고 포도가 가득 달렸던 여름에 비하면, 가지치기를 당한 포도나무는 그저 메마른 막대처럼 보인다. 하지만 사실은 전혀 그렇지 않다. 표면 아래에서는 생명을 준비하고 있다.

　섭씨 10도 전후가 되는 봄이 찾아오면 토양 속의 물이 이동하기 시작한다. 물이 뿌리를 타고 올라가 포도나무 전체에 수액이 흐르기 시작한다. 그러다 바로 가지치기한 부분으로 한 방울의 수액이 나온다. 그

첫 방울을 눈물방울이라고 부른다. 가지치기를 당하고 메말랐을 때의 고통이, 새 생명이 움트고 미래에 성장하리라는 약속과 만나는 이 순간을 "포도나무의 눈물 흘림"이라 부른다.

이 표현이 참으로 마음에 든다. 나는 가지치기를 당할 때의 고통과 잘려 나간 부위의 통증으로 눈물 흘리는 포도나무를 생각하곤 한다. 그 잘린 부위에서 생명이 흘러나오는 장면을 생각하곤 한다. 포도나무가 열매를 맺을 생각에 기쁨의 눈물을 흘린다는 이야기도 자주 생각한다.

포도나무는 우리가 지금까지 배운 모든 것을 상기시켜 준다. "너희가 내 안에, 내가 너희 안에 거하면 너희가 열매를 많이 맺나니." 나는 할 수 없다. 하지만 하나님은 하실 수 있다. 포도나무 가지가 포도나무에 계속 붙어 있는 이유는 열매가 있으리라는 약속 때문이다.

소망.

우리는 모두 소망으로 산다. 인간의 모든 운동(movement)과 종교와 철학은 앞으로 이루어질 일에 대한 약속을 제시한다. 프로이트, 마르크스, 시몬 드 보부아르, 플라톤, 마틴 루터 킹 같은 사상가들과 마더 테레사와 구약 선지자들이 우리 마음을 움직이는 이유는 아직 실현되지 않은 세상과 삶을 우리가 갈망하기 때문이다. 어떤 학자가 세어 본 바에 따르면, 성경에는 하나님의 약속이 7,457개나 있는데, 바울은 그 약속이 아무리 많아도 예수 그리스도 안에서 "예"가 된다고 충만한 기쁨으로 선포했다(고후 1:20 참고).

자, 이제 아래층으로 내려가면서 마무리하자. 그곳에서 우리는 〈마른 손 공동체〉로 다시 모인다. 자신의 부족함을 인정하고 축하한다. 하나님의 도우심이 필요하다고 인정한다. "나는 할 수 없다." 그리고 자신의 이야기를 나눈다.

모임을 끝내기 전에 약속을 읽는다. 12단계나 열두 제자처럼 열두 가지 약속이 있다. 선지자적 영감으로 쓰인 이 약속들은 알코올 중독자 갱생회의 빅북에 있다.

사람들은 자신이 부족한 사람임을 축하하기 위해 모이되 자신의 부족함이 상황을 결정하지 않음을 기억하기 위해 이 약속을 큰소리로 읽는다. 이 약속은 항상 깊은 감동을 준다. 40년 동안 술을 한 모금도 입에 대지 않은 사람과 만취운전으로 사망 사고를 내고 영혼이 산산이 부서진 사람이 함께 그 약속을 읽는다. 그 약속들은 우리의 잘려 나간 부위에 눈물방울이 맺히게 한다. 우리는 고통으로 애통해하면서도 언젠가 맺을 열매를 기억한다. 우리에게 계속해서 나아갈 힘을 주는 것은 약속이다. 이 약속은 포도나무의 눈물이다. 지금 이 약속을 천천히 읽고, 이 약속이 당신의 삶에서 이루어진 모습을 상상해 보라.

약속 1: 우리는 새로운 자유와 새로운 행복을 알게 될 것이다.

약속 2: 우리는 과거를 후회하지도 잊으려고도 하지 않을 것이다.

약속 3: 우리는 '평온'(serenity)이라는 단어를 이해할 것이다.

약속 4: 우리는 평안을 알 것이다.

약속 5: 우리가 아무리 밑바닥까지 내려가더라도 그 경험이 다른 사람에게 어떻게 유익이 될 수 있는지 보게 될 것이다.

약속 6: 우리가 쓸모없다는 느낌과 자기연민이 사라질 것이다.

약속 7: 우리는 이기적인 것에 흥미를 잃고 동료 인간에게 관심을 가질 것이다.

약속 8: 이기심이 죽을 것이다.

약속 9: 삶에 대한 태도와 시각 전체가 변할 것이다.

약속 10: 사람들과 경제적 안정에 관한 두려움이 사라질 것이다.

약속 11: 우리를 당황시켰던 상황을 다루는 법을 직관적으로 알게 될 것이다.

약속 12: 우리가 스스로 할 수 없는 일을 하나님이 우리를 위해 해 주고 계신다는 사실을 갑자기 깨닫게 될 것이다.

빅북은 이렇게 묻는다. "이것이 터무니없는 약속인가? 우리는 그렇게 생각하지 않는다. 이 약속들은 우리 안에서, 때로는 빠르게, 때로는 느리게 이루어지고 있다. 우리가 노력한다면 이 약속들은 항상 이루어진다."[1]

수년 전, 내가 참석했던 모임에서 누군가가 이 약속들을 읽어 주었다. 그때 그는 이 약속의 도입부를 강조했다. "우리가 성장의 이런 측면에서 뼈를 깎는 노력을 한다면 절반 지점에 이르기 전에 놀라운 일을 경험하게 될 것이다."[2]

그리고 그는 자신이 가야 할 길이 얼마나 남았는지를 이야기했다. "제가 아직 놀라운 일을 경험하지 못한 것은 아직 절반 지점에 이르지 못했기 때문일 것입니다."

우리 모두가 절반 지점을 통과하게 되기를 기도한다.

👈 실천하기

열두 가지 약속을 생각해 보라

이 약속들을 생각해 보는 시간을 가지라. 어떤 약속을 읽을 때 심장 박동이 빨라지는가? 당신의 삶에서 가장 이루어지기를 바라는 약속은 무엇인가? 이 약속이 이루어지지 못하게 방해하는 걸림돌은 무엇인가? 이 약속이 이루어지게 도와 달라고 하나님께 기도하고, 해야 할 행동이 생각난다면 그렇게 실천하라.

이 약속들은 우리가 소망으로 살도록 창조되었고 소망 없이는 살수 없다는 점을 상기시킨다. 날마다 하루를 시작할 때 소망을 품는 것이 중요하다. 단 5초의 습관만 기르면 삶에 큰 변화가 나타날 것이다.[3]

아침에 눈을 떠서 바닥에 발을 내딛을 때 가장 먼저 이렇게 말하라. "오늘은 주님이 지으신 날이다. 그러니 즐거워하고 기뻐할 것이다." 이 말씀은 우리 마음에 힘을 준다.

마지막으로 더 중요한 것이 있다. 이 문장을 말하고 나서 미소를 짓지 않는다면 제대로 한 것이 아니다. 미소를 지을 때, 우리 몸이 저절로 이 말을 가슴 깊은 곳에 새긴다. 이 작은 축하의 순간은 행동을 강화하여 습관이 되게 한다.

극심한 고통이나 슬픔을 겪고 있다면 이 진술을 살짝 바꿀 수 있다. "오늘은 주님이 지으신 날이다. '그래도' 즐거워하고 기뻐할 것이다."

기억하라. 소망이 있다. 우리가 노력한다면 이 약속들은 반드시 이루어진다.

♦ 핵심 정리

• 우리 모두는 소망으로 산다.

• 우리는 자신의 부족함을 인정하고 축하한다.

• 우리는 하나님의 도우심이 필요하다고 인정한다. "나는 할 수 없다. 하나님
  은 하실 수 있다. 하나님께 맡길 것이다."

13단계
마침내 승리와 부활의 자리로

알코올 중독자 갱생회 초기에는 선배들이 문서로 명시되지 않은 열세 번째 단계를 언급하곤 했다. 누군가가 12단계를 끝까지 추구하다가 맑은 정신으로 생을 마감했을 때 그 표현을 썼다. 그 사람은 "열세 번째 단계", 곧 무덤 속으로 들어가는 마지막 단계를 밟았다는 뜻이었다. 오랜 씨름이 끝났다. 이제 그를 계속해서 넘어뜨리려던 교활하고 강력한 원수가 완전히 패했다. 그 사람은 선한 싸움을 싸우며 경주를 마쳤다. 믿음을 끝까지 지켰다.

우리는 죽음을 상실이요 패배로 생각할 때가 많다. 하지만 영혼을 무너뜨리는 고통을 통해 죽음의 가능성을 이미 마주했던 사람들에게는 당당하게 고개를 들고 맑은 정신으로 죽음을 맞는 것이 영광스러운 승리다. 가족들에게는 선물이다. 중독과 씨름하고 있는 사람들에게는 귀감이다. 그들은 섬김과 목적이 있는 거룩하고도 멋진 인생으로 마감할 수 있음을 똑똑히 보여 주었다. "사망아 너의 승리가 어디 있느냐 사망아 네가 쏘는 것이 어디 있느냐"(고전 15:55).

열세 번째 단계는 삶의 끝자락에 이르렀을 때 열심히 싸운 보람을 느낄 수 있다는 점을 상기시켜 준다. 우리 아버지가 임종을 앞두고 있을 때 가족들은 아버지 옆에 모여 시편 121편을 읽었다. 마지막 구절 "여호와께서 너의 출입을 지금부터 영원까지 지키시리로다"를 읽을 때 아버지는 85년 인생의 마지막 숨을 내쉬었다. 아침마다 나는 내 삶의 마지막 순간에 이르렀을 때를 생각하며 이 시편을 암송한다. 내 마지막 숨을 내쉴 때까지 어리석은 실수를 하지 않게 도와 달라고 하나님께 기도한다.

열세 번째 단계는 우리가 혼자가 아니라는 사실을 상기시켜 준다. 삶은 우리 모두가 공유하고 있는 선물이며, 죽음은 우리 공동의 적이다. "누구도 홀로 온전한 섬이 아니다. 모든 사람은 대륙의 한 조각, 본토의 일부다. … 나는 인류에 참여하고 있기에 누가 죽더라도 나는 작아진다."¹ 우리 혼자서는 곤란에 처할 수밖에 없다. 치유받기 위해서는 서로가 필요하다. 알코올 중독자 갱생회에서는 이 사실을 늘 되새긴다. "'나'는 술 취하지만 '우리'는 맑은 정신을 유지한다." 예수님의 표현을 빌리자면 "두세 사람이 내 이름으로 모인 곳에는 나도 그들 중에 있느니라"(마 18:20).

우리는 혼자가 아니다.

절대 혼자가 아니다.

열세 번째 단계는 소망이 실질적이며 우리보다 큰 힘에 그 소망이 있다는 사실을 상기시켜 준다. 죽음에 대한 초대 교회의 관점은 주변 세상의 관점과 달랐다. 세상은 죽음을 두려워했지만, 초대 교회는 그렇지 않았다. 고대 로마에서 초대 교회 성도들이 건축한 것은 교회나 성당이 아니라 '죽음의 도시'인 카타콤이다. 카타콤에서 가장 흔하게 그린 성경 인물은 다윗이나 솔로몬 같은 승리의 왕이 아니라 어둠 속에서 물고기에게 삼켜진 요나였다. 요나는 말 그대로 바닥을 쳤지만 사흘째 되는 날 다시 살아났다. 예수님은 이것을 "요나의 표적"이라 부르시며, 의심 많은 세상에 그 표적을 보여 주겠다고 약속하셨다.[2]

우리가 어제 아무리 형편없었다 해도 우리에게는 매일 아침 새로운 소망이 찾아온다. 30년 동안 술을 끊은 사람과 30일간 술을 끊은 사람 중 오늘 아침에 먼저 일어나는 사람이 정신이 더 맑은 사람이라는 말이 있다. 하나님의 긍휼은 아침마다 새롭다. 하나님은 그날의 만나를 주신다.

그 무엇도 그 소망을 없앨 수 없다. 심지어 죽음이라도.

〈마른 손 공동체〉는 사실 성도의 교제다.

우리는 혼자가 아니다. '절대' 혼자가 아니다.

사흘째 되는 날, 돌이 굴려졌고 예수님이 우리를 위해 열세 번째 단계를 밟으셨다.

열세 번째 단계의 또 다른 이름은 '부활'이다.

나는 할 수 없다.

하나님은 하실 수 있다.

하나님께 맡길 것이다.

프롤로그

1. Kate Bowler, *Everything Happens for a Reason: And Other Lies I've Loved* (New York: Random House, 2018), 84-85.

2. 참고, Aundi Kolber, *Try Softer*, (Carol Stream, IL: Tyndale, 2020) and Bill W., *Alcoholics Anonymous: The Big Book* (Mineola, NY: Ixia Press, 2019), 60.

3. 참고, Stephen R. Haynes, *Why Can't the Church be More Like an AA Meeting?: And Other Questions Christians Ask about Recovery* (Grand Rapids, MI: Eerdmans, 2021), 22.

4. Bill W. Ernest Kurtz, *Not God: A History of Alcoholics Anonymous* (Center City, MN, 1991), 61에 인용.

5. Dallas Willard, *Renovation of the Heart: Putting on the Character of Christ* (Colorado Springs, CO: NavPress, 2021), 283쪽 각주.

6. Edward J. Dowling, "A.A. Steps for the Underprivileged Non-A.A.," *A. A. Grapevine*, June 1960, https://www.aagrapevine.org/magazine/1960/jun/aa-steps-underprivileged-non-aa.

7. Ernest Kurtz, *Not-God: A History of Alcoholics Anonymous* (Center City, MN: Hazelden Publishing, 1991).

8. The Free Dictionary, s.v. "Attach," accessed March 9, 2023, https://www. thefreedictionary.com/attaching.

9. 죄와 중독 사이의 복잡한 관계를 더 알고 싶다면 Neal Plantinga, *Not the Way It's Supposed to Be: A Breviary of Sin* (Grand Rapids, MI: Eerdmans, 1995)에 있는 "중독의 비극" 장을 참고하라.

1단계 문제: 나는 할 수 없다

1. 이 기도문은 *Alcoholics Anonymous* 86쪽 글을 의역한 것이다.

1. 내 약함과 수치를 고백하기

1. 참고, 마 12:9-14; 막 3:1-6; 눅 6:6-11. 본문의 내용은 주로 누가복음을 참고했다.

2. Erving Goffman, *Stigma: Notes on the Management of Spoiled Identity* (New York: Simon & Schuster, 1963), 1.

3. Goffman, *Stigma*, 4. 이러한 범주에는 정신 질환(예수의 가족은 예수가 미쳤다고 생각함), 신체 장애(십자가에 못 박힌 예수의 몸), 범죄 기록(예수는 국가에 의해 처형되었다), 알코올 중독(예수는 술주정뱅이라 불렸다), 가난(예수는 "머리 둘 곳이 없었다"), 성(예수는 독신이었고 여성과 대화하고 함께 여행했다), 인종(예수는 사마리아인으로 불렸다(요 8:48)) 등이 있다.

4. 디트리히 본회퍼는, 우리는 "하나님의 형상대로" 창조되었지만 죄의 뿌리는 "하나님처럼 되려고 하는 것"이라는 두 가지 연관 개념에 대해 쓴 적이 있다. 전자의 개념은 우리의 뜻이 아니라 하나님의 뜻을 행하려고 할 때, 후자의 개념은 하나님의 뜻이 아니라 우리의 뜻을 행하려고 할 때 드러난다.

5. Stephen R. Haynes, *Why Can't Church Be More Like an AA Meeting?: And Other Questions Christians Ask about Recovery* (Grand Rapids, MI: Eerdmans, 2021), 36.

6. Russell Brand, *Recovery: Freedom from Our Addictions* (London: Macmillan, 2017), 32.

7. Brand, 32.

8. Hamilton B., *Twelve Step Sponsorship: How It Works* (Minneapolis: Hazelden Publishing, 1996), 105-106.

2. 삶에 변화가 필요함을 인정하기

1. Henry David Thoreau, "Civil Disobedience."

2. The School of Life, "How to Get Married," posted April 26, 2018, YouTube video, https://www.youtube.com/watch?v=0hAa9BIGNpU.

3. David Zahl, *Low Anthropology: The Unlikely Key to a Gracious View of Others (and*

Yourself) (Grand Rapids: Brazos Press, 2022), 15.

4. "Morning Prayer," *The Book of Common Prayer* (1662), http://justus.anglican. org/~ss/commonworship/word/morningbcp.html.

5. Anne Lamott, "Anne Lamott Shares All That She Knows: 'Everyone Is Screwed Up, Broken, Clingy, and Scared,'" *Salon*, April 10, 2015, https://www.salon. com/2015/04/10/anne_lamott_shares_all_that_she_knows_everyone_is_screwed_ up_broken_clingy_and scared/.

6. William T. Sleeper, "Jesus, I Come" (1887).

7. 이 이야기의 세부 사항은 다음 글에서 가져왔다. Mike O., "The Roundtable of AA History" (April 12, 1998), https://aainthedesert.org/wp-content/uploads/2019/01/ ROWLAND-HAZARD.pdf.

8. Bill W., *Alcoholics Anonymous: The Big Book* (Mineola, NY: Ixia Press, 2019), 27.

9. AA Central Office of Salt Lake City, "Spiritus Contra Spiritum-Carl Jung's Letter to Bill Wilson January 30, 1961," *The Blog*, https://www.saltlakeaa.org/2015/01/ spiritus-contra-spiritum-carl-jungs-letter-to-bill-wilson-january-30-1961/.

10. 이 내용은 다음 책에 빚지고 있다. Joe McQ, *The Steps We Took* (Little Rock, AK: August House, 1990), 24.

11. James Dobson, "Letting Go of Your Grown Child," October 25, 2016, https://www. drjamesdobson.org/blogs/letting-go-of-your-grown-child.

3. 못나고 부족한 자신을 사랑하기

1. Kent Dunnington, *Addiction and Virtue: Beyond the Models of Disease and Choice* (Downers Grove, IL: InterVarsity, 2011), 186, 강조는 저자가 한 것.

2. Susan Howatch, *Glittering Images: A Novel* (Harper, 1994).

3. David Zahl, *Low Anthropology: The Unlikely Key to a Gracious View of Others (and Yourself)* (Grand Rapids, MI: Brazos, 2022), 62, 강조 추가.

4. Andrew Murray, *Abide in Christ: The Joy of Being in God's Presence* (New Kensington, PA: Whitaker House, 1979), 강조 추가.

5. Marsha M. Linehan, *DBT Skills Training Manual* (New York: The Guilford Press, 2015), 406.

2단계 해법: 하나님은 하실 수 있다

1. Saint Augustine, *The Confessions of Saint Augustine,* book 10, chapter 27. 성 아우 구스티누스의 기도는 우리가 잘못된 것에 집착해서 찾고자 했던 보물을 하나님 안에 서 찾을 수 있음을 일깨워 준다. "제정신으로 회복"된다는 것은 올바르게 정돈된 마

음을 갖는 것이다. 이 기도문 번역본에 대해서는 가톨릭 멜버른 대교구의 다음 글을 참고하라. "Late Have I Loved You: St. Augustine," August 28, 2020, https://melbournecatholic.org/news/late-have-i-loved-you-st-augustine.

1. 하나님의 선하신 계획 기대하기

1. 이 글은 2012년 리사의 블로그에 "당신의 '그러나, 하지만'은 얼마나 많은가요?"(How Big Is Your But?)라는 제목으로 올라온 글인데, 현재는 삭제되었다.

2. J. Paul Sampley, ed., *Paul in the Greco-Roman World: A Handbook* (New York: Trinity Press International, 2003), 93.

3. Fleming Rutledge, *Advent: The Once and Future Coming of Jesus Christ* (Grand Rapids, MI: Eerdmans, 2018), 125.

4. Mark D. Roberts, "But God!" *The High Calling* (blog), Theology of Work Project, January 29, 2013, https://www.theologyofwork.org/the-high-calling/daily-reflection/god.

5. James Montgomery Boice, *Ephesians: An Expositional Commentary* (Grand Rapids, MI: Baker, 1997), 54.

6. Casey Lute, *"But God...": The Two Words at the Heart of the Gospel* (Adelphi, MD: Cruciform Press, 2011), 5-6.

7. Martin Luther King Jr., "I've Been to the Mountaintop," Speech Vault, April 3, 1968, http://www.speeches-usa.com/Transcripts/martin_luther_king-mountaintop.html.

2. 모호한 상황에서 믿음 지키기

1. Charles Taylor, *A Secular Age* (Cambridge, MA: Harvard University Press, 2007), 25.

2. 참고, Eleonore Stump, *Wandering in Darkness: Narrative and the Problem of Suffering* (New York: Oxford University Press, 2010).

3. 아브라함의 재산에 대해서는 창세기 13:2, 아브라함의 권세에 대해서는 창세기 14:17, 아브라함의 명성에 대해서는 창세기 12:1-3을 보라.

4. Stump, *Wandering in Darkness*, 303, 강조 추가.

5. Hamilton B., *Twelve Step Sponsorship: How It Works* (Center City, MN: Hazelden Publishing, 2009), 111.

6. Sheldon Vanauken, *A Severe Mercy: A Story of Faith, Tragedy, and Triumph* (New York: HarperCollins, 1977), 85.

3. 불안할 때 하나님 사랑 신뢰하기

1. "Arctic Tern," Ocean Conservancy, accessed March 17, 2023, https://oceanconservancy.org/wildlife-factsheet/arctic-tern/.

2. Andy Crouch, *The Life We're Looking For: Reclaiming Relationship in a Technological World* (New York: Penguin Random House, 2022), 3.

3. Richard Dawkins, *River Out of Eden: A Darwinian View of Life* (New York: Basic Books, 1995), 133.

4. 이 이야기는 다음 책에 있다. Philip Yancey, *What's So Amazing about Grace?* (Grand Rapids, MI: Zondervan, 1997), 69.

5. David Benner, *Surrender to Love* (Downers Grove, IL: InterVarsity Press, 2015), 19.

6. William Cope Moyers and Katherine Ketcham, *Broken: My Story of Addiction and Redemption,* (New York: Penguin Books, 2007), 시작 부분의 쪽 번호 없는 페이지.

7. Brother Lawrence and Alan Vermilye, *The Practice of the Presence of God: A 40-Day Devotion Based on Brother Lawrence's The Practice of the Presence of God* (United States: Brown Chair Books), 62.

8. Lawrence and Vermilye, *The Practice of the Presence of God,* 34-35.

9. Lawrence and Vermilye, *The Practice of the Presence of God,* 19.

3단계 결정: 하나님께 맡기기로 결심하다

1. Todays-hope.com, Recovery Prayers, "Third Step Prayer," 2023년 3월 3일 접속함, https://www.todays-hope.com/recovery-prayers.html. 이 기도는 영적 삶의 근본적인 헌신, 즉 하나님께 대한 항복을 표현한다. 이 기도를 할 때는 무릎 꿇는 것이 관행이었다.

1. 자아를 내려놓고 하나님께 항복하기

1. *Band of Brothers*, episode 3, "Carentan," directed by Mikael Salomon, written by Stephen Ambrose and E. Max Frye, featuring Matthew Settle and Marc Warren, September 16, 2001, on HBO, 강조 추가.

2. C. S. Lewis, "A Slip of the Tongue," *The Weight of Glory and Other Addresses* (HarperSanFrancisco, 1980), 187-190.

3. C. S. Lewis, *Beyond Personality* (London: The Centenary Press, 1944), 41, 강조 추가.

4. Bill W., *Alcoholics Anonymous: The Big Book,* 4th ed. (New York: Alcoholics Anonymous World Services, Inc., 2001), 58-9, 강조 추가.

5. 참고, Eugene Peterson, *A Long Obedience in the Same Direction*, 20th anniversary

edition (Downers Grove, IL: InterVarsity Press, 2000), 17.

6. Dag Hammarskjold, *Markings*, trans. Leif Sjoberg and W. H. Auden (New York: Ballantine, 1983), 180.

7. Hammarskjold, 76.

8. Robert C. Roberts, *Taking the Word to Heart: Self and Other in an Age of Therapies* (Grand Rapids, MI: Eerdmans, 1993).

9. Kate Bowler, *Everything Happens for a Reason: And Other Lies I've Loved* (New York: Random House, 2018), 86.

10. Gerald G. May, *Will and Spirit* (San Francisco: HarperCollins, 1982), 115.

11. A. W. Tozer, *The Knowledge of the Holy* (New York: HarperCollins, 1961), 1.

12. May, *Will and Spirit*, 6.

13. *Alcoholics Anonymous*, 417.

2. 평온과 용기와 지혜 구하기

1. Trevor Hudson, *The Serenity Prayer: A Simple Prayer to Enrich Your Life* (Nashville: Upper Room Books, 2012), 16.

2. Scot McKnight, *The Jesus Creed: Loving God, Loving Others* (Brewster, Massachusetts: Paraclete Press, 2004), 90.

3. 다음에서 인용함. Dallas Willard, *Life without Lack: Living in the Fullness of Psalm 23* (Nashville: Thomas Nelson, 2018), 124.

4. McKnight, *Jesus Creed*, 90-92.

5. N. T. Wright, *Luke for Everyone* (London: Society for Promoting Christian Knowledge, 2001), 14.

6. Wright, 15.

3. 자연스러운 욕구와 반대로 행동하기

1. *Seinfeld*, season 5, episode 22, "The Opposite," directed by Tom Cherones, written by Larry David, Jerry Seinfeld, and Andy Cowan, featuring Jerry Seinfeld, Julia Louis-Dreyfus, and Michael Richards, May 19, 1994, on NBC.

2. Rebecca E. Williams and Julie S. Kraft, *The Mindfulness Workbook for Addiction* (Oakland, CA: New Harbinger Publications, 2012), 51.

3. C. S. Lewis, *Mere Christianity* (New York: HarperCollins, 2001), 198.

1. 변화가 필요한 부분 파악하기

1. John Milton, *Paradise Lost* (United Kingdom: Random House Publishing Group, 2008), book 9.

2. Frederick Dale Bruner, *The Gospel of John: A Commentary* (Grand Rapids, MI: Eerdmans, 2012), 1145ff.에서 요한과 베드로의 "경쟁"을 흥미롭게 묘사한 글을 읽어 보라.

3. Tasha Eurich, "What Self-Awareness Really Is (and How to Cultivate It)," *Harvard Business Review*, January 4, 2018, https://hbr.org/2018/01/what-self-awareness-really-is-and-how-to-cultivate-it.

4. Thomas Gilovich, *How We Know What Isn't So: The Fallibility of Human Reason in Everyday Life* (New York: Free Press, 1991), 77.

5. Cornelius Plantinga Jr., *Not the Way It's Supposed to Be: A Breviary of Sin* (Grand Rapids, MI: Eerdmans, 1996), 107.

6. *Twelve Steps and Twelve Traditions* (New York: Alcoholics Anonymous Publishing, 1952), 48.

7. Norman Maclean, *A River Runs through It and Other Stories* (Chicago: University of Chicago Press, 2017), 7.

8. Eurich, "What Self-Awareness Really Is."

2. 내적 상처와 분노 조사하기

1. Richard J. Foster, *Prayer: Finding the Heart's True Home* (New York: HarperCollins, 1992), 30-31.

2. Lewis B. Smedes, *Forgive and Forget: Healing the Hurts We Don't Deserve* (New York: Pocket Books, 1988), 103.

3. 이는 8가지 "치명적인 생각"을 이야기한 에바그리우스(Evagrius) 수도사에게서 유래한 것으로 알려져 있다. 참고, "Evagrius Ponticus: 'The Eight Evil Thoughts (Logismoi)," *First Thoughts* (blog), October 20, 2017, https://firstthoughtsofgod.com/2017/10/20/evagrius-ponticus-the-eight-evil-thoughts-logismoi/. 4. Kevin O'Brien, *The Ignatian Adventure: Experiencing the Spiritual Exercises of Saint Ignatius in Daily Life* (Chicago: Loyola Press, 2011), 99.

4. Kevin O'Brien, *The Ignatian Adventure: Experiencing the Spiritual Exercises of Saint Ignatius in Daily Life* (Chicago: Loyola Press, 2011), 99.

5. Alex McElroy, "Why Holding a Grudge Is So Satisfying," *New York Times Magazine*, January 19, 2022, https://www.nytimes.com/2022/01/18/magazine/grudge-recommendation.html.

6. 이에 도움이 되는 자료는 많다. 구글에서 "4단계"(Step 4)를 검색하면 자료를 찾을 수 있다. 본문의 표는 다음 책에서 가져왔다. Hamilton B., *Twelve Step Sponsorship: How It Works*" (Center City, MN: Hazelden Publishing, 1996).

7. 바다에 관한 내용은 Anne Lamott, *Bird by Bird: Some Instructions on Writing and Life* (New York: Random House, 1995), 50; 쥐약에 관한 내용은 Anne Lamott, *Traveling Mercies: Some Thoughts on Faith* (New York: Pantheon, 1999), 134에서 인용함.

8. Bill W., *Alcoholics Anonymous: The Big Book* (Mineola, NY: Ixia Press, 2019), 67-68.

3. 무엇이 두려운지 확인하기

1. Bill W., *Alcoholics Anonymous: The Big Book* (Mineola, NY: Ixia Press, 2019), 68.

2. D. M. Wegner and R. Erber, "The Hyperaccessibility of Suppressed Thoughts." *Journal of Personality and Social Psychology* 63, no. 6 (1992): 903-12.

3. Marsha M. Linehan, *DBT Skills Training Manual*, 2nd ed. (New York: Guilford Press, 2015), 368.

4. Winn Collier, *A Burning in My Bones: The Authorized Biography of Eugene H. Peterson* (Colorado Springs, CO: WaterBrook, 2021).

5. "Constantine: First Christian Emperor," *Christianity Today*, https://www.christianitytoday.com/history/people/rulers/constantine.html.

6. Lori Gottlieb, *Maybe You Should Talk to Someone: A Therapist, Her Therapist, and Our Lives Revealed* (India: Houghton Mifflin Harcourt, 2019), 8, 강조는 저자가 한 것.

7. Carol S. Dweck, *Mindset: The New Psychology of Success* (New York: Penguin Random House, 2016).

8. William James, *The Varieties of Religious Experience: A Study in Human Nature* (New York: Penguin, 1982), 111.

5단계 고백: 빛 가운데로

1. 누가복음 18장 13절 세리의 기도에 뿌리를 두고 있다. 이 기도는 이집트 사막의 5세기 수도원 유적지에서 발견되었으며, "쉬지 않는 기도"를 실천하는 데 자주 사용되었다. 특히 이 책의 5단계 "죄 고백의 신비"와 관련된다.

1. 삶을 투명하게 공개하기

1. Christie Tate, *Group: How One Therapist and a Circle of Strangers Saved My Life* (New York: Avid Reader Press, 2020), 43.

2. Bill W., *Alcoholics Anonymous: The Big Book*, 4th ed. (New York: Alcoholics Anonymous World Services, Inc., 2001), 58.

3. Didache 4:14, Scot McKnight, *The Letter of James* (Grand Rapids, MI: Eerdmans, 2011), 445에서 인용.

4. McKnight, *Letter of James*, 446.

5. Jay Morgan, "The Message of the Welsh Revival Part 1: Confess Sin," APC Ministries, March 11, 2019, https://www.apcwv.com/single-post/2019/03/11/lessons-from-the-welsh-revival-pt1-confess-sin.

6. *Alcoholics Anonymous: The Story of How Many Thousands of Men and Women Have Recovered from Alcoholism*, 4th ed. (New York: Alcoholics Anonymous World Services, Inc., 2001), 58.

7. *Alcoholics Anonymous*, 75.

2. 내 비밀을 말해도 좋을 사람 찾기

1. *Alcoholics Anonymous: The Story of How Many Thousands of Men and Women Have Recovered from Alcoholism*, 4th ed. (New York: Alcoholics Anonymous World Services, Inc., 2001), 60.

2. "Aelred of Rievaulx: On Spiritual Friendship," catholicireland.net, November 30, 1999, www.catholicireland.net/aelred-of-rievaulx-on-spiritual-friendship/.

3. Lori Gottlieb, *Maybe You Should Talk to Someone: A Therapist, Her Therapist, and Our Lives Revealed* (New York: Houghton Mifflin Harcourt, 2019), 51.

4. Paul Tournier, *The Meaning of Persons* (New York: Harper and Row, 1957), 211.

5. Kent Dunnington, *Addiction and Virtue: Beyond the Models of Disease and Choice* (Downers Grove, IL: InterVarsity Press, 2011), 120.

6. "Aelred of Rievaulx: On Spiritual Friendship," catholicireland.net, November 30, 1999, www.catholicireland.net/aelred-of-rievaulx-on-spiritual-friendship/.

7. Aelred of Rievaulx, *Spiritual Friendship* (Associated University Press), 18, 51.

3. 내 행동을 감독해 달라고 부탁하기

1. Hamilton B., *Twelve Step Sponsorship: How It Works* (Center City, MN: Hazelden Publishing, 1996), 140.

2. Parker Palmer, *Let Your Life Speak: Listening for the Voice of Vocation* (San Francisco: John Wiley & Sons, 2000), 82-85.

3. Robert D. Putnam, *Bowling Alone: The Collapse and Revival of American Community* (New York: Simon & Schuster, 2000), 121.

4. Lori Gottlieb, *Maybe You Should Talk to Someone: A Therapist, Her Therapist, and Our Lives Revealed* (New York: Houghton Mifflin Harcourt, 2019), 350.

5. Gottlieb, *Maybe You Should Talk to Someone*, 238.

6. Thomas Keating, *Divine Therapy and Addiction: Centering Prayer and the Twelve Steps* (New York: Lantern Books, 2009), 61.

7. Keating, *Divine Therapy*, 62.

8. C. Stephen Evans, "Accountability Is Relational Responsibility," Templeton Religion Trust, https://templetonreligiontrust.org/explore/accountability-is-relational-responsibility/.

9. Anna Lembke, *Dopamine: Finding Balance in the Age of Indulgence* (New York: Penguin Publishing Group, 2021), 93.

10. Lembke, *Dopamine*, 176.

11. *Twelve Steps and Twelve Traditions* (New York: Alcoholics Anonymous Publishing, 1953), 62.

12. *A Member's-Eye View of Alcoholics Anonymous* (New York: Alcoholics Anonymous World Services, 2018), 11.

13. Matt Bradshaw et al., "Perceptions of Accountability to God and Psychological Well-Being Among US Adults," *Journal of Religion and Health* 61 (January 18, 2022): 327-52, https://doi.org/10.1007/s10943-021-01471-8.

6단계 준비: 변화를 위한 태도

1. 성 이그나티우스가 영적 수행을 위해 자주 했던 기도다. 이 기도는 6단계에서 하나님께 기도하기 위해 "완전히 준비하는" 자세를 구체화하는 데 도움이 된다. 참고, Saint Ignatius of Loyola, *The Spiritual Exercises of Saint Ignatius* (Gastonia, NC: TAN Books, 1999), 305.

1. 변화를 거부하는 이유 파악하기

1. David Brooks, *The Road to Character* (New York: Random House, 2015), 189.

2. William James, *The Varieties of Religious Experience: A Study in Human Nature* (New York: Penguin, 1982), 166ff.

3. Harry G. Frankfurt, *The Reasons of Love* (Princeton, NJ: Princeton University Press, 2004).

4. Stump, *Wandering in Darkness*, 124.

5. Carlo C. DiClemente, *Addiction and Change: How Addictions Develop and Addicted*

People Recover (New York: Guilford Press, 2003), 113.

6. 레베카 드영은 다음 책에서 이 이야기를 썼다. Rebecca Konyndyk DeYoung, *Glittering Vices: A New Look at the Seven Deadly Sins and Their Remedies* (Grand Rapids, MI: Brazos Press, 2020), 99.

7. DiClemente, *Addiction and Change*, 55.

8. Brooks, *Road to Character*, 208

9. John McKeever, "St. Augustine's Battle with Chastity," Catholic Truth Society, August 20, 2021, https://www.ctsbooks.org/st-augustines-battle-with-chastity/.

2. 나쁜 습관을 좋은 습관으로 대체하기

1. Robert McKee, 다음에서 인용. Karen Woodward, "Robert McKee and Characterization Vs Character," *Karen Woodward* (blog), August 13, 2014, https://blog.karenwoodward.org/2014/08/robert-mckee-and-characterization-vs-character.html.

2. Dallas Willard, *Renovation of the Heart: Putting on the Character of Christ* (Colorado Springs: NavPress, 2002), 146.

3. 참고, chapter 4, "Habit," in William James, *The Principles of Psychology*, vol. 1 (New York: Dover, 1950), 104-27.

4. William James, *Talks to Teachers on Psychology and to Students on Some of Life's Ideals*, Charles Duhigg, *The Power of Habit: Why We Do What We Do in Life and Business* (New York: Random House, 2023), xv-bxvi에 인용.

5. James Clear, *Atomic Habits: An Easy and Proven Way to Build Good Habits and Break Bad Ones* (New York: Penguin Random House, 2018), 46.

6. Wendy Wood, *Good Habits, Bad Habits: The Science of Making Positive Changes That Stick* (New York: Picador, 2020), 3에 인용.

7. Wood, 102-103.

8. Clear, *Atomic Habits*, 44.

9. James, *The Principles of Psychology*, 127.

10. Duhigg, *Power of Habit*, 20.

11. Duhigg, *Power of Habit*, 62.

12. Duhigg, *Power of Habit*, 71.

13. James, *Psychology*, 144, 강조는 저자가 한 것.

14. Maria Popova, "William James on the Psychology of Habit," Marginalian, September 25, 2012, https://www.themarginalian.org/2012/09/25/william-james-on-habit/.

15. Clear, *Atomic Habits*, 74.

16. William Law, *The Works of the Reverend William Law, M.A., In Nine Volumes*, vol. 4, *A Serious Call to a Devout and Holy Life, Adapted to the State and Condition of All Orders of Christians* (Eugene, OR: Wipf and Stock, 2001), 150.

3. '사랑받는 존재'라는 사실을 믿기

1. Henri Nouwen, "Being the Beloved," Henri Nouwen Society, sermon at the Crystal Cathedral, 1992, YouTube video, 17:55, https://www.youtube.com/watch?v=trG7OhPopM.

2. Thomas Keating with Tom S., *Divine Therapy and Addiction: Centering Prayer and the Twelve Steps* (Brooklyn: Lantern Books, 2009), 50.

3. Kyle Young, "Harvard Professor Says 'Winning a $20 Million Lottery Won't Make You Happier in Life'—But These 4 Things Will," CNBC Make It, May 31, 2019, https://www.cnbc.com/2019/05/31/harvard-professor-says-winning-20-million-lottery-wont-make-you-happy-but-heres-what-will.html.

4. Arthur C. Brooks, "This Is the Downside of Being a High-Achiever at Work," Fast Company, February 15, 2022, https://www.fastcompany.com/90715130/your-never-ending- pursuit-for-success-will-make-you-unhappy-later-in-life.

5. Trevor Hudson, *Discovering Our Spiritual Identity: Practices for God's Beloved* (Downers Grove, IL: InterVarsity, 2010), 29.

6. 참고, 시 139:13-16; 엡 2:4-9; 마 6:25-34; 눅 12:6-7; 요 3:16; 롬 5:6-8; 사 43:2-4; 시 23.

7. WMF US and Global, "Programs for Happiness, Advent Day Ten," Word Made Flesh International, December 6, 2011, https://wordmadeflesh.org/programs-for-happiness-advent-day-10/.

7단계 간구: 겸손한 요청

1. 이 기도문은 토머스 머튼(Thomas Merton)의 다음 책에서 가져왔다. *Thoughts in Solitude* (New York: Farrar, Straus & Cudahy, 1958), 83. 하나님은 우리의 어떤 결함을 제거해야 하는지, 그 결함을 제거하기에 언제가 가장 적절한 때인지를 알고 계시며, 우리가 그분께 이를 위해 기도하는 것을 기뻐하신다.

1. 겸손한 마음 구하기

1. Amor Towles, *A Gentleman in Moscow: A Novel* (New York: Penguin, 2016), 196.

2. Chogyam Trungpa, quoted in Scott Barry Kaufman, "The Science of Spiritual

Narcissism," *Scientific American*, January 11, 2021, https://www.scientificamerican. com/article/the-science-of-spiritual-narcissism/.

3. Kaufman, "Science of Spiritual Narcissism."

4. David Brooks, *The Road to Character* (New York: Random House, 2015), 6-7.

5. Thomas Keating, *Divine Therapy and Addiction: Centering Prayer and the Twelve Steps* (New York: Lantern, 2020), 63.

6. Keating, 63.

7. Paul Tournier, *Guilt and Grace* (New York: Harper & Row, 1962), 158.

8. C. S. Lewis, *Mere Christianity* (New York: HarperCollins, 2001), 122.

9. John Dickson, *Humilitas: A Lost Key to Life, Love, and Leadership* (Grand Rapids, MI: Zondervan, 2011). 특히 4장을 보라.

10. "Lady Bugs to the Rescue in the Galapagos: Biocontrol of Insect Pest is a Major Success, Entomologists Say," *Science News*, April 26, 2010, https://www. sciencedaily.com/releases/2010/04/100422164635.htm.

11. Dallas Willard, *Hearing God: Developing a Conversational Relationship with God* (Downers Grove, IL: Intervarsity, 2021), 52-53.

12. Lori Gottlieb, *Maybe You Should Talk to Someone* (Boston: Houghton Mifflin Harcourt, 2019), 211.

2. 감정 다루는 법 배우기

1. Michael A. Singer, *The Untethered Soul: The Journey Beyond Yourself* (Oakland, CA: New Harbinger, 2007), 7-10.

2. 이 메타포는 다음 책에서 가져왔다. Rebecca E. Williams and Julie S. Kraft, *The Mindfulness Workbook for Addiction: A Guide to Coping with the Grief, Stress, and Anger That Trigger Addictive Behaviors* (Oakland, CA: New Harbinger, 2022), 9-10.

3. Jeffrey M. Schwartz, "Mindful Awareness: Your Wise Advocate Within," Biola's Center for Christian Thought, October 9, 2013, https://cct.biola.edu/mindful-awareness-wise-advocate/.

4. 시편은 성서 문학에서 "감정을 인식하는 기도"의 최고봉이라고 할 수 있다. 참고, Susanne Gillmayr-Bucher, "Body Images in the Psalms," *Journal for the Study of the Old Testament* 28, no. 3 (March 2004), https://journals.sagepub.com/doi/10.1177/030908920402800304.

5. Singer, *Untethered Soul*, 91.

6. Bill P., Todd W., and Sara S., *Drop the Rock: Removing Character Defects: Steps 6 and 7*, 2nd ed. (Hazelden, MN: Hazelden, 2005), 4.

7. "That Giant Tarantula Is Terrifying, But I'll Touch It," UCLA Health, September 4, 2012, https://www.uclahealth.org/news/that-giant-tarantula-is-terrifying-but-ill-

touch-it.

8. Henry David Thoreau, *Walden: A Fully Annotated Edition*, ed. Jeffrey S. Cramer (New Haven, CT: Yale University, 2004), 92.

3. 나를 짓누르는 '돌' 버리기

1. Bill P., Todd W., and Sara S., *Drop the Rock: Removing Character Defects: Steps 6 and 7*, 2nd ed. (Hazelden, MN: Hazelden, 2005), 82.

2. Bill P., Todd W., and Sara S., xv에 인용.

3. Bill P., Todd W., and Sara S., xi-xii.

4. C. S. Lewis, *The Screwtape Letters* (New York: HarperCollins, 2001), 114.

5. Lewis, 112.

6. Lewis, 114-5.

7. Saint Ignatius of Loyola, *The Spiritual Exercises of Saint Ignatius* (Gastonia, NC: TAN Books, 1999), 305.

8단계 피해: 내가 해를 끼친 사람들

1. Trevor Hudson, *The Serenity Prayer: A Simple Prayer to Enrich Your Life* (Nashville: Upper Room Books, 2012), 16. 이 기도문은 12단계 모두에 도움이 된다. 특히 깨진 관계를 회복하고자 할 때, 지혜가 필요할 때, 유익하다. 이 기도문에서, 우리가 바꿀 수 없는 것 중 하나는 타인이고, (하나님의 도움으로) 바꿀 수 있는 것 중 하나는 우리 자신이라는 사실을 상기하게 된다.

1. 내가 상처 준 이들의 명단 작성하기

1. Joseph Burgo, "Free-Floating Rage: Borderline Personality Goes Viral," Psychology Today, March 10, 2019, https://www.psychologytoday.com/us/blog/shame/201903/free-floating-rage.

2. 참고, 눅 19:1-10. 이 이야기는 다음 책에서 가져왔다. Kenneth E. Bailey, *Jesus through Middle-Eastern Eyes: Cultural Studies in the Gospels* (Downers Grove, IL: InterVarsity, 2008).

3. Amos Yong, "Zacchaeus: Short and Un-Seen," Baylor, https://www.baylor.edu/content/services/document.php/188189.pdf.

4. Eric W. Dolan, "Study Finds the Need for Power Predicts Engaging in Competitive Victimhood," PsyPost, February 6, 2021, https://www.psypost.org/2021/02/study-

finds-the- need-for-power-predicts-engaging-in-competitive-victimhood-59552.

5. Elizabeth Dias, "The Far-Right Christian Quest for Power: 'We Are Seeing Them Emboldened,'" *New York Times*, July 8, 2022, https://www.nytimes.com/2022/07/08/us /christian-nationalism-politicians.html.

6. Frederick Buechner, *Wishful Thinking: A Seeker's ABC* (San Francisco: HarperCollins, 1993), 2.

2. 내 잘못을 바로잡기로 결단하기

1. Alcoholics Anonymous, "The Start and Growth of A.A.," 2023년 4월 13일 접속함, https://www.aa.org/the-start-and-growth-of-aa.

2. Kenneth E. Bailey, *Jesus through Middle Eastern Eyes: Cultural Studies in the Gospels* (Downers Grove, IL: InterVarsity, 2008), 170-185.

3. Hamilton B., *Twelve Step Sponsorship: How It Works* (Center City, MN: Hazelden, 1996), 176.

4. John T. McNeill and Helena M. Gamer, trans., *Medieval Handbooks of Penance: A Translation of the Principal* Libri Poenitentiales (New York: Columbia University Press, 1990), 316-317.

5. McNeill and Gamer, 108.

6. John Owen, *The Forgiveness of Sin: Illustrated in a Practical Exposition of Psalm 130* (New York: American Tract Society, 1840), 67.

7. 이 질문과 대답은 다음 책에서 가져왔다. Hamilton B., *Twelve Step Sponsorship*, 180-182.

3. 분노를 해결하고 용서하기

1. 이 분노 시나리오는 다음 글에서 가져와 수정하고 보완했다. Adam Cohen, "Research on the Science of Forgiveness: An Annotated Bibliography," *Greater Good Magazine*, October 1, 2004, https://greatergood.berkeley.edu/article/item/the_science_of_forgiveness_an_annotated bibliography.

2. Philip Yancey, *What's So Amazing about Grace?* (Grand Rapids, MI: Zondervan, 1997), 100.

3. Michael E. McCullough, Steven J. Sandage, and Everett L. Worthington Jr., *To Forgive Is Human: How to Put Your Past in the Past* (Downers Grove, IL: InterVarsity, 1997).

4. 이 장은 화해와는 구별되는 '용서'에 초점을 맞춘다. 용서는 내적 차원이다. 즉, 내 마음과 몸 안에서 일어나고, 은혜의 선물로 주어지며, 항상 유익하다. 반면 화해는 대인 관계 차원이며, 사람들 간의 관계에서 일어나고, 유효한 신뢰를 쌓음으로써 이루

어지며, 불가능할 때도 있다(예를 들어, 상대방이 회개하지 않거나 용서가 필요하지 않다고 생각하거나 심지어 그 상대방이 위험할 수도 있는 경우). 이 내용과 관련해서는 Everett Worthington, *Forgiving and Reconciling: Bridges to Wholeness and Hope* (Downers Grove, IL: InterVarsity, 2003)에 빚졌다.

5. Lewis B. Smedes, *Forgive and Forget: Healing the Hurts We Don't Deserve* (New York: HarperCollins, 1996), 5.

6. Worthington, *Forgiving and Reconciling*, 86.

7. Worthington, *Forgiving and Reconciling*, 25.

8. 신약성경 단어인 카리조마이(*charizomai*)는 은혜를 의미하는 단어인 카리스(*charis*)와 관련 있으며, "주다"와 "용서하다"라는 두 가지 뜻이 있다.

9. Mike Woodruff, The Friday Update, April 21, 2023, https://www.mikewoodruff.org/2023/04/.

10. Smedes, *Forgive and Forget*, 96.

9단계 보상: 피해를 책임지다

1. 아론이 이스라엘에게 선포하도록 하나님이 주신 축복이다. 이는 9단계를 실천하는 데 필요한 자세다.

1. 피해 보상 계획 세우기

1. Joe McQ, *The Steps We Took* (Little Rock, AR: August House, 1990), 114-15.

2. *The Rise and Fall of Mars Hill* 팟캐스트가 이를 소개한 내용은 끔찍하다. 참고, episode 5, Mike Cosper, "The Things We Do to Women," July 26, 2021, produced by Mike Cosper and Joy Beth Smith, https://www.christianitytoday.com/ct/podcasts/rise-and-fall-of-mars-hill/mars-hill-mark-driscoll-podcast-things-we-do-women.html.

3. Russell Brand, *Recovery: Freedom from Our Addictions* (London: Henry Holt, 2017), 155.

4. Maureen Langlois, "Shark Bites No Match for Dolphins' Powers of Healing," NPR, July 25, 2011, https://www.npr.org/sections/health-shots/2011/07/26/138677504/shark-bites-no-match-for-dolphins-powers-of-healing.

2. 관계 회복 기술 배우기

1. Gerry Vassar, "How Does Anger Happen in the Brain?" Lakesidelink, February 1,

2011.

. Daniel J. Siegel, *The Developing Mind: How Relationships and the Brain Interact to Shape Who We Are* (New York: The Guilford Press, 2012), 190.

3. Daniel Kahneman, *Thinking, Fast and Slow* (New York: Farrar, Straus and Giroux, 2011), 24.

4. Miroslav Volf, *The End of Memory: Remembering Rightly in a Violent World* (Grand Rapids, MI: Eerdmans, 2021), 35.

5. Carol Tavris, Elliot Aronson, *Mistakes Were Made but Not By Me: Why We Justify Foolish Beliefs, Bad Decisions, and Hurtful Acts* (New York: Houghton Mifflin Harcourt, 2015), 1-2.

6. Russell Brand, *Recovery: Freedom from Our Addictions* (London: Pan Macmillan, 2017), 157.

7. Philip Yancey, *What's So Amazing about Grace?* (Grand Rapids, MI: Zondervan, 1997), 87.

8. Charles Williams, *The Forgiveness of Sins* (Grand Rapids, MI: Eerdmans, 1984), 66.

9. Yancey, *What's So Amazing about Grace?*, 123.

3. 하나님 사랑을 믿고 회개하기

1. *The Book of Common Prayer* (New York: The Church Pension Fund, 1945), 6.

2. Philip Rieff, *The Triumph of the Therapeutic: Uses of Faith after Freud* (Chicago: University of Chicago Press, 1987).

3. Robert C. Roberts, *Spiritual Emotions: A Psychology of Christian Virtues* (Grand Rapids, MI: Eerdmans, 2007), 111.

4. Lewis B. Smedes, *Forgive and Forget: Healing the Hurts We Don't Deserve* (New York: HarperCollins, 1996), 93.

5. Fyodor Dostoyevsky, *Crime and Punishment*, trans. by Constance Garnett (New York: Grosset and Dunlap, 1927), 547.

6. Dostoyevsky, 552-53 (강조 추가).

7. Dostoyevsky, 553.

8. Kyle Farris, "No Replacement Just New Beginning: Mother and Her Son's Killer Now at Peace to Speak," *Winona Daily News*, September 25, 2016, https://www.winonadailynews.com/news/local/no-replacement-just-new-beginning-mother-and-her-sons-killer-now-at-peace-to-speak/article_e0b3e405-6f81-5afc-aa9f-0b367ec95226.html.

1. Michael Harter, ed., *Hearts on Fire: Praying with Jesuits* (Chicago: Loyola Press, 2004), 102-03.

1. 현재에 집중하고 성령을 따라 행하기

1. Blaise Pascal, *Pensees* (New York: Penguin, 1995), 13.

2. Bill W., *Alcoholics Anonymous: The Big Book* (Mineola, NY: Ixia Press, 2019), 82.

3. *Twelve Steps and Twelve Traditions* (Center City, MN: Hazelden Publishing, 1953).

4. Robert A. Emmons, *Gratitude Works!: A 21-Day Program for Creating Emotional Prosperity* (San Francisco: Jossey-Bass, 2013), 94에 인용.

5. 이 요약은 다음 책에서 가져왔다. Kevin O'Brien, *The Ignatian Adventure: Experiencing the Spiritual Exercises of Saint Ignatius in Daily Life* (Chicago: Loyola Press, 2011), 75.

6. Emmons, *Gratitude Works!*, 19.

7. O'Brien, *Ignatian Adventure*, 76.

8. Philip Yancey and Brenda Quinn, *What's So Amazing about Grace?: Study Guide* (Grand Rapids, MI: Zondervan, 1997), 273.

9. Viktor E. Frankl, *Yes to Life: In Spite of Everything* (Boston: Beacon Press, 2020), 33.

10. Rosenstock-Huessy(로젠스톡 허시) 저서에 관해서는 다음을 참고하라. Peter J. Leithart, "The Relevance of Eugen Rosenstock-Huessy," First Things, June 28, 2007, https://www.firstthings.com/web-exclusives/2007/06/the-relevance-of-eugen-rosenst.

11. Brandon Withrow, "Augustine, Genesis and 'Removing the Mystical Veil,'" BioLogos, October 11, 2010, https://biologos.org/articles/augustine-genesis-and-removing-the-mystical-veil.

12. *Twelve Steps and Twelve Traditions* (Center City, MN: Hazelden Publishing, 1953), 90.

13. 이 내용은 다음 책에 빚지고 있다. Thomas Keating and Tom S., *Divine Therapy and Addiction: Centering Prayer and the Twelve Steps* (New York: Lanter Books, 2009), 135-36.

14. Yael Zemack-Rugar, Canan Corus, and David Brinberg, "The 'What the Hell Effect' Scale: Measuring Post-Failure Sequential Self-Control Choice Tendencies," *NA-Advances in Consumer Research* 37 (2010): 143-45. https://www.acrwebsite.org/volumes/15024/volumes/v37/NA-37.

15. Evelyn Waugh. 다음에서 인용함. James Baxter, "Milo's Right: That's Why Catholics Go to Church," Those Catholic Men, February 20, 2017, https://thosecatholicmen.com/articles/milos-right-thats-why-catholics-go-to-church/, 강조 추가.

1. 출처가 확실하지는 않지만, 이 기도는 아시시의 성 프란체스코와 관련이 있으며 특히 하나님과 함께하는 승리와 치유, 단순한 삶을 표현한다. 특히 이 기도가 11단계와 관련되는 이유는 *Twelve Steps and Twelve Traditions*(열두 단계와 열두 전통)라는 책에서, 이 기도의 구절을 묵상하고 이를 통해 하나님이 우리에게 주시는 말씀을 경청하게 함으로써 묵상의 한 방법을 가르치기 때문이다.

1. 늘 곁에 계시는 하나님 의식하기

1. Dallas Willard, *Life without Lack: Living in the Fullness of Psalm 23* (Nashville: Thomas Nelson, 2018), 2-8.

2. Daniel J. Levitin, "Why It's So Hard to Pay Attention, Explained by Science," Fast Company, September 23, 2015, https://www.fastcompany.com/3051417/why-its-so-hard-to-pay-attention-explained-by-science.

3. Thomas Keating, *Divine Therapy and Addiction: Centering Prayer and the Twelve Steps* (Brooklyn, NY: Lantern Publishing, 2020), 151에 인용.

4. Daniel Kahneman, *Thinking, Fast and Slow* (New York: Farrar, Straus and Giroux, 2011), 90.

5. Jeffrey M. Schwartz and Rebecca Gladding, *You Are Not Your Brain: The 4-Step Solution for Changing Bad Habits, Ending Unhealthy Thinking, and Taking Control of Your Life* (New York: Penguin, 2011), 147-48.

6. Keating, *Divine Therapy and Addiction*, 155.

7. Henri J. M. Nouwen, *The Way of the Heart* (New York: Ballantine, 1982), 15.

8. Schwartz and Gladding, *You Are Not Your Brain*, 155.

9. 때때로 기독교인들은 마음챙김을 다른 종교, 특히 불교와 연관시키기 때문에 마음챙김에 대해 긴장한다. 하지만 캐서린 톰슨 박사는 "마음챙김 명상이 불교만의 것이라는 오해"에 관해 썼다. 사실, 이러한 수련은 불교, 힌두교, 유대교, 이슬람교, 기독교 등 모든 주요 세계 종교에 존재한다(*Christ-Centred Mindfulness: Connection to Self and God* (Sydney, Australia: Bible Society Australia, 2018), 23). 그녀의 책 *Christ-Centred Mindfulness*는 마음챙김의 신학적, 영적, 역사적 측면에 대한 사려 깊은 탐구다. 과학적 증거에 따르면 마음챙김은 스트레스 감소, 통증 관리, 충동 조절 등에 효과가 있다(*Christ-Centred Mindfulness*, 26).

10. 이 질문은 다음 책에서 빌려왔다. Schwartz and Gladding, *You Are Not Your Brain*, 161ff.

2. 기도하고 말씀 묵상하기

1. Christine Wicker, "Do Atheists Pray?" *Psychology Today*, September 25, 2013, https://www.psychologytoday.com/us/blog/pray-me/201309/do-atheists-pray.

2. 피트 시거(Pete Seeger)는 실제로 오래된 민요 "Seek and You Shall Find"를 녹음하면서 이 이야기를 들려주었다. 그는 이 이야기를 시인 칼 샌드버그(Carl Sandburg)에게 전해 들었다고 한다. "Seek and You Shall Find," on Pete Seeger, *Waist Deep in the Big Muddy and Other Love Songs*, Columbia Records, 1967.

3. Paul Tournier, *The Meaning of Persons* (New York: Harper & Row, 1957), 170.

4. 참고, Dallas Willard, *The Divine Conspiracy: Rediscovering Our Hidden Life in God* (New York: HarperCollins, 2009), 241-43, 기도의 핵심인 '요청'에 대한 유용한 내용이 있다.

5. 주요 영적 수행과 관련된 다른 유익한 기도문이 이 기도문은 다음에서 찾아볼 수 있다. http://club12.org/wp-content/uploads/2015/08/Prayers-of-AA-Long-Vers.pdf.

6. Thomas Keating, *Divine Therapy and Addiction: Centering Prayer and the Twelve Steps* (United States: Lantern Publishing, 2020), 141.

7. Lewis Richmond, "Buddhism and Meditation: Why Most Buddhists in the World Don't Meditate", Huffpost.com, Jul 2, 2012, https://www.huffpost.com/entry/most-buddhists-dont-medit_b_1461821.

8. Rick Warren, *The Purpose Driven Life: What on Earth Am I Here For?* (Grand Rapids, MI: Zondervan, 2003) 24일차에 이에 대한 좋은 내용이 있고, 내가 이 부분을 조금 수정했다.

9. "Ruminations on Rumination," 온타리오 농림축산부, http://omafra.gov.on.ca/english/livestock/dairy/facts/ruminations.htm.

3. 그다음 해야 할 옳은 일 하기

1. Dallas Willard and John Ortberg, "Catalyst West Road Trip," February 27, 2011, in *Catalyst Podcast*, MP3 audio, http://catalyst.libsyn.com/episode-124-dallas-willard-and-john-ortberg. 이 대화는 33:30에 시작한다.

2. Bill W., *Alcoholics Anonymous: The Big Book*, 4th ed. (New York: Alcoholics Anonymous World Services, Inc., 2001), 70.

3. Emily P. Freeman, *The Next Right Thing: A Simple, Soulful Practice for Making Life Decisions* (Grand Rapids, MI: Revell, 2019), 14-15.

4. Jocelyn McClurg, "Readers Follow Admiral McRaven's Order to 'Make Your Bed,'" *USA Today*, August 23, 2017, https://www.usatoday.com/story/life/books/2017/08/23/readers-follow-admiral-mcravens-order-make-your-bed/590145001/.

5. Judy Dutton, "Make Your Bed, Change Your Life," *Psychology Today*, August 16, 2012, https://www.psychologytoday.com/us/blog/brain-candy/201208/make-your-

bed-change-your-life.

6. William Cope Moyers with Katherine Ketcham, *Broken: My Story of Addiction and Redemption* (New York: Penguin, 2006), 350-51.

7. Frederick Buechner, *Now and Then: A Memoir of Vocation* (New York: HarperCollins, 1983), 87.

12단계 소명: 다른 사람을 돕기

1. Dallas Willard, *The Divine Conspiracy: Rediscovering Our Hidden Life in God* (New York: HarperCollins, 1998), 269.

1. 내가 받은 하나님의 위로 전하기

1. Christian Smith and Hilary Davidson, "The Generosity Paradox: By Giving We Receive, but by Taking We Lose," *Fast Company*, January 9, 2013, https://www.fastcompany.com/2681158/the-generosity-paradox-by-giving-we-receive-but-by-taking-we-lose.

2. Ernest Kurtz, *Not-God: A History of Alcoholics Anonymous* (Center City, MN: Hazelden, 1991), 31-32.

3. Robert Putnam and Shaylyn Romney Garrett, *The Upswing: How America Came Together a Century Ago and How We Can Do It Again* (New York: Simon & Schuster, 2020)—a tour de force of research, summary, and analysis.

4. Eleonore Stump, *Wandering in Darkness: Narrative and the Problem of Suffering* (Oxford: Oxford University Press, 2010), 425.

5. Christian Smith and Hilary Davidson, *The Paradox of Generosity: Giving We Receive, Grasping We Lose* (New York: Oxford University Press, 2014), 1.

6. *Pathological Altruism*, eds. Barbara Oakley, Ariel Knafo, Guruprasad Madhavan, and David Sloan Wilson (New York: Oxford University Press, 2012).

7. Shawn Achor, *The Happiness Advantage: How a Positive Brain Fuels Success in Work and Life* (New York: Crown, 2018), 92.

8. Richard Rohr, *Breathing Underwater: Spirituality and the Twelve Steps* (Cincinatti: St. Anthony Messenger Press, 2011), 106.

9. Smith and Davidson, *The Paradox of Generosity*, 101.

10. Joe McQ., *The Steps We Took* (Little Rock: August House, 2002), 153.

2. 실패하더라도 다시 시작하기

1. James Clear, *Atomic Habits: An Easy and Proven Way to Build Good Habits and Break Bad Ones* (New York: Penguin Random House, 2018), 233.

2. Charles Duhigg, *The Power of Habit: Why We Do What We Do in Life and Business* (New York: Random House, 2012), 85.

3. Joseph Nowinski, *If You Work It, It Works!: The Science behind Twelve Step Recovery* (Center City, MN: Hazelden, 2015), 202.

4. TJ, "Pain, Uncertainty and Constant Work," *TJ's Gym* (blog), December 9, 2022, https://www.tjsgym.com/blog/2022/12/9/pain-uncertainty-and-constant-work.

5. 사실, 12단계는 각각 기본 원칙을 반영한다. 매일 하나씩 골라서 실천할 수도 있다. 첫 번째 단계의 원칙은 정직이고, 두 번째 단계는 소망, 그다음으로는 믿음, 용기, 성실, 의지, 겸손, 사랑, 규율, 인내, 인식, 봉사다.

6. C. S. Lewis, *The Screwtape Letters* (New York: HarperCollins, 2001), 37.

7. Lewis, *Screwtape*, 38.

8. Joshua Wolf Shenk, *Lincoln's Melancholy: How Depression Challenged a President and Fueled His Greatness* (New York: Houghton Mifflin, 2005), 191.

3. 하나님 약속을 믿고 소망을 붙들기

1. Bill W., *Alcoholics Anonymous: The Big Book* (Mineola, NY: Ixia Press, 2019), 81.

2. Bill W., 81.

3. 다음에서 인용했다. BJ Fogg, *Tiny Habits: The Small Changes that Change Everything* (New York: Houghton Mifflin Harcourt, 2020). 참고, "The Maui Habit. A Tiny Habit with Big Impact," Hybrid Fitness Training, August 10, 2022, https://hybridfit.com.au/the-maui-habit-a-tiny-habit-with-big-impact/.

에필로그 13단계: 마침내 승리와 부활의 자리로

1. John Donne, "Meditation XVII."

2. 눅 11:29. 신약학자 에릭 C. 스미스는 카타콤에서 초기 기독교 미술에 할애된 공간 의 약 절반이 요나 그림이었다고 설명한다. Eric Smith, "Rethinking 'Early Christian Art,'" *Ancient Jew Review*, January 23, 2019, https://www.ancientjewreview.com/read/2019/1/11/rethinking-early-christian-art.

자아 중독을 이기는 영적 습관 12단계

1단계
문제: 나는 할 수 없다
1. 내 약함과 수치를 고백하기
2. 삶에 변화가 필요함을 인정하기
3. 못나고 부족한 자신을 사랑하기

2단계
해법: 하나님은 하실 수 있다
1. 하나님의 선하신 계획 기대하기
2. 모호한 상황에서 믿음 지키기
3. 불안할 때 하나님 사랑 신뢰하기

3단계
결정: 하나님께 맡기기로 결심하다
1. 자아를 내려놓고 하나님께 항복하기
2. 평온과 용기와 지혜 구하기
3. 자연스러운 욕구와 반대로 행동하기

4단계
조사: 인생 중간 정산
1. 변화가 필요한 부분 파악하기
2. 내적 상처와 분노 조사하기
3. 무엇이 두려운지 확인하기

5단계
고백: 빛 가운데로
1. 삶을 투명하게 공개하기
2. 내 비밀을 말해도 좋을 사람 찾기
3. 내 행동을 감독해 달라고 부탁하기

6단계
준비: 변화를 위한 태도
1. 변화를 거부하는 이유 파악하기
2. 나쁜 습관을 좋은 습관으로 대체하기
3. '사랑받는 존재'라는 사실을 믿기

7 단계

간구: 겸손한 요청
1. 겸손한 마음 구하기
2. 감정 다루는 법 배우기
3. 나를 짓누르는 '돌' 버리기

8 단계

피해: 내가 해를 끼친 사람들
1. 내가 상처 준 이들의 명단 작성하기
2. 내 잘못을 바로잡기로 결단하기
3. 분노를 해결하고 용서하기

9 단계

보상: 피해를 책임지다
1. 피해 보상 계획 세우기
2. 관계 회복 기술 배우기
3. 하나님 사랑을 믿고 회개하기

10 단계

반복: 영적 습관 세우기
1. 현재에 집중하고 성령을 따라 행하기

11 단계

연결: 하나님과 함께하는 삶
1. 늘 곁에 계시는 하나님 의식하기
2. 기도하고 말씀 묵상하기
3. 그다음 해야 할 옳은 일 하기

12 단계

소명: 다른 사람을 돕기
1. 내가 받은 하나님의 위로 전하기
2. 실패하더라도 다시 시작하기
3. 하나님 약속을 믿고 소망을 붙들기